전자캐드기능사 최종 합격을 위한 완결판!!

2024
최신판

OrCAD 17.2를 기본으로 한

전자캐드 기능사
실기

김송일 저

도서출판 건기원

머리말

21세기 신기술 산업의 급속한 발전으로 인하여 스마트 전자 기기 및 자동차 전장 부품류 등 최근 개발되는 전자 제품들은 빠른 기술개발 및 소비자의 요구 변화에 따라 점점 그 주기가 단축되고 있습니다. 또한, 전자 제품들이 고속·소형화됨에 따라 창조력·판단력·기술력과 컴퓨터의 신속성, 정확성, 방대한 기억력을 잘 조합하여 신속하면서도 신뢰성이 높은 설계 업무를 수행하는 전문적인 전자회로설계 기술을 갖춘 기술자의 수요가 산업 현장에서 매우 증가할 것으로 예측됩니다. 이러한 역할을 수행하기 위해서는 소정의 기술자격을 갖추어야 하는 것 또한 당연시되고 있는 추세입니다.

본서는 OrCAD 17.2를 기본으로 하여 전자캐드를 처음 접하는 초보자도 단기간에 국가기술자격증을 취득할 수 있도록 구성하였으며, OrCAD를 공부하는 학생뿐만 아니라 전자회로설계 실무와 경진 대회 준비에도 도움이 되도록 구성하였습니다.

본서의 구성은 다음과 같은 방향을 설정하여 편찬하였습니다.

1편 OrCAD 17.2의 기본 메뉴 및 사용 환경 설정, 유용한 설정에 관해서 설명하였습니다.

2편 연습 문제를 활용하여 전자캐드를 어렵게 느끼지 않고, 쉽게 접근할 수 있도록 하였습니다.

3편 산업인력관리공단의 출제기준에 따라 공개 문제를 활용하여 회로도 작성부터 거버 파일(Gerber file) 출력까지 각 과정을 쉽게 따라 할 수 있도록 하였으며, 사용 도중 발생할 수 있는 오류에 대한 처리 방법을 설명하였습니다.

4편 전자캐드기능사 기출문제를 정리하여 부족한 부분을 수검자가 복습할 수 있도록 하였습니다.

부록 라이브러리에서 제공하지 않는 부품들을 사용자가 다양한 방법들을 활용하여 만들어 사용할 수 있도록 하였으며, 자주 사용되는 PCB Footprint 목록을 수록하였습니다.

앞으로 미흡한 부분은 지속적으로 수정·보완해 갈 것이며, 이 책이 출판되기까지 도움을 주신 ㈜나인플러스정보기술 및 도서출판 건기원 관계자분들의 노고에 감사드립니다.

끝으로 이 책을 선택하여 활용하신 독자들에게 좋은 결실이 있기를 기대합니다.
감사합니다.

저자 올림

출제기준

▶ 적용기간 : 2024. 1. 1. ~ 2028. 12. 31.

직무분야	전기·전자	중직무분야	전기	자격종목	전자캐드기능사

○ **직무내용** : 전자, 통신 및 컴퓨터 등의 기기 및 제품의 설계와 제작을 위하여 전자 회로를 설계하고, 전자회로도의 표현, 부품목록표(BOM) 작성, 인쇄회로기판(PCB) 설계, 회로의 제작 및 시험 등을 컴퓨터 설계(CAD) 프로그램을 활용해서 처리하는 직무이다.

○ **수행준거** : 1. 하드웨어 관련 부품 및 설계정보등을 파악하고, 효율적인 PCB 설계 계획을 수립할 수 있다.
          2. 회로 및 PCB 도면의 설계에 필요한 부품을 생성하고, 부품의 배치와 배선을 할 수 있다.
          3. 부품의 배치와 배선이 완료된 도면에 각종 문자 정보를 삽입하고, 부품 참조번호를 갱신할 수 있다.
          4. 설계 규칙에 따라 부품배치, 배선, 문자삽입 등을 검사하여 도면을 수정 및 보완할 수 있다.
          5. 설계된 도면을 이용하여 PCB 제조에 사용될 자료를 생성하고, 관련된 도면을 출력할 수 있다.

실기검정방법	작업형	시험시간	4시간 30분 정도	실기과목명	전자제도 CAD작업

주요항목	세부항목	세세항목
1. 하드웨어 기초회로 설계	1. 블록별 회로 설계하기	1. 기초 회로의 시뮬레이션을 통하여 상세 단위 회로를 설계할 수 있다. 2. 설계된 단위 회로를 조합하여 블록별 회로를 설계할 수 있다.
	2. 하드웨어 전체 설계도 작성하기	1. 검증된 기초 회로를 조합하여 전체 회로를 구성할 수 있다. 2. 구성된 단위 회로를 시뮬레이션을 통하여 성능을 검증할 수 있다. 3. 검증된 회로를 바탕으로 하드웨어 전체 설계도를 작성할 수 있다.
2. 하드웨어 회로 설계	1. 부품 규격 선정하기	1. 제품개발전략을 바탕으로 적용 가능한 주요부품의 라인업을 파악할 수 있다. 2. 파악된 라인업에 따라 개발계획서의 요구기능을 구현할 수 있는 주요부품의 목록을 작성할 수 있다. 3. 작성된 주요부품의 목록에 따라 부품 규격서를 수집할 수 있다.
	2. 블록 설계하기	1. 제품 규격서에서 제시하는 제품 기능에 따라 블록도를 작성할 수 있다. 2. 작성된 블록도를 활용하여 블록별 회로를 설계할 수 있다. 3. 설계된 회로를 시뮬레이션을 진행한 후 이론적인 검토내용과 시뮬레이션 결과를 비교·검토할 수 있다.
	3. 회로도 설계하기	1. 검토된 블록별 회로를 신호와 타이밍을 고려하여 회로를 구성할 수 있다. 2. 구성된 회로를 분석하여 부품의 규격, 납기, 단가, 제조사 등에 따라 사용 부품을 확정할 수 있다. 3. 확정된 부품을 바탕으로 회로를 설계할 수 있다.
3. 하드웨어 기능별 설계	1. 하드웨어 구성하기	1. 분석된 하드웨어 자료를 바탕으로 하드웨어 요소를 작성할 수 있다. 2. 작성된 하드웨어 요소를 기반으로 구성도를 작성할 수 있다. 3. 작성된 구성도와 기구 도면을 바탕으로 하드웨어를 배치할 수 있다.

주요항목	세부항목	세세항목
	2. 블록도 작성하기	1. 제품 기능안과 하드웨어 구성도를 바탕으로 동작 순서를 작성할 수 있다. 2. 작성된 동작 순서를 바탕으로 주요부품을 중심으로 하드웨어 연결도면을 그릴 수 있다. 3. 전체 블록도, 상세 블록도를 나누어 작성할 수 있다.
4. 하드웨어 회로구현 설계	1. 상세회로도 작성하기	1. 기초 회로 설계도를 기반으로 상세회로도를 그릴 수 있는 설계 프로그램을 사용할 수 있다. 2. 설계 프로그램을 이용하여 하드웨어 전체 설계도를 작성할 수 있다. 3. 작성된 하드웨어 전체 설계도에 대해 오류를 검증할 수 있다.
	2. 전자파 대응 설계하기	1. 작성된 전체 설계도에 대해서 전자파 유해성 관련 규격을 조사할 수 있다.
	3. 회로 검증하기	1. 회로 시뮬레이션 프로그램을 통하여 회로의 성능을 검증할 수 있다. 2. 전문가 집단이 작성한 하드웨어 체크 리스트를 기반으로 전체 회로 설계도에 대한 적합 여부를 확인할 수 있다.
5. 하드웨어 부품선정	1. 부품의 특성 분석하기	1. 기초 회로에 적용된 부품에 대한 특성을 분석할 수 있다. 2. 기초 회로에 적용된 부품에 대한 동작 조건을 확인할 수 있다. 3. 기초 회로에 적용된 부품에 대한 사용 환경의 적합성을 판단할 수 있다.
	2. 부품의 검사항목 결정하기	1. 제품의 종류와 사용 환경에 따른 부품의 사양을 정할 수 있다. 2. 정해진 사양에 대한 부품의 필요기능을 설정할 수 있다. 3. 정해진 필요기능에 따라 검사항목을 결정할 수 있다.
	3. 부품 선정하기	1. 전기적 성능 검사 결과를 바탕으로 부품 사용 가부를 결정할 수 있다. 2. 부품사양서를 확인하여 유해성분이 없는 부품을 선정할 수 있다. 3. 환경 안전규격을 검토하여 해당 부품의 적용 가능 여부를 판단할 수 있다.
6. 하드웨어 양산 이관	1. 관계부서 지원하기	1. 관련 부서 간 협의를 통하여 생산에 필요한 개발 내용을 해당 부서에 이관할 수 있다. 2. 관련 부서가 양산 체재를 구축할 수 있도록 제품 개발에 대한 정보 및 문서를 공유할 수 있다. 3. 양산 이관 시 문제점에 대한 관련 부서의 개선 요구 사항을 검토, 분석, 개선할 수 있다.
	2. 문제점 개선하기	1. 양산 시 발생 가능한 문제점을 파악하여 설계에 반영, 개선할 수 있다.
	3. 양산 이관문서 작성하기	1. 기술 문서 및 문제점 개선 이력을 작성할 수 있다. 2. 최종적으로 개선한 견본품을 이관할 수 있다.

※ 자세한 출제기준은 한국산업인력공단(http://www.q-net.or.kr/)에서 확인하실 수 있습니다.

CONTENTS

제1편 OrCAD 17.2의 기초

1장 OrCAD Capture ·········· 11
1. 화면 구성 및 메뉴 ·········· 11
2. OrCAD Capture 작업 환경 설정 ·········· 14

2장 OrCAD PCB Editor ·········· 27
1. 화면 구성 및 메뉴 ·········· 27
2. User Interface ·········· 32
3. Script File(Visibility and Color 설정), Import/Export-Parameters ·········· 37
4. 속성 보기 ·········· 41
5. 유용한 설정 ·········· 42
6. PCB Editor 단축키 설정 ·········· 45

제2편 연습 문제 풀이

1장 OSCILLATOR 설계 ·········· 49
1. Schematic - 회로도면 설계 ·········· 58
2. PCB Editor - 2 Layer 설계 ·········· 89

제3편 공개 문제 풀이

1장 CONTROL BOARD 설계 ·········· 163
1. Schematic - 회로도면 설계 ·········· 179
2. PCB Editor - 2 Layer 설계 ·········· 275

제4편 기출문제

1장 전자캐드(CAD)기능사 ·· 349

부록

1장 Package Symbol 만들기 ·· 395
    1. FND510 생성 ·· 395
    2. Molex5267-2P 생성 ·· 407
    3. Cry_hc49 생성(Wizard로 생성) ·· 416
    4. MIC811 생성(Wizard로 생성) ·· 421

2장 PCB Footprint List ·· 432

3장 Capture에서 자주 발생하는 Error 정리 ·· 435
    1. Part Reference(부품 참조번호)가 같은 경우 ·· 435
    2. Reference 띄어쓰기를 잘못해서 발생한 경우 ·· 436
    3. Part Reference와 Value의 값을 반대로 입력한 경우 ·· 436
    4. NC 핀을 설정하지 않은 경우 ·· 437
    5. GND/VCC를 여러 개 사용한 경우 ·· 439
    6. PCB Editor가 열려있는 경우 ·· 439
    7. Demo 버전을 사용하고 있는 경우 ·· 440
    8. Package Type 중복이 발생한 경우 ·· 440
    9. Footprint를 잘못 입력한 경우 ·· 440
    10. Footprint를 작성하지 않은 경우 ·· 441
    11. NC 핀 설정을 잘못한 경우 ·· 442
    12. Output이 충돌된 경우 ·· 442
    13. Port의 속성이 일치하지 않은 경우 ·· 443

제1편

OrCAD 17.2의 기초

1장   OrCAD Capture
2장   OrCAD PCB Editor

1장 OrCAD Capture

❶ 화면 구성 및 메뉴

(1) 기본 화면 구성

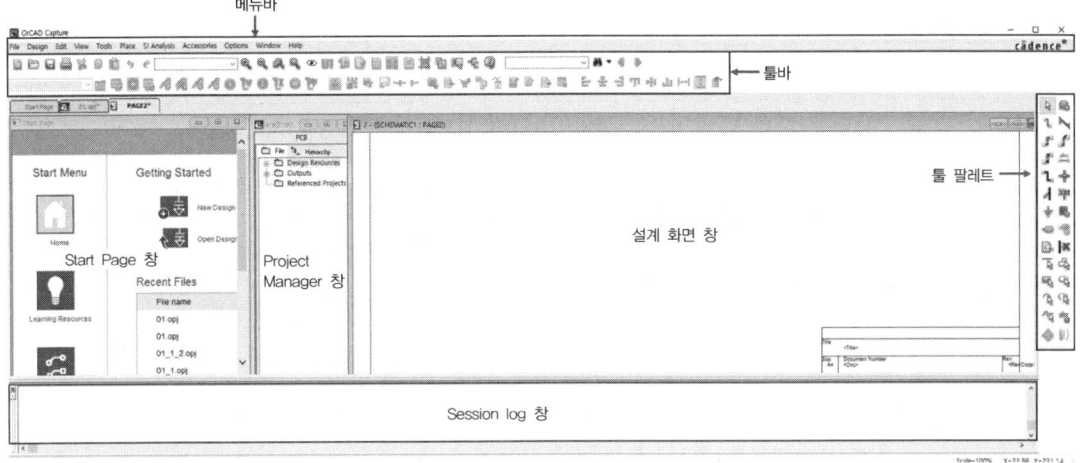

1) Start Page 창

인터넷에 연결되어 있을 경우 Start Page 창이 자동으로 실행되며, Project 생성 및 열기, Design 생성 및 열기, Tutorial(사용 매뉴얼), SNS, 프로그램 업데이트 정보 확인, Cadence Home Pade 등의 접속을 위한 창이다.

2) 메뉴 바

OrCAD Capture의 메뉴를 나타낸다.

3) 툴바

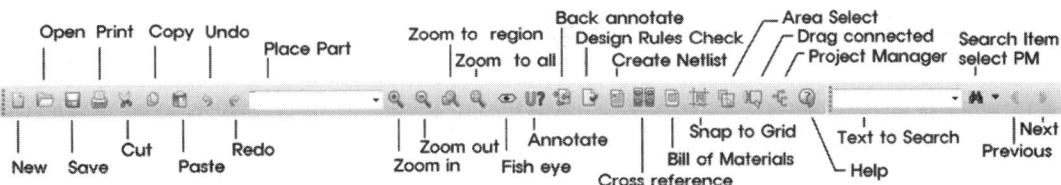

1장 OrCAD Capture • **11**

	(Create Document)	새 프로젝트를 생성
	(Open Document)	기존 프로젝트 열기
	(Save Document)	현재 프로젝트 파일이나 도면을 저장(Ctrl+S)
	(Print)	현재 도면을 프린터 또는 플로터로 출력(Ctrl+P)
	(Cut to clipboard)	선택된 개체를 잘라내기(Ctrl+X)
	(Copy to clipboard)	선택된 개체를 클립보드로 복사(Ctrl+C)
	(Paste from clipboard)	클립보드에 있는 내용을 붙여넣기(Ctrl+V)
	(Undo)	이전 작업을 취소(Ctrl+Z)
	(Redo)	취소된 작업을 다시 실행(Ctrl+Y)
	(Zoom In : I)	선택 위치를 중심으로 현재 화면을 확대
	(Zoom out : O)	선택 위치를 중심으로 현재 화면을 축소
	(Zoom to region)	특정 영역만큼 확대
	(Zoom to all)	도면 전체를 작업 창 안에 표시
	(Fish eye)	도면에 특정 부분을 볼록 렌즈처럼 확대
	(Annotate)	부품 참조 자에 대한 정렬작업
	(Back annotate)	보드에서 변경된 내용을 회로 디자인에 재적용
	(Design Rules Check)	현재 도면에 설계 규칙 검사
	(Create netlist)	도면에 대한 Netlist를 생성
	(Cross reference parts)	도면에 사용된 부품 심벌의 경로 목록을 생성
	(Bill of materials)	부품 목록을 생성
	(Snap To grid)	Grid 기반 작업 선택 여부를 설정
	(Area Select)	부품 선택 시 부분 선택 또는 전체 선택에 대한 설정
	(Drag connected object)	부품 간 연결방법에 대한 설정
	(Project manager)	프로젝트 매니저 창을 선택
	(Help)	도움말

4) 툴 팔레트

(Select)	개체 선택 시 사용
(Place part : P)	도면에 사용할 부품 선택 시 사용
(Place wire : W)	부품 간 Net 연결에 사용
(Place net alias : N)	Net에 이름을 붙여주는 데 사용
(Place bus : B)	Bus line을 표시하는 데 사용
(Place junction : J)	Net의 접점을 표시하는 데 사용
(Place bus entry : E)	Bus와 Net을 연결하는 데 사용
(Place power : F)	Power Symbol을 표시하는 데 사용
(Place ground : G)	Ground Symbol을 표시하는 데 사용
(Place hierarchical block)	계층 블록 구조를 그리는 데 사용
(Place port)	입출력 등 다양한 포트를 표시하는 데 사용
(Place pin)	계층 블록의 Pin을 정의하는 데 사용
(Place off-page connector)	페이지 간 Net 연결에 사용
(Place no connect : X)	사용하지 않는 Pin을 표시하는 데 사용
(Place line)	도면에 Line을 그리는 데 사용
(Place polyline : Y)	도면에 다각형을 그리는 데 사용
(Place rectangle)	도면에 사각형을 그리는 데 사용
(Place ellipse)	도면에 타원을 그리는 데 사용
(Place arc)	도면에 호를 그리는 데 사용
(Show footprint view)	도면에 작성한 footprint를 3D로 확인
(Place text : T)	도면에 글자를 나타내는 데 사용
(Place Bezier)	도면에 곡선을 그리는 데 사용
(Auto connect two points)	선택한 단일 pin과 pin을 wire로 자동 연결
(Auto connect multi points)	선택한 여러 pin과 pin을 wire로 자동연결
(Auto connect to Bus)	선택한 pin과 Bus를 자동 생성 연결
(Place NetGroup)	Net을 그룹으로 관리

| (Place Pin array) | 핀을 순차적으로 설정함(Edit part 기능) |
| (Place IEEE Symbol) | Part의 Symbol을 그리는 데 사용(Edit part 기능) |

5) Project Manager 창

도면의 실제 자료 정보 및 해당 도면에서 생성되는 Library, 보고서 파일과 도면 검사 파일 등 전체 작업 진행을 관리하는 창이다.

6) 설계 화면 창

회로도면을 설계하고 편집하는 창이며, 그래픽 또는 문자들도 입력할 수 있다. 이러한 입력은 툴 팔레트를 통해 실행한다.

7) Session Log 창

진행된 모든 작업의 정보를 나타내는 창으로 부품의 참조번호를 결정하는 Annotate 작업 내용, 도면 검사를 실행한 결과, Netlist 생성에 따른 내용 등을 나타낸다.

❷ OrCAD Capture 작업 환경 설정

(1) OrCAD Capture 시작

회로도 작성을 시작하기 위해 시작 〉 Cadence Release 17.2-2016 〉 Capture를 실행한다.

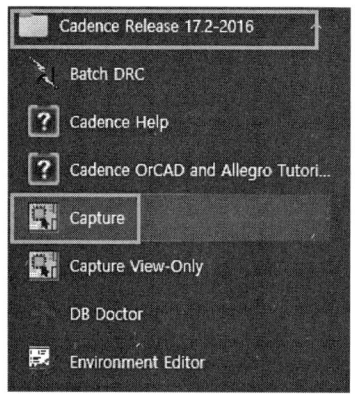

1) 새 프로젝트 시작

메뉴 File 〉 New 〉 Project 선택한다.

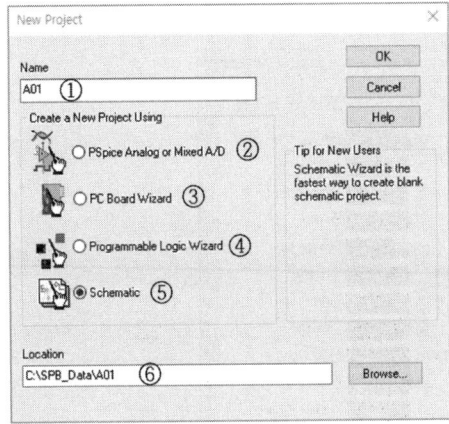

① 작업 프로젝트 이름 : 영문, 숫자로 작성
　(예: A01)
② PSpice A/D 해석
③ PCB 작업까지 진행 과정을 미리 결정 후 진행
④ CPLD, FPGA 등을 설계
⑤ 범용 회로도 작성
⑥ 저장 위치 : 영문, 숫자로 작성
　(예: C:\SPB_Data\A01)

(2) Capture 환경 설정

메뉴의 Options에 있는 명령을 이용하여 Preference, Design Template, Autobackup, Design Properties, Schematic Page Properties를 설정할 수 있다.

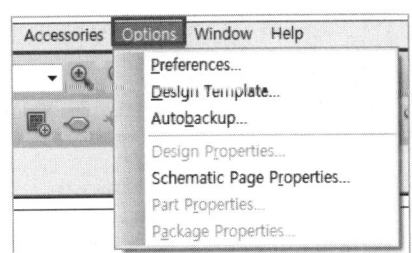

- **Preference** : 사용자에 적합한 작업 환경을 설정한다.
- **Design Template** : 새로운 설계의 기본 설정치를 작성한다.
- **Autobackup** : 자동 백업 환경을 설정한다.
- **Design Properties** : 개별 설계에서 설계 템플릿을 변경한다.
- **Schematic Page Properties** : 개별 회로도면에서의 설계 템플릿을 변경한다.

1) Preferences

① Colors/Print : 회로도면의 객체를 표시하는 색상을 설정한다. 컬러 색상은 모니터에서 보이는 색상, Print에 체크된 항목만 출력된다.

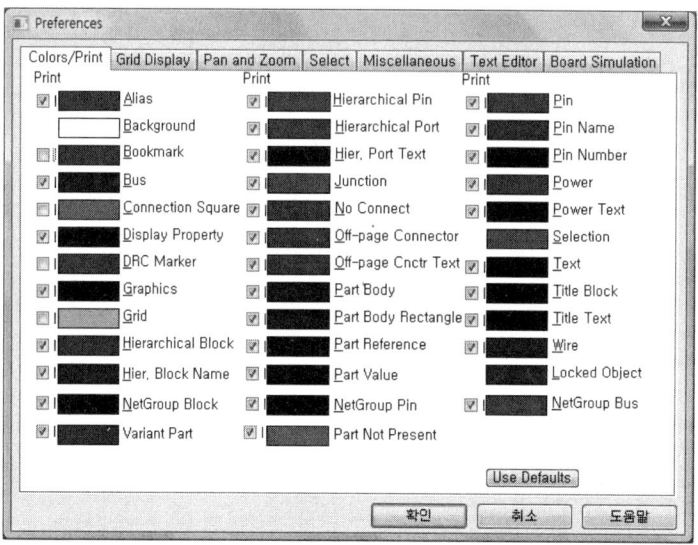

② Grid Display : 회로도면 편집기와 부품 편집기에 Grid를 설정할 수 있으며, 표시 여부와 형태(선 또는 점), 간격 및 스냅 여부를 설정한다.

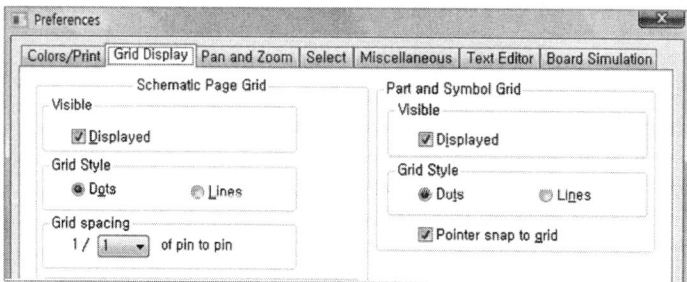

③ Pan and Zoom : 줌 확대 비율과 자동 스크롤 비율을 설정한다.

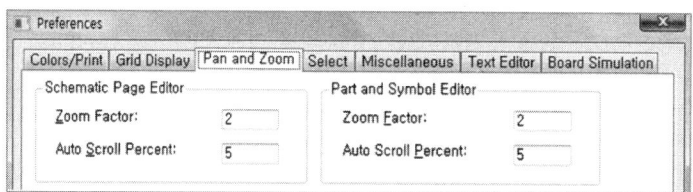

④ Select : 객체 선택에 있어서 객체가 사각형 형태의 선택 영역에 모두 포함되어야 할 것인지 사각형에 일부 포함되어도 선택되게 할 것인지를 설정하며, 드래그 시 고해상도로 표시할 수 있는 객체의 최대 수를 설정한다.

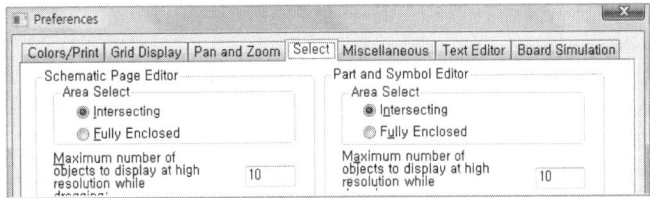

⑤ Miscellaneous : 그래픽의 채우기, 선의 형태와 넓이, 색상, 접속점의 크기, Session Log 창의 글자체 등을 설정하며, Auto Recovery 체크 박스에서 Enable Auto Recovery를 선택할 경우 작업 중인 도면이 주기적으로 저장되며, 이상 동작으로 Capture가 종료 시 자동으로 복원된다.

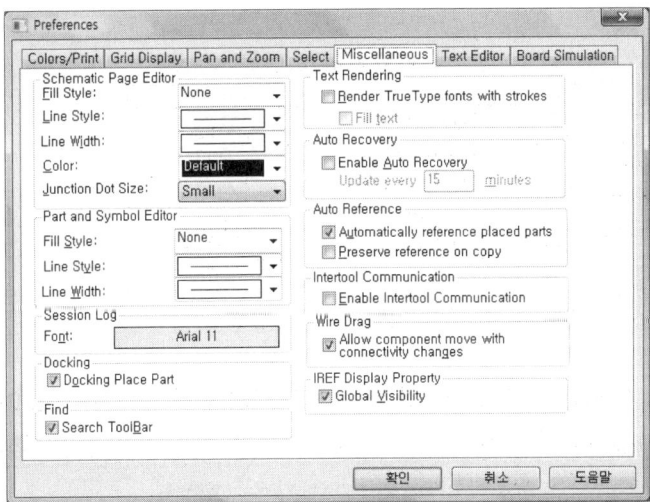

⑥ Text Editor : OrCAD Capture의 문서 편집기를 설정한다.

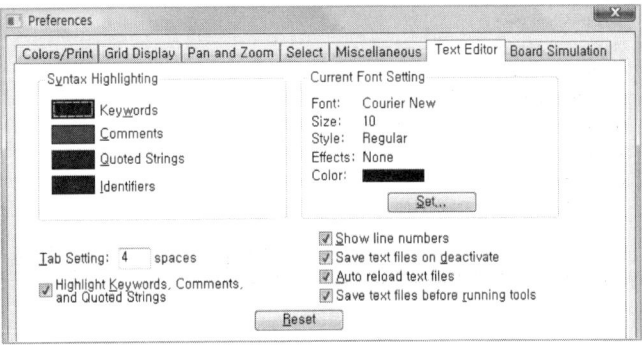

1장 OrCAD Capture • 17

⑦ Board Simulation : 보드 시뮬레이션을 위해 시뮬레이션 흐름을 설정하는 것으로 Verilog/VHDL 시뮬레이션 Flow 설정한다.

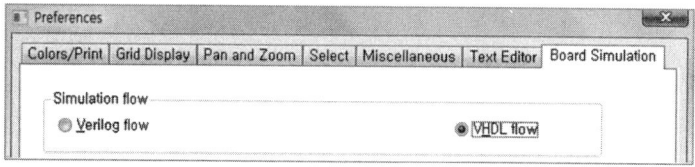

2) Design Template

모든 새로운 설계와 기존의 설계에 첨가하는 회로도와 회로도면의 기본 설정값으로 되며, 글자체 종류, 도면의 크기, Title block을 설정한다.

① Fonts : 회로도면의 객체에 사용할 글자의 글자체를 설정한다.

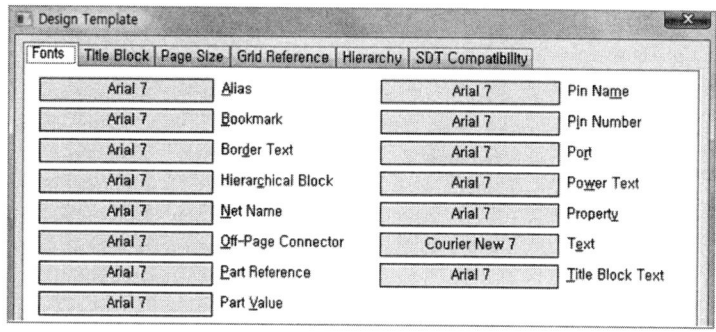

② Title Block Name : Title Block의 내용을 설정한다. (기본 TitleBlock0 설정)

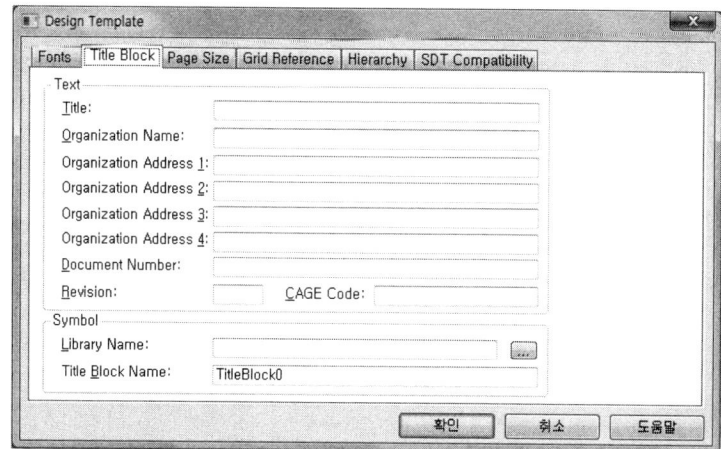

③ Page Size : 회로도면의 페이지 크기를 설정 및 핀 간격을 설정한다.

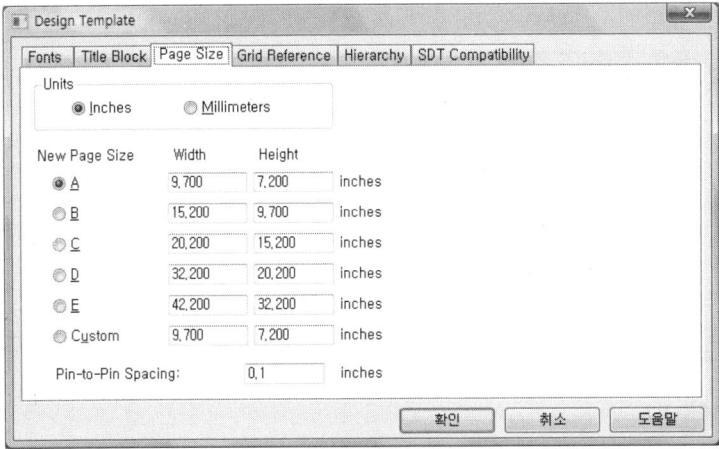

④ Grid Reference : 수평과 수직 그리드 참조를 위해 각 방향으로 표시될 그리드 참조의 수와 표시 방법, 도면의 외곽선 표시, 제목 블록, 그리드 참조 여부를 선택한다.

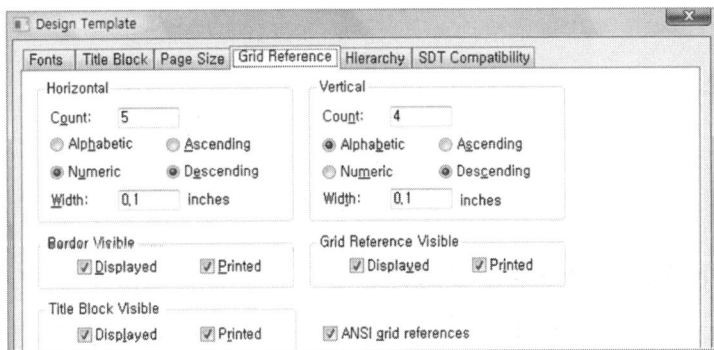

⑤ Hierarchy : 계층구조 블록과 부품 인스턴스(Part Instance)에 대하여 종속 여부를 선택한다.

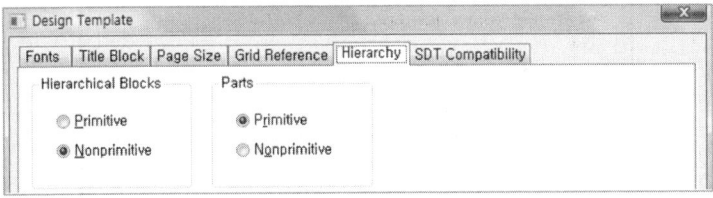

⑥ SDT Compatibillity : DOS용 회로설계 툴과의 호환성을 위하여 부품 필드의 매핑 속성을 설정한다.

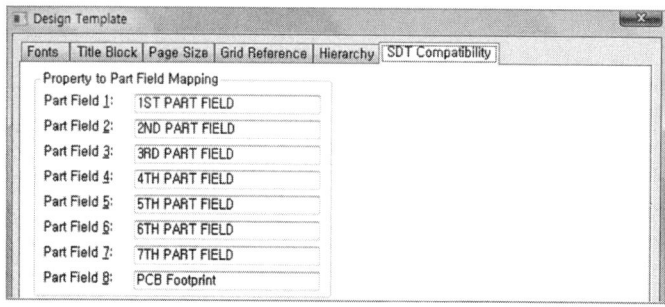

3) Auto backup

백업 시간, 백업 파일 수, 백업 디렉터리를 지정하며, 백업 디렉터리에서 " . "은 현재 작업 디렉터리에 저장된다. 백업 파일의 이름은 확장자 .DBK를 가지며, Capture에서 파일 형식을 DSN으로 확장자를 변경하여 사용할 수 있다.

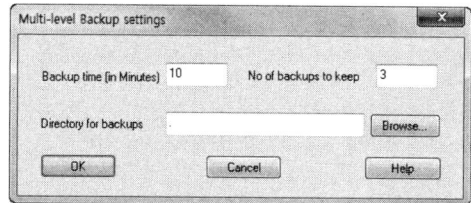

4) Schematic Page Properties 설정

새로운 회로도면을 작성할 때의 Option은 Design Template 대화 상자를 통해 설정하고, 현재 작성되고 있는 회로도면에 대한 Option은 Schematic Page Properties 대화 상자를 통해 설정한다.

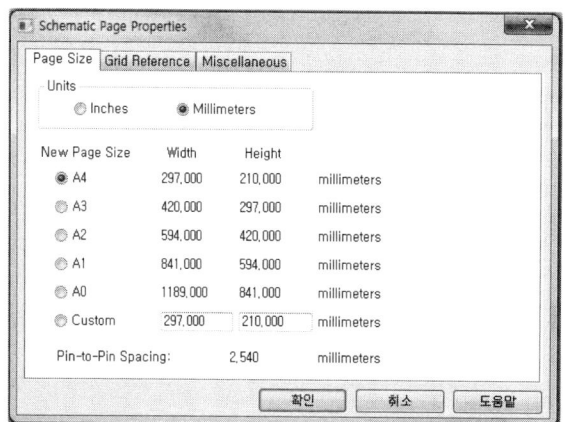

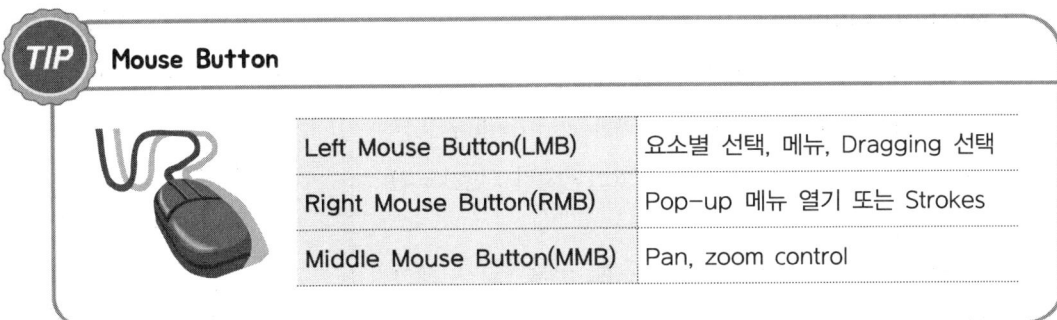

(3) Cache/Selection Filter

1) Cache

① Schematic에 한 번이라도 배치한 부품은 Cache에 저장이 된다. (또한 Edit Part로 수정한 경우에도 수정한 부품의 정보가 저장된다.)

② Project Manager에서 Design Cache 폴더를 선택 후, RMB 팝업 메뉴 중 Cleanup Cache 클릭하여 회로도에 있는 Part 정보를 제외한 Part 정보를 삭제한다.

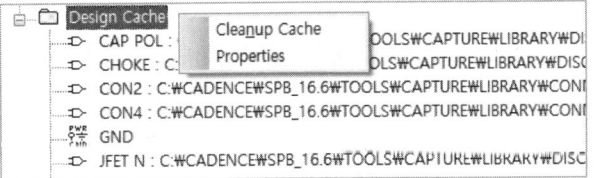

③ Design Cache 내의 소자를 선택한 후, RMB를 클릭한다.

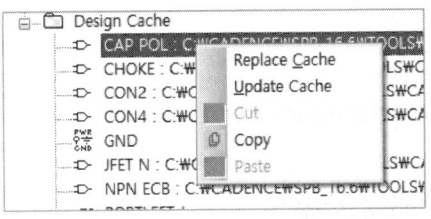

- Update Cache : 수정된 Part를 적용시킬 경우
- Replace Cache : 기존 Part를 새로운 Part로 대체할 경우

2) Selection Filter

① 작성된 회로도에서 임의의 부품만을 선택할 수 있다.
② Schematic 창에서 메뉴 View > Selection Filter 또는 RMB 팝업 메뉴 중 Selection Filter(단축키 : Ctrl + I)를 클릭한다.
③ 선택하고자 하는 항목만 체크한 후, 마우스로 드래그 한다.

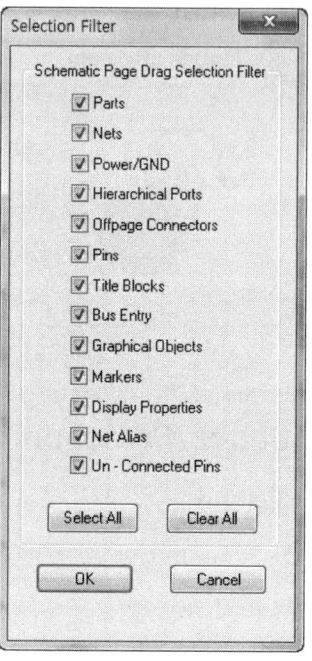

(4) 부품 검색하기

1) Place Part 창의 Part에서 검색

Place Part 창의 Part 입력 창에 부품명을 입력하여 부품을 찾을 수 있다.

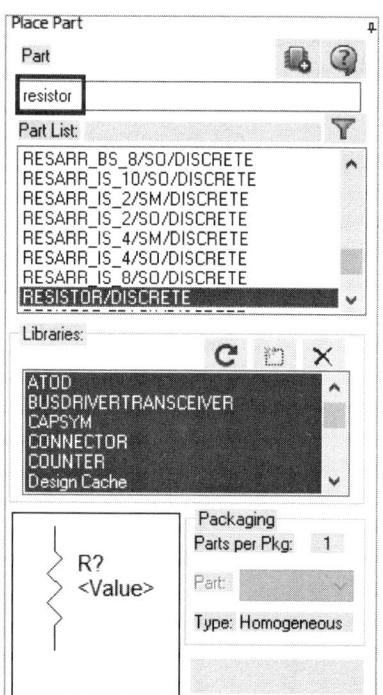

2) Filter 기능 이용해서 검색

Part 입력 창에 *(와일드 문자)를 이용하여 부품을 검색할 수 있다. 예를 들어 *7805*를 입력하면 7805를 포함한 부품을 찾을 수 있다.

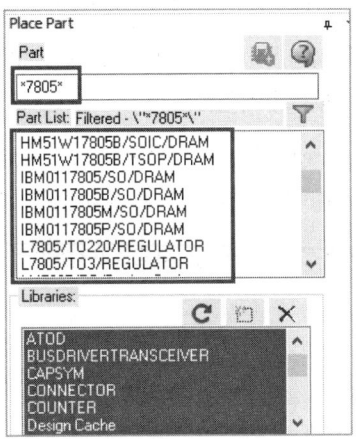

3) Search for Part 창으로 검색

Place Part 창에서 아래에 있는 Search for Part 창에서 라이브러리를 Place Part 창에 추가하지 않고 선택된 Path(경로)에 포함된 Library를 검색할 수 있다.

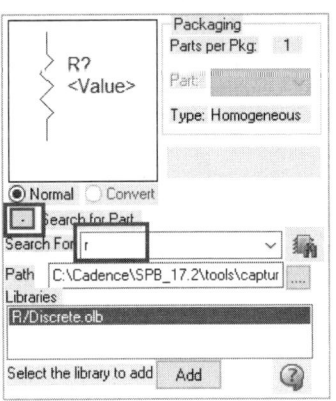

(5) BOM(Bill of Materials)

부품 명세서로 설계된 회로도의 부품 목록을 출력한다.

❶ 프로젝트 매니저 창에서 메뉴 > Tools > Bill of Materials를 클릭한다.

❷ Footprint 목록을 추가하려면 Header에 Item\tQuantity\tReference\tPart\tPCB Footprint를 입력한다. (출력할 머리글)

❸ Combined property string에 {Item}\t{Quantity}\t{Reference}\t{Value}\t{PCB Footprint}를 입력한다. (출력할 회로도의 부품 속성을 설정)

❹ Excel로 파일을 열기 위해 Open in Excel을 체크하고 OK를 클릭한다.

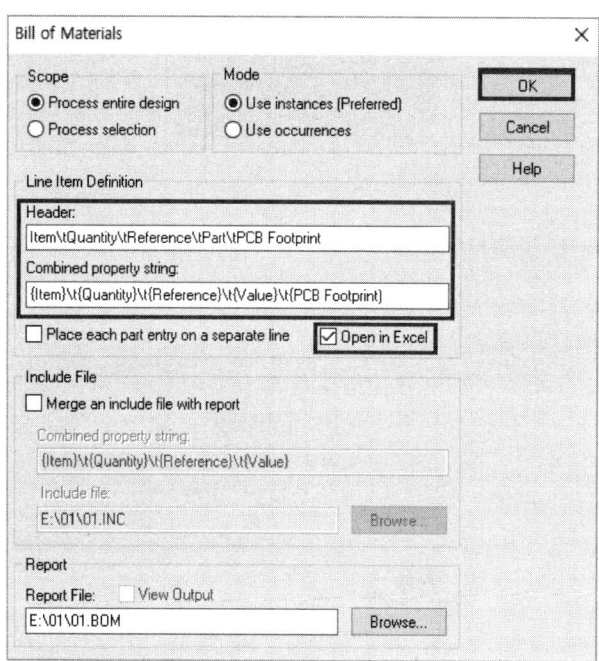

(6) Design Compare

두 회로도 파일을 비교하여 서로 다른 정보를 화면에 표시해주는 기능이다. 프로젝트 매니저 창에서 메뉴 > Tools > Compare Designs을 클릭한다. Design Difference 창에서 Design1과 Design2에 각각의 회로도를 설정한 다음 특정 페이지만 비교할지, 전체 페이지를 비교할지 Schematic/Page에서 설정한다. 출력 파일은 HTML 파일로 출력되며, Compare를 클릭하면 두 회로도를 비교할 수 있다.

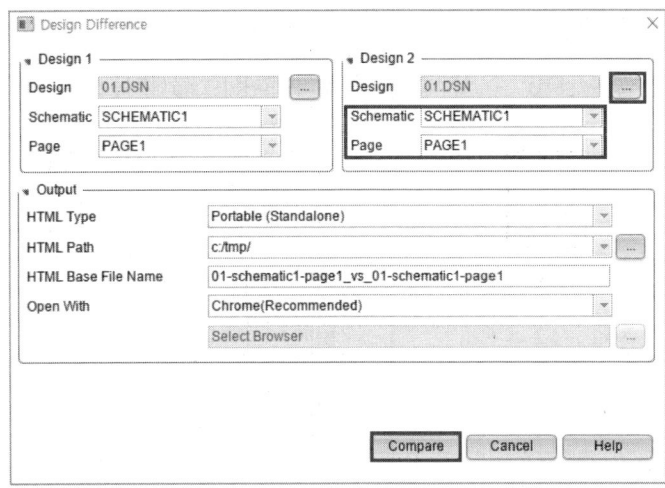

두 도면을 비교하는 방법은 Part와 Wire만을 비교하는 Logical Differences 방법과 모든 요소를 비교하는 All Difference가 있으며, "Show Details"를 클릭하여 HTML 형식의 데이터로 하단에 Components Difference에 부품을 더블클릭하여 확인할 수 있다.

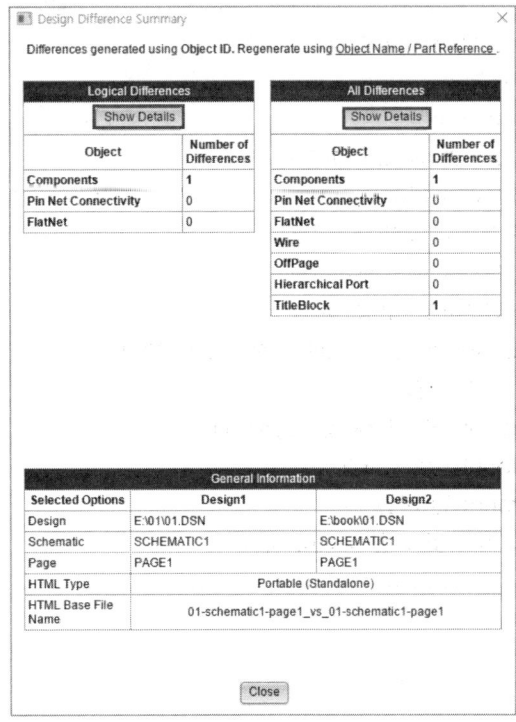

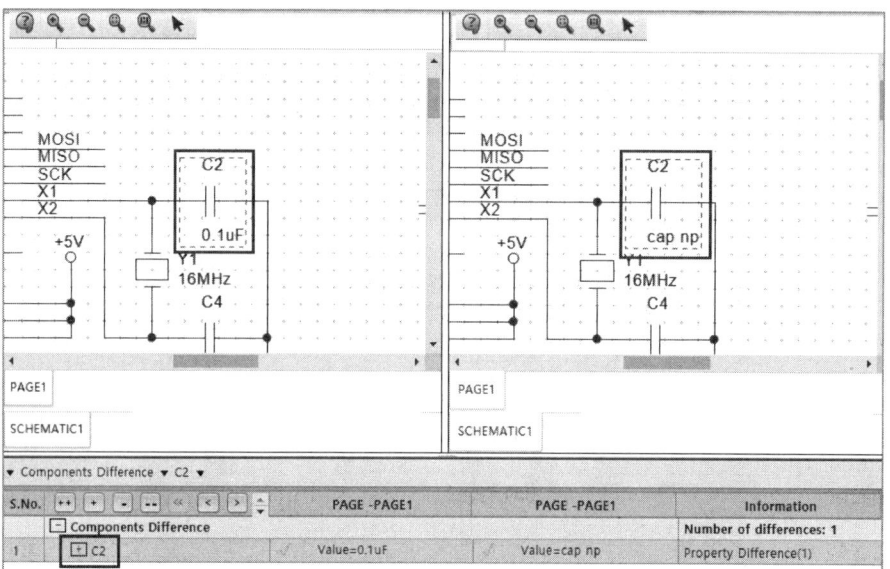

TIP: OrCAD에서 사용되는 확장자

- OPJ : Project Manager 파일
- DSN : 회로도 파일
- DBK : 자동 백업 파일
- OLB : Capture 라이브러리 파일
- DRC : 회로도 검사 이력 파일
- BOM : 부품 명세서 파일
- DAT : PCB Editor 넷리스트 파일
- UPD : 속성 업데이트 데이터 파일
- XRF : Cross Reference Part에 대한 리포트 파일
- BRD : PCB 설계 파일
- PSM : Footprint 파일(Package Symbol)
- DRA : Footprint Draw 파일
- PAD : Footprint 핀 파일
- ART, DRL : 거버 및 드릴 데이터 파일

2장 OrCAD PCB Editor

① 화면 구성 및 메뉴

(1) 기본 화면 구성

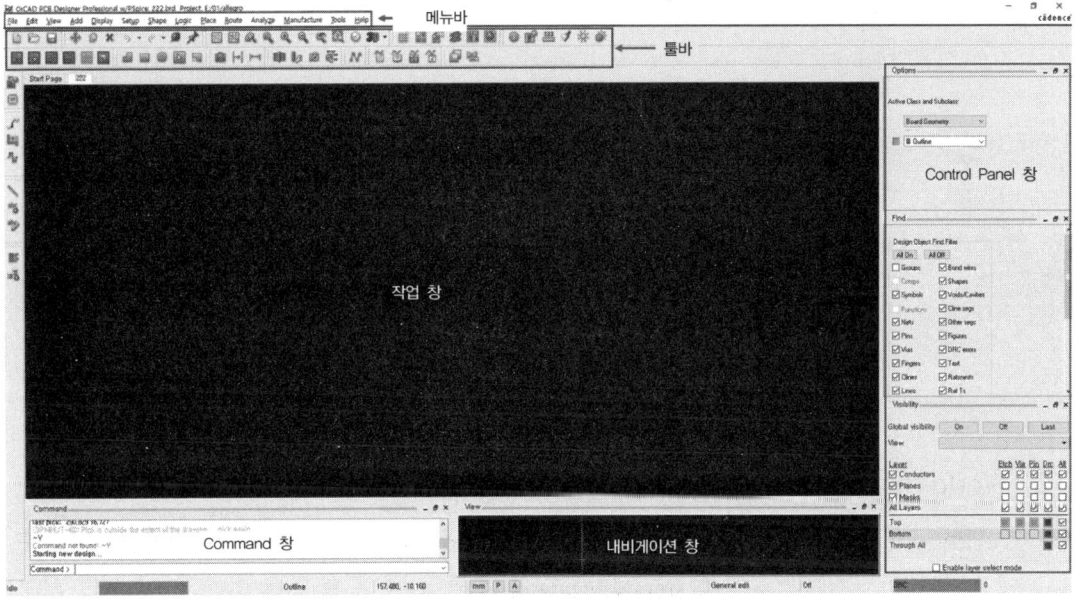

1) Command Window

메시지 및 명령어의 실행과 상태를 표시하며 직접 명령어를 입력하는 행이다.

2) Control Panel Windows

Visibility, Find, Options로 구성되어 있으며, 작업 디자인 영역을 최대화하기 위해 Control Panel은 숨김 형태로 구성되어 있다.

- Visibility : 현재 작업 화면의 컬러 설정
- Find : 선택 시 대상물 선정
- Options : 명령에 따른 속성이 Options 창에서 나타나며, 명령에 대한 속성을 지정

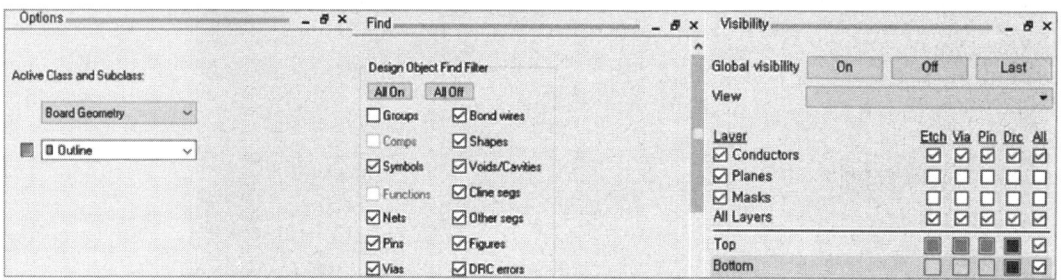

3) WorldView Windows

WorldView 창에 마우스를 이동한 후 RMB 〉 팝업 메뉴를 통해 화면을 설정할 수 있다.

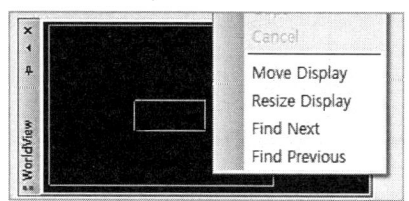

(2) 툴바의 기능

1) File Toolbar

(New)	새 작업을 실행
(Open)	기존 작업을 엶
(Save)	현재 작업을 저장

2) Edit Toolbar

(Move)	개체 이동
(Copy)	개체 복사
(Delete)	선택된 개체 삭제
(Undo)	현재 작업을 취소
(Redo)	Undo된 작업을 다시 실행
(Fix)	개체에 고정속성을 설정
(Unfix)	개체의 고정속성을 해제

3) View Toolbar

(Unrats All)	모든 Ratsnest를 숨김
(Rats All)	모든 Ratsnest를 보여줌
(Zoom Points)	클릭하고 확대할 영역을 지정
(Zoom Fit)	보드 전체 크기를 작업 창에 보여줌
(Zoom In)	화면을 확대
(Zoom Out)	화면을 축소
(Zoom Previous)	이전 크기로 설정
(Zoom Selection)	선택된 부품을 화면의 가운데로 이동
(Redraw)	화면을 갱신함
(3D_viewer)	작성한 도면을 3D로 나타냄
(FlipDesign)	현재 화면 시점을 Bottom 면으로 변화

4) AppMode Toolbar

(GeneralEdit)	일반 편집 모드(Place, Route, Copy, Move 등)로 실행
(PlacementEdit)	배치 모드(Place, Move 등)로 실행
(EtchEdit)	Etch 편집 모드(Slide, Delay tune, Smooth Cline 등)로 실행
(SignalIntegrity)	SI 편집 모드(Slide, Move 등)로 실행

5) Setup Toolbar

(Grid Toggle)	Grid를 On/Off 설정
(Color192)	Color 설정
(Shadow Toggle)	Shadow 모드를 On/Off 설정
(Xsection)	적층(Stackup) 구조를 편(Internal 등 설정)
(Cmrg)	Constraints Manager를 설정
(Prmed)	PCB 설계 환경을 설정

6) Dimension Toolbar

(Create Detail)	디자인에서 선택한 영역을 설정 비율에 따라 생성
(Linefont)	Line의 속성(Dot, Solid, Phantom 등)을 설정
(Dimension Edit)	Dimension을 생성 및 수정

7) Display Toolbar

(Show Element)	구성요소의 속성을 확인
(Cns Show)	선택된 개체의 Constraints 속성을 확인
(Show Measure)	지정한 지점의 길이 측정
(Assign Color)	선택된 개체에 색을 설정
(Highlight)	선택된 개체를 하이라이트
(Dehighlight)	하이라이트 속성을 제거
(Waive DRC)	DRC Marker를 제거
(Datatips Toggle)	Datatip을 On/Off

8) Shape Toolbar

(Shape Add)	다각형 Shape 작성
(Shape Add Rect)	사각형 Shape 작성
(Shape Add Circle)	원 Shape 작성

(Shape Select)	Shape 선택
(Shape Void Element)	임의의 모양으로 Shape 외곽에서 Etch 제거
(Shape Void Polygon)	기존 Shape를 다각형 모양으로 제거
(Shape Void Rectangle)	기존 Shape를 사각형 모양으로 제거
(Shape Void Circle)	기존 Shape를 원 모양으로 제거
(Shape Edit Boundary)	Shape의 외곽선을 수정(크기 조정)
(Island_Delete)	불필요한 Shape(Copper)를 제거

9) Manufacture Toolbar

(ODB_Out)	Allegro Board 파일을 ODB 파일로 Export
(Ncdrill Legend)	Drill 파일의 범례(차트)를 생성
(Ncdrill Param)	Drill 파일을 생성을 위한 파라미터를 설정
(Artwork)	Artwork (Gerber) 파일을 생성
(Silkscreen Param)	Silkscreen 속성을 설정
(Ncdrill Customization)	Drill의 종류에 따라 Symbol 설정
(Testprep Automatic)	Test point를 자동으로 생성
(Testprep Manual)	Test point를 수동으로 생성
(Thieving)	Thieving을 생성

10) Analysis Toolbar

(Signal library)	SI 해석에 사용할 Model을 설정
(Signal Model)	배치된 부품에 SI Model을 설정

11) Misc Toolbar

(Reports)	다양한 Reports를 생성
(DRC Update)	DRC를 업데이트
(Help)	도움말

12) Place Toolbar

(Place Manual)	PCB 설계에 사용할 부품을 수동 선택해서 배치
(Swap Pins)	두 핀에 배선된 선을 교체

13) Route Toolbar

(Add Connect)	핀 간 Routing 하여 연결
(Slide)	기존 라우팅 된 Etch를 슬라이드 시켜 수정
(Delay Tune)	배선의 길이를 맞출 때 사용
(Custom Smooth)	곡선이나 꺾인 Etch를 직선으로 수정
(Vertex)	기존 Etch에 꼭짓점을 추가해 수정
(Create Fanout)	SMD용 소자의 핀에 대해 Fanout을 생성
(Auto_Route)	자동으로 배선

14) Add Toolbar

(Add Line)	Non-Etch 라인을 추가
(Add Rect)	Non-Etch 사각형을 그림
(Add Text)	텍스트를 입력
(Text Edit)	입력된 텍스트를 수정

❷ User Interface

(1) Zoom 사용

화면의 확대 축소에 관한 사용법은 메뉴를 이용하는 방법, 마우스를 이용하는 방법, World View 창을 활용하는 방법을 제공한다.

1) 메뉴를 이용한 방법

❶ 메뉴의 View 〉 Zoom을 선택한다.

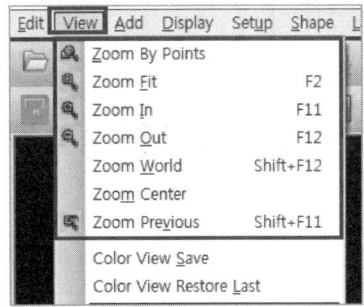

❷ 필요한 아이콘을 선택한다.

2) 마우스를 이용한 방법

❶ 마우스를 이용할 경우 가운데 휠 버튼을 위 또는 아래로 회전시키면 마우스포인터를 중심으로 화면이 확대, 축소가 된다.

❷ 휠 버튼을 누른 상태로 마우스를 움직이면 화면이 이동한다.

(2) Stroke 사용

키보드의 Ctrl(Control) 키를 누른 상태에서 마우스 오른쪽 버튼으로 지정된 모양을 그려 명령을 실행시킨다.

❶ 화면에 Ctrl키를 누른 채 W 모양을 그려본다.
❷ 화면에 Ctrl키를 누른 채 Z 모양을 그려본다.

1) Stroke 생성 및 수정

❶ 메뉴의 Tools 〉 Utilities 〉 Stroke Editor를 선택한다.

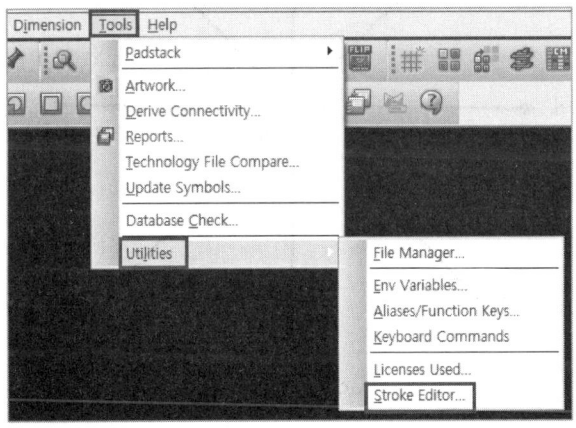

❷ 빈 화면에 사용할 모양을 그린다.

❸ 하단에 명령어를 입력한다.

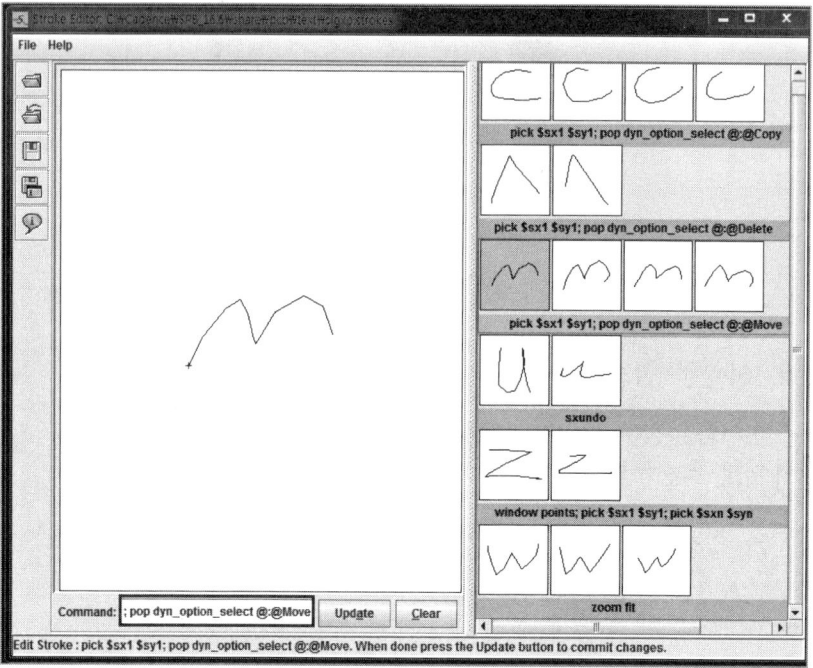

2) 추천 스트로크

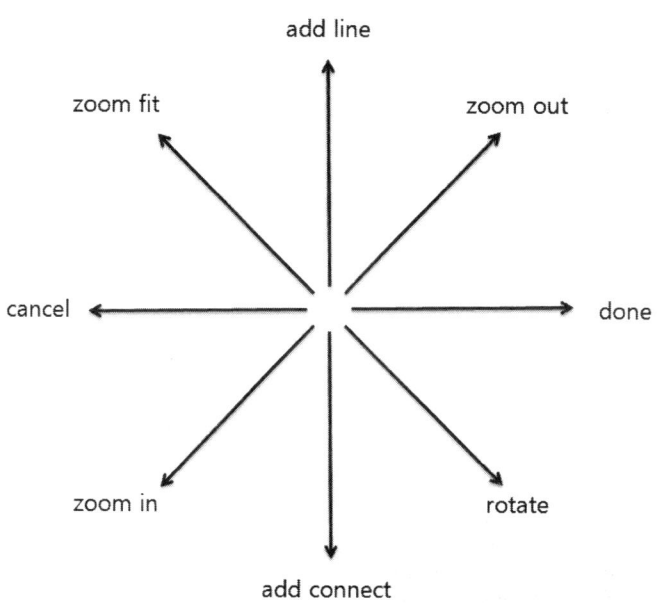

(3) Drawing Option

❶ 메뉴의 Setup 〉 Design Parameters를 선택한다.

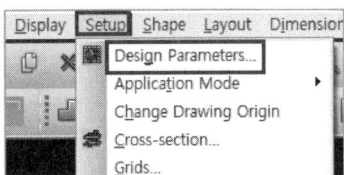

❷ Enhanced display modes 항목에서 Hole 표시, Pad 표시, Via Label, Origin 표시, Diffpair Driver Pins의 표시를 켜거나 끌 수 있다.

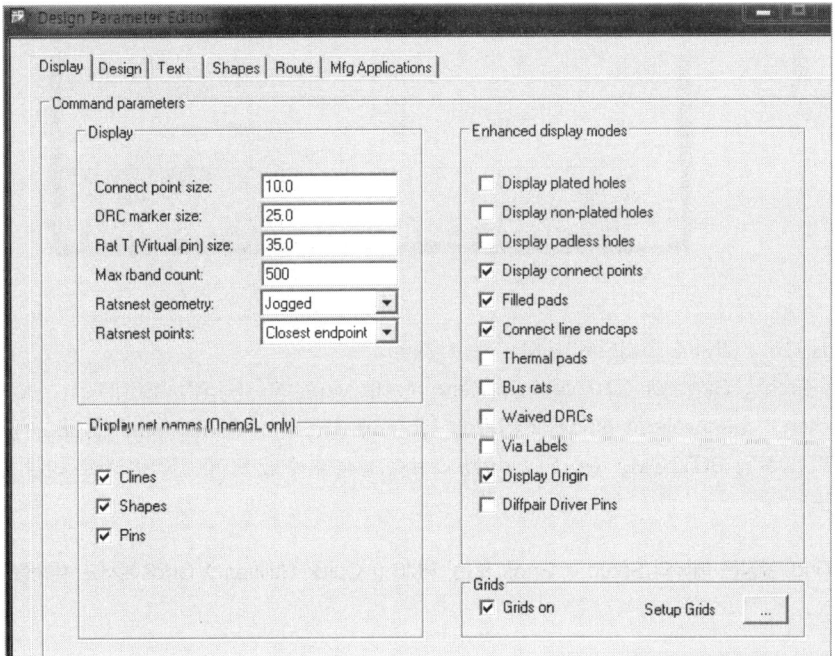

❸ Display Net Names는 그래픽카드(하드웨어)가 OpenGL을 지원해야 사용할 수 있다.

❹ Grids의 화면에 보이기 설정 및 간격을 할 수 있다.

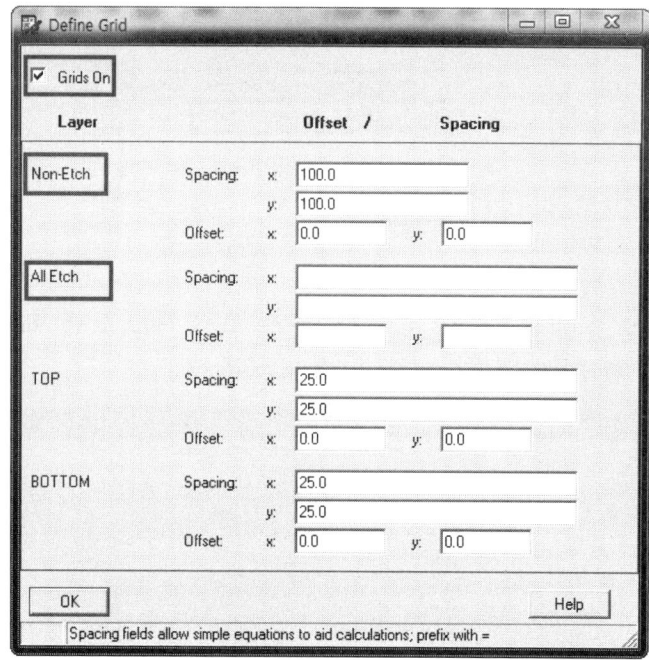

- **Grids On** : 화면에 그리드를 표시 또는 해제한다.
- **Non-Etch** : Generaledit Mode, Placementedit Mode에 사용되는 Grid(Text, Move 등)
- **All Etch** : Generaledit Mode, Etchedit Mode에 사용되는 Grid(Route, Copper 등)
- TOP Layer와 BOTTOM Layer의 Grid를 다르게 설정할 수 있으며, 간격이 서로 다른 값을 설정할 수 있다.

✅ Grid 설정은 메뉴의 Setup 〉 Grids 또는, RMB 〉 Quick Utilities 〉 Grids에서도 설정할 수 있다.

③ Script File(Visibility and Color 설정), Import/Export-Parameters

(1) Script 사용법(Visibility and Color192 설정)

❶ 메뉴의 File > Script를 클릭한다.

❷ Name에 저장할 이름을 작성한다.

❸ Record 버튼을 선택한 후 컬러 설정을 시작한다.

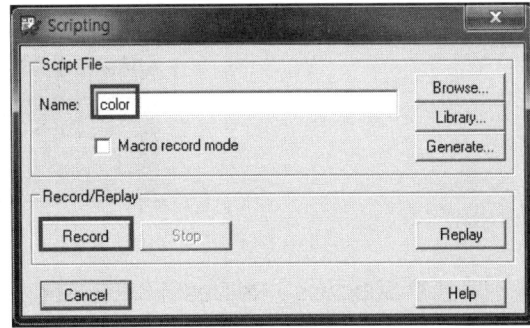

❹ 메뉴의 Display > Color/visibility 또는 아이콘을 선택한다.

❺ 상단의 Global Visibility Off 버튼을 선택한다.

❻ Stack-Up을 선택한 후 Conductor 폴더를 선택한다. Subclass 항목 중 Top와 Bottom을 선택한다.

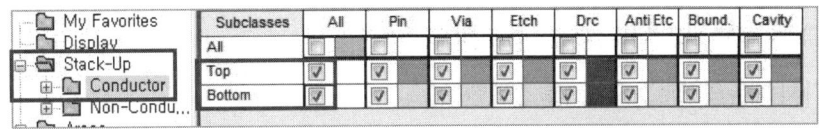

❼ Board Geometry를 선택한 후 Subclass 항목 중 Dimension, Outline, Silkscreen_Top을 선택한다.

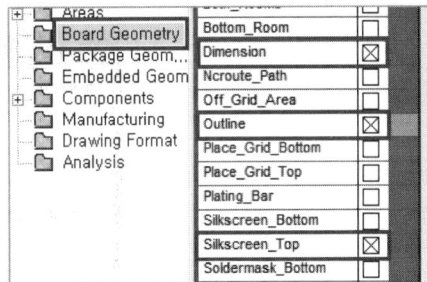

❽ Class 〉 Package Geometry를 선택한 후 Subclass 〉 Silkscreen_Top을 선택한다.

❾ 하단의 Color 팔레트에서 색상을 선택한 후 Silkscreen_Top의 우측 컬러 창을 선택하여 색상을 변경한다.

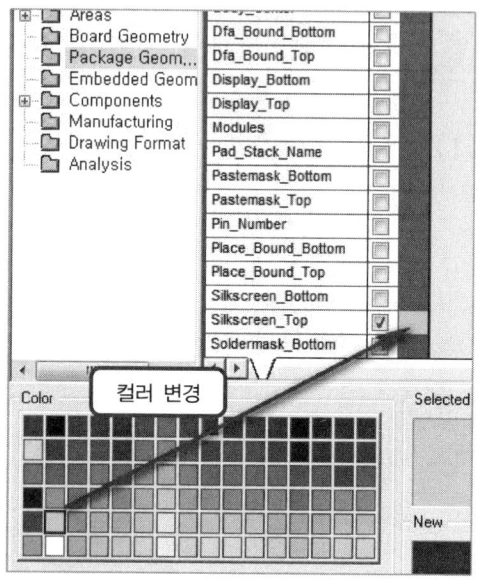

❿ Components를 선택한 후 Subclass 〉 RefDes의 Silkscreen_Top을 선택한다.

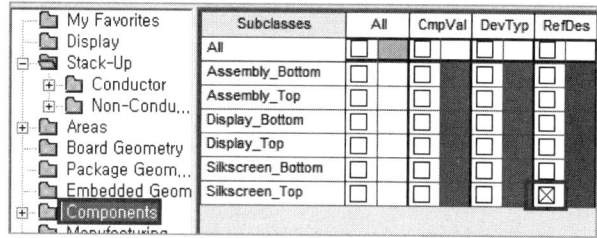

⓫ OK를 선택하여 컬러 설정을 종료한다.
⓬ 다시 메뉴의 File 〉 Script를 선택한다.
⓭ Stop을 선택한다.

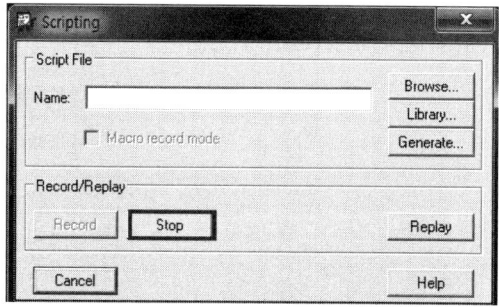

⑭ Working Directory에 colors.scr 파일이 생성되어 있다.

⑮ Color 설정 창을 열어 모든 Global Visibility Off를 선택한다.

⑯ 메뉴의 File 〉 Script를 선택한다.

⑰ Browse 버튼을 선택하여 colors.scr 파일을 선택한다.

⑱ 하단의 Replay를 선택한다. (또는 Command 창에 replay colors를 입력한다.)

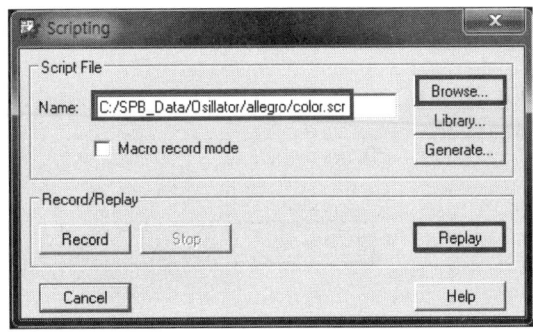

⑲ Color 설정이 변경된 것을 확인할 수 있다.

(2) Import/Export

1) Export Libraries

현재 배치된 부품의 PCB Symbol을 원하는 경로에 추출하는 기능이다.

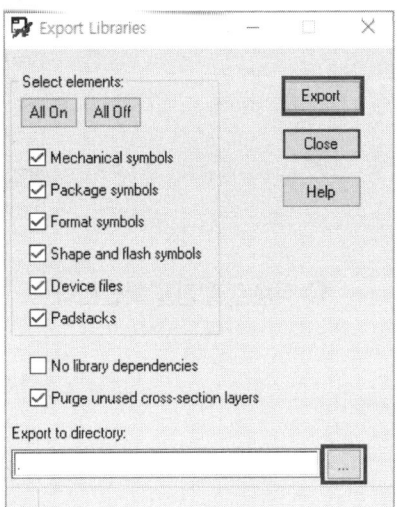

❶ 메뉴의 File 〉 Export 〉 Libraries를 클릭한다.

❷ 추출하고자 하는 경로를 설정하고 Export를 클릭한다.

❸ Close를 클릭하고 닫는다.

❹ 지정한 경로로 가면 생성된 Symbol을 볼 수 있다.

2) Import/Export Techfile

Design parameter(Unit, Size 등), Constraint Manager 등의 설정을 추출하여 다음 번 설계 파일에 적용하고자 할 때 Techfile을 이용할 수 있다.

❶ 추출하고자 하는 설정을 한다.

❷ 저장할 경로와 파일을 지정한다.

❸ Export를 클릭하여 설정 파일을 추출한다.

❹ Close를 클릭하고 닫는다.

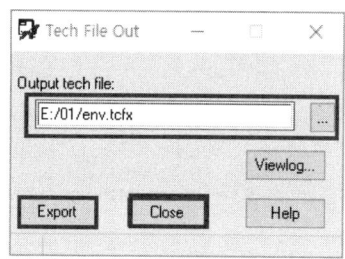

❺ 메뉴의 Import 〉 Techfile을 선택한다.

❻ Tech File In 창이 뜨면 파일을 불러온 후 Import를 클릭한다.

❼ Close를 클릭하고 닫는다.

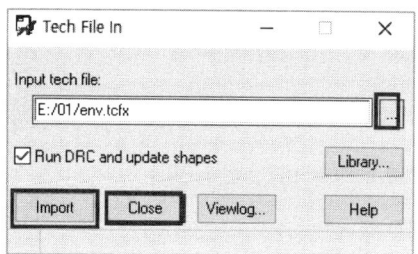

❽ 적용된 설정을 확인한다.

④ 속성 보기

(1) Show Element

❶ 메뉴의 Display 〉 Element를 선택한다. 또는 아이콘을 선택한다.

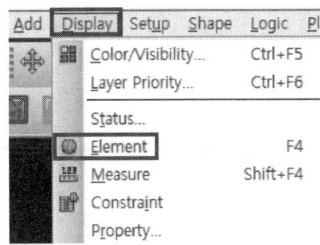

❷ 속성을 보고자 하는 개체를 선택하면 Report 창을 통해 확인할 수 있다.

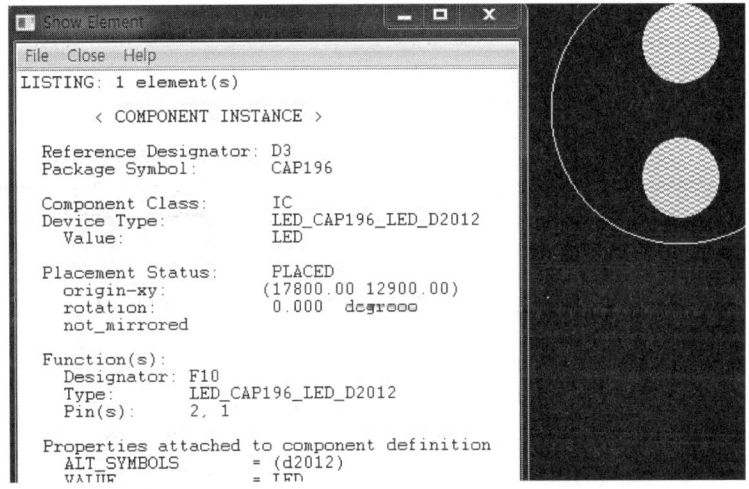

(2) Show Measure

❶ 메뉴의 Display 〉 Measure 또는 아이콘을 클릭한다.

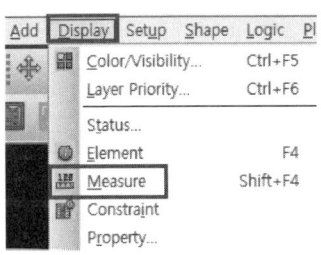

❷ 객체를 선택하면 길이 정보, 레이어 등을 Report를 통해 확인 할 수 있다.

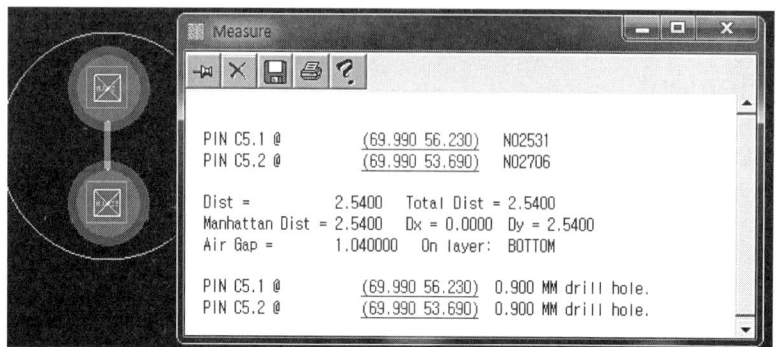

⑤ 유용한 설정

메뉴의 Setup 〉 User Preferences를 클릭한다.

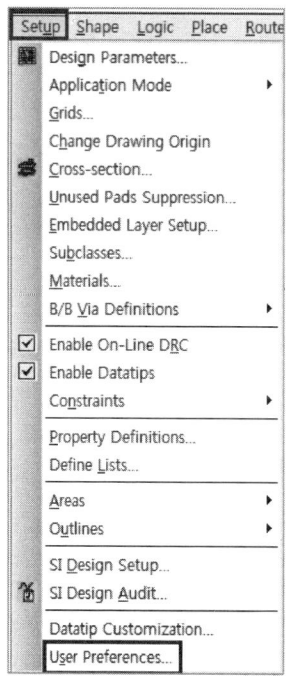
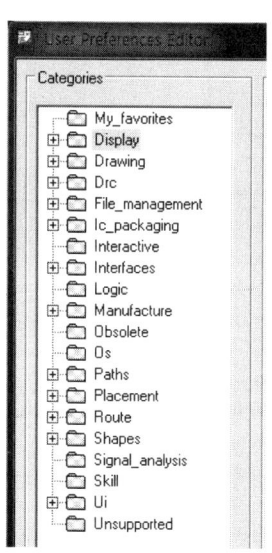

(1) Display › Cursor

- **infinite_cursor_bug_nt** : windows 7의 Aero theme 사용 시 문제 해결
- **pcb_cursor** : 커서의 모양을 결정(cross, infinite)
- **pcb_cursor_angle** : infinite(무한대) 시 각도를 설정(0 ~ 90)

(2) Display › Shape_fill › no_shape_fill

Shape의 면을 채우지 않는다.

(3) File_management › Autosave › 전체

- **autosave** : autosave 사용 여부
- **autosave_dbcheck** : 자동 저장 시 database의 error 확인
- **autosave_name** : 자동 저장될 때 파일 이름
- **autosave_time** : 반복으로 자동 저장할 시간 설정

(4) Paths › Library › padpath, psmpath

Pad(*.pad)와 Package Symbol(*.psm, *.fsm, *.ssm, *.osm, *.bsm)의 경로 추가한다.

2장 OrCAD PCB Editor • 43

(5) Ui > Input > no_dragpopup

[Ctrl] 키를 누르지 않고 마우스 오른쪽 버튼으로 Stroke를 그릴 수 있다.

(6) File_management > Output_dir > ads_sdart

Artwork 파일 생성 시 저장 경로를 생성하며, 경로에 파일이 생성된다.

(7) Manufacture > Artwork > artwork_under_line_width

Artwork 파일 생성 시 굵기가 지정되지 않은 reference나 라인의 굵기를 지정한다.

(8) UI - General

orcad_use_legacy_menu : OrCAD PCB Editor 메뉴를 Allegro PCB Editor 메뉴로 변경한다.

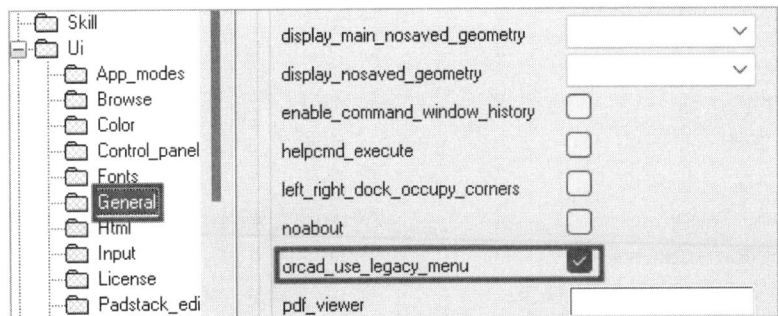

6 PCB Editor 단축키 설정

❶ 내 컴퓨터 〉 로컬 디스크(C:) 〉 Cadence 〉 SPB_17.2 〉 share 〉 pcb 〉 text 경로로 들어간다.

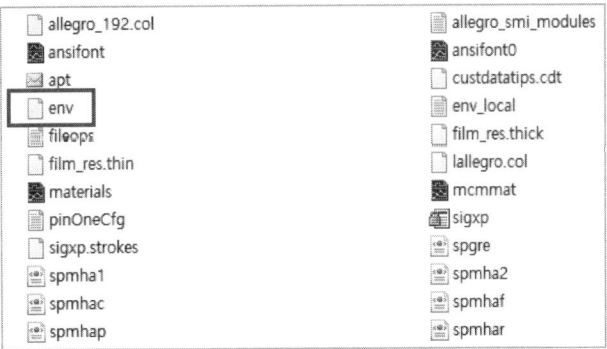

❷ 그림과 같이 env 파일을 찾아 워드 패드(메모장 등)로 파일을 연다.

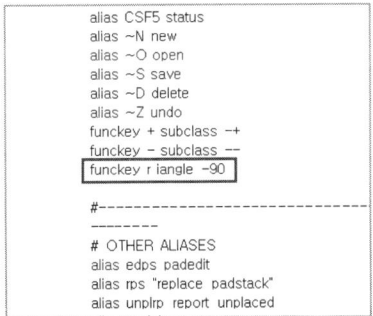

❸ funckey – subclass ––의 아랫줄에 funckey r iangle –90을 입력한 후 저장한다.
PCB Editor에서 단축키 R 키로 Rotate 기능을 사용할 수 있다.

【 작성 예 】	
funckey i zoom in	** 확대
funckey o zoom out	** 축소
funkey r iangle –90	** 회전
funckey m move	** 이동
funckey c copy	** 복사
funckey s pop swap	** Add Connect 시 Act/Alt 레이어를 변경
funckey 1 option subclass TOP	** 배선 시 TOP 레이어별 단축번호 지정
funckey 2 option subclass BOTTOM	** 배선 시 BOTTOM 레이어별 단축번호 지정

제2편 연습 문제 풀이

1장 OSCILLATOR 설계

1장 OSCILLATOR 설계

국가기술자격검정 실기시험문제

| 자격종목 | 전자캐드 기능사 | 과 제 명 | OSCILLATOR |

※ 시험시간 : 4시간 30분

1. 요구사항

※ 다음의 요구사항을 지급(지참)된 소프트웨어를 사용하여 시험시간 내에 완성합니다.

과제 1 : 회로설계(Schematic)

가. 주어진 회로를 확인하고, 지급된(본인이 지참한) 전자캐드 소프트웨어를 사용하여 회로(Schematic)를 설계합니다.

나. 지급된 소프트웨어에 있는 라이브러리를 사용하며, 그 외 필요한 라이브러리는 본인이 생성합니다.

다. 수험자의 회로설계 작업 파일폴더 및 파일명은 **자신의 비번호로 설정**하여 아래의 요구사항에 준하여 회로를 설계합니다.
  1) Page size는 A4(297mm × 210mm)로 균형 있게 작성합니다.
  2) 타이틀 블록(Title block)의 작성
     가) title : 작품명 기재(크기 14)
        예) OSCILLATOR
     나) Document Number : ELECTRONIC CAD와 시행일자 기입(크기 12)
        예) ELECTRONIC CAD, 20XX.XX.XX
     다) Revision : 1.0(크기 7)
  3) 사용하지 않는 부품 및 핀들은 설계 규칙 검사 시 에러를 유발하지 않도록 처리합니다.

4) 다음 지정된 네트의 이름을 정의하여 연결하거나, 지시사항에 따라 네트의 이름을 이용하여 연결합니다. (포트 활용 가능)

부품의 지정 핀	네트의 이름	부품의 지정 핀	네트의 이름
U3(LF356)의 2번과 R13 연결부	SIG	U2(LF356)의 6번과 R2 연결부	SIG

5) 지정하지 않은 설계조건은 일반적인 설계 규칙(KS 규격 등)을 적용하여 설계하며, 설계 규칙 검사항목은 기본값을 사용합니다.
6) 설계가 완료되면 설계도면과 PCB 설계를 위한 파일(네트리스트 등)을 생성합니다.
7) 새로운 부품(part) 작성 시 라이브러리의 이름은 자신의 비번호로 명명하고, 반드시 생성한 라이브러리 안에 저장합니다.

라. 지급된 소프트웨어에 있는 에러체크(ERC : Electronic Rule Check) 검사 기능을 이용하여 회로의 설계 규칙의 위반 유무를 감독위원에게 확인을 받은 후, 설계 규칙의 위반사항이 없을 시에는 다음 순서의 작업을 진행하도록 하고, **ERC 검사를 받지 아니한 경우 또는 ERC 검사를 통과하지 못한 경우 실격으로 처리합니다.** (단, 검사한 로그 파일을 디스크(HDD)에 저장합니다.)

마. 에러가 있는 경우 해당 지점의 부분을 수정하여 감독위원에게 재확인을 받습니다.

바. ERC 검사에서는 전기적인 선결선 상태, 전원 연결 상태, 부품의 연결 상태 등의 규칙을 검사하는 과정입니다. 이 검사를 통과된 후, PCB 설계 시 풋프린트(Footprint)가 정상적으로 입력된 상태에서 PCB 설계로 그 정보가 정확하게 넘어간 경우 전자캐드 소프트웨어를 사용하여 인쇄회로기판(PCB)을 설계합니다.

사. 설계가 완료된 회로도면은 시험의 종료 전까지 프린터로 제시된 용지의 규격과 동일하게 본인이 출력하여 제출합니다.

과제 2 : PCB 설계(Layout)

가. 과제 1에서 설계한 회로(Schematic)를 분석하여, 지급된(본인이 지참한) 전자캐드 소프트웨어를 사용하여 인쇄회로기판(PCB)을 설계합니다.

나. 부품은 지급된 소프트웨어에서 제공하는 기본 라이브러리의 부품을 사용하고, 그 외 부품은 제공된 데이터시트를 참고하여 본인이 부품을 생성합니다.

다. 수험자가 작성한 부품은 자신의 비번호로 명명한 라이브러리 파일 안에 저장합니다.
라. 수험자의 PCB 설계(Layout) 작업 파일명은 자신의 비번호로 설정하여 아래의 요구사항에 준하여 PCB를 설계합니다.
   1) 설계 환경 : 양면 PCB(2-Layer)
   2) <u>보드 사이즈는 70mm[가로] × 70mm[세로]</u>
      (치수보조선을 이용하여 보드 사이즈를 실크스크린 레이어에 표시하여야 하며, **실크스크린 이외의 레이어에 표시한 경우 실격처리됩니다.**)

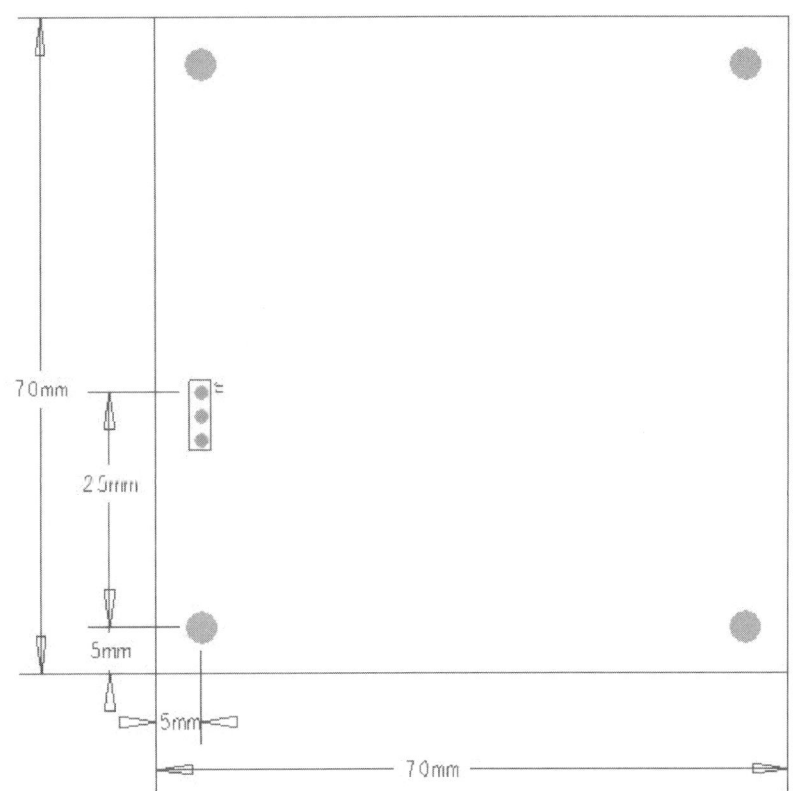

   3) 부품 배치 : 주요 부품은 다음 그림과 같이 배치하고, 그 외는 **임의대로 배치**합니다.
      가) 특별히 지정하지 않은 사항은 일반적인 PCB 설계 규칙에 준하며, 설계 단위는 mm 입니다.
      나) 부품은 TOP LAYER에만 실장하며, 부품의 실장 시 IC와 LED 등 극성이 있는 부품은 가급적 동일 방향으로 배열하도록 하고, 이격거리를 계산하여 배치합니다.

4) 부품의 생성
   가) 가급적 전자캐드 프로그램에서 제공하는 라이브러리를 사용하되 필요시에는 부품을 작성하도록 하며, 부품의 생성 시 각 부품의 데이터에서 제공하는 규격에 맞게 작성합니다.
   나) 제공된 부품도를 참고하여 정확한 부품을 사용합니다.
   다) 풋 프린터(Foot Print) 작성 시 데이터시트를 참조하여 MIN ~ MAX 사이의 값으로 사용합니다.

부품명	단자 접속도(단위 : mm)
LF356	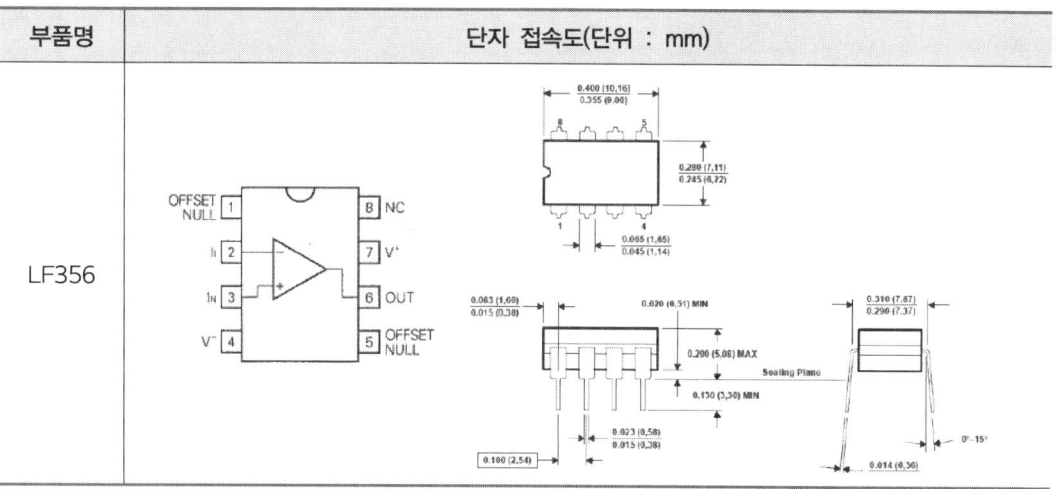

5) 네트(NET)의 폭(두께) 설정
   가) 정의된 네트의 폭에 따라 설계하시오.

네트명	두께
+12V, GND	1mm
그 외 일반 선	0.5mm

6) 배선(Routing)
   가) 배선은 양면 모두에서 진행하되 자동배선(Auto routing)은 사용할 수 없으며, **자동 배선 시 실격처리**됩니다.
   나) 배선경로는 최대한 짧게 하되 100% 배선하며, 직각 배선은 하지 않도록 합니다.
7) 기구 홀(Mounting Hole)의 삽입
   가) 보드 외곽의 네 모서리에 직경 3Φ의 기구 홀을 삽입하되 각각의 모서리로부터

5mm 떨어진 지점에 배치하고(위 부품배치 그림 참고), 비전기적(Non-Electrical) 속성으로 정의하며, 기구 홀의 부품 참조 값은 삭제합니다.

8) 실크 데이터(Silk data)
   가) 실크 데이터의 부품 번호는 한 방향으로 보기 좋게 정렬하고, 불필요한 데이터는 삭제합니다.
   나) 다음의 내용을 보드 상단 중앙에 위치시킵니다.
   (OSC)
   (line width : 0.3mm, height : 3mm)

9) 카퍼(Copper Pour)의 설정
   가) 보드의 카퍼 설정은 Bottom Layer에만 GND 속성의 카퍼 처리를 하되, 보드 외곽으로부터 5mm 이격을 두고 실시하며, 모든 네트와 카퍼와의 이격거리(Clearance)는 0.5mm, 단열판과 GND 네트 사이 연결선의 두께는 0.5mm로 설정합니다.

10) DRC(Design Rule Check)
    가) 모든 조건은 default 값(Clearance : 0.254mm)에 위배되지 않아야 합니다. PCB 설계 규칙의 위반사항이 없을 시에는 다음 순서의 작업을 진행하도록 하고, **DRC 검사를 받지 아니한 경우 또는 검사를 통과하지 못한 경우 실격처리됩니다.** (단, 검사한 로그 파일은 디스크(HDD)에 저장합니다.)

11) PCB 제조에 필요한 데이터의 생성
    가) 양면 PCB 제조에 필요한 데이터 파일(거버 데이터(RS274-X) 등)을 빠짐없이 생성하고 저장장치(HDD)에 비번호로 저장한 폴더 및 작업한 파일을 저장합니다.
    나) 지급된 소프트웨어에 있는 DRC(Design Rule Check) 이용하여 PCB의 설계 규칙 여부를 감독위원에게 확인받고, 이동식 저장장치에 작업한 폴더를 저장하여 감독위원 PC로 이동합니다. **(이동식 저장장치에 작업 파일을 제출 후에는 작품의 수정이 불가능하니 신중하게 작업 후 최종 제출하여야 하며, 파일 제출 후 작품 수정 시에는 부정행위자로 간주하여 실격처리됩니다.)**
    다) 작품 출력 시에는 감독위원이 입회하고 수험자는 회로도와 PCB 제조에 필요한 데이터 파일(거버 데이터 등)을 실물(1:1)과 같은 크기로 출력합니다. (실물과 다르게 출력한 경우 실격처리)

마. 에러가 있는 경우 해당 지점의 부분을 수정하여 감독위원에게 재확인을 받습니다.

바. 데이터시트(특별히 데이터시트가 필요한 경우에 제공)를 참고하여 설계합니다.

2. 수험자 유의사항

1) 미리 작성된 라이브러리 또는 회로도 등은 일체 사용을 금합니다.

2) 시험위원의 지시에 따라 실행 순서를 준수하고, 시험위원의 지시가 있기 전에 전원을 ON-OFF 시키거나 검정시스템을 임의로 조작하여서는 안 됩니다.

3) **시험 중 USB 저장장치를 주고받는 행위나 시험 관련 대화는 부정행위로 처리**하며 시험 종료 후 하드 디스크에서 작업 내용을 삭제해야 합니다.

4) 출력물을 확인하여 **동일 작품이 발견될 경우 모두 부정행위자로 간주하여 실격처리됩니다.**

5) 만일의 장비고장 또는 정전으로 인한 **자료손실을 방지하기 위하여 수시로 저장(Save)합니다.**

6) 도면에서 표시되지 않은 규격은 데이터 북에서 가장 적당한 것을 선정하여 해당 규격으로 생성하고 라이브러리의 이름은 자신의 비번호를 명명하여 저장합니다.

7) 수험자의 회로설계, PCB 설계 작업 폴더명은 자신의 비번호로 설정해서 작업을 진행합니다.

8) 회로설계, PCB 설계 작업 시 ERC 또는 DRC 검사는 감독위원에게 반드시 확인을 받습니다. (각 과제에 해당하는 검사를 **받지 아니한 경우 또는 통과하지 못한 경우 실격처리**되고, 검사한 로그 파일은 디스크에 저장하여 최종 제출 시 함께 저장하여 제출토록 합니다.)

9) 시험과 관련된 파일 및 폴더는 이동식 저장장치에 저장하고, 감독위원 입회하에 본인이 출력한 출력물과 함께 제출합니다. **(단, 작업의 인쇄 출력물(가로 인쇄기준)마다 수험번호와 성명을 좌측 하단에 기재한 후 감독위원의 확인(날인)을 꼭 받습니다.)**

10) **이동식 저장장치에 작업 파일을 제출한 후에는 작품의 수정이 불가능하니 신중하게 작업 후 최종 제출바랍니다. (파일 제출 후의 작품 수정 시에는 부정행위자로 간주하여 실격처리됩니다.)**

11) 답안 출력이 완료되면 **"수험진행사항 점검표"**의 답안지 매수란에 수험자가 매수를 확인하여 기록하고, 감독위원의 확인을 꼭 받습니다.

12) **수험진행사항 점검표 작성은 흑색 필기구만 사용해야 하며**, 그 외 연필류, 빨간색, 청색 등 필기구 및 수정테이프(액)를 사용해 작성한 수험진행사항 점검표는 0점 처리되오니 불이익을 당하지 않도록 유의해 주시기 바랍니다.

13) 수험진행사항 점검표 정정 시에는 정정하고자 하는 단어에 두 줄(=)을 긋고 다시 작성하시기 바랍니다.

14) 요구한 작업을 완료한 후 이동식 저장장치에 작업 파일을 제출하고, 인쇄 출력물을 지정한 순서(회로도면, 실크 면, TOP 면, BOTTOM 면, Solder Mask TOP 면, Solder Mask BOTTOM 면, Drill Draw)에 의거 편철하여 제출한 경우에만 채점 대상에 해당합니다.

15) **출력물의 답안 편철을 위하여 회로도면(가로 기준) 좌측하단의 모서리 부분에는 설계를 하지 않습니다.**

16) 이동식 저장장치에 작업한 폴더의 저장시간과 작품의 출력시간은 시험시간에 포함되지 않습니다.

17) 문제지는 비번호 기재 후 반드시 제출합니다.

18) 수험자는 작업 전에 간단한 몸 풀기 운동을 실시 후에 시험에 임합니다.

19) 시험 과제의 회로도는 정상 동작과는 무관함을 알려드립니다. (패턴설계의 수행 능력을 판단하기 위해서 회로도를 임의로 구성한 것입니다.)

20) 다음 〈채점 제외(불합격 처리) 대상〉에 해당하는 작품은 채점하지 아니하고 불합격 처리합니다.

───── 〈채점 제외(불합격 처리) 대상〉 ─────

○ 기권
  – 수험자 본인이 수험 도중 시험에 대한 포기 의사를 표현하는 경우

○ 실격
  – 수험자가 기계조작 미숙 등으로 계속 작업 진행 시 본인 또는 타인의 인명이나 재산에 큰 피해를 가져올 수 있다고 시험위원이 판단할 경우
  – 부정행위의 작품일 경우
  – 설계 완성도가 0인 경우
    ① 회로설계에서 부품 배치 및 네트 연결이 미완성인 경우
    ② PCB 설계에서 부품 배치 및 배선이 미완성인 경우
  – 출력하지 못한 경우
    ① 회로도를 출력하지 못한 경우
    ② PCB 제조에 필요한 거버 데이터를 1개 이상 출력하지 못한 경우

○ 오작
  – 조립한 작품의 동작이 되지 않는 경우
  – 요구사항을 준수하지 않은 작품을 제출한 경우
    1) 회로설계(Schematic) 요구조건과 다른 경우
        ① 접점이 누락된 경우
        ② 네트가 누락된 경우
        ③ 네트 연결이 잘못된 경우
        ④ 부품이 누락된 경우 등
    2) PCB 설계(Layer) 요구조건과 다른 경우
        ① 설계 레이어(2-Layer)가 다른 경우
        ② 보드 크기가 다른 경우
        ③ 부품이 초과하거나 누락된 경우
        ④ 고정부품 배치가 정확하지 않는 경우
        ⑤ 카퍼(동막)가 누락된 경우
        ⑥ 보드 사이즈를 지정된 레이어에 생성하지 않은 경우
        ⑦ 실크 데이터를 지정된 레이어에 생성하지 않은 경우
        ⑧ 거버 데이터(Gerber data)를 실물(1:1)로 출력하지 않은 경우
  – 출력 결과물(데이터)을 이용하여 PCB 및 제품의 제조 시 불량의 원인이 되는 경우
    ① PCB 외곽선 정보가 누락된 경우
    ② 각종 실크 데이터와 패드가 겹치는 경우
    ③ 부품 데이터와 핀의 배열이 다른 경우
    ④ 부품 또는 PCB에 전원 공급이 되지 않는 경우 등
  – 기타 요구사항의 실격에 해당하는 경우

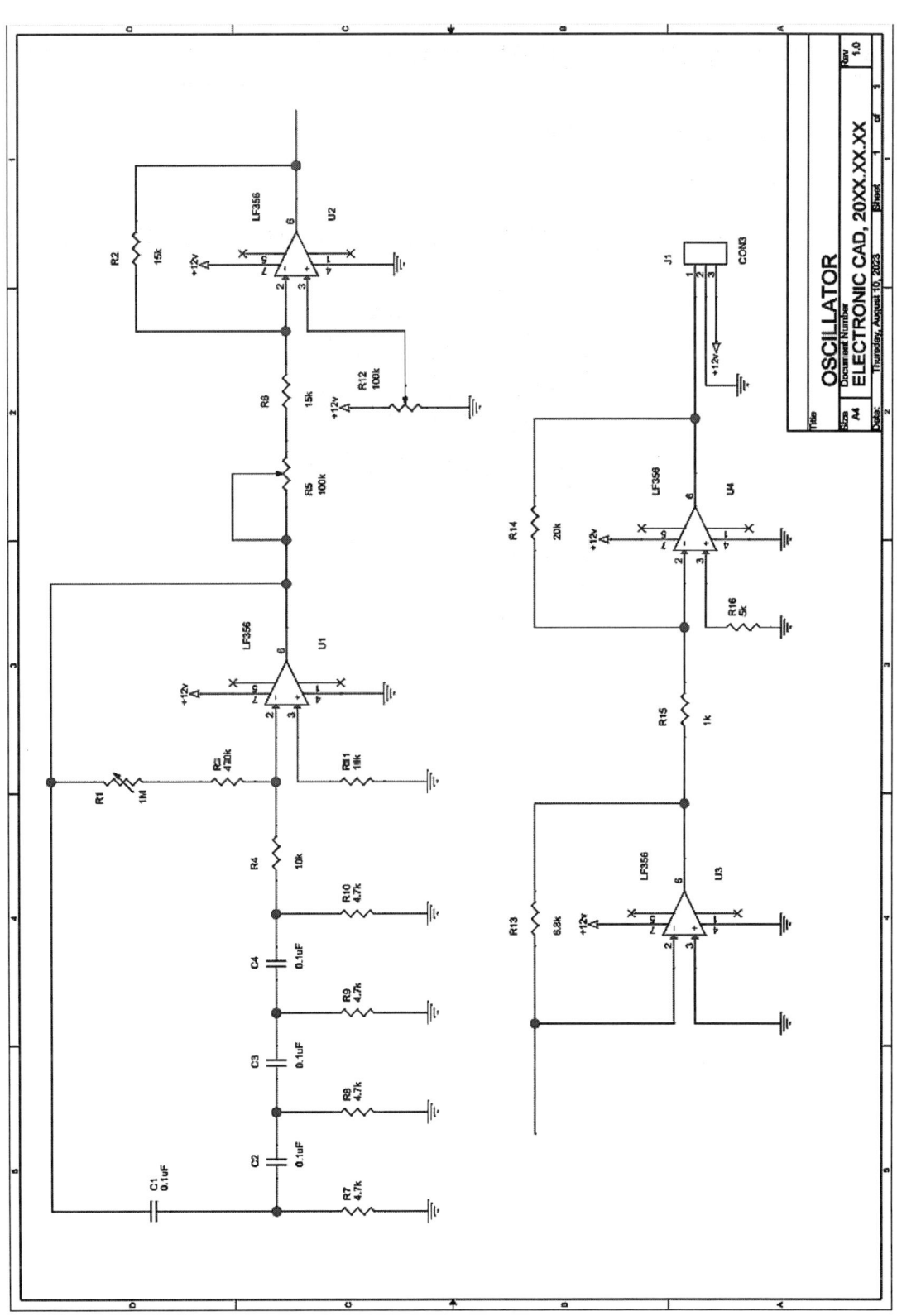

❶ Schematic - 회로도면 설계

(1) 프로젝트 시작 및 환경 설정

1) 새 프로젝트 시작

회로도 작성을 시작하기 위해 시작 〉 모든 앱 〉 Cadence Release 17.2-2016 〉 Capture를 실행한다.

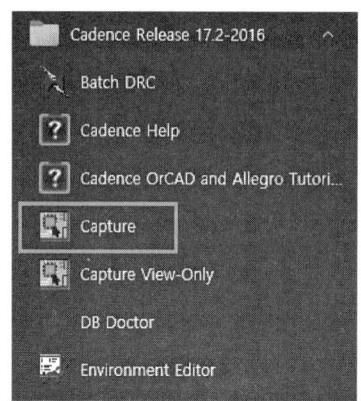

프로그램 실행 후 새 프로젝트를 시작하기 위해 메뉴에서 File 〉 New 〉 Project를 선택 또는 시작 페이지 창(Start Page Window)의 New Project를 선택한다.

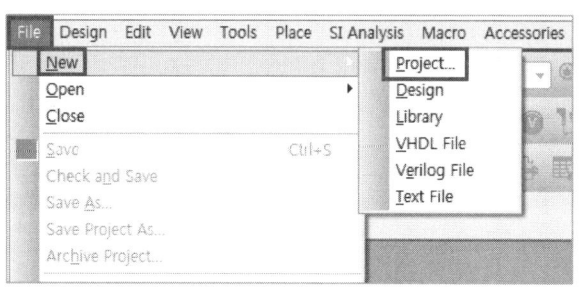

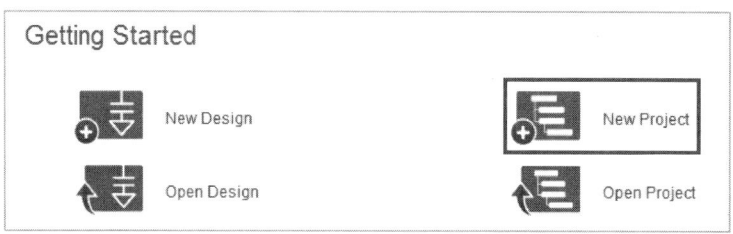

다음과 같이 New Project 창이 열리면 Name, Create a New Project Using, Location 등을 아래와 같은 순서로 설정할 수 있다.

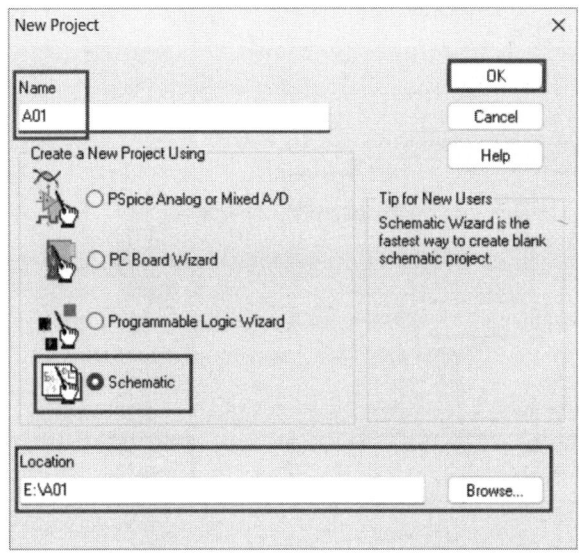

❶ Name 칸에 설계할 회로의 이름을 입력한다. (예 : A01(자신의 비번으로 설정))

❷ Create a New Project Using에서 회로도면 설계를 위한 캡처를 사용하기 위해 Schematic 을 선택한다.

❸ 설계 파일을 저장할 경로를 지정하는 창으로서, 프로젝트 명이나 자신의 비번호를 저장 경로 명으로 입력한다. Location Browse 버튼을 선택한 후, 저장할 드라이브를 선택하고 폴더를 클릭하여 경로를 설정할 수 있다.

❹ 모든 설정이 완료 후 OK 버튼을 클릭하여 새 프로젝트를 시작한다.

> **TIP 프로젝트명 및 저장 경로 설정 시 주의사항**
>
> - 프로젝트명 및 저장 경로는 영문, 숫자, Under Bar(_), Hyphen(-)을 사용한다.
> - 프로젝트명 및 저장 경로는 한글 이름 및 특수 문자를 사용하면 레이아웃 설계에서 에러가 발생하므로 한글 이름 및 특수 문자를 사용하지 않는다.

2) 환경 설정

다음과 같이 Options 메뉴에서 회로도면 작성 전 기본적인 환경 설정을 할 수 있다.

❖ Grid Display 설정하기

다음과 같이 메뉴에서 Options 〉 Preference를 선택한다.

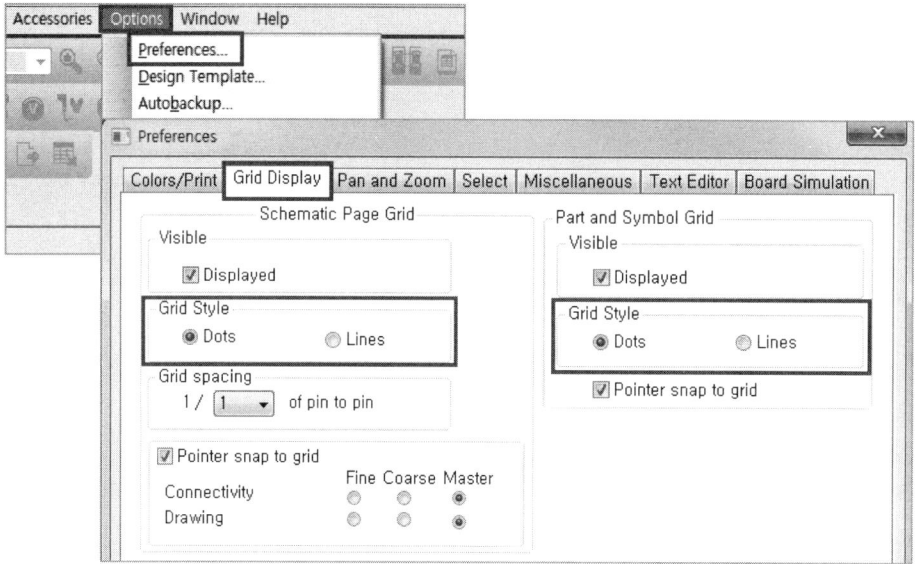

❶ 팝업 창이 뜨면 Grid Display 탭을 설정한다.

❷ Schematic Page Grid와 Part and Symbol Grid 부분의 Grid Style에서 Dots 또는 Lines 중 선택한다.

❸ 설정 후 확인 버튼을 클릭한다.

❖ Junction Dot Size 설정하기

Junction Dot Size를 설정하기 위해 다음과 같이 메뉴에서 Options 〉 Preference를 선택한다.

❶ 팝업 창이 뜨면 Miscellaneous 탭을 설정한다.

❷ Junction Dot Size 부분에서 크기를 Large로 선택한다.

❸ 설정 후 확인 버튼을 클릭한다.

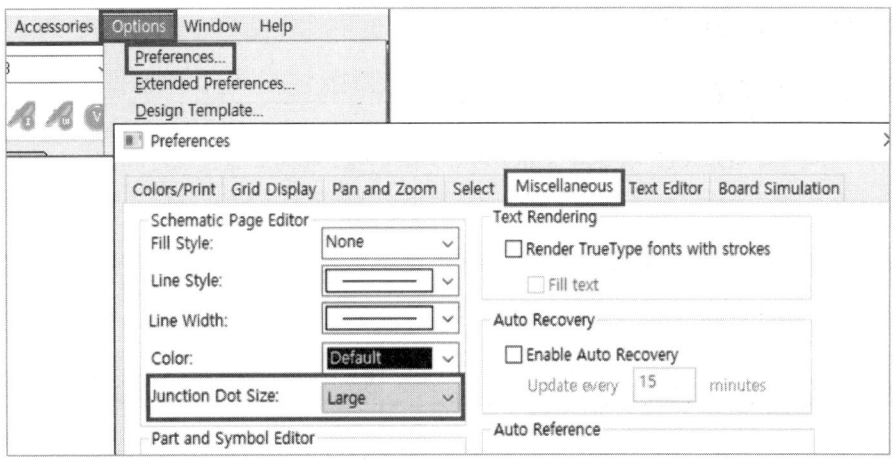

❖ Auto backup 설정하기

Auto backup 설정하기 위해 다음과 같이 메뉴에서 Options 〉 Autobackup을 선택한다.

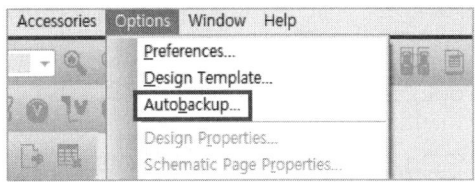

Muti-level Backup settings 팝업 창이 뜨면 다음과 같이 설정한다.

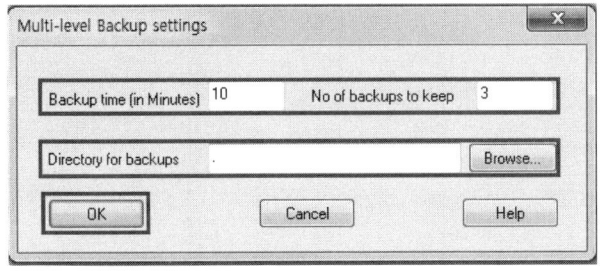

❶ Backup time[in Minuties] : Backup을 분 단위로 설정한다. (기본 : 10분으로 설정)

❷ No of backups to keep : Backup file 개수를 설정한다. (기본 : 3으로 설정)

❸ Directory for backups : Browse 버튼을 선택하여 Backup 경로를 설정한다. (기본 : 프로젝트 작업 경로로 설정)

❹ 설정 후 OK 버튼을 클릭한다. (백업 파일의 확장자는 *.DBK로 *.DBK를 *.DSN으로 바꾸어 최근에 저장된 회로도를 사용할 수 있다.)

❖ Schematic Page 설정하기

과제 1의 다항 1)번 : Page size는 A4(297mm × 210mm)로 균형 있게 작성

현재 작업 중인 Page에만 적용되는 환경 설정으로, Page가 활성화된 상태에서 메뉴의 Options 〉 Schematic Page Properties를 선택한다.

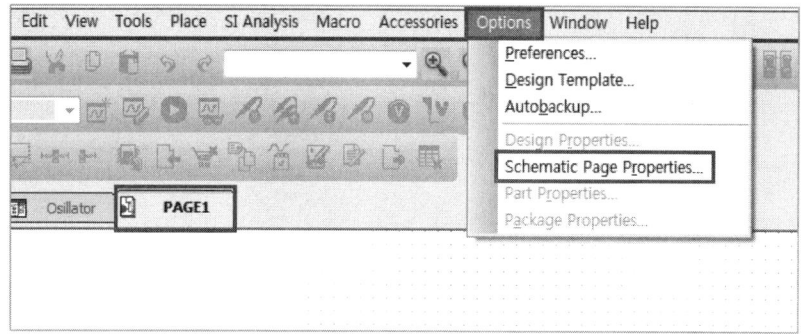

Schematic Page Properties 팝업 창이 뜨면 다음과 같이 설정한다.

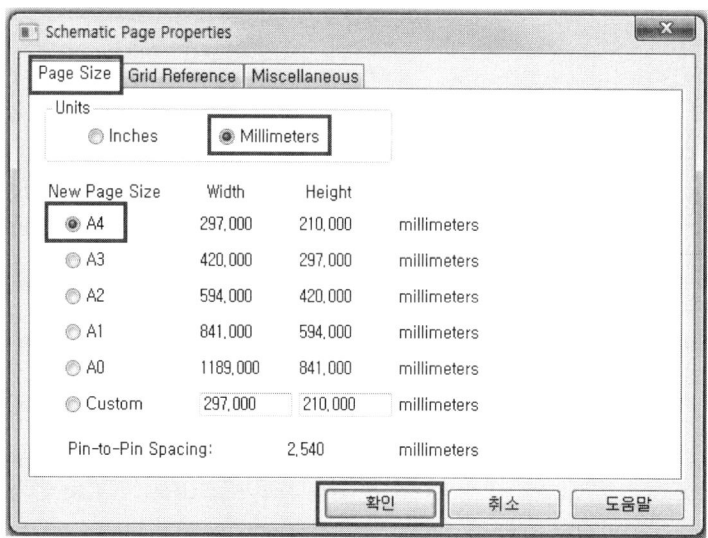

❶ Page Size 탭을 선택한다.

❷ 설계 도면의 단위를 설정하기 위해 Units을 Millimeters로 선택한다.

❸ 설계 도면의 크기를 선택하기 위해 New Page Size를 A4로 선택한다.

❹ 설정 후 확인 버튼을 클릭한다.

❺ Page 환경 설정이 끝난 뒤 우측 하단에 있는 Title Block의 Size 부분이 A4로 설정되어 있는지 확인한다.

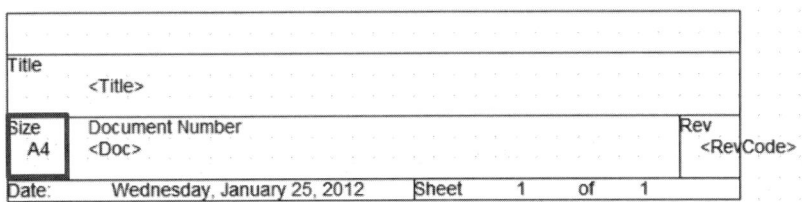

(2) 회로도 그리기

1) Title Block 작성

Title Block은 비전기적 속성으로 도면 제목, 부서 이름, 주소, 도면 번호 등 프로젝트의 정보를 입력할 수 있다. 다음 요구사항에 준하여 도면의 Title Block을 작성한다.

> • 요구사항
>
> 과제 1의 다항 2)번 타이틀 블록(Title Block)의 작성
> - Title에 작품명 기재(크기 14)
>   예) OSCILLATOR
> - Document Number에 ELECTRONIC CAD와 시행일자 기입(크기 12)
>   예) ELECTRONIC CAD, 20XX.XX.XX
> - revision : 1.0(크기 7)

❖ Title 작성

회로도의 우측 하단에 Title Block의 〈Title〉를 선택 후 RMB(오른쪽 마우스 버튼)를 클릭한다. 팝업 메뉴 중 Edit Properties를 선택한다. (또는 〈Title〉을 더블클릭한다.)

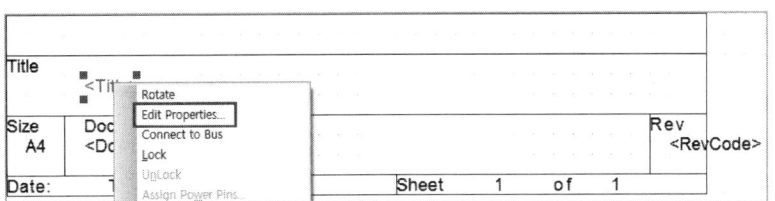

❶ Value에 CONTROL BOARD를 입력한다.

❷ Font에 Change를 누른 후 글꼴에서 크기 14를 선택 후 확인을 선택한다.

❸ OK 버튼을 눌러 설정을 완료한다.

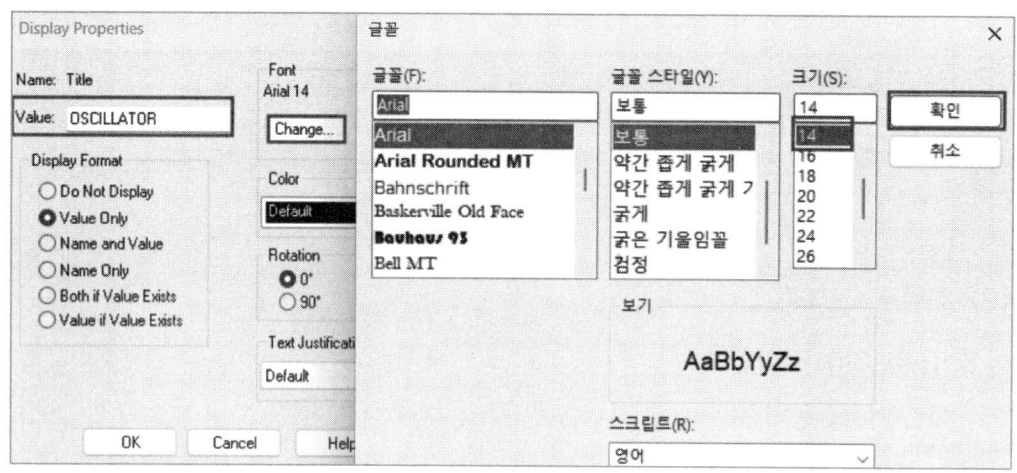

❖ Document 기입

회로도의 우측 하단에 Title Block의 〈Doc〉을 선택 후 RMB(오른쪽 마우스 버튼)를 클릭한다. 팝업 메뉴 중 Edit Properties를 선택 후 다음과 같은 순서로 입력할 수 있다. (또는 〈Doc〉을 더블클릭한다.)

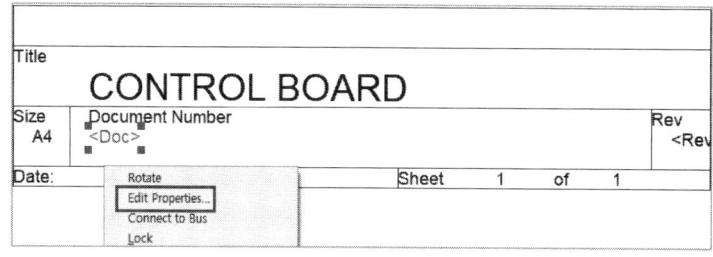

❶ Value에 ELECTRONIC CAD, 20XX.XX.XX를 입력한다.

❷ Font에 Change를 누른 후 글꼴에서 크기 12를 선택 후 확인을 선택한다.

❸ OK 버튼을 눌러 설정을 완료한다.

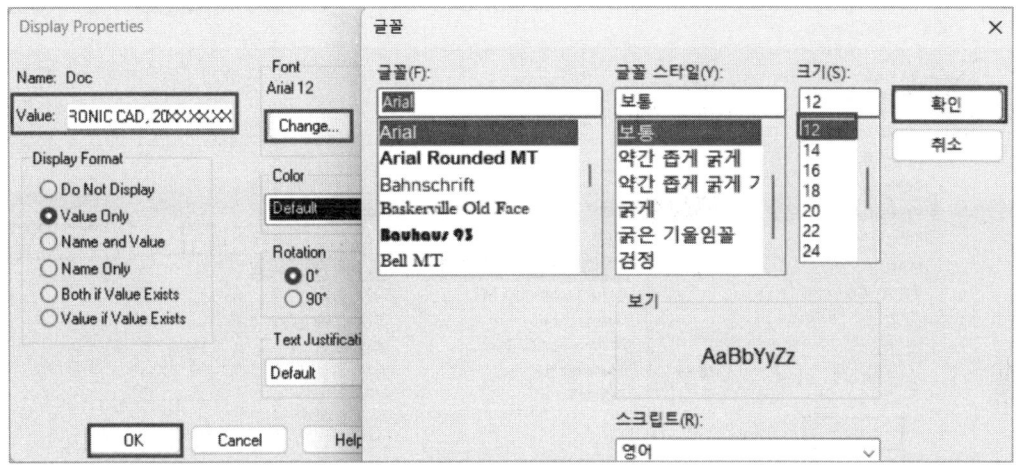

❖ Revision 기입

회로도의 우측 하단에 Title Block의 〈RevCode〉를 선택 후, RMB을 클릭한다. 팝업 메뉴 중 Edit Properties를 선택 후 다음과 같은 순서로 입력할 수 있다. (또는 〈RevCode〉를 더블클릭한다.)

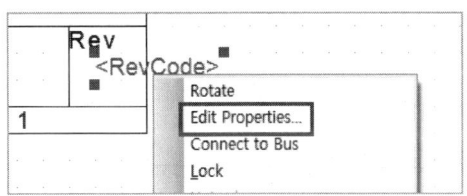

❶ Value에 1.0을 입력한다.

❷ Font에 Change를 누른 후 글꼴에서 크기 7을 선택 후 확인을 선택한다.

❸ OK 버튼을 눌러 설정을 완료한다.

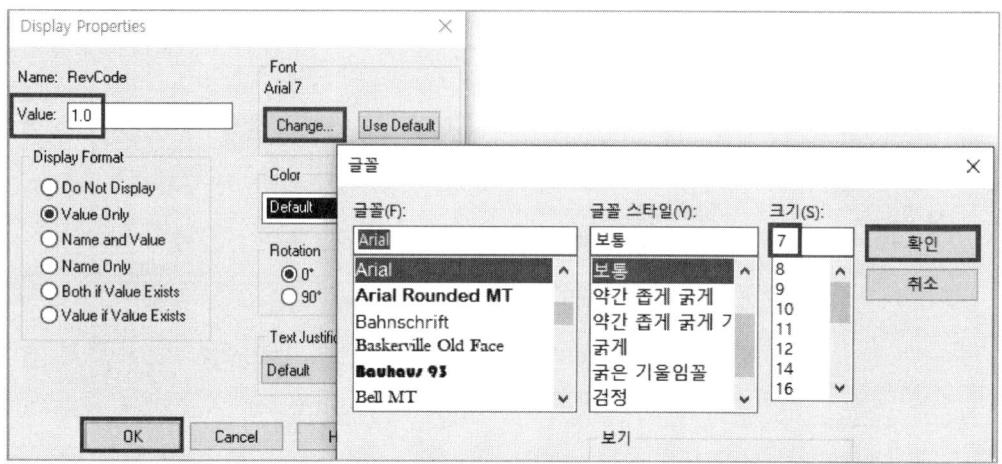

2) Library 등록(추가)

OrCAD Capture에 있는 라이브러리를 사용함을 원칙으로 하며 회로도면 작성 전 기본 Library를 등록하여 사용한다. (경로 : C:\Cadence\SPB_17.2\tools\capture\library)

메뉴에서 Place 〉 Part를 선택하거나, 오른쪽 툴 팔레트의 아이콘을 클릭한다. (단축키 : P)

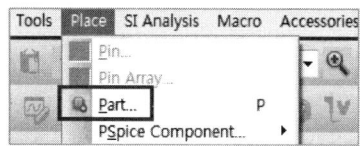

Place Part 창의 Library 항목의 Add Library 버튼을 클릭한다. Browse File창에서 Library 폴더의 모든 파일을 선택한 후 추가한다. (단축키 : Ctrl + A)

그림과 같이 Library가 등록되었지만 스크롤 바를 움직여 보면 Design Cache가 선택되어 지지 않은 것을 볼 수 있다. Ctrl + LMB(왼쪽 마우스 버튼)를 클릭하거나, 모든 Library를 Drag하여 추가로 선택한다.

3) 부품 불러오기

메뉴에서 Place Part(단축키 : P)를 선택하거나 오른쪽 툴 팔레트의 아이콘을 클릭한다.

❶ Part 대화 상자에 Part명을 입력한다.

❷ Part List에서 원하는 Part를 선택한 후에 Enter↵ 버튼(또는 : Place Part 아이콘)을 클릭하여 부품을 불러온다.

❸ Part가 선택되면 마우스 커서에 따라다니며 원하는 위치에 클릭함으로써 부품을 회로도면 내에 배치할 수 있다.

❹ 부품 배치를 완료되면 RMB 팝업 메뉴 중 End Mode(또는 Esc 버튼)를 클릭하여 종료한다.

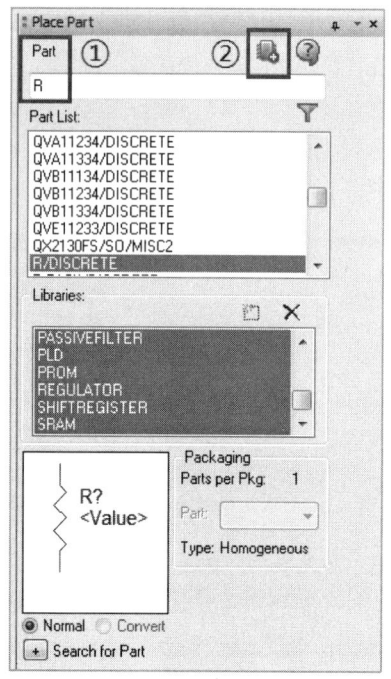
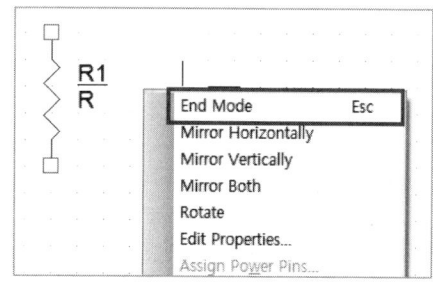

4) 회전하기

❖ 90° 회전

회전시키고자 하는 부품을 클릭 후 RMB 팝업 메뉴 중 Rotate(단축키 : R)를 선택하면 그림과 같이 반시계 방향으로 부품을 회전하여 배치할 수 있다.

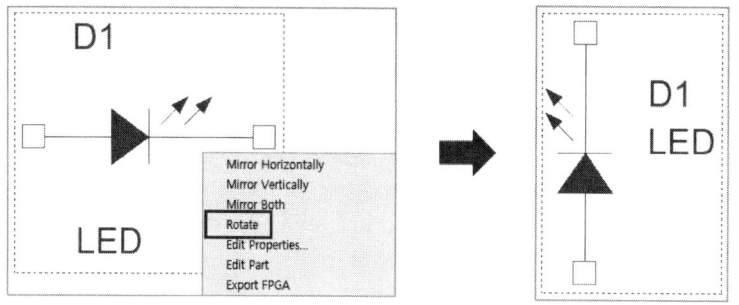

❖ 부품 수평 회전

회전시키고자 하는 부품을 클릭 후 RMB 팝업 메뉴 중 Mirror Horizontally(단축키 : H)를 선택하면 그림과 같이 좌우 반전된 부품을 배치할 수 있다.

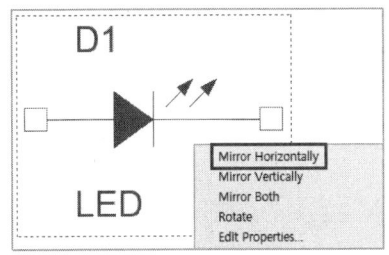 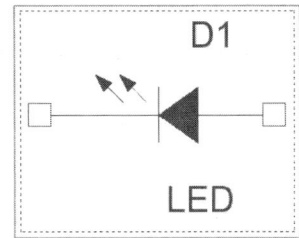

❖ 부품 수직 회전

회전시키고자 하는 부품을 클릭 후 RMB 팝업 메뉴 중 Mirror Vertically(단축키 : V)를 선택하면 그림과 같이 상하 반전된 부품을 배치할 수 있다.

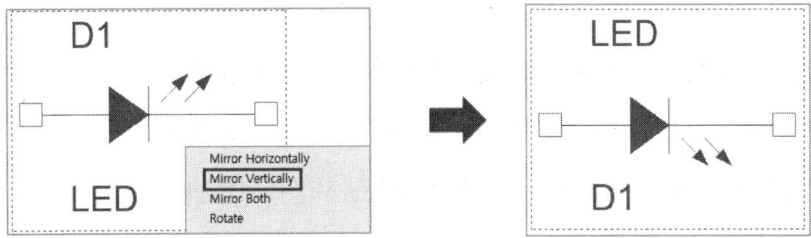

❖ 부품 수평 대칭 회전

회전시키고자 하는 부품을 클릭 후 RMB 팝업 메뉴 중 Mirror Both를 선택하면 그림과 같이 상하 반전된 부품을 배치할 수 있다.

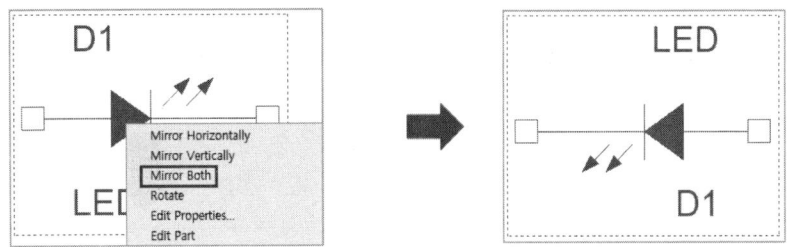

5) 부품 수정

회로도면에 나와 있는 부품과 제공되는 부품이 다를 경우 부품 편집기를 이용하여 부품을 수정할 수 있다.

❖ LF356 부품 수정

메뉴에서 Place Part를 선택하거나 오른쪽 툴 팔레트의 🔲 아이콘을 클릭한 후 Part 창에서 LF356을 입력하여 부품을 불러온다. LF356 부품을 주어진 회로에 맞게 수정(편집)하기 위해 RMB 팝업 메뉴 중 Edit Part를 선택한다.

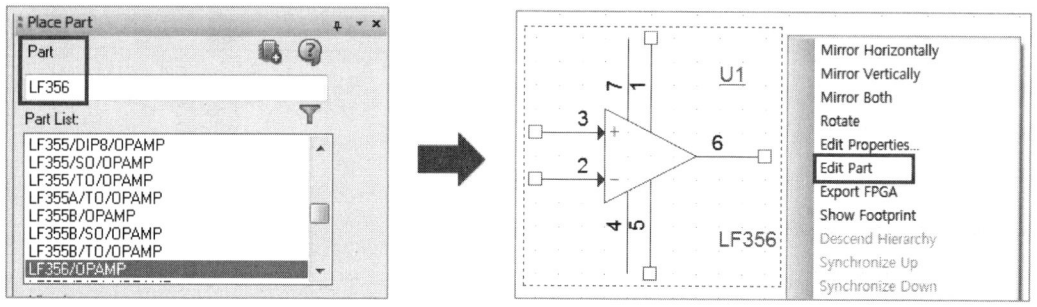

Edit Part에서 다음 순서와 같이 LF356 부품을 수정할 수 있다.

❶ 7번 핀을 마우스로 Drag하여 그림과 같이 5번 핀 옆으로 이동한다.

❷ 4번 핀을 마우스로 Drag하여 앞서 이동한 7번 핀 자리로 이동한다.

❸ 7번 핀을 마우스로 Drag하여 앞서 이동한 4번 핀 자리로 이동한다.

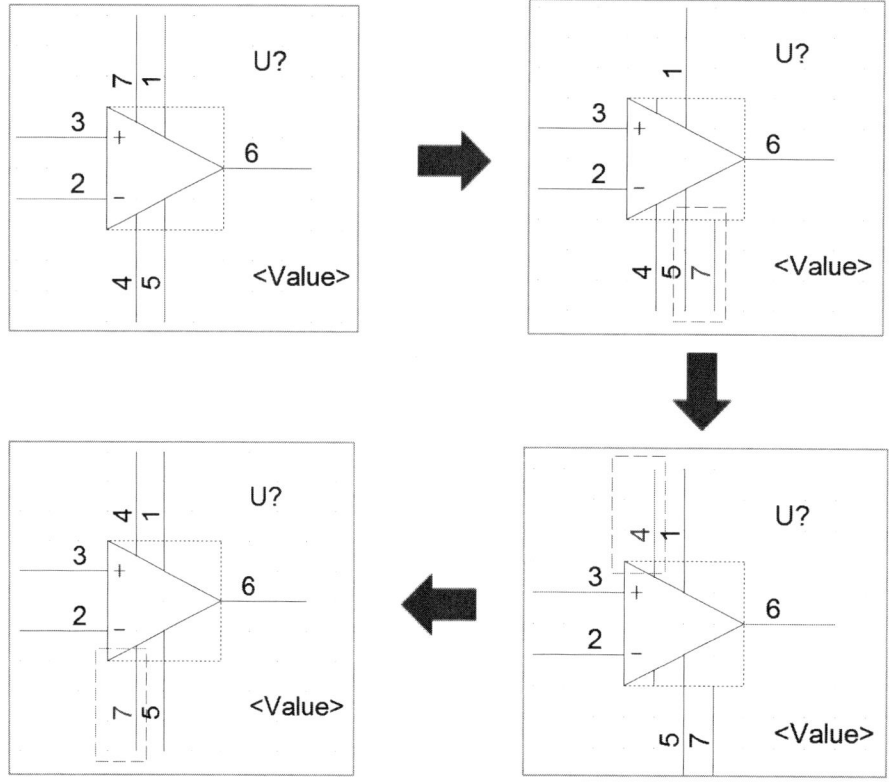

❹ 부품 편집 완료 후, 그림과 같이 현재 Tab(Edit Part)에서 RMB 팝업 메뉴 중 Close를 선택한다. (또는 File 〉 Close를 선택한다.)

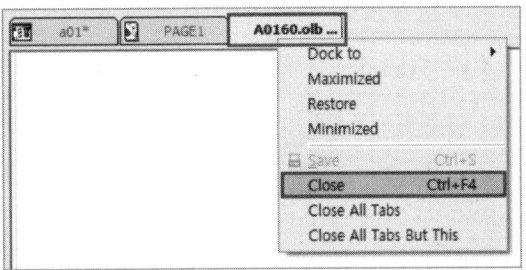

❺ Edit Part 탭을 닫으면 다음과 같이 Save Part Instance 창이 열리며, 부품을 저장할 수 있다.

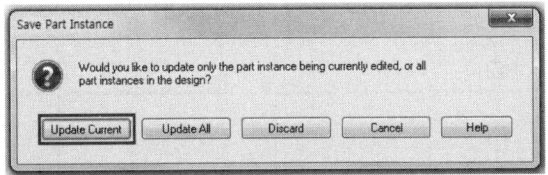

버튼	설명
Update Current	현재 편집한 부품만 Update
Update All	도면의 동일 부품 모두를 Update 적용
Discard	현재 작업한 내용을 취소하고 도면으로 복귀
Cancel	Edit Part 창의 종료를 취소

❻ Schematic page 창으로 복귀된 LF356 부품을 클릭하여 Mirror Vertically(V)를 실행하여 부품을 상하 변경하여 수정을 완료한다.

✓ 회로도면에 LF356을 하나만 불러와 수정한 후, 나머지 2개 부품들은 복사하여 붙여넣기를 하면 된다.

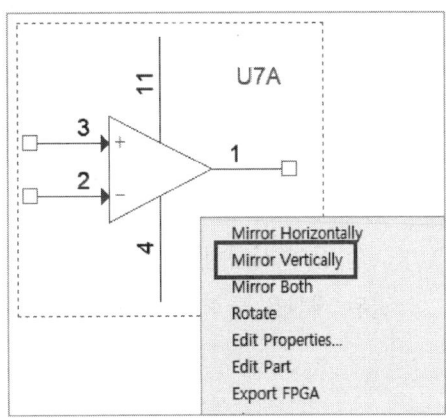

6) 부품 배치하기

Part List 표를 참고하여 회로도의 부품 배치를 완료할 수 있다.

Part Name	Part Symbol	Part Name	Part Symbol
LF356	U? LF356 (7,2,3,4 / 5,6)	CON3	J? CON3 (1,2,3)
Resistor(R)	R? RESISTOR	RESISTOR VAR 2	R? RESISTOR VAR 2
Cap np	C? CAP NP	RESISTOR VAR	VR? RESISTOR VAR

7) 배선작업

❖ 배선하기

부품 배치 후 배선을 하기 위해 메뉴의 Place > Wire를 선택하거나, 오른쪽 툴 팔레트의 아이콘을 클릭한다. (단축키 : W)

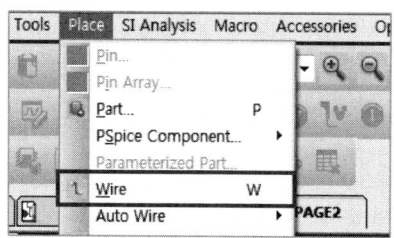

핀 끝의 사각형 모양을 클릭한 뒤 다른 핀 끝의 사각형 모양을 클릭하거나 핀 끝에서 연결된 배선을 클릭하여 전기적으로 선을 연결할 수 있다.

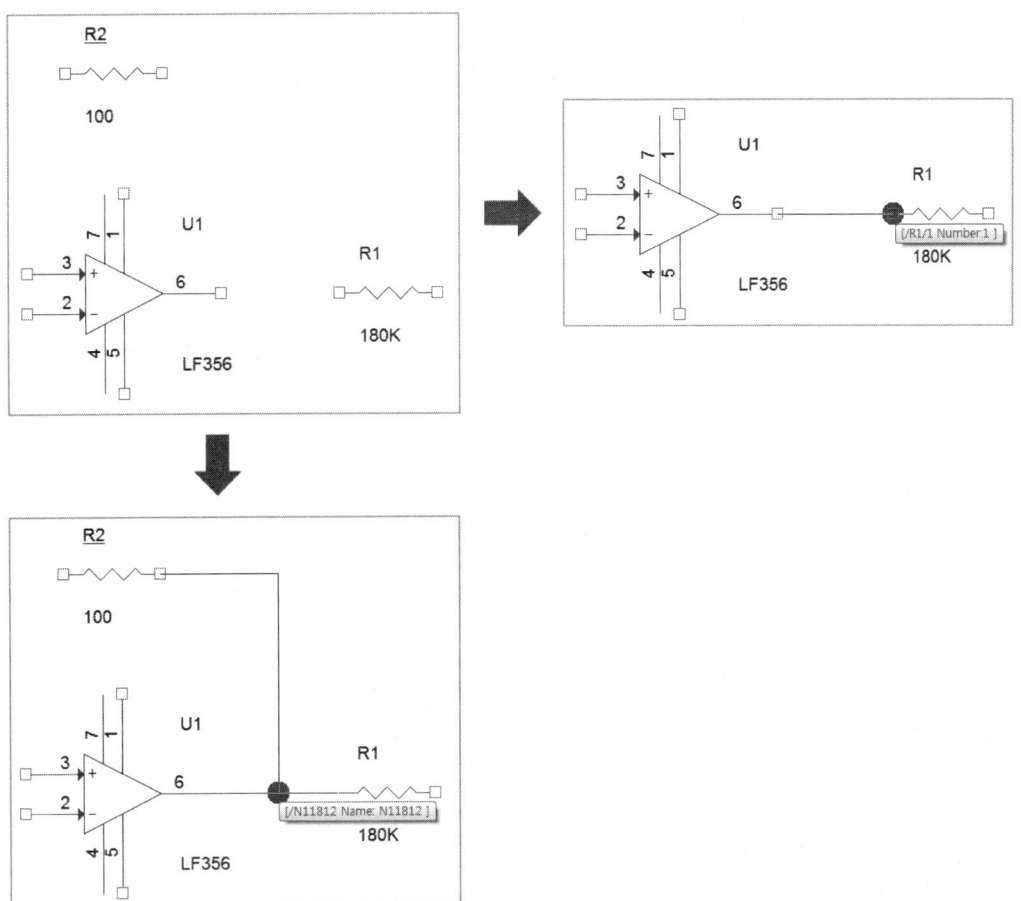

TIP Auto Wire - Two Points 사용

메뉴 Place > Auto Wire > Two Points 또는 오른쪽 툴 팔레트 아이콘을 선택한다.

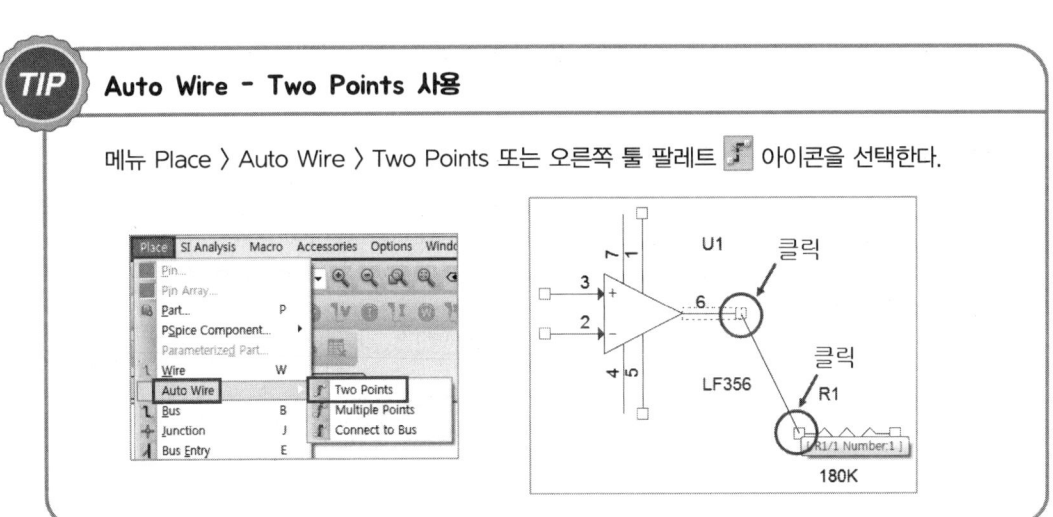

❖ 배선 시 주의 사항

배선 시 부품의 위치 수정 및 이동을 위해 핀과 핀의 직접적인 연결은 피한다.

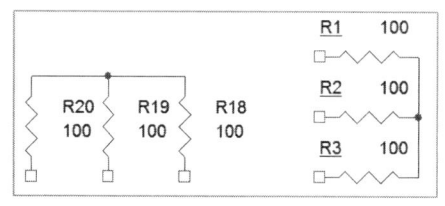

【수정 시 불편】

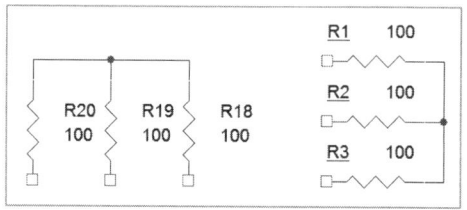

【수정 시 편리】

8) 전원 Symbol 연결

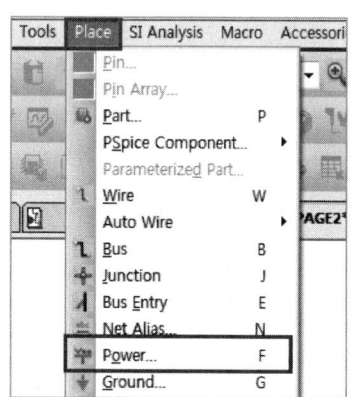

❖ Power Symbol

부품 배치가 완료된 상태에서 전원 및 그라운드 Symbol을 배치한다.

메뉴에서 Place > Power를 선택하거나, 오른쪽 툴 팔레트 아이콘을 클릭한다. (단축키 : F)

다음과 같은 순서로 주어진 도면에 맞는 VCC Symbol을 선택하여 원하는 위치에 배치할 수 있다.

❶ Symbol 창에 VCC_ARROW를 선택한다.

❷ Name 기입란에 +12V를 입력한다.

❸ OK 버튼을 클릭한 후 원하는 위치에 배치한다.

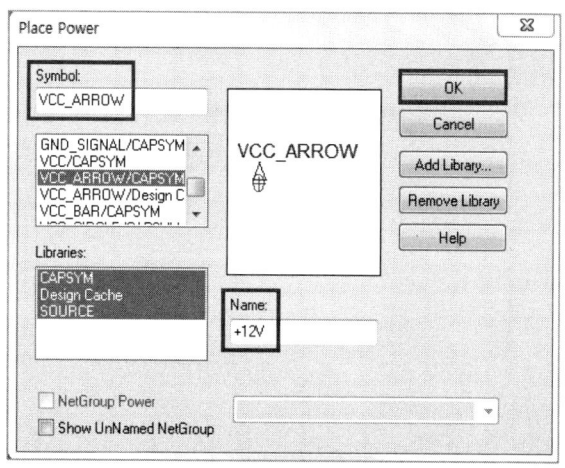

❖ Ground Symbol

메뉴에서 Place 〉 Ground를 선택하거나, 오른쪽 툴 팔레트 ![icon] 아이콘을 클릭한다. (단축키 : G)

다음과 같은 순서로 주어진 도면에 맞는 GND Symbol을 선택하여 원하는 위치에 배치할 수 있다.

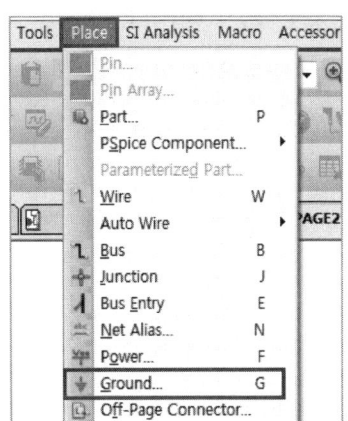

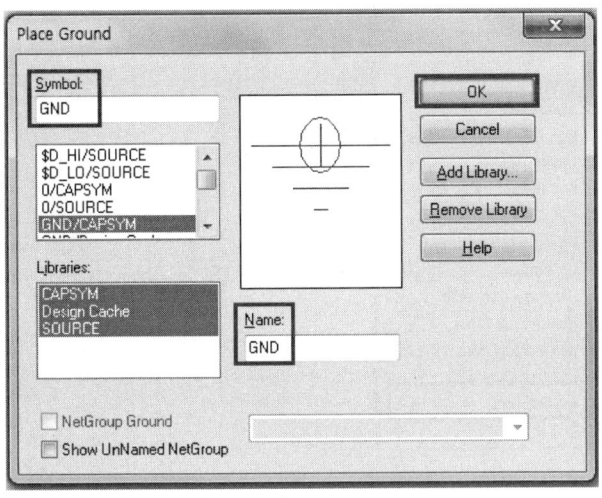

❶ Symbol 창에 GND를 선택한다.

❷ Name 기입란에 GND를 확인한다..

❸ OK 버튼을 클릭한 후 원하는 위치에 배치한다.

> **TIP** — GND 배치 시의 주의사항
>
> 그라운드 Symbol 중 GND와 GND_POWER Symbol, 0의 경우 Symbol 모양이 동일하지만 GND Symbol의 Name 속성과 GND_POWER Symbol, 0의 Name 속성이 같지 않기 때문에 사용에 주의하여야 한다.
>
>

9) No Connect 처리

사용하지 않는 핀의 경우 No Connect를 이용하여 표시한다. 메뉴에서 Place > No Connect를 선택하거나, 오른쪽 툴 팔레트의 아이콘을 클릭한다. (단축키 : X)

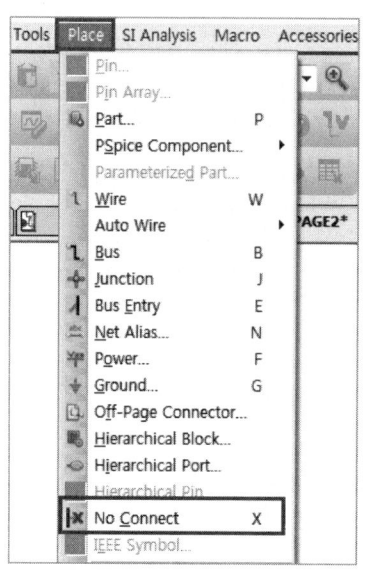

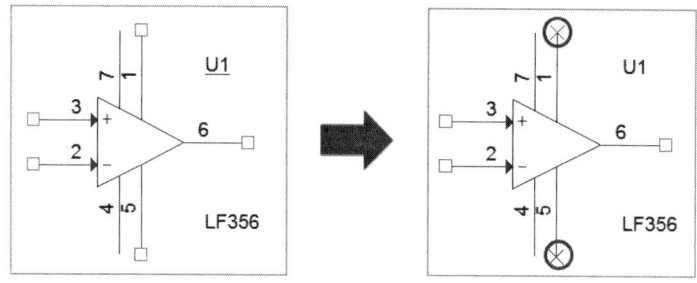

10) 부품 참조번호 및 부품 값 편집

❖ Part Reference 편집

Part Reference의 앞 첫머리 문자는 부품의 종류를 나타내며, 숫자는 수량을 말한다. Reference는 회로도와 설계(PCB Editor)의 연결고리가 되는 필수 구성요소이므로 겹치거나 삭제되지 않도록 주의한다.

다음과 같이 부품의 Reference를 편집하기 위해 부품번호를 더블클릭하거나, 또는 RMB 팝업 메뉴 중 Edit Properties를 선택한다.

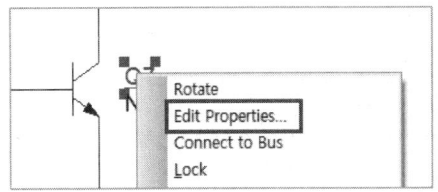

Display Properties 창이 뜨면 Part Reference의 Value 부분에 Q2를 입력한 후 OK버튼을 클릭하여 부품 참조번호를 수정할 수 있다.

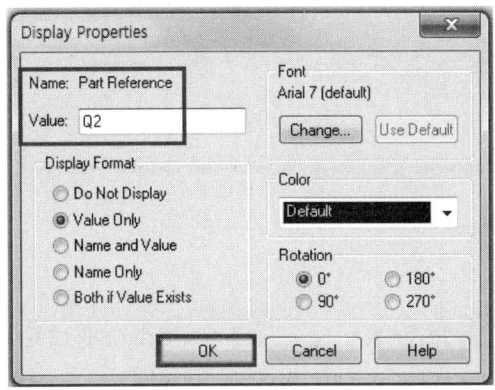

TIP 참조번호의 밑줄 삭제

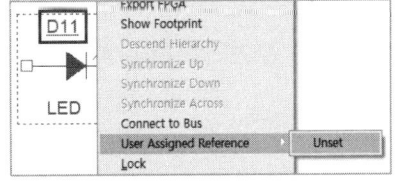

참조번호를 수정하고 나면 밑줄이 생기는 데 밑줄을 없애는 방법으로 밑줄이 있는 부품을 선택하고 RMB 팝업 메뉴 중 User Assigned Reference 〉 Unset을 클릭한다.

✓ 프린트 인쇄 시 밑줄은 출력되지 않음

❖ Part Value 편집

부품의 Value는 주로 용량, 부품이름, 제조회사, 부품코드 등을 나타내며, 다음과 같이 Value를 수정하기 위해 부품 값을 더블클릭하거나 또는 RMB 팝업 메뉴 중 Edit Properties를 선택한다.

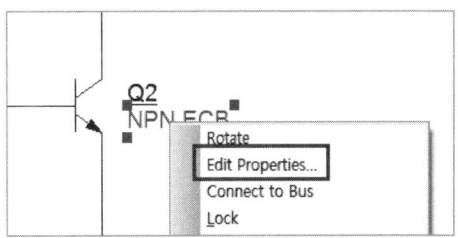

Display Properties 창이 뜨면 Value의 Value 부분에 C1815를 입력한 후 OK 버튼을 클릭하여 부품 값을 수정할 수 있다.

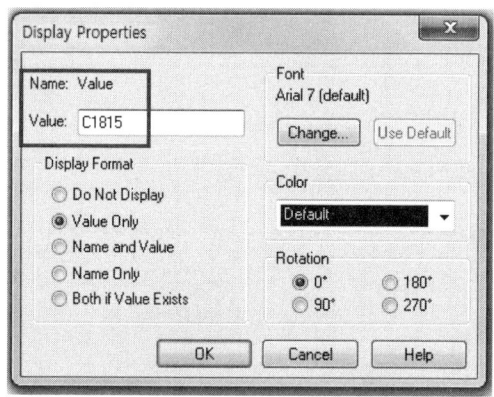

11) Net Alias 작성

Net Alias는 자동으로 부여되는 Net Name(예 : N01686)에 대해 PCB Editor에서 설계 작업시 Design Rule 등에 적용하기 쉽도록 해당 Net에 다른 이름(별칭)을 부여해주는 기능이다.

Net Alias 사용은 주로 전원 Net 및 중요 Net에 부여하여 관리 및 확인을 쉽게 할 수 있다. 또는 특정 Wire에 정의된 Net 이름을 부여할 때 쓰인다. Net Alias가 같은 네트들은 배선으로 연결되지 않더라도 속성으로 서로 연결되어 있다.

다음 요구사항에 준하여 Net Alias를 작성한다.

요구사항

과제 1의 다항 4)번 Net Alias 작성
- 다음 지정된 네트의 이름을 정의하여 연결하거나, 지시사항에 따라 네트의 이름을 이용하여 연결합니다. (포트 활용 가능)

부품의 지정 핀	네트의 이름	부품의 지정 핀	네트의 이름
U3(LF356)의 2번과 R13 연결부	SIG	U2(LF356)의 6번과 R2 연결부	SIG

❶ U3의 2번과 R13 연결부 핀에 SIG 네트 이름을 기입하기 위해 메뉴 Place 〉 Net Alias 또는 오른쪽 툴 팔레트의 아이콘을 클릭한다. (단축키 : N)

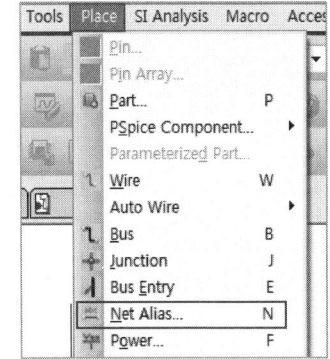

❷ 그림과 같이 Place Net Alias 창의 Alias에 SIG를 입력 후 해당 Pin이 아닌 Net에 Alias를 기입할 수 있다.

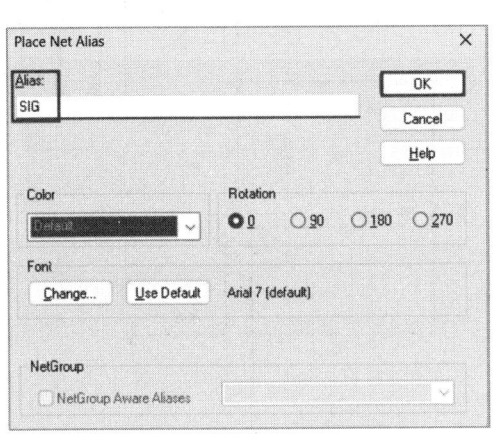
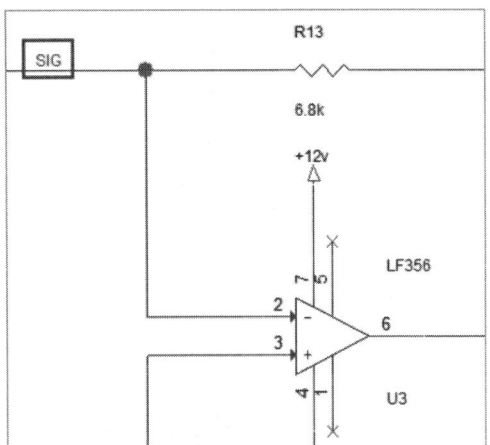

❸ U2의 6번과 R2 연결부 핀에 SIG 네트 이름을 기입하기 위해 메뉴 Place 〉 Net Alias 또는 오른쪽 툴 팔레트의 아이콘을 클릭한다. (단축키 : N)

❹ 그림과 같이 Place Net Alias 창의 Alias에 SIG를 입력 후 해당 Pin이 아닌 Net에 Alias를 기입할 수 있다.

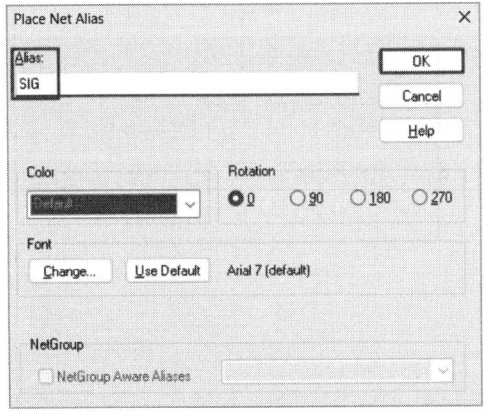
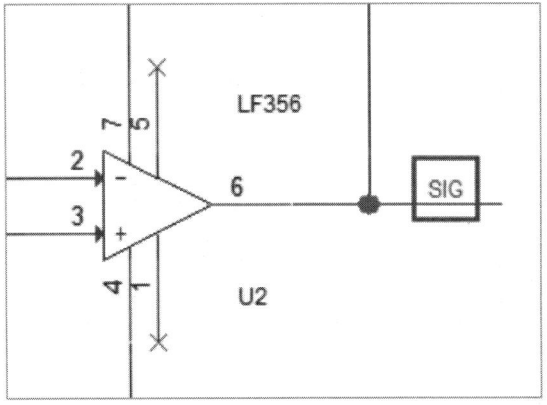

1장 OSCILLATOR 설계 • 79

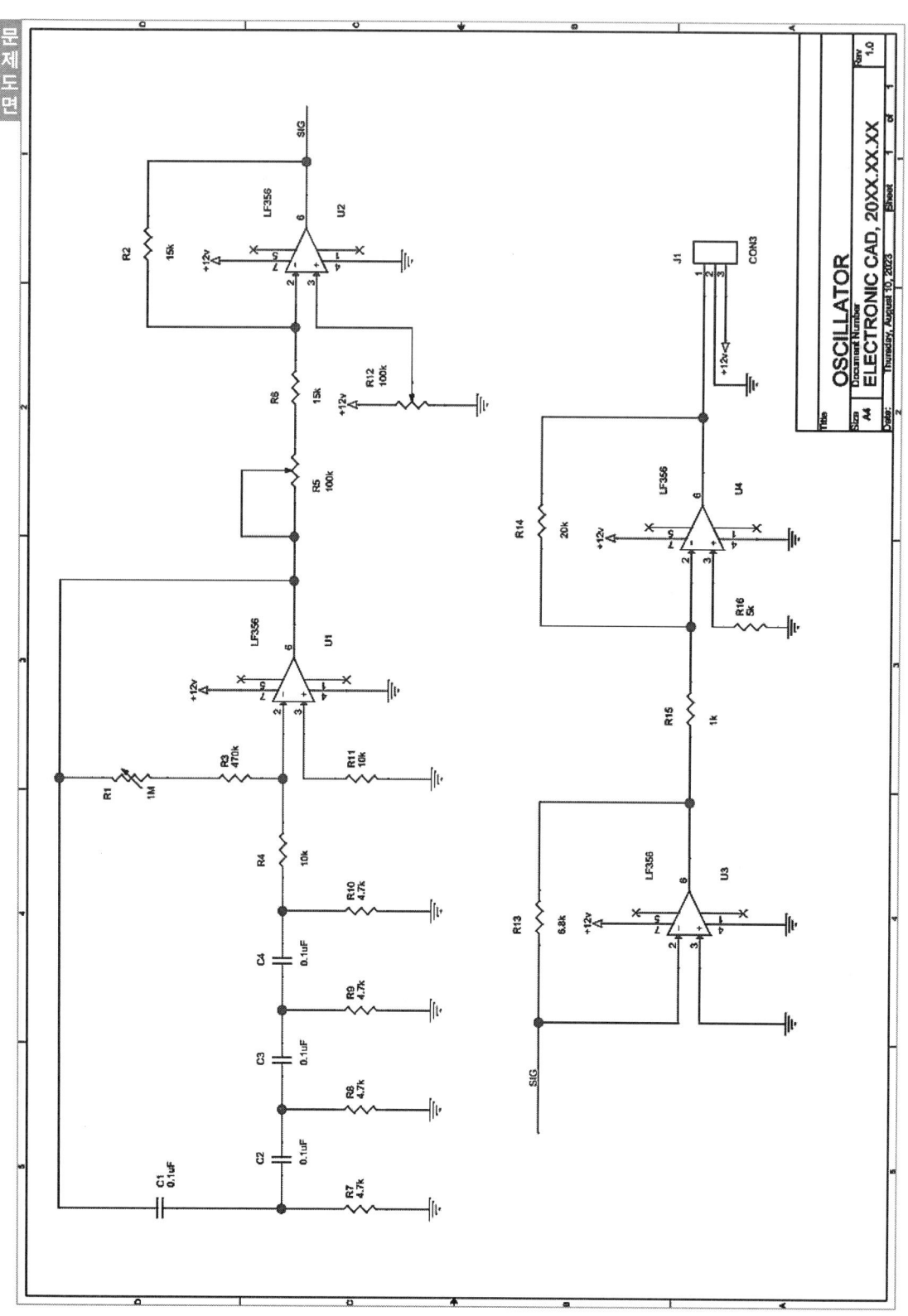

(3) 회로 마무리 작업 및 Netlist 생성

회로도면 작성 완료 후 PCB 설계를 위한 Netlist를 생성하기 위해 각 부품의 PCB Footprint 입력 및 DRC를 실행한다.

1) PCB Footprint 입력

PCB Footprint는 PCB 설계에 실질적이며 물리적인 Library이며, 설계 제작 완료 후 실물 부품이 PCB에 실장(납땜)이 되는 영역을 말한다.

Allegro(OrCAD)에서 제공하는 기본 Symbol의 PCB Footprint를 사용하여 PCB 설계에 필요한 Netlist를 생성하기 위해 각 부품에 Footprint를 입력한다.

❖ 하나의 Footprint 입력

다음 그림과 같이 회로도 면의 부품을 클릭 후 RMB 팝업 메뉴 중 Edit Properties를 선택하거나 또는 부품을 더블클릭한다.

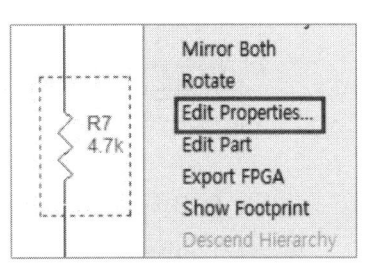

아래 그림과 같이 선택한 부품의 PCB Footprint를 입력할 수 있다.

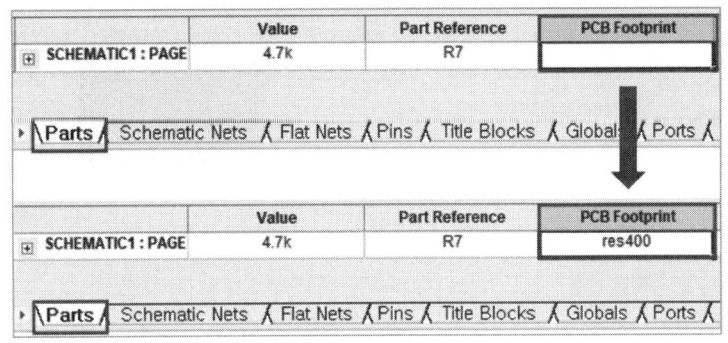

입력을 완료하고 빠져나오기 위해서는 상단의 탭을 선택한 후, RMB 팝업 메뉴 중 Close를 선택한다.

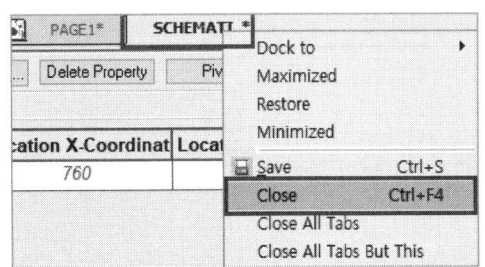

❖ 여러 개의 Footprint 입력

동일한 PCB Footprint를 갖는 부품의 경우 회로도 면에서 부품들을 클릭 후 RMB 팝업 메뉴 중 Edit Properties를 선택한다. 다음 그림과 같이 하나의 PCB Footprint를 입력 후 박스 오른쪽 하단으로 마우스를 이동해 커서모양이 +모양으로 바뀌면 마우스를 드래그하여 입력할 수 있다.

	Value	Part Reference	PCB Footprint
⊞ SCHEMATIC1 : PA	4.7k	R7	res400
⊞ SCHEMATIC1 : PA	4.7k	R8	
⊞ SCHEMATIC1 : PA	4.7k	R9	
⊞ SCHEMATIC1 : PA	4.7k	R10	

▶ \ Parts \ Schematic Nets \ Flat Nets \ Pins \ Title Blocks \ Globals \ Ports \

또는 PCB Footprint 박스를 클릭하여 전체 선택한 후에 오른쪽 마우스를 클릭하여 팝업 메뉴에서 Edit를 선택한다.

		Value	Part Reference	PCB Footprint	Power Pins Visible
1	⊞ SCHEMATIC1 : PA	4.7k	R7		Filters ▶
2	⊞ SCHEMATIC1 : PA	4.7k	R8		Sort Ascending
3	⊞ SCHEMATIC1 : PA	4.7k	R9		Sort Descending
4	⊞ SCHEMATIC1 : PA	4.7k	R10		Pivot
					Edit...
					Delete Property
					Display...

Edit Property Values 창이 뜨면 PCB Footprint를 입력한 후 OK 버튼을 누른다.

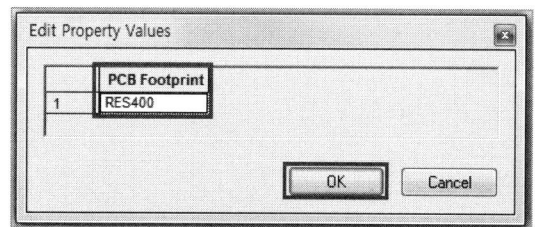

		Value	Part Reference	PCB Footprint
1	⊞ SCHEMATIC1 : PAGE1 :	4.7k	R7	res400
2	⊞ SCHEMATIC1 : PAGE1 :	4.7k	R8	res400
3	⊞ SCHEMATIC1 : PAGE1 :	4.7k	R9	res400
4	⊞ SCHEMATIC1 : PAGE1 :	4.7k	R10	res400

다음 PCB Footprint List를 참고하여 회로의 모든 부품에 PCB Footprint를 입력한다. PCB Footprint 입력 시 대소문자는 구분하지 않는다.

[기본으로 제공되는 PCB Footprint List]

Part Name	PCB Footprint	Part Name	PCB Footprint
LF356	DIP8_3	RESISTOR VAR	RESADJ
Resistor(R)	RES400	Cap np	CAP300
CON3	JUMPER3	RESISTOR VAR 2	RESADJ

1장 OSCILLATOR 설계 • 83

2) 설계 규칙 검사(Design Rule Check)

기본적으로 체크되어 있는 설정으로 검사를 실행한다. 검사 시 ERROR와 WARNING이 발생 시 수정하고 다시 DRC 검사를 실행한다.

DRC(Design Rule Check)는 전기적 특성 위반 검사로 Pin의 중복과 같은 패키지 오류 검증 및 미결선 배선 등의 Error와 Warning에 대해 Reporting할 수 있으며, 생성한 파일은 *.drc 확장자명으로 Output된다.

PCB Footprint 입력 후 회로의 정상 동작여부를 검사하기 위해 Project Manager Tab으로 이동한다. 그림과 같이 a01.dsn을 선택 후 메뉴의 Tools 〉 Design Rules Check 또는 활성화된 아이콘 중 Design rules check( ) 아이콘을 클릭한다.

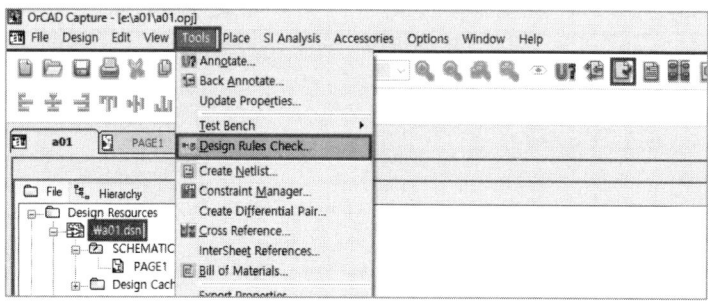

Design Rule Check 팝업 창의 Action 부분에서 회로도면에서 에러가 발생한 위치에 초록색 원 마커가 표시될 수 있도록 "Create DRC markers for warnings"의 Check Box와 Report File 부분의 "View Output" Check Box를 선택하여 결과가 화면으로 출력될 수 있도록 선택한다.

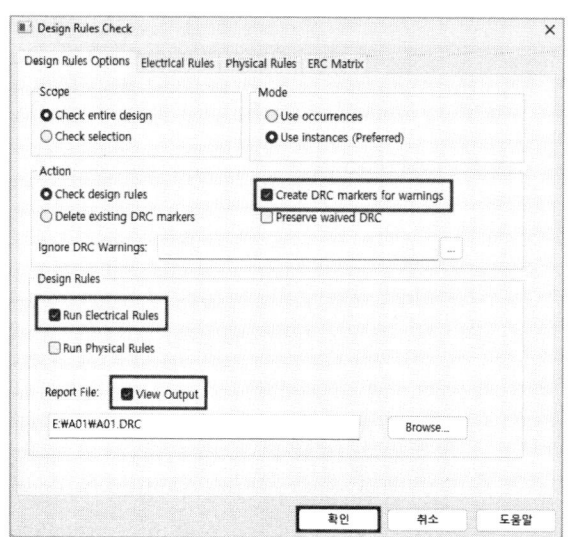

도면에 에러가 없을 때에는 다음과 같은 결과 창이 나타난다.

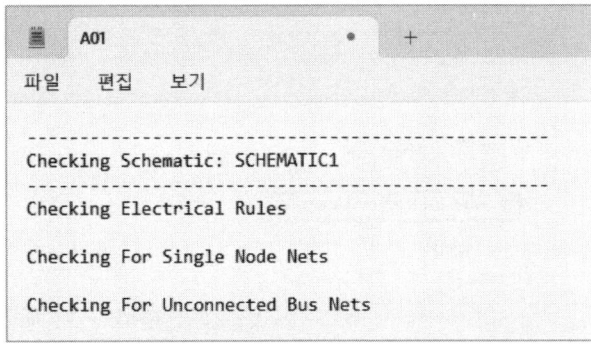

Waring과 Error가 발생하면 회도로에 다음과 같이 초록색 원 마커가 생성되며 Error 발생 시 Report를 확인한 후 처리한다. (부록 부분의 자주 발생하는 Error 정리 참고)

3) Create Netlist

Netlist는 PCB 설계에 필요한 모든 선, 부품 및 각종 심벌들의 연결정보를 나타낸다. 완성된 도면의 Netlist를 생성하기 위해 Project Manager Tab으로 이동한다. 그림과 같이 osillator.dsn을 선택 후 메뉴의 Tools > Create Netlist 또는 활성화된 아이콘 중 Create Netlist( ) 아이콘을 클릭한다.

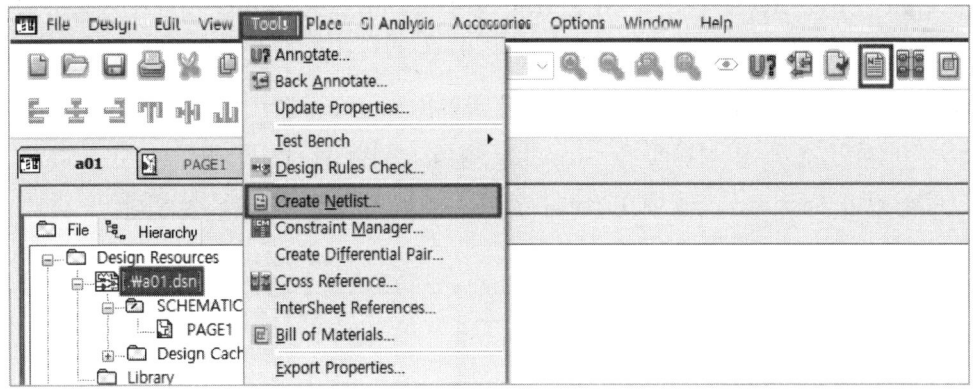

Create Netlist 창에서 "Create or Update PCB Editor Board(Netrev)" 부분의 Check Box를 선택하여 비활성화된 부분을 활성화한다.

Board Launching Option 부분에서 "Open Board in OrCAD PCB Editor"를 선택 후 확인 버튼을 누르면 Netlist 생성 및 OrCAD PCB Editor로 정보가 전송된다.

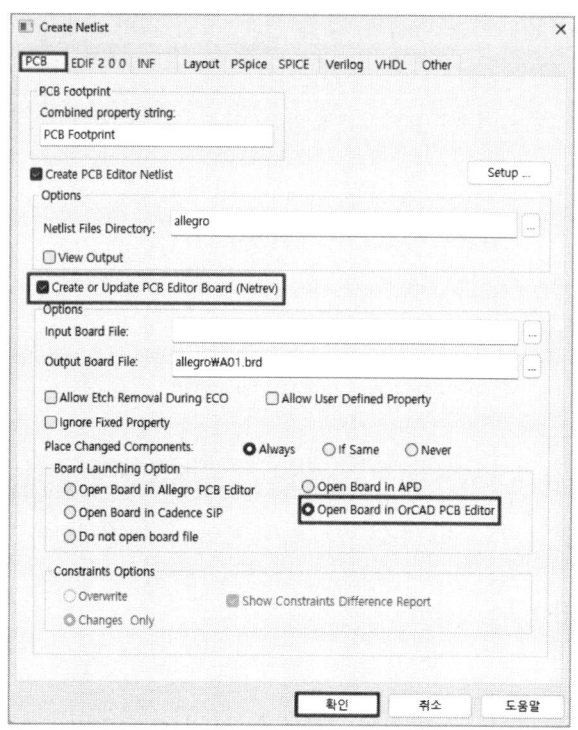

Netlist 생성 시 주의 할 점은 Error 및 Warning이 발생하여도 Board Launching Option에서 "Open Board in OrCAD PCB Editor" 부분이 선택되어 있으므로 OrCAD PCB Editor 창이 열리게 된다. PCB Editor 창이 열린다 해도 Netlist 정보가 정확히 생성된 것이 아니므로 꼭 Error 및 Warning을 확인 후 수정하여 다시 Netlist를 생성하도록 한다.

Netlist 생성 시 Error 및 Warning 메시지 확인은 Capture에서 메뉴 Window 〉 Session log를 선택하면 설계 창 하단에 Session log 창이 열리며 메시지를 확인할 수 있다.

그림과 같이 Session log창에 Error가 없어야 다음 단계로 넘어갈 수 있다.

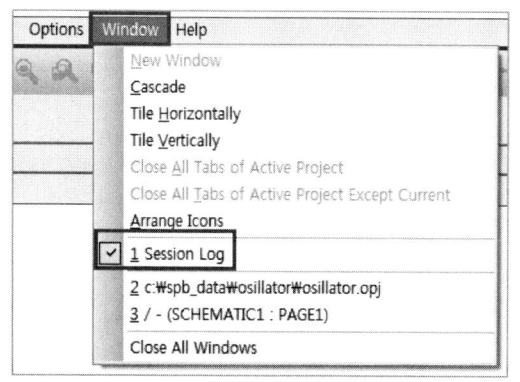
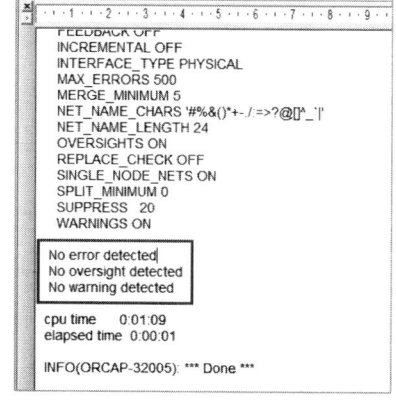

❖ Netlist 생성 시 발생되는 Warning 및 Error List

❶ Netlist 생성 시 Capture Part "LF356" 부품과 PCB Editor의 Footprint의 핀 개수 및 번호가 일치하지 않아 발생한 Warning 메시지이다.

```
#2  WARNING(SPMHNI-192): Device/Symbol check warning detected. [help]
ERROR(SPMHNI-196): Symbol 'DIP8_3' for device 'LF356_0_DIP8_3_LF356' has extra pin '8'.
```

그림과 같이 LF356 부품의 내부 접속도에서 8번 핀이 NC Pin인 것을 확인할 수 있으며, 해당 부품을 No Connect(NC) 설정을 해주어야 한다.

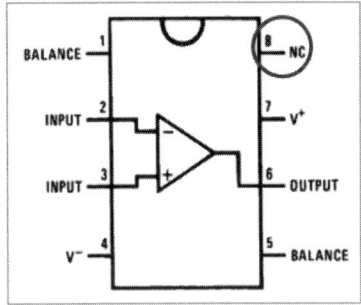

LF356 부품을 더블 클릭하거나 RMB를 클릭하고 Edit Properties를 선택한다.

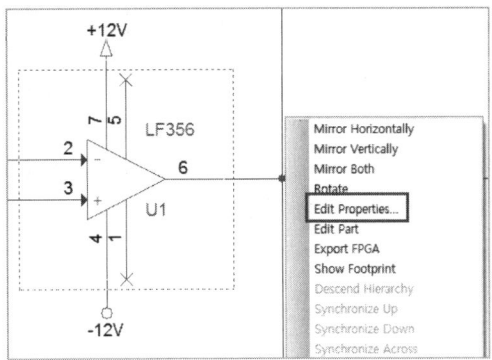

Property Editor 창에서 New Property 버튼을 클릭한다.

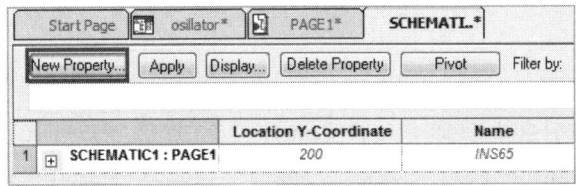

Add New Property 창이 뜨면 Name 기입란에 NC, Value 기입란에 8을 입력 후 OK 버튼을 클릭하여 NC 8번 핀을 설정할 수 있다. 같은 방법으로 나머지 LF356 부품에 대해서도 NC 핀을 설정할 수 있다.

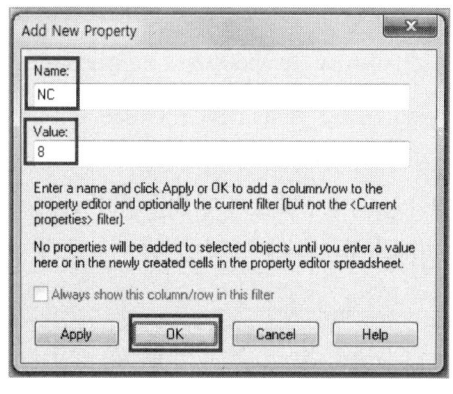

❷ Netlist 생성 시 Capture Part "가변 저항" 부품과 PCB Editor의 Footprint의 핀 개수 및 번호가 일치하지 않아 발생한 Warning 메시지이다.

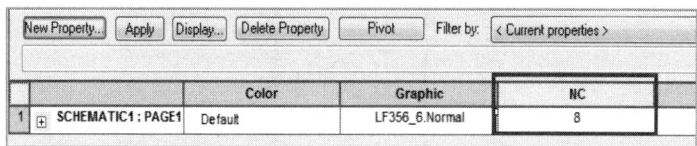

그림과 같이 가변 저항 부품의 내부 접속도에서 3번 핀이 NC Pin인 것을 확인할 수 있으며, 해당 부품을 No Connect(NC) 설정을 해주어야 한다.

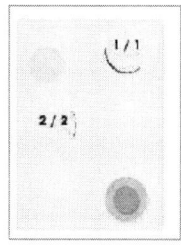

설정 방법은 LF356 부품과 같다.
설정이 모두 끝났으면 실행된 PCB Editor 프로그램을 종료한 후, Capture에서 Create Netlist를 다시 실행한다.

❷ PCB Editor - 2 Layer 설계

(1) PCB 기본 환경 설정

1) PCB Editor 시작

　OrCAD PCB Editor는 Capture와 통합된 인터페이스로 자동/대화형 부품 배치, 그리드 On/Off, 자동/대화형 라우터, DFM(Design For Manufacturing) 기능 등을 제공한다. 다음과 같이 주어진 회로를 작성하기 위해 PCB Editor 프로그램을 실행한다.

　(시작 〉 모든 앱 〉 Cadence Release 17.2-2016 〉 PCB Editor) 프로그램 실행 후 앞서 생성한 보드파일을 Open한다. 만약, OrCAD Capture에서 Netlist 생성 시 자동으로 PCB Editor를 Open하였다면 보드 파일을 불러오는 내용은 생략한다.

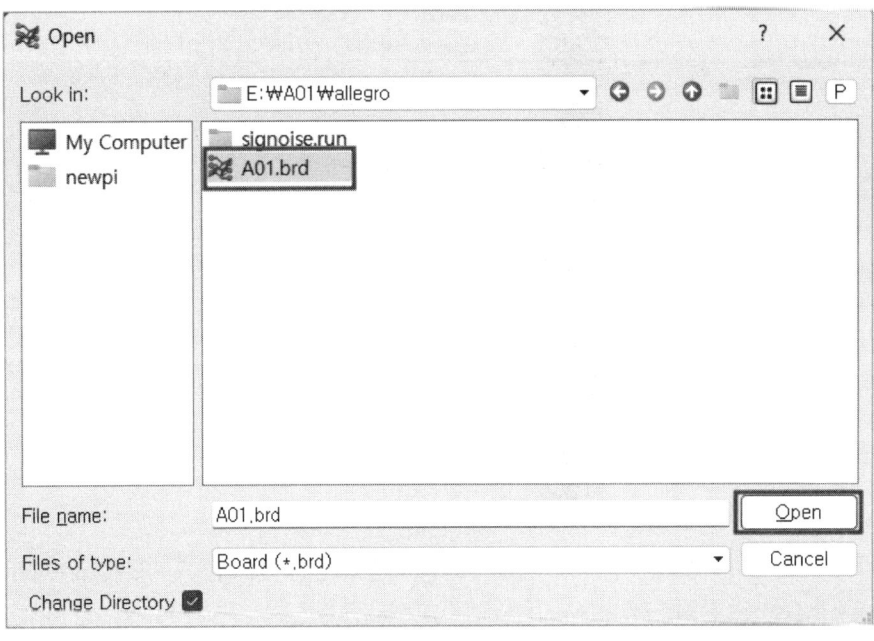

PCB 설계의 환경 설정은 Design Parameters와 Constraint managers로 설정한다. Design Parameters는 PCB 설계에서 Display 설정, 설계 단위 및 원점 설정, 도면 크기 설정 등을 설정할 수 있으며, Constraint managers는 PCB 설계에서 패턴의 두께, 간격 등 설계 규칙을 설정할 수 있다.

2) 메뉴 환경 변경

PCB Editor를 실행하면 아래의 그림과 같이 보여질 경우가 생긴다. 이 경우 16.6 버전 메뉴처럼 변경하고자 한다.

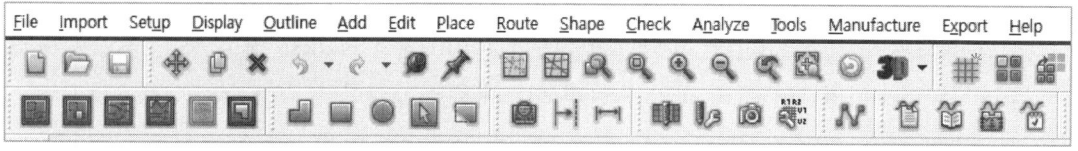

❶ 메뉴에서 Setup 〉 User Preferences를 선택한다.

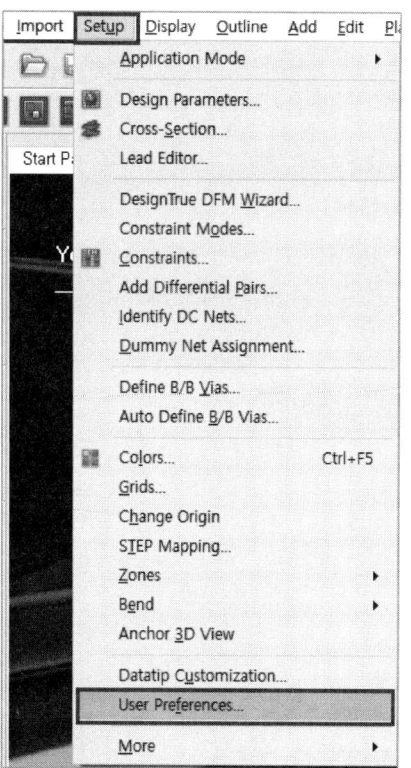

❷ User Preferences Editor 창이 뜨면 Categories에서 Ui 〉 General을 클릭하고, Category General에서 orcad_use_legacy_menu를 체크한 후 OK를 선택한다.

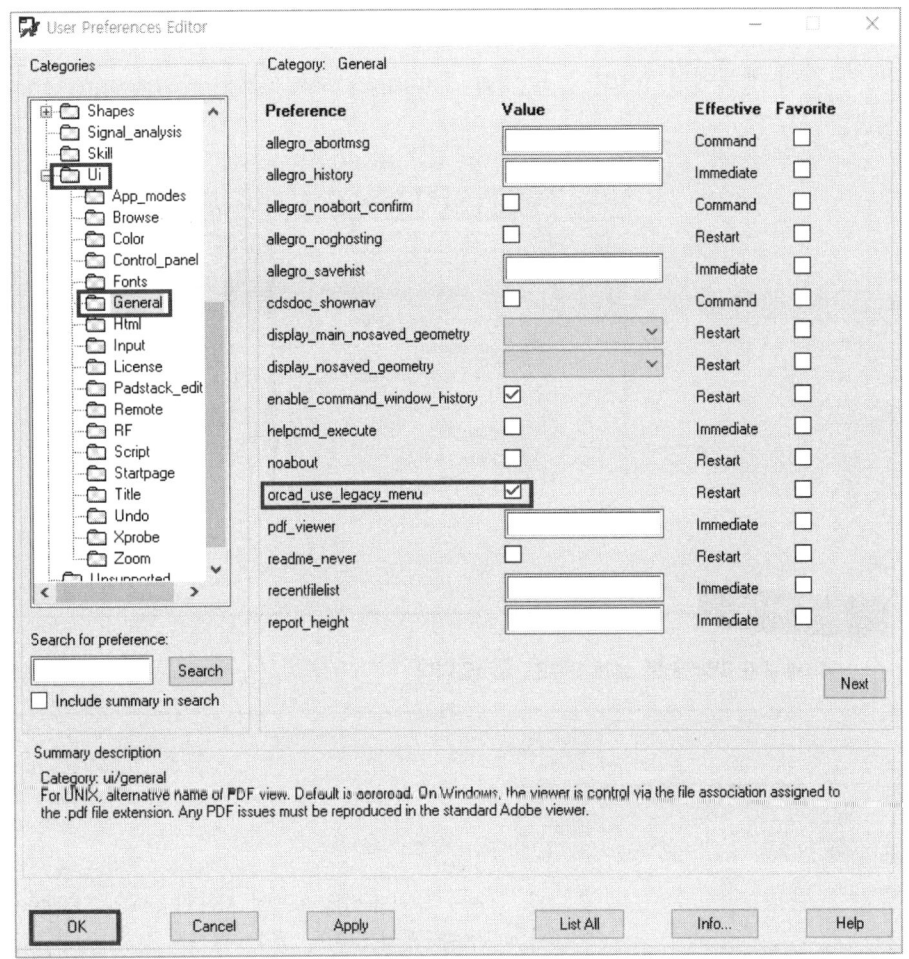

❸ PCB Editor 프로그램을 닫았다가 다시 실행하면 그림과 같이 변경된 메뉴 환경을 확인할 수 있다.

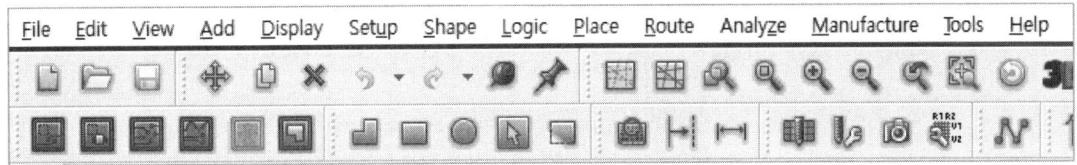

3) 설계 단위 및 원점 설정

PCB 설계에서 사용할 단위와 도면의 크기, 기준점의 위치, 그리드 설정 등을 설정한 후 설계를 시작한다.

다음과 같이 메뉴에서 Setup > Design Parameters를 선택한 후 Design 환경 설정을 할 수 있다.

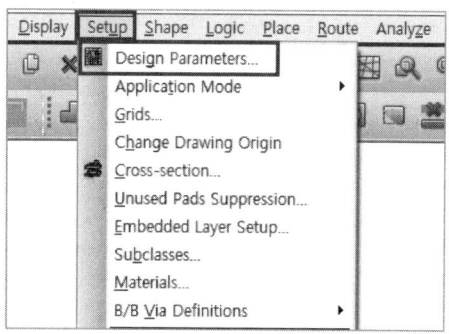

• 요구사항

과제 2의 라항 3)번 설계 단위는 mm입니다.

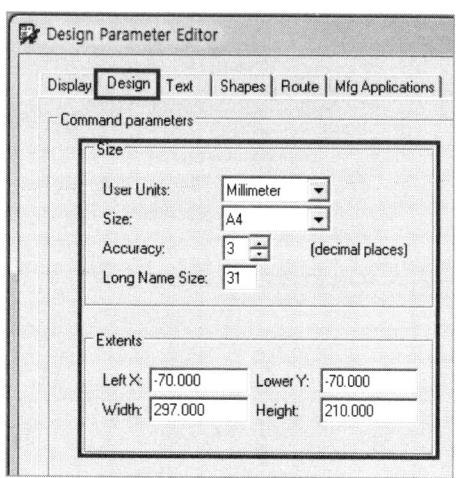

[Size]
User Units(PCB 설계에 사용할 단위) : Milimeter
Size(도면의 크기) : A4
Accuracy(사용할 단위의 정밀도) : 3(소수점 셋째 자리까지 표시)

[Extents]
Left X(X축 방향으로 원점 이동) : -70
Lower Y(Y축 방향으로 원점 이동) : -70

(2) PCB 2-Layer 설계

1) Board Outline(보드 외곽선) 생성

> • 요구사항
>
> 과제 2의 라항 1) 설계 환경 : 양면 PCB(2-Layer)
> 과제 2의 라항 2) 보드 사이즈 : 70mm(가로) X 70mm(세로)

❶ 메뉴의 Shape 〉 Rectangular를 선택한다. 설계 창 오른쪽 Control Panel의 Options 탭을 다음과 같이 설정한다.

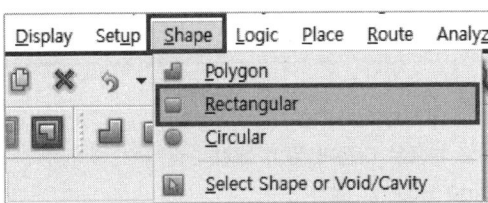
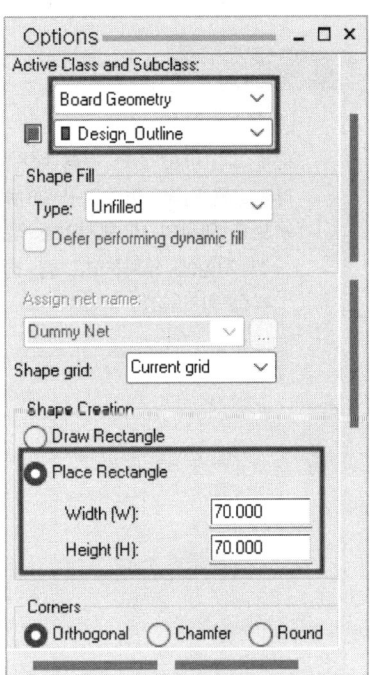

❷ Options 탭의 설정이 끝났으면 다음과 같이 하단의 Command 창에 좌표를 입력한다.

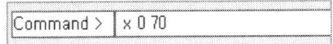   - Command : x 0 70 ▶

❸ RMB 팝업 메뉴 중 Done을 눌러 작업을 완료한다.

2) 기구 홀 및 주요 부품 배치하기

다음 요구 사항에 준하여 기구 홀 및 고정 부품을 Board에 배치한다.

• 요구사항

【요구사항】
과제 2의 라항 3)번 부품 배치 : 주요 부품은 다음과 같이 배치
과제 2의 라항 7)번 기구 홀(Mounting Hole)의 삽입
– 보드 외곽의 네 모서리에 직경 3Φ의 기구 홀을 삽입하되 각각의 모서리로부터 5mm 떨어진 지점에 배치하고(그림 참고), 비전기적(non-electrical) 속성으로 정의하고, 기구 홀의 부품 참조 값은 삭제합니다.

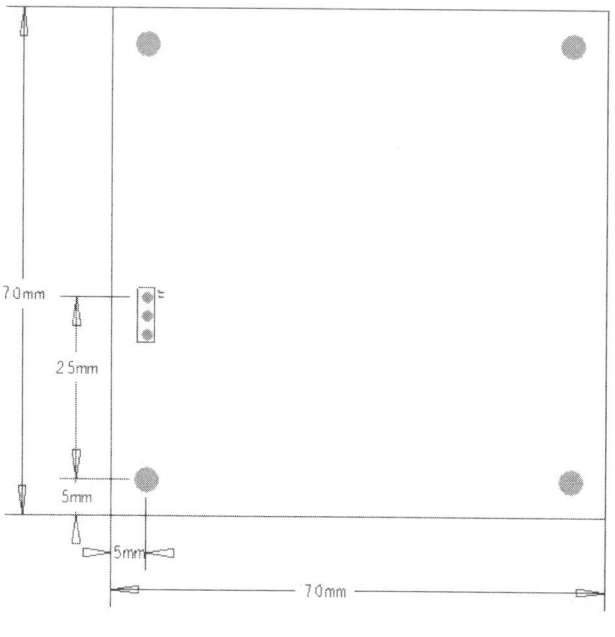

❖ 기구 홀(Mounting Hole)의 배치

PCB Editor에 등록된 Library의 Footprint를 이용하기 위해서는 List construction 항목의 Library가 체크되어 있어야 한다. 기구 홀 배치는 다음 순서와 같이 한다.

❶ 메뉴에서 Place 〉 Manually를 선택한다.

❷ Placement 창의 Advance Settings 탭에서 아래와 같이 항목을 체크한다.

- List construction : Library
- Symbols and Module Definitions : Disable

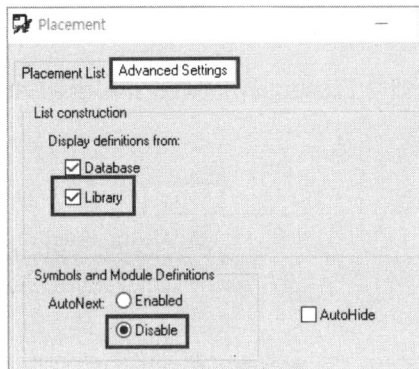

❸ Placement List 탭을 선택하고, List Box에서 Mechanical symbols를 선택한 후 MTG125를 체크한다.

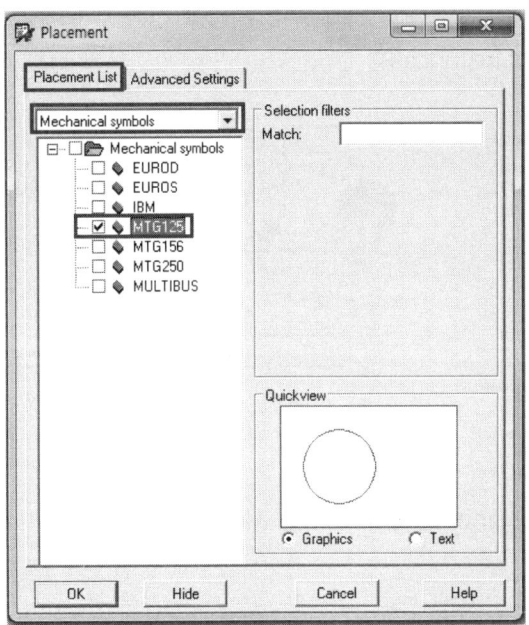

❹ 마우스 커서에 선택한 MTG125 Symbol을 확인 후 Command 창에 아래와 같이 좌표를 입력한다.

> Command : x 5 5 ▶ x 65 6 ▶ x 65 65 ▶ x 5 65 ▶

❺ RMB 팝업 메뉴 중 Done(F6)을 클릭하여 작업을 완료한다.

❖ 기구 홀의 PAD 수정 방법

MTG125 크기가 125mil(3.175mm, 100mil은 2.54mm)인 비전기적 속성의 기구 홀이기 때문에 PAD를 3mm로 수정해 주어야 한다.

❶ 툴 바의 AppMode에서 Etchedit를 선택하거나 메뉴 Setup 〉 Application Mode 〉 Etch edit를 선택한다.

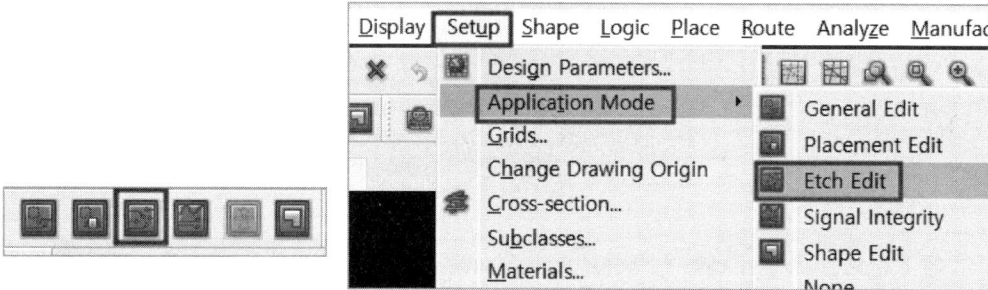

❷ 배치된 4개의 기구 홀 중 임의의 PAD 하나를 선택 후 RMB 팝업 메뉴 중 Modify design padstack 〉 All instances를 선택한다.

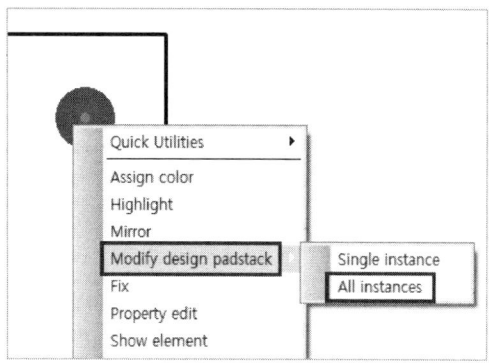

❸ Padstack Designer 창에서 Units를 Millimeter로 선택하고, Decimal places에 3을 입력한다.

❹ Drill 탭에서 Finished diameter에 3을 입력한다.

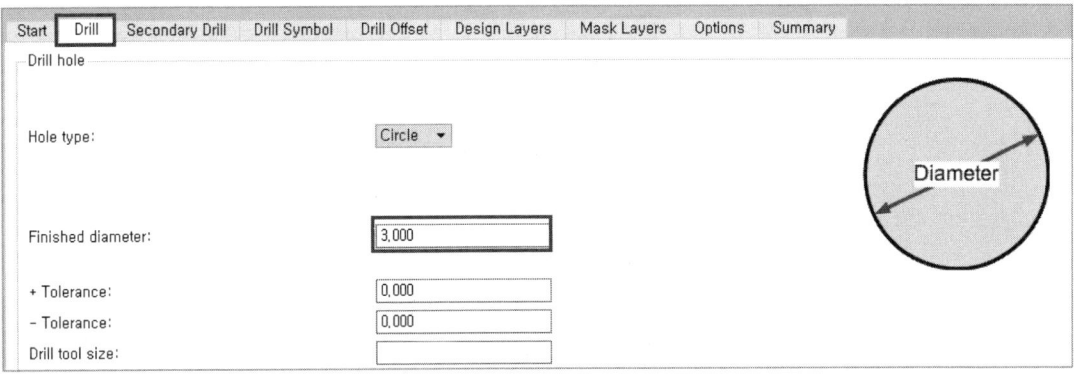

❺ Drill Symbol 탭에서 아래와 같이 입력한다.

- **Type of drill figure** : Circle
- **Characters** : X
- **Drill figure diameter** : 3

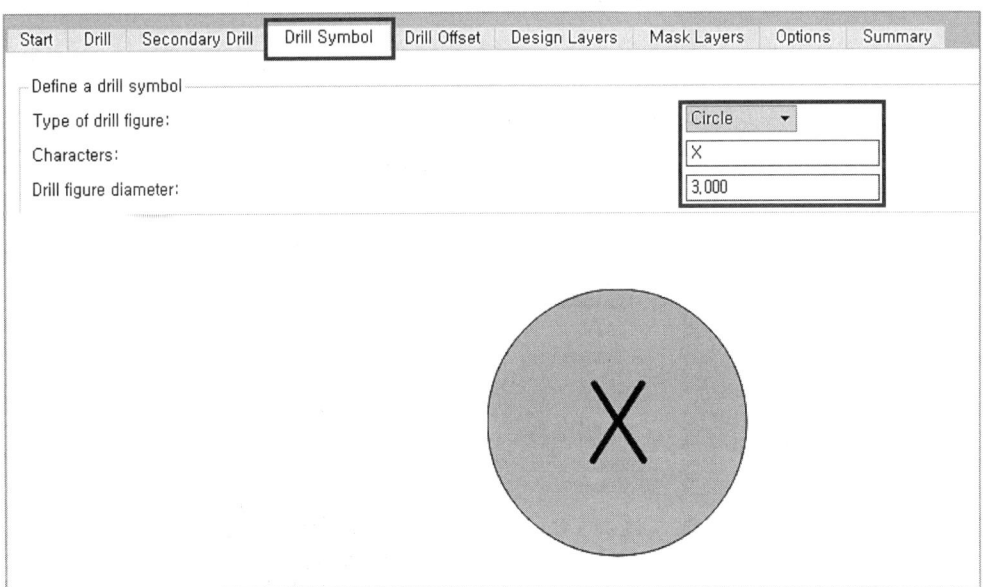

❻ 메뉴의 File 〉 Update to Design and Exit를 눌러 Padstack 창을 종료한다.

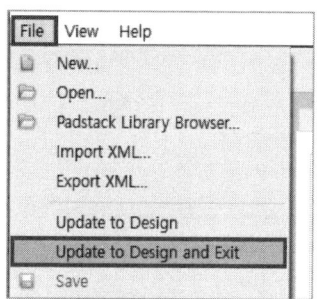

❖ 주요 부품 배치

과제 2의 라항 3)번에 있는 주요 부품이 배치되어 있는 그림을 참고하여 배치할 수 있다.

❶ 메뉴의 Place 〉 Manually를 선택한다.

❷ Placement List 탭의 List Box에서 Components by refdes를 선택 후 J1 Check Box를 클릭하고 Hide 버튼을 클릭한다.

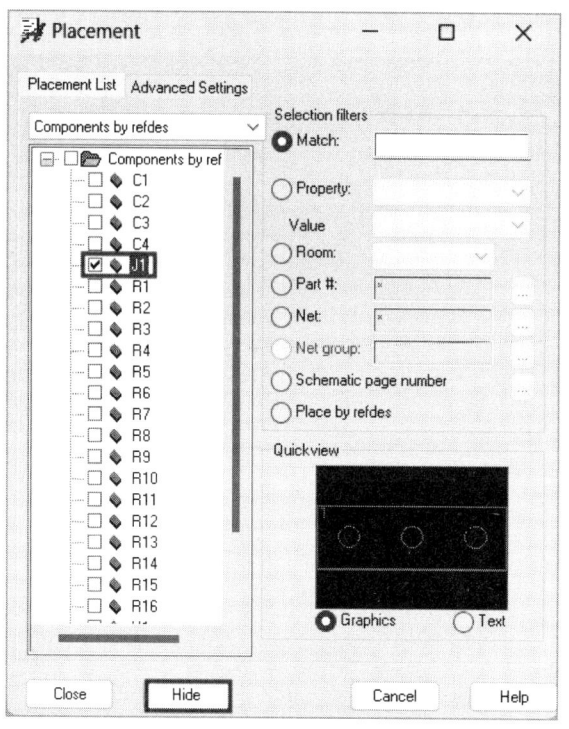

❸ 마우스 커서에 선택한 J1 부품을 확인할 수 있으며, 요구사항의 주요 부품과 동일하게 배치하기 위해 가로로 되어있는 J1 부품을 1번 핀(1번 핀은 부품번호가 적혀있는 Pin(Padstack) 또는 Rotate 시 하얀색 실선이 연결된 Pin으로 확인 가능하다.)이 위로 향하게 Rotate(회전)한 뒤 LMB(Left Mouse Button)를 클릭한다.

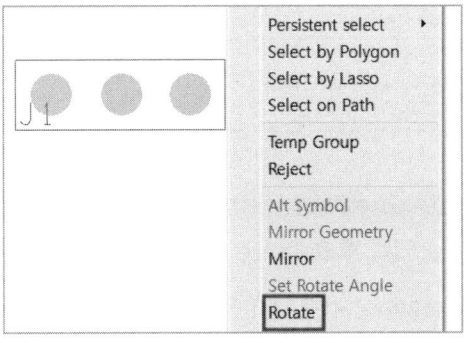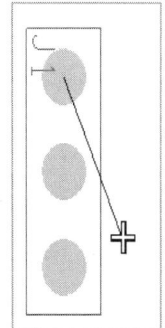

❹ 설계 창 하단 Command 창에 좌표 x 5 30을 입력하여 배치할 수 있다.

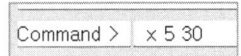

❺ RMB 팝업 메뉴 중 Done(F6)을 선택한다.

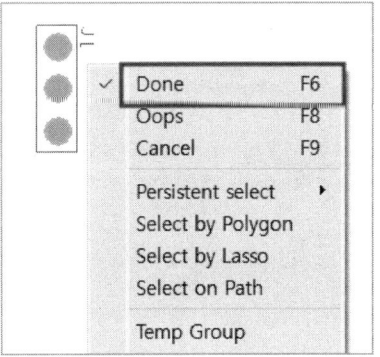

❖ Padstack 교체

문제에서 J1의 1번 핀이 정사각형(Square) 타입으로 원형(Circle) 타입에서 정사각형(Square) 타입으로 변경해야 한다.

❶ 메뉴의 Tools > Padstack > Replace를 선택한다.

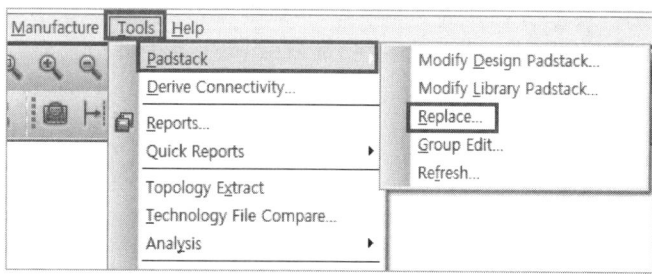

❷ 오른쪽 Control Panel의 Options에서 Old : PAD60cir36D, New : PAD60SQ36D로 설정하고, Pin#에서 기입란에 1을 입력 후 Replace 버튼을 클릭한다.

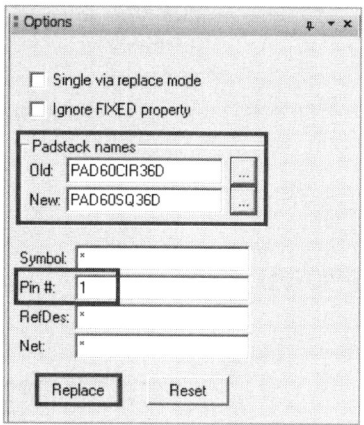

❸ J1의 1번 핀이 사각형 타입으로 변경된다.

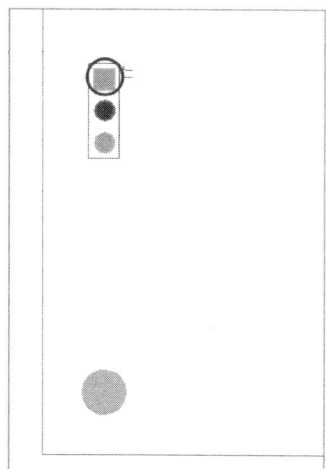

3) Color Display 설정

Color Display 설정은 부품 배치 작업 시 불필요한 데이터를 보이지 않게 처리하므로 PCB 설정 시 가시성을 높여 준다.

❶ 메뉴의 Display 〉 Color/Visibility를 선택하거나 Color192( ) 아이콘을 선택한다.

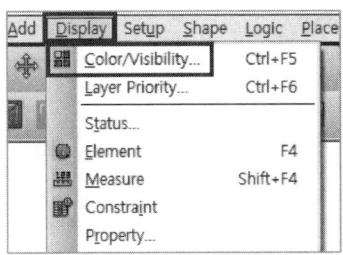

❷ Color Dialog 창 우측 상단의 Global Visibility에서 Off 버튼을 클릭하여 모든 Check Box를 해제한다.

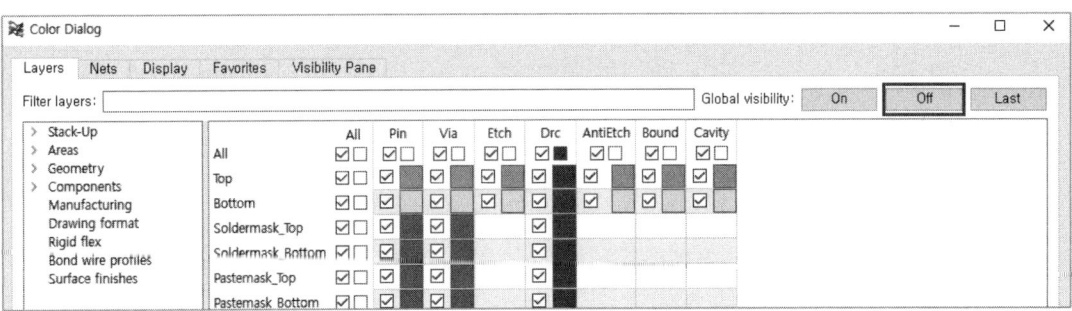

❸ 카테고리의 Stack-Up에서 Pin, Via, Etch, Drc만 체크하고, Apply 버튼을 클릭하여 Display 한다.

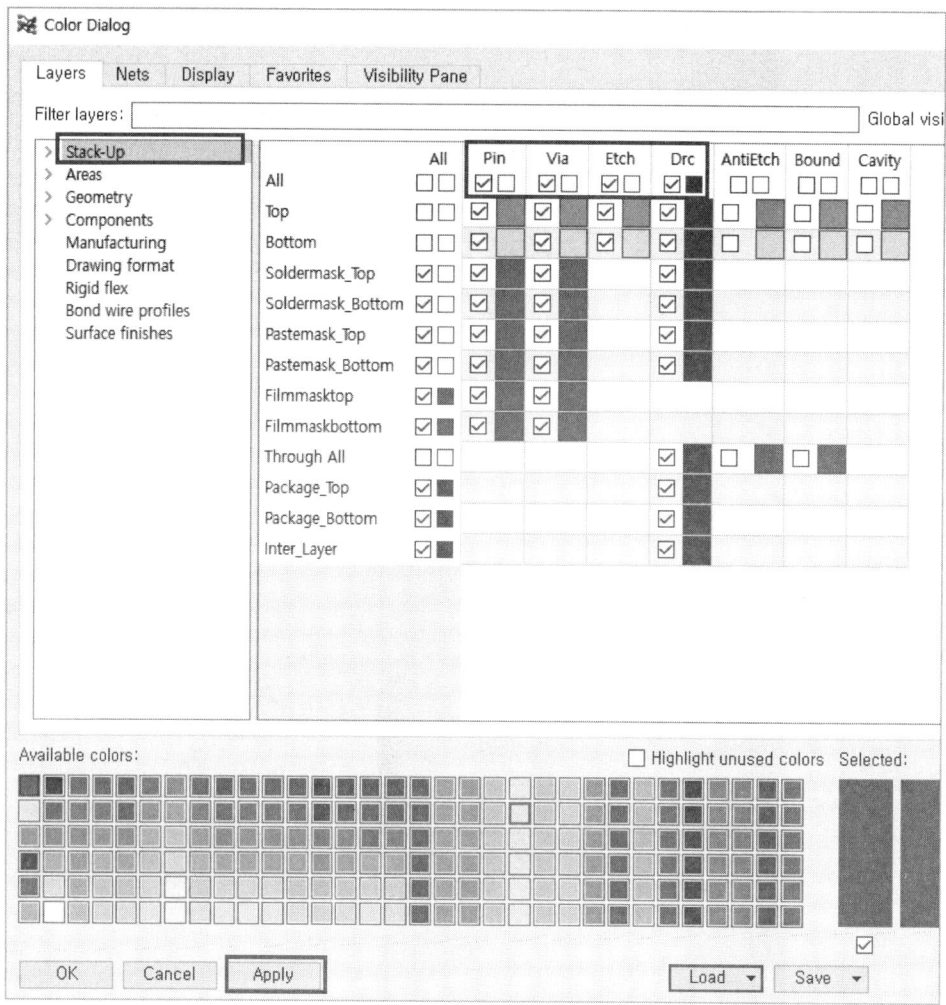

❹ 카테고리의 Board Geometry에서 Design_Outline(보드 외곽선), Dimension(치수보조선), Slikscreen_Top(보드명)을 체크하고, Apply 버튼을 클릭하여 Display 한다.

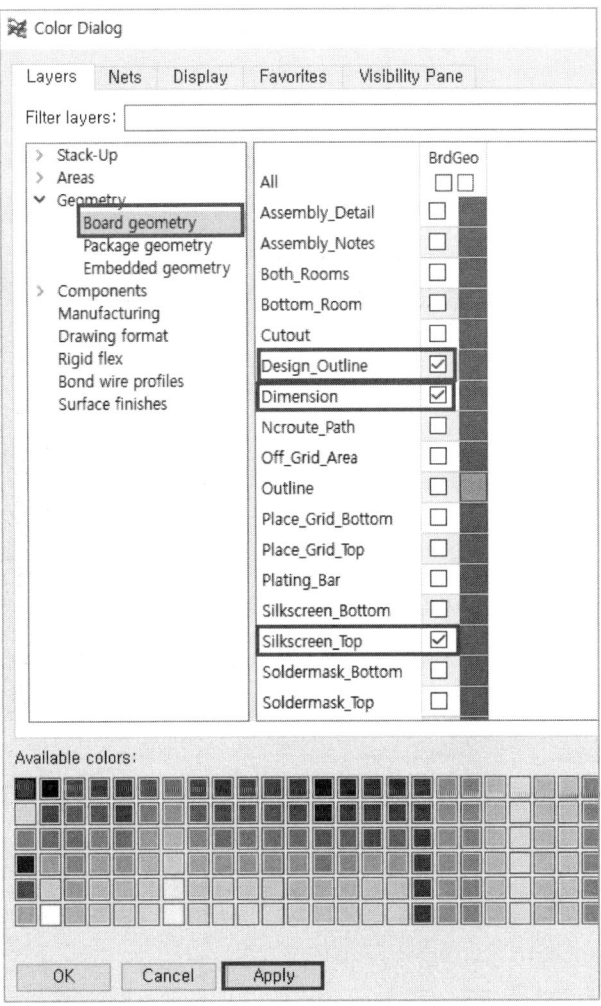

❺ 카테고리의 Package Geometry에서 Slikscreen_Top(부품 외형)을 체크하고, Apply 버튼을 클릭하여 Display 한다.

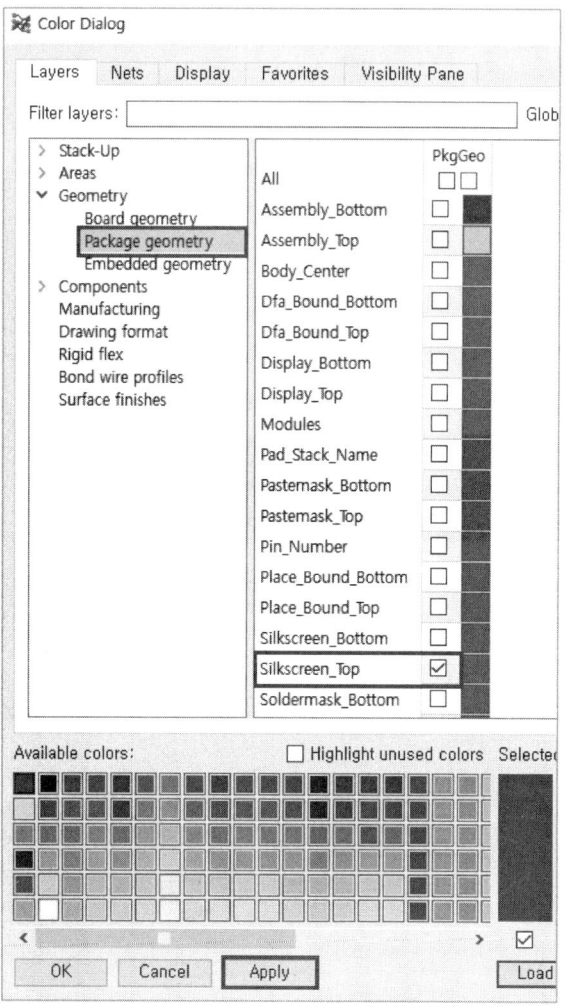

❻ 카테고리의 Components에서 Silkscreen_Top의 RefDes(부품 번호)를 체크하고, Apply 버튼을 클릭하여 Display 한다.

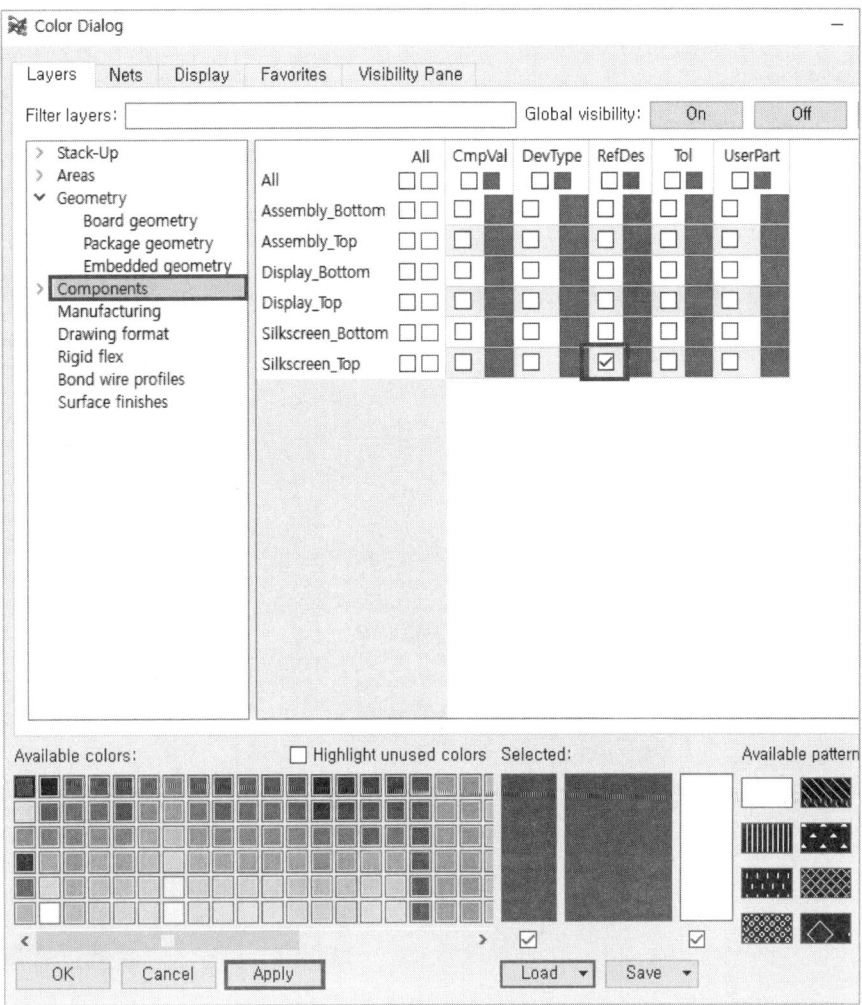

❼ Layers 설정 완료 후 Nets를 선택하여 특정 Net(전원)에 대한 Color 설정을 할 수 있으며, 먼저 Color 팔레트에서 색을 선택 후 Pins의 Color Box를 선택하여 색을 설정할 수 있다.
(예: VCC → 빨간색, GND → 파란색)

❽ 위와 같은 기본적인 Color 설정 후 Apply 버튼을 클릭하여 Display 하고, OK 버튼을 클릭한다.

4) 부품(Footprint)의 배치

> • 요구사항
>
> 과제 2의 라항 3) 부품은 TOP Layer에만 실장
> 과제 2의 라항 3) 부품의 실장 시 IC와 LED등 극성이 있는 부품은 가급적 동일 방향으로 배열하도록 하고, 이격 거리를 계산하여 배치

❖ 부품 배치 그리드(Grid)의 설정

고정 부품 배치 후 나머지 부품을 배치하기 위해 먼저 그리드를 적절히 설정한다.

❶ 메뉴의 Setup > Grids를 선택하거나, ▦ 아이콘을 선택한다.

❷ Define Grid 팝업 창이 뜨면 좌측 상단의 Grids On Check Box를 선택하여 화면에 그리드가 표시되게 한다.

❸ Non-Etch Spacing x/y와 All Etch Spacing x/y에 값을 기입한다. (Non-Etch Spacing x/y : 0.5/All Etch Spacing x/y : 0.2)

❹ OK 버튼을 눌러 설정을 끝낸다.

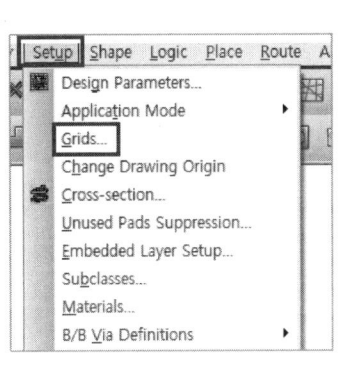
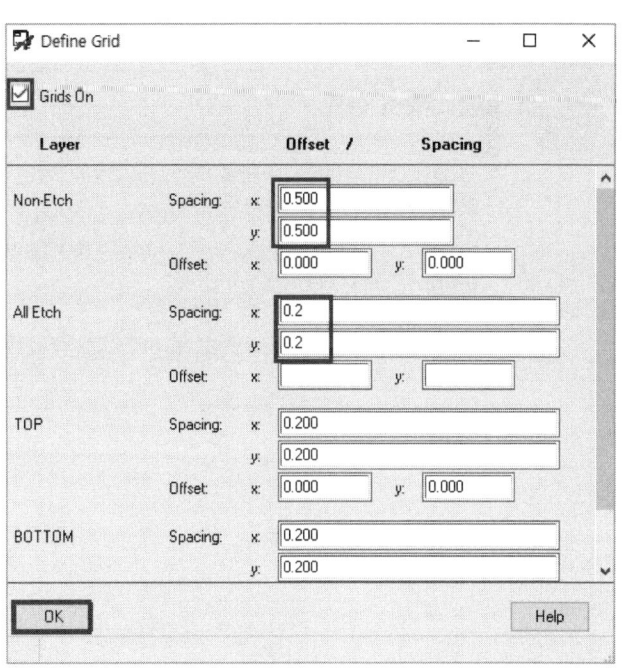

❖ 부품(Footprint)의 회전

❶ 메뉴에서 Edit 〉 Move 또는 move(✥) 명령을 실행한다.

❷ 회전하고자 하는 부품을 선택 후 RMB 팝업 메뉴 중 Rotate를 클릭한다.

❸ 부품의 기준점(회전 시 생성되는 선을 기준)을 중심으로 회전한다.

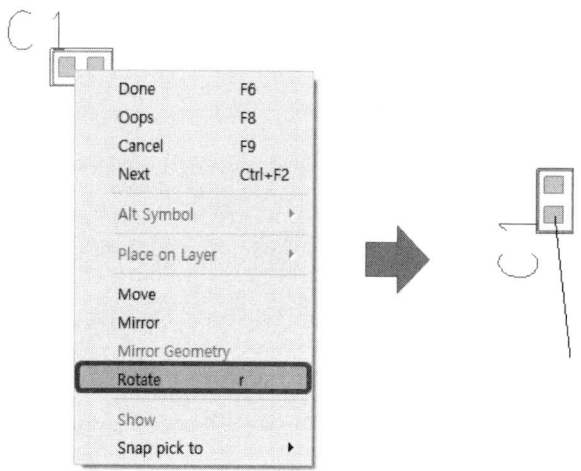

❹ 부품이 원하는 방향으로 되었을 시 RMB 팝업 메뉴 중 Done(F6)을 선택한다.

> **TIP 회전 단축키 설정**
>
> - PCB Editor에서는 부품을 회전(Rotate)시키는 단축키가 없다. 단축키를 사용하기 위해서는 단축키를 설정하여 사용할 수 있다.
> - Command 창에 "funckey r iangle -90"을 입력한 후, r을 눌러 부품을 -90도 방향으로 회전시킬 수 있다.
>
>   Command 〉 funckey r iangle 90

❖ 부품(Footprint)의 배치

그리드 설정 후 부품 배치를 위해 메뉴의 Place 〉 Manually를 선택하거나, 아이콘을 선택한 후 Components by refdes의 부품들을 선택하여 Board Outline 안에 적절히 배치할 수 있다.

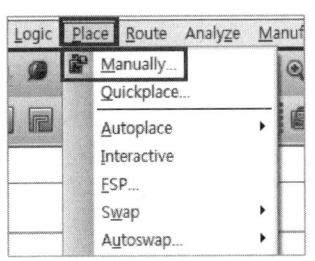
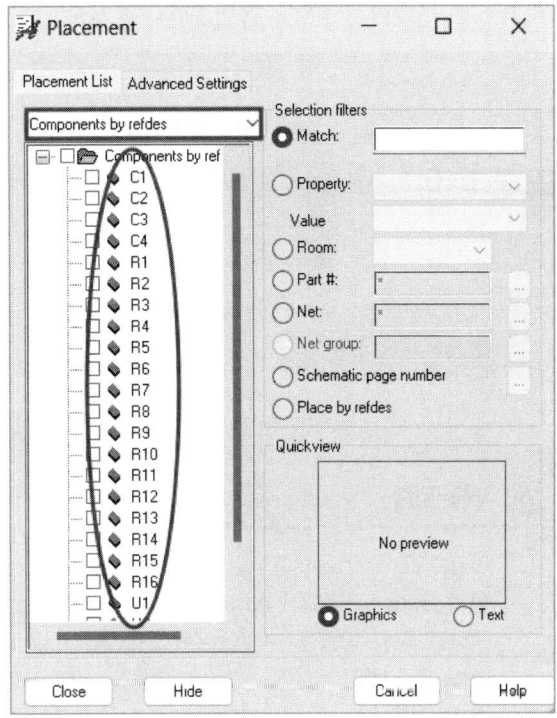

TIP 부품(Footprint) 배치 시 주의사항

- 부품이 겹쳐지지 않도록 배치를 한다.
- 부품은 가능한 가깝게 배치를 하되 배선이 가능하도록 배치한다.
- 부품이 BOTTOM Layer에 배치하지 않도록 주의한다.

❖ 부품의 정렬

Board Outline 안의 부품을 일정하게 정렬하기 위해 메뉴의 Setup 〉 Application Mode 〉 Placement Edit를 선택하거나, Placement Edit 아이콘을 선택한다. 그리고 부품 정렬 시 가로 또는 세로 방향으로 다수의 부품을 선택 후, 기준으로 하고자 하는 부품 위에 마우스를 가져가서 RMB 팝업 메뉴 중 Align components를 선택하면 자동 정렬이 된다.

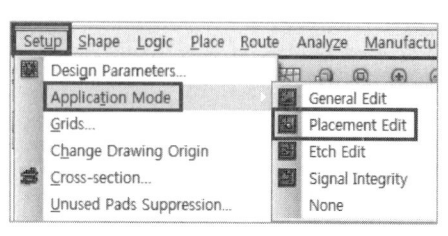 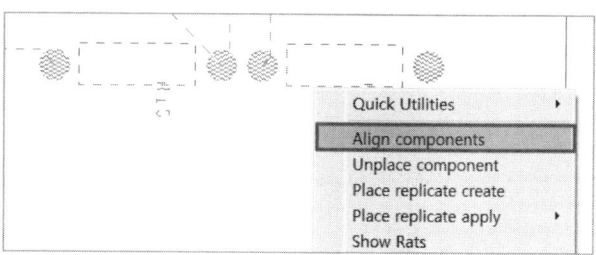

TIP 부품 정렬

Align components를 실행 후, Control Panel 창의 Options 창에서 Alignment Direction을 선택하여 정렬 방향을 선택할 수 있고, Alignment Edge를 선택하여 왼쪽, 가운데, 오른쪽 정렬을 할 수 있으며, Spacing을 선택하여 일정한 간격으로 부품들을 배치할 수도 있다.

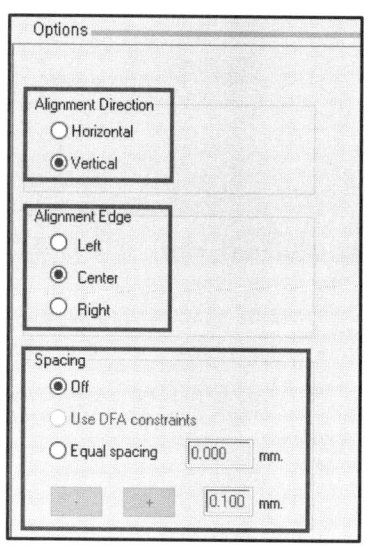

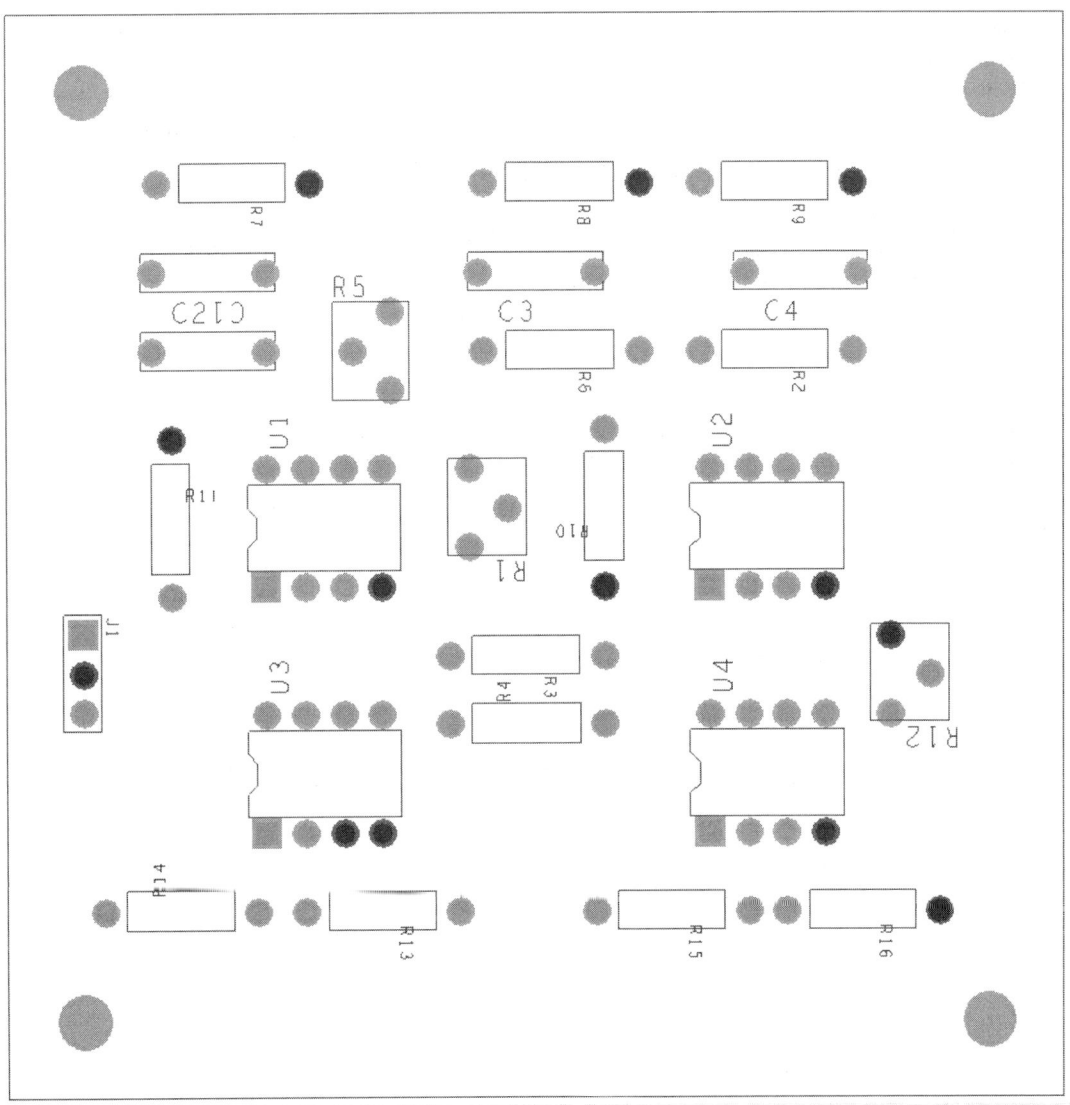

1장 OSCILLATOR 설계

Netlist 갱신하기

① 부품 배치 시 회로도의 규칙과 다르게 설계되었을 경우(예 : Footprint 수정) 작업하고 있던 PCB Editor 프로그램을 저장 후 닫는다.
② Capture에서 회로도를 수정 후 Create Netlist를 실행한다.
③ Create Netlist 창에서 Create or Update PCB Editor Board의 Options 항목에 있는 Input Board에 현재 작업하고 있던 PCB Editor 파일을 찾아 선택한다. (Output Board File에 있는 파일을 찾아 선택)
④ 확인 버튼을 누른다.

⑤ PCB Editor 프로그램이 실행되고 수정된 것을 확인할 수 있다.

5) Constraint 설정(설계 Rule 설정)

> **요구사항**
>
> 과제 2의 라항 5) 네트(NET)의 폭(두께) 설정
> - 정의된 네트의 폭에 따라 설계합니다.
>
> | +12V, GND | 1mm |
> |---|---|
> | 그 외 일반선 | 0.5mm |
>
> 과제 2의 라항 9) 카퍼(Copper Pour)의 설정
> - 모든 네트와 카퍼와의 이격거리는(Clearance) 0.5mm에 위배되지 않아야 합니다.
>
> 과제 2의 라항 11) DRC 설정
> - 모든 조건은 default 값(clearance : 0.254mm)에 위배되지 않아야 합니다.

배치 완료 후 배선 전 작업이며, Constraint manager를 이용하여 배선의 두께와 배선, Pin, Shape 등의 간격을 설정할 수 있다.

다른 명령어가 활성화되어 있으면 Constraint manager 창이 나타나지 않는다. 따라서 이전에 작업 중이던 작업을 완료(RMB 팝업 메뉴 중 Done 선택) 후 Constraint manager를 실행시킨다.

❖ 네트 폭의 설정

❶ 메뉴의 Setup 〉 Constraints 〉 Constraint Manager를 선택하거나, 아이콘을 선택한다.

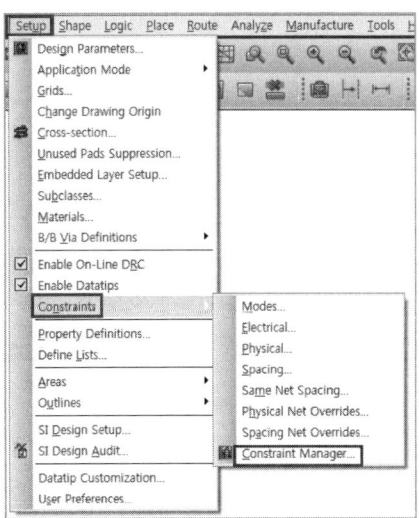

❷ Worksheet Selector 창의 Physical 항목 〉 Physical Constraint Set 〉 All Layers를 선택한다.

❸ 오른쪽 창에서 DEFAULT 〉 Line Width 〉 Min(mm)의 기입란에 일반선 두께 0.5을 기입한다.

❹ Worksheet selector 창의 Physical 항목에 Net 〉 All Layers를 선택한 후, 오른쪽 창에서 설계 규칙에 따라 두께가 정의된 Net의 Objects 항목에서 Line Width 〉 Min(mm)의 기입란에 +12V, GND의 두께를 1로 기입한다.

❖ 이격 거리(Spacing)의 설정

❶ 이격 거리 설정을 위해 CM 창 좌측 Worksheet selector 창의 Spacing 〉 Spacing Constraint Set 〉 All Layer를 클릭한 후 Line을 선택한다.

❷ 오른쪽 창에서 DEFAULT를 클릭한다.

❸ 전체 선택이 되면 0.254를 기입한 후 [Enter↵]를 클릭하여 이격 거리 값을 설정한다. (Default Clearance : 0.254mm)

❹ DEFAULT의 Shape To 〉 All 기입란에 0.5를 기입한 후 [Enter↵]를 클릭한다.

Objects			Referenced Spacing CSet	Line To >> All mm	Test Via To >> All mm	Shape To >> All mm	Bond Finger To >> All mm
Type	S	Name					
Dsn		01	DEFAULT	***	***	0.500	***
SCS		⊞ DEFAULT		***	***	0.500	***

❖ Same Net Spacing의 설정

❶ Worksheet Selector의 Same Net Spacing 〉 Spacing Constraint Set 〉 All Layer를 클릭한다.

❷ 이격 거리(Spacing) 설정을 Net Spacing과 같은 방법으로 설정한다.

Objects			Referenced Spacing CSet	Line To >> All mm	Thru Pin To >> All mm	Shape To >> All mm	Bond Finger To >> All mm	Hole To >> All mm
Type	S	Name						
Dsn		01	DEFAULT	0.254	0.254	0.254	0.254	0.254
SCS		⊞ DEFAULT		0.254	0.254	0.254	0.254	0.254

Objects			Referenced Spacing CSet	Line To >> All mm	Test Via To >> All mm	Shape To >> All mm	Bond Finger To >> All mm
Type	S	Name					
Dsn		01	DEFAULT	***	***	0.500	***
SCS		⊞ DEFAULT		***	***	0.500	***

❖ Properties의 설정

요구사항의 모든 Rule 설정 완료 후, 배선 전 GND 가상 선을 숨기기 위해 Worksheet selector의 Properties 〉 Net 〉 General Properties를 선택 후 GND Net의 No Rat 부분을 On으로 설정한다.

Worksheet Selector
- Electrical
- Physical
- Spacing
- Same Net Spacing
- Manufacturing
- Properties
  - ∨ Net
    - General Properties
    - Route/Vias Keepout Ex...
  - ∨ Component

A01

Objects			Voltage V	Weight	No Rat
Type	S	Name			
Dsn		A01			
Net		+12V			
Net		GND			On
Net		N00954			
Net		N00968			
Net		N00981			
Net		N00994			
Net		N01150			
Net		N01168			
Net		N01454			
Net		N01724			

만약 GND 외에 다른 Ojects가 No Rat에 On 되어 있으면 Clear로 변경한다. 설정 완료 후 File 〉 Close를 선택하여 설계 창으로 복귀한다.

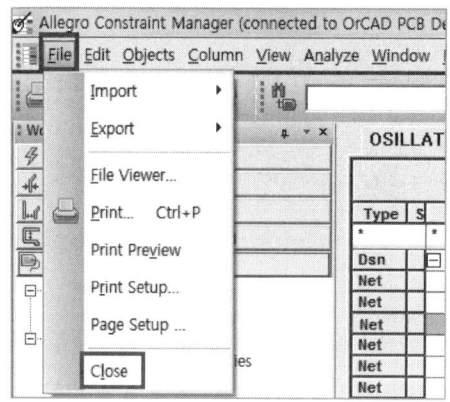

6) 배선(Routing)

> **요구사항**
> 과제 2의 라항 6) 배선(Routing)
> – 배선은 양면 모두에서 진행
> – 배선경로는 최대한 짧게 하되 100% 배선하며, 직각 배선은 하지 않음
> – 자동배선(Auto routing)은 사용할 수 없으며, 자동 배선 시는 실격처리

요구사항에 준하여 배선하기 위해 메뉴의 Route 〉 Connect를 선택하거나, 아이콘을 클릭한다.

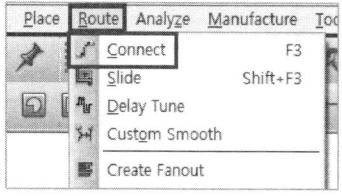

직각으로만 배선이 되면 설계 창 우측 Control Panel의 Options에서 Line lock의 각도를 45도로 설정하고 작업을 다시 진행한다.

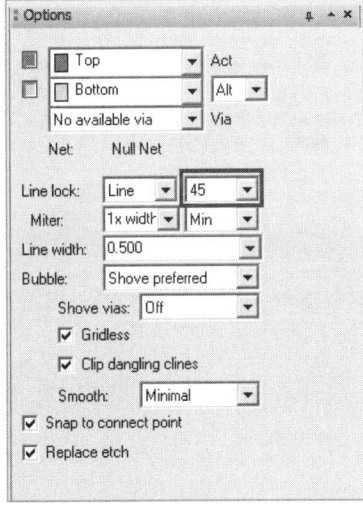

- **Act와 Alt** : Active와 Alternate Subclass는 현재 작업되어지는 Layer를 결정
- **Line lock** : Line/45로 설정
- **Miter** : Miter size의 값을 설정
- **Line width** : Constraint Manager에서 설정된 값으로 자동 설정
- **Bubble** : Off, Hug only, Shove preferred 설정
- **Gridless** : 추가된 Etch에 Routing Grid Snap을 사용할 것인지 결정
- **Smooth** : Off, Minimal, Full 등 설정
- **Replace etch** : 배선된 etch 영역을 삭제하거나 추가하지 않고 기존 Trace 경로 변경

> **TIP** **Bubble**
>
> - **Off** : DRC를 적용하지 않는다. Error가 있어도 배선되므로 배선에 주의해야 한다.
> - **Hug only 및 Hug preferred** : 주어진 DRC 값에 의해 배선된다. 기존의 Etch 객체들 주위를 감싸며 배선된다.
> - **Shove preferred** : Spacing을 위반하지 않는 범위에서 기존 배선이나 via를 밀어내며 배선한다.

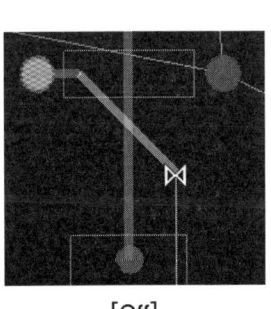
[Off]

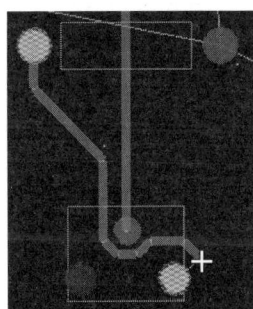
[Hug only]

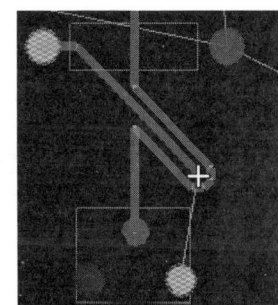
[Shove preferred]

❖ 배선 및 Layer 변경

기본 배선 방법은 부품의 핀을 클릭 후 연결된 가상선에 따라 마우스를 드래그한 후 부품에 연결된 핀을 클릭하여 배선할 수 있다.

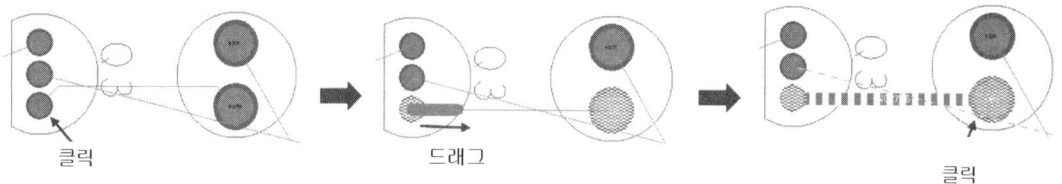

배선은 가급적 짧은 배선부터 배선하도록 한다. GND의 경우 카퍼(Copper)와 연결되므로 별도로 배선하지 않아도 된다.

배선 중 Layer 변경은 RMB 팝업 메뉴 중 Change Active Layer에서 바꾸고자 하는 Layer를 선택하거나, 키보드의 +, - 키를 눌러 Layer를 변경할 수 있다. 또는 RMB 팝업 메뉴 중 Swap Layers를 선택하여 변경할 수 있다.

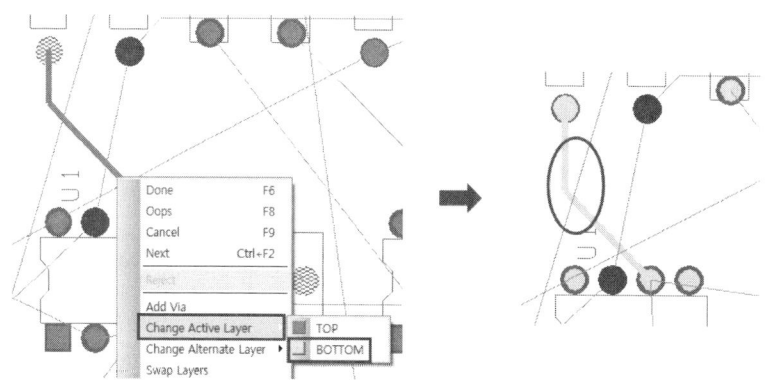

TIP 레이어(Top - Bottom) 단축키 설정

- PCB Editor에서는 배선 시 레이어를 변경하는 단축키가 없다. 단축키를 사용하기 위해서는 단축키를 설정하여 사용할 수 있다.
- Command 창에 "funckey s pop swap"을 입력한 후, s를 눌러 레이어를 변경할 수 있다.

❖ 비아(Via) 생성

배선 작업 시 Via 생성은 생성하고자 하는 위치에 마우스를 클릭한 후, RMB 팝업 메뉴 중 Add Via를 선택하거나 마우스를 더블클릭하여 Via를 생성한다.

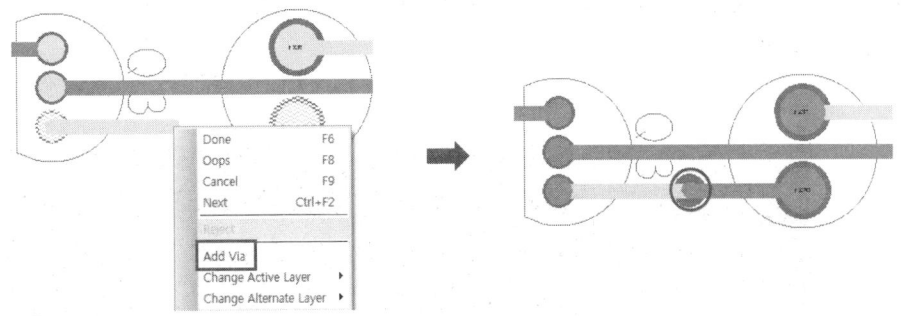

❖ 배선 정리

(가) Slide

Slide 기능을 이용하여 배선을 깔끔하게 정리할 수 있다. 메뉴의 Route 〉 Slide를 선택하거나, 　 아이콘을 선택하여 배선한 선들을 정리할 수 있다.

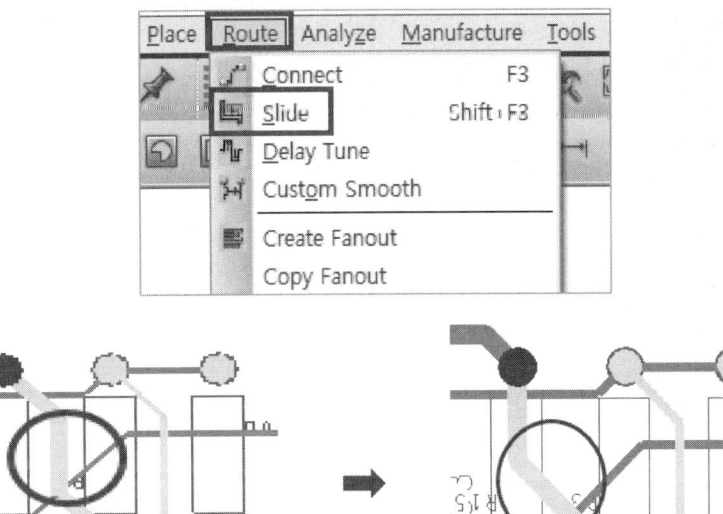

(나) Custom Smooth

Custom Smooth 기능의 경우 직선으로 연결되지 않은 선을 선택하여 최단거리로 선을 정리할 수 있다. 메뉴의 Route 〉 Custom Smooth를 선택하여 배선된 선들을 정리할 수 있다.

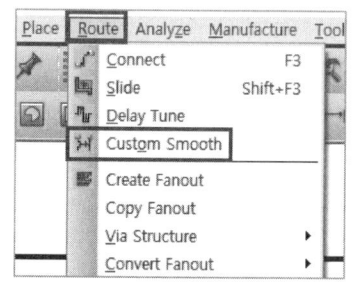

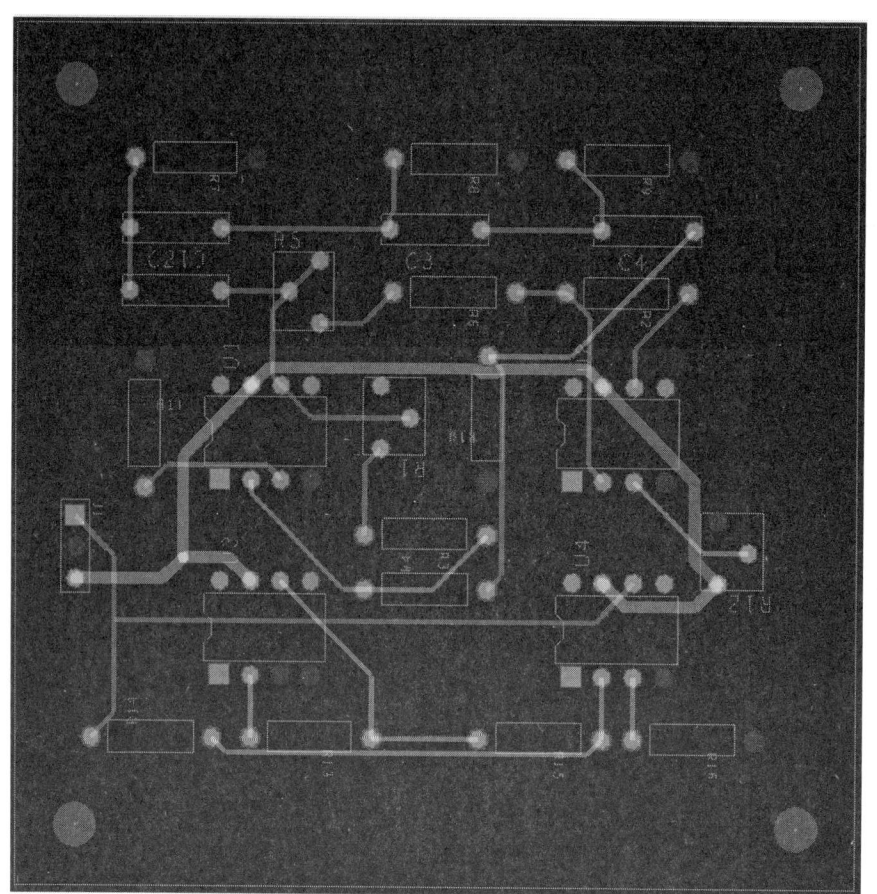

배선이 완료되면 RMB 팝업 메뉴 중 Done(F6)을 눌러 작업을 종료한다.

7) Copper Pour 작성

> • 요구사항
>
> 과제 2의 라항 9) 카퍼(Copper Pour)의 설정
> – 보드 납땜면(BOTTOM layer)에 GND 속성의 카퍼 처리를 하되, 보드 외곽으로부터 5mm 이격을 두고 실시하며, 단열판과 GND 네트 사이 연결선의 두께는 0.5mm로 설정

일반 신호선이 아닌 Power나 GND 등 다수의 접속 포인트를 특성에 맞게 면 처리하는 과정을 말하며, 요구사항에 준하여 Copper Pour를 작성하도록 한다.

❶ Parameter 설정을 위해 메뉴의 Shape 〉 Global Dynamic Parameters를 선택한다.

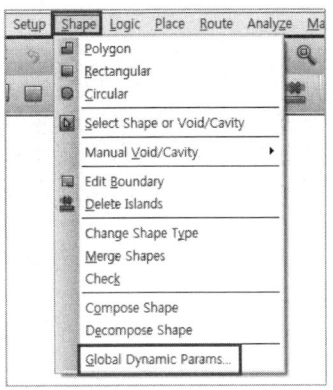

❷ Global Dynamic Shape Parameters 창에서 Thermal relief connects 탭을 선택 후, Thru pins의 Minimum connects를 1로 설정하고, 단열판과 GND Net 사이의 연결선 두께를 0.5mm로 설정하기 위해 Use fixed thermal width of에 0.5를 입력하고 OK를 클릭한다.

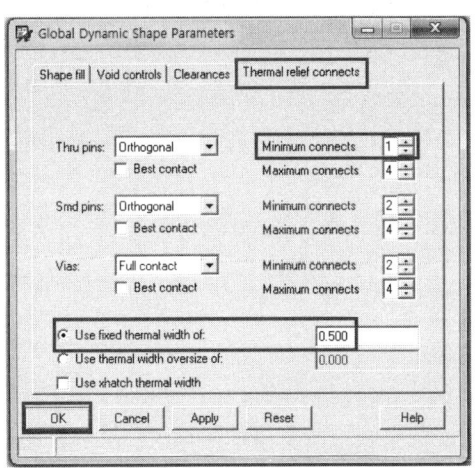

❸ GND 속성의 카퍼 영역을 설정하고, GND Net를 설정하기 위해 메뉴의 Shape 〉 Rectangular를 선택한다.

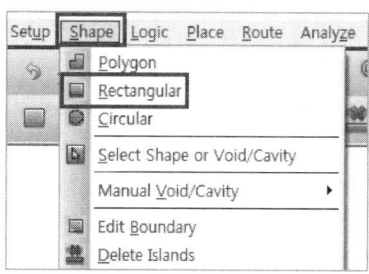

❹ Control Panel의 Options에서 Active Class and Subclass를 Etch, Bottom으로 설정하고, Shape Fill에서 Type을 Dynamic copper로 설정한다. Assign net name은 ▢ 아이콘을 선택하여 GND로 설정한다.

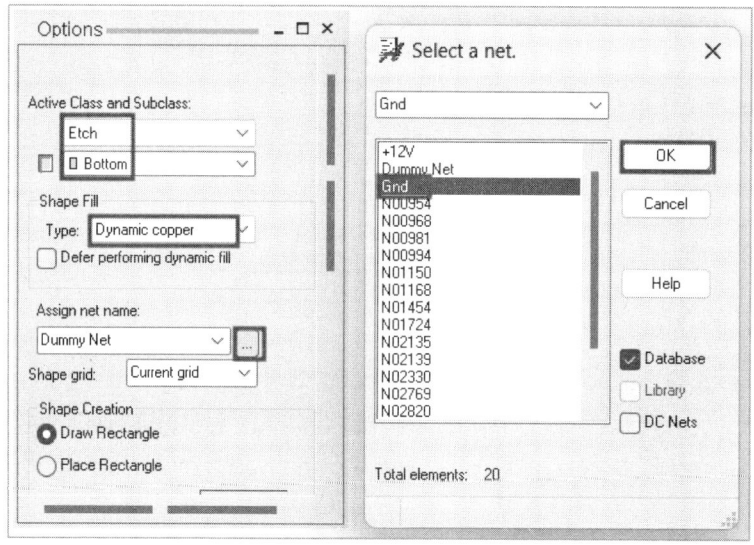

❺ Options 설정 완료 후 보드 외각으로부터 5mm 이격을 두고 카퍼 영역을 작성하기 위해 Command 창에 좌표 x 5 5 [Enter↵] / 좌표 x 65 65 [Enter↵]를 입력한다.

```
Enter shape outline and then assign the net of shape in Options before the shape is complete.
Assigning selected shape to net: GND
Command > x 5 5
last pick:  5.000  5.000
Command > x 65 65
last pick:  65.000  65.000
Pick first point of the next shape.
Enter shape outline and then assign the net of shape in Options before the shape is complete.
Command >
```

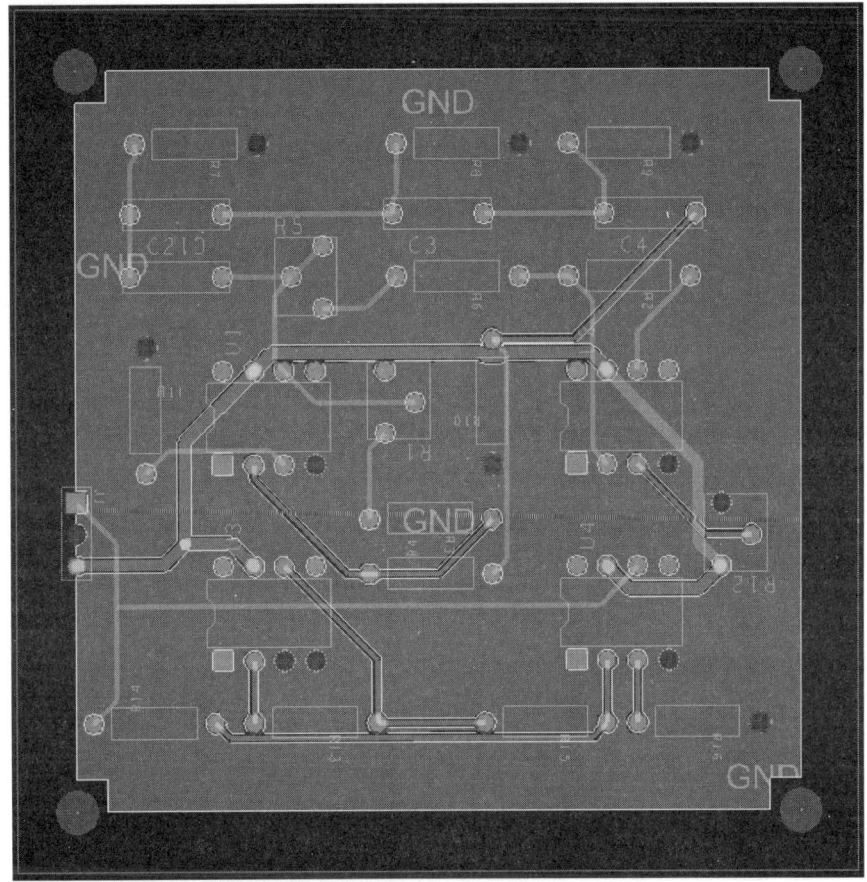

❻ Bottom Layer에 카퍼 설정이 끝났으면 RMB 팝업 메뉴 중 Done([F6])을 선택하여 작업을 종료한다.

8) Status 확인

Copper Area 설정 완료 후 Post Processing(후처리 작업) 전 Symbols and nets와 Shapes 및 DRCs를 확인하기 위해 메뉴의 Display > Status를 선택한다.

Status 팝업 창에서 상태 박스가 모두 정상 상태(■)로 되었는지 확인하고, OK 버튼을 클릭한다.

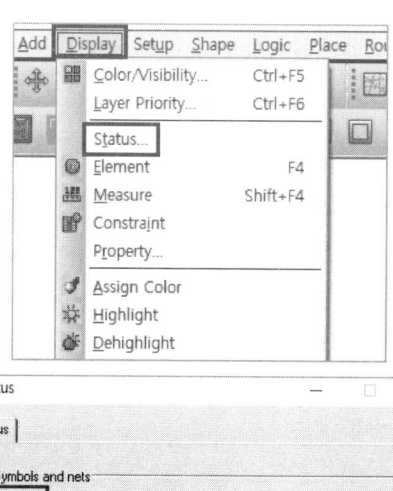

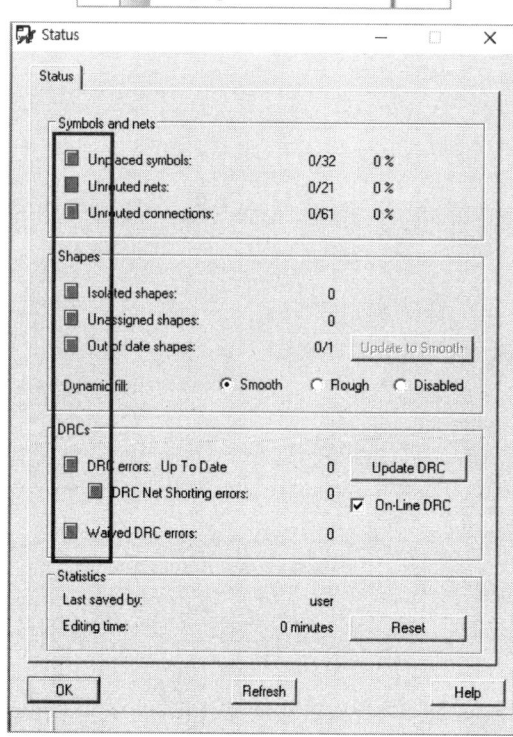

❖ Symbols and nets

배치가 안 된 부품(Unplaced symbols)이 있거나 선이 연결되지 않은 부분(Unrouted connections)을 Check해 주며, 상태 박스가 모두 녹색일 경우 정상이며, 노란색(경고)이나 빨간색(에러)일 경우에는 상태 박스를 클릭하여 좌표를 확인 후 수정할 수 있다.

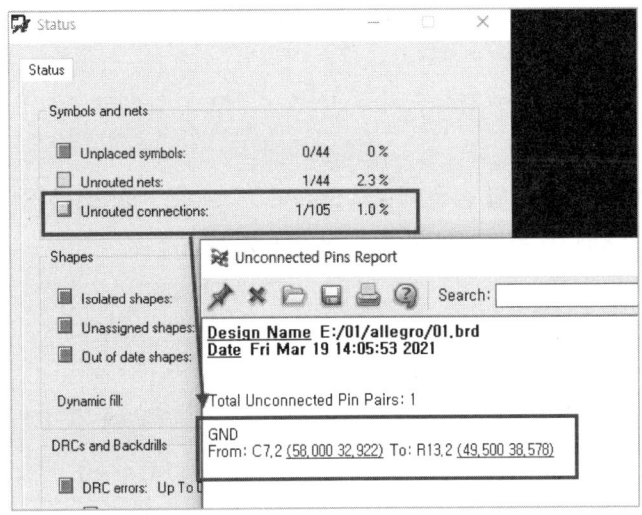

다음과 같은 경고는 C7의 2번 핀 GND가 카퍼에 연결되지 않아 생긴 경고로 강제적으로 다른 부품의 GND 핀이나 카퍼에 연결해 주면 해결할 수 있다.

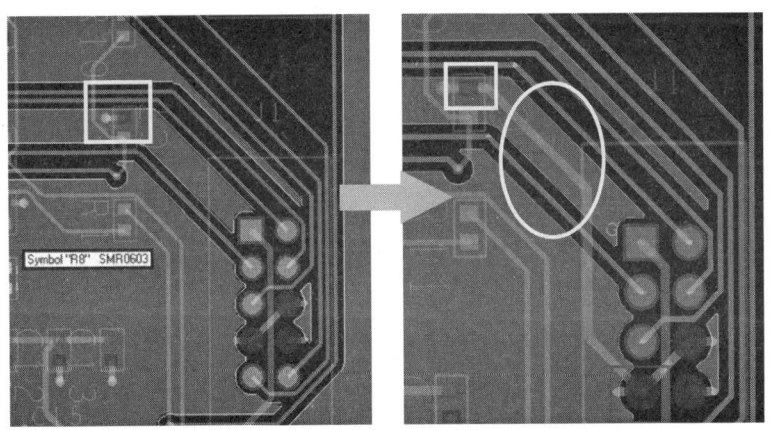

❖ Shapes

Status 창에서 Isolated shapes가 존재할 경우 상태 박스가 노란색이며, Delete Islands 를 선택하여 제거해야 한다.

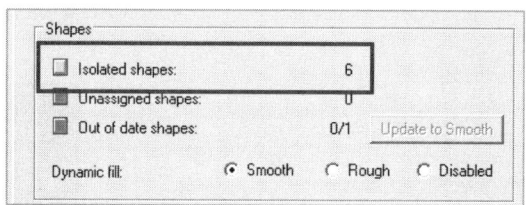

❶ Isolated shape가 존재할 경우 메뉴의 Shape 〉 Delete Islands를 선택하거나, 아이콘 을 선택하여 Options 부분에서 확인 후 삭제할 수 있다.

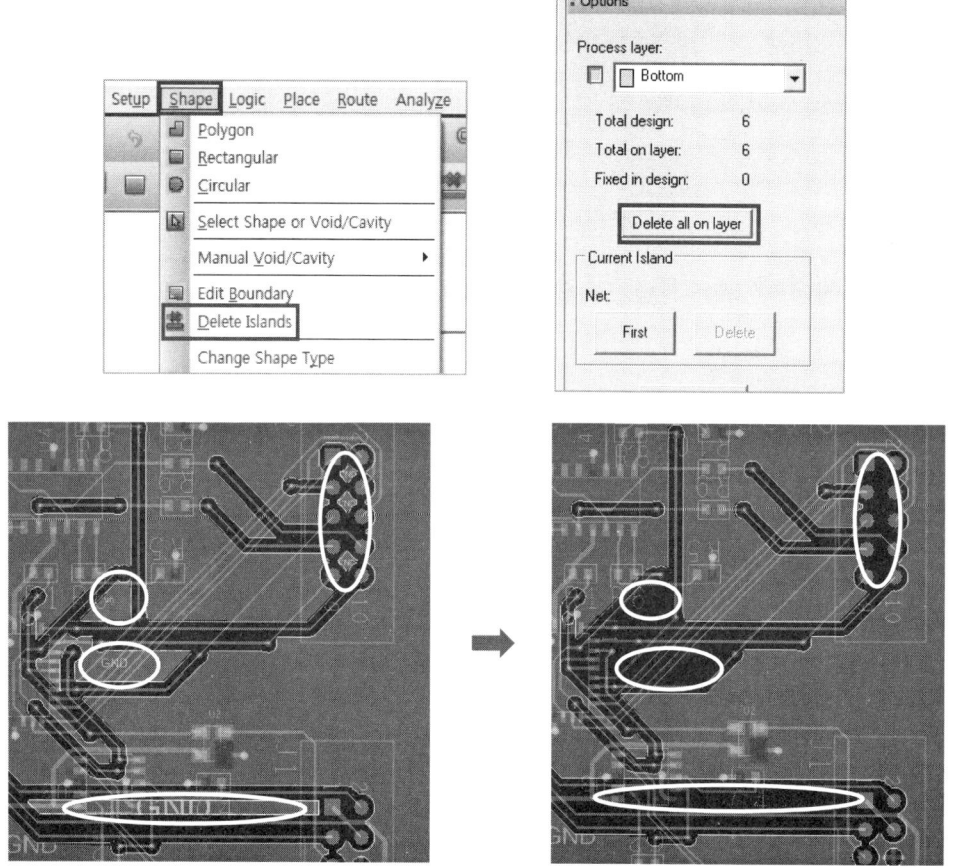

❷ Isolated shape를 제거하였으면 RMB 팝업 메뉴 중 Done(F6)을 선택한다.

❖ DRCs

앞서 설정한 PCB 설계 Rule에 위배되었을 경우 노란색 또는 빨간색으로 표시되며, 에러 확인은 각각의 상태 박스를 클릭하여 확인 가능하다.

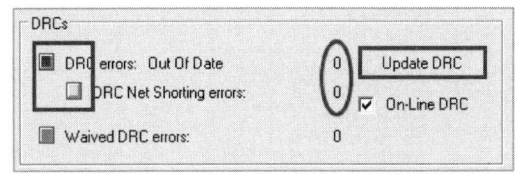

하지만 그림과 같이 상태 박스가 노란색과 빨간색으로 되어 있으나, 숫자가 0일 경우 Update DRC 버튼을 눌러 상태 박스를 녹색으로 변경할 수 있다.

이와 같이 모든 상태 박스가 녹색일 경우 정상 작업이 되었음을 확인할 수 있으며, 다음 단계로 진행할 수 있다.

만약 Update DRC 버튼을 눌렀는데도 녹색으로 변경되지 않으면, 메뉴의 Tools 〉 Updatd DRC를 선택하고 다시 Status에 Update DRC 버튼을 누른다.

(3) Post Processing(후처리 작업)

1) 실크 데이터(Silk data) 작업

> • 요구사항
>
> 과제 2의 라항 8) 실크 데이터(Silk data)
> - 실크 데이터의 부품 번호는 한 방향으로 보기 좋게 정렬하고, 불필요한 데이터는 삭제
> - 다음의 내용을 보드 상단 중앙에 위치
>   (CONTROL BOARD)
>   (line width : 0.3mm, height : 3mm)

❖ 보드명 기입

요구사항의 내용에 따라 다음 순서와 같이 보드명을 기입할 수 있다.

❶ PCB Editor에서 기본적으로 제공하는 Text Block을 편집하기 위해 메뉴에서 Setup 〉 Design Parameters를 선택한다.

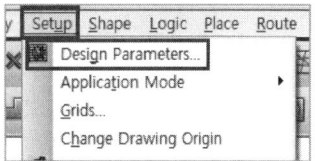

❷ Text 탭 선택 후 Setup Text Sizes 버튼을 클릭한다.

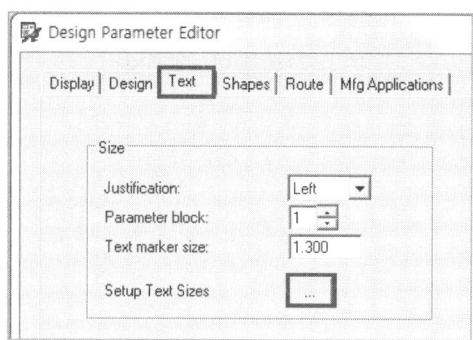

❸ 글자 크기를 설정하기 위해 Add 버튼을 클릭한 후 Text Block(17)이 추가되고 조건에 맞게 빈칸을 설정한다.

- Width(글자의 너비) : 2(임의 설정)
- Height(글자의 높이) : 3
- Line Space(줄 간격) : 0.2(임의 설정)
- Photo Width(글자 선의 두께) : 0.3
- Char Space(글자 간격) : 0.3(임의 설정)

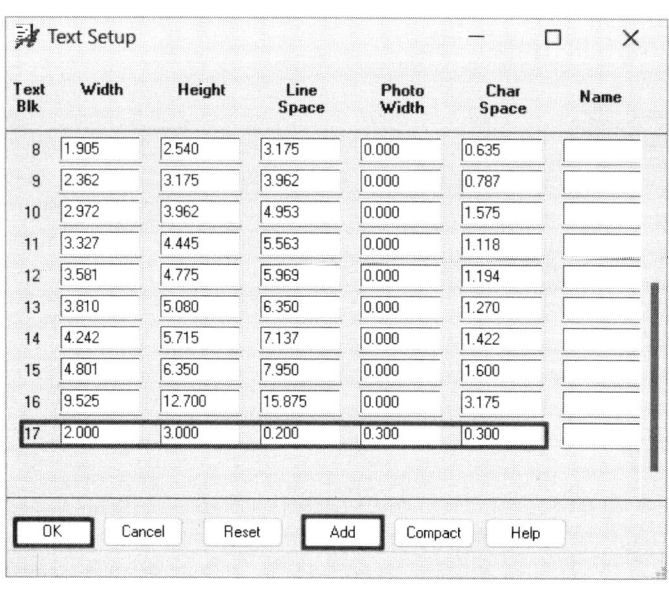

❹ 설정이 완료되었으면 OK 버튼을 눌러 Text Setup 창을 닫는다.

❺ 실크 데이터를 보드에 배치시키기 위해 메뉴의 Add 〉 Text( )를 선택한 후 Control Panel의 Options에서 다음과 같이 설정한다.

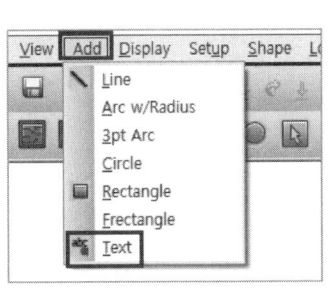
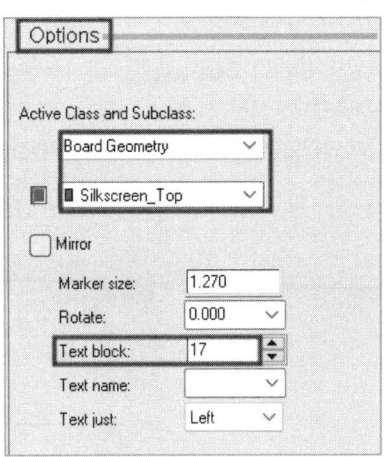

❻ Option 설정 후 PCB 보드의 상단 중앙 위치에 마우스로 클릭하여 OSC를 입력한다.

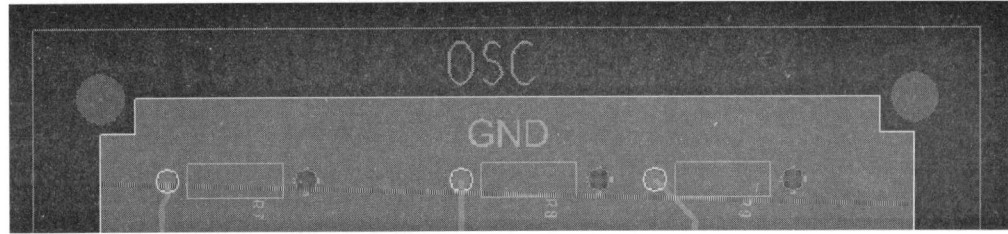

❼ 글자를 이동시키기 위해 메뉴의 Edit 〉 Move( )를 이용하여 입력한 글자를 좀 더 정교하게 배치시킬 수 있다.

❽ 입력을 완료하였으면 RMB 팝업 메뉴 중 Done(F6)을 선택한다.

TIP 삭제하기

부품이나 글자, 배선 등을 삭제할 경우 다음의 순서를 따른다.

① 메뉴의 Edit 〉 Delete(✕)를 선택한다.
② 삭제하고자 하는 부품이나 글자, 배선을 마우스로 더블클릭한다.
③ 삭제되었으면 RMB 팝업 메뉴 중 Done(F6)을 선택한다.

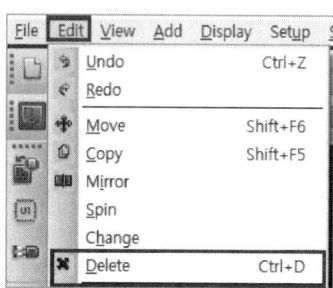

만약 삭제하고자 하는 부품이나 글자가 다른 부품이나 글자 배선 등으로 겹쳐 선택이 힘들다면,

① 메뉴의 Edit 〉 Delete를 선택한다.
② Control Panel의 Find에서 All Off 버튼을 클릭한 후, 삭제하고자 하는 종류만 Check한다. (예 : 글자)
③ 삭제하고자 하는 부품이나 글자, 배선을 마우스로 더블클릭한다.
④ 삭제가 되었으면 RMB 팝업 메뉴 중 Done(F6)을 선택한다.

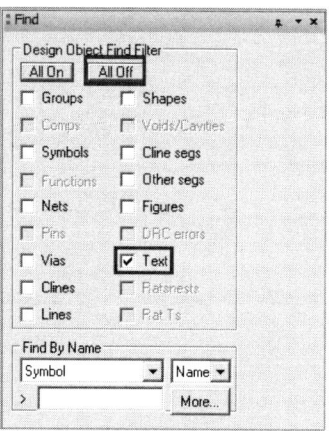

❖ 부품 번호(Reference) 정리

요구사항에 부품 번호는 한 방향으로 보기 좋게 정렬하라고 규정되어 있기 때문에 동일한 글자의 크기와 방향으로 정렬하여야 한다.

(가) 부품 번호 크기 정리

❶ 부품 번호의 크기를 동일하게 하기 위해 메뉴의 Edit 〉Change를 선택한다.

❷ Option Panel 창에서 Class : Ref Des/New subclass : Silkscreen_Top을 선택하고 Text block은 3으로 설정한다.

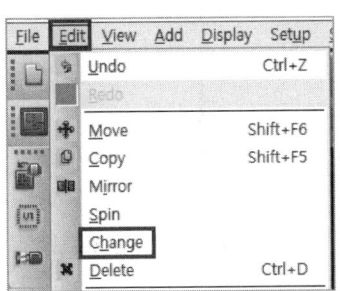 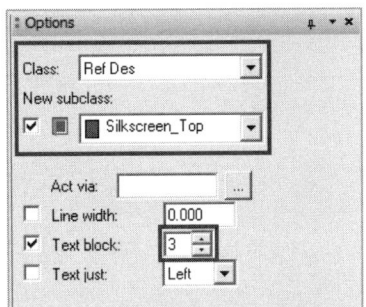

❸ 마우스로 보드 전체를 드래그하면 부품 번호의 크기가 동일하게 변경된 것을 확인할 수 있다.

❹ RMB 팝업 메뉴 중 Done을 눌러 작업을 종료한다.

(나) 부품 번호 정렬

부품 번호의 크기를 동일하게 정리한 후 부품 번호를 한 방향으로 정렬하여야 한다.

❶ Edit 〉Move를 선택한다. Find Panel 창에서 All Off를 클릭한 후 Text만 선택한다.

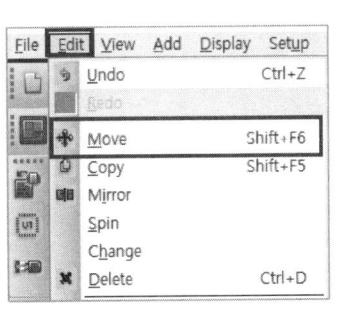 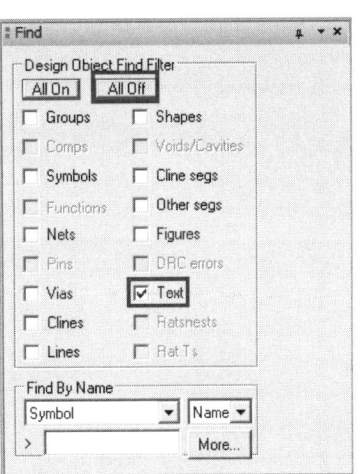

❷ 부품 번호를 선택하여 부품 번호가 겹치지 않도록 부품 밖으로 문자의 위치와 방향을 정렬한다.

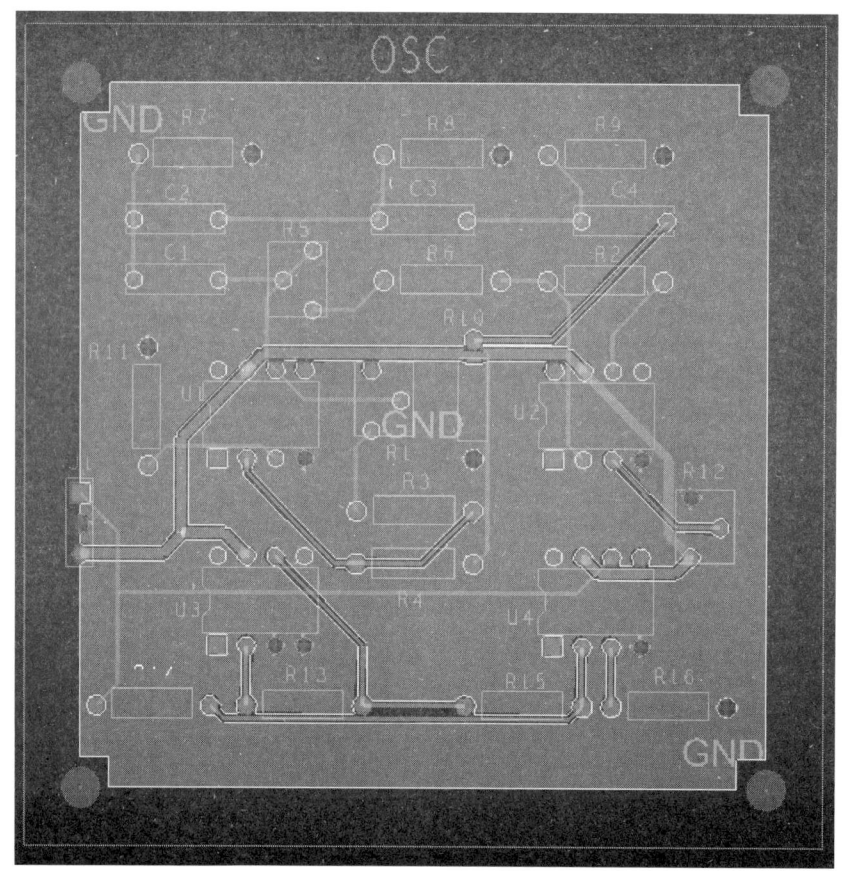

2) 치수보조선

치수보조선을 이용하여 보드 외곽의 길이 및 부품의 위치를 표시하며 치수보조선을 사용하기 위해 단위 및 글자 크기 등을 먼저 설정한다.

❖ Parameter의 설정

❶ 메뉴의 Manufacture 〉 Dimension Environment를 선택하거나 아이콘을 선택한다.

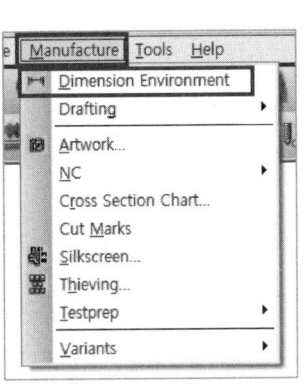
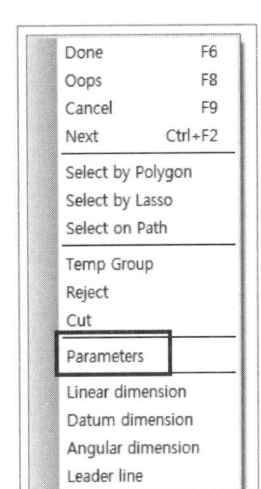

❷ PCB 화면에서 RMB 팝업 메뉴 중 Parameters를 선택한다.

❸ Dimensioning Parameters 팝업 창에서 먼저 General 탭의 Parameter editing 단위를 Millimeters로 선택한다.

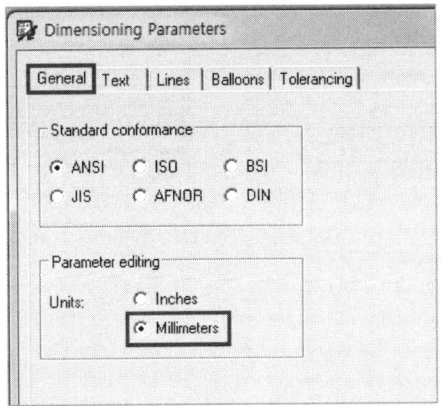

❹ Text 탭을 선택하고 다음과 같이 설정한다.

- Text block(글자 크기 설정) : 4(임의 크기 설정)
- Primary dimensions/Units(치수보조선 사용 단위) : Millimeters
- Primary dimensions/Decimal places(치수보조선의 소수점 자릿수) : 0

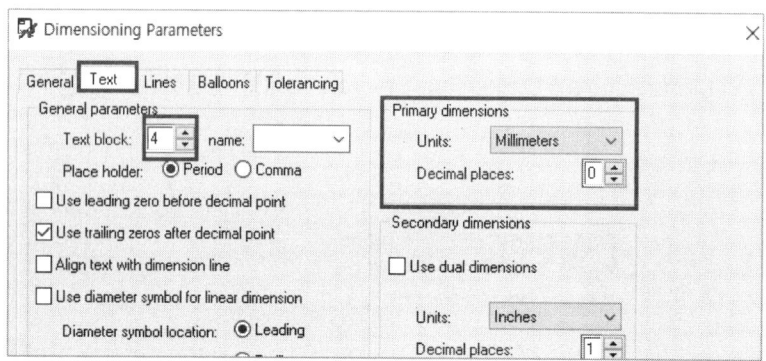

❺ OK 버튼을 누른다.

❖ 치수보조선 그리기

RMB 팝업 메뉴 중 Linear dimension을 선택한다. Panel 창의 Options에서 Dimension Environment mode가 Linear dimension으로 변경된 것을 확인할 수 있다.

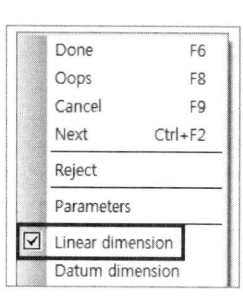 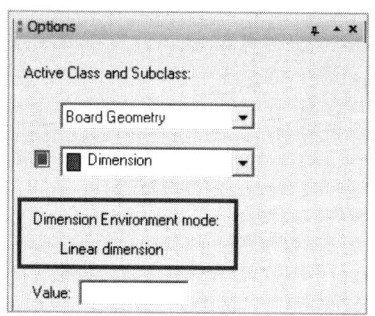

❶ Options 탭에서 숫자 뒤의 단위(mm)를 나타내기 위해 Text에 %vmm를 입력한다.

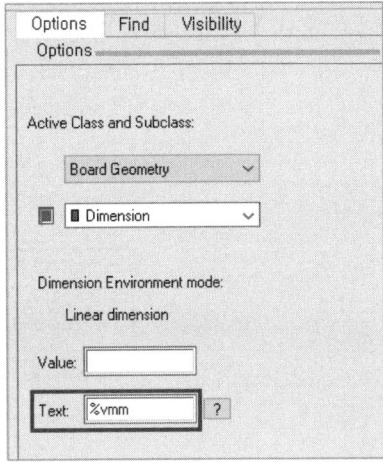

❷ 70mm 치수보조선을 나타내기 위해 왼쪽 외곽선과 오른쪽 외곽선을 클릭한다. 배치시킬 위치에 다시 클릭한다.

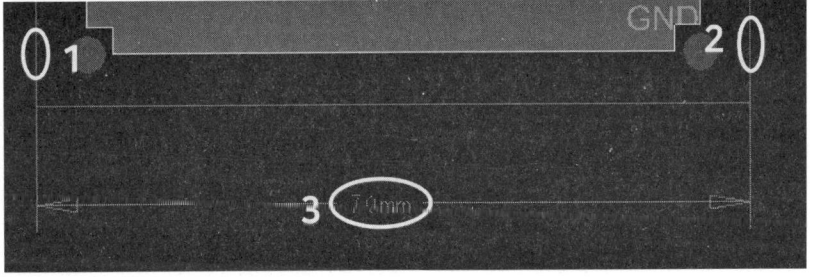

❸ Mechanical Pin 및 Board Outline을 마우스로 외곽선을 클릭한다.
❹ 치수보조선을 배치시킬 위치에서 다시 클릭한다.

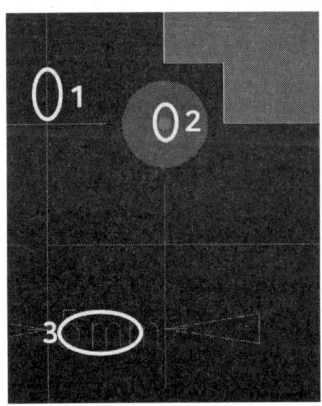

❺ 나머지도 같은 방법으로 한다.

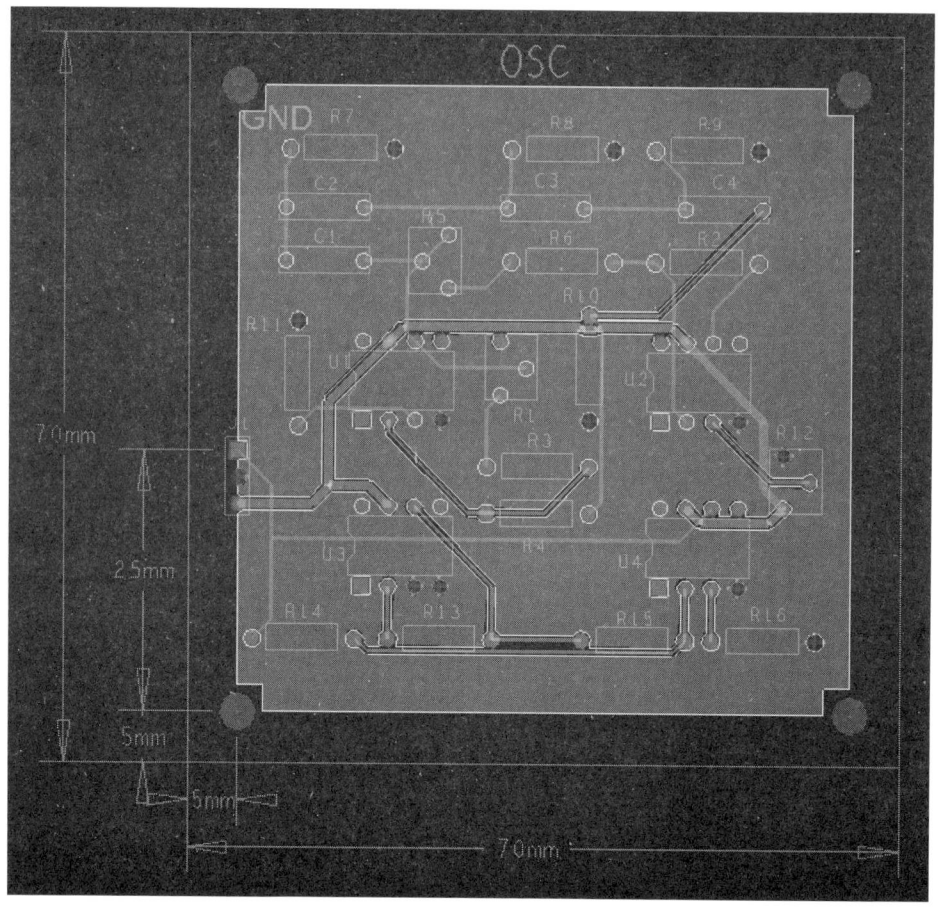

❖ 치수보조선의 수정

(가) 치수보조선의 삭제

❶ Manufacture > Dimension Environment를 선택한다.

❷ 화면에서 RMB 팝업 메뉴 중 Delete dimensions를 선택한다.

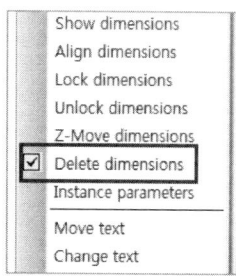

❸ 삭제를 원하는 치수보조선을 선택한다.

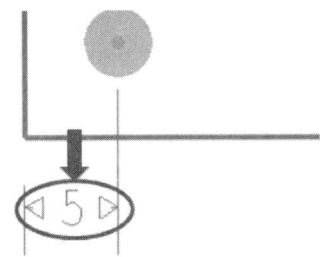

❹ 작업이 완료되었으면 RMB 팝업 메뉴 중 Done(F6)을 선택한다.

(나) 치수보조선의 이동

❶ Manufacture > Dimension Environment를 선택한다.

❷ 화면에서 RMB 팝업 메뉴 중 Move text를 선택한다.

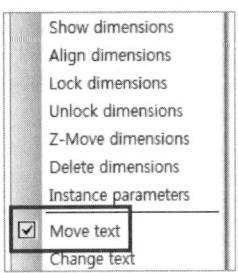

❸ 이동하고자 하는 치수보조선을 선택한 뒤 원하는 위치에 배치시킨다.

❹ 작업이 완료되었으면 RMB 팝업 메뉴 중 Done(F6)을 선택한다.

3) NC Data 생성

❖ Drill Symbol의 생성

❶ 메뉴의 Manufacture 〉 NC 〉 Drill Customization 또는 아이콘을 선택한다.

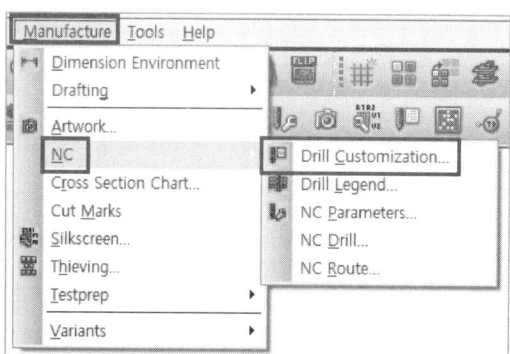

❷ Drill Customization 창이 열리면 창 하단 중앙의 "Auto generate symbols"를 클릭하여 자동으로 Symbol Figure를 생성시킨 후 OK를 클릭한다.

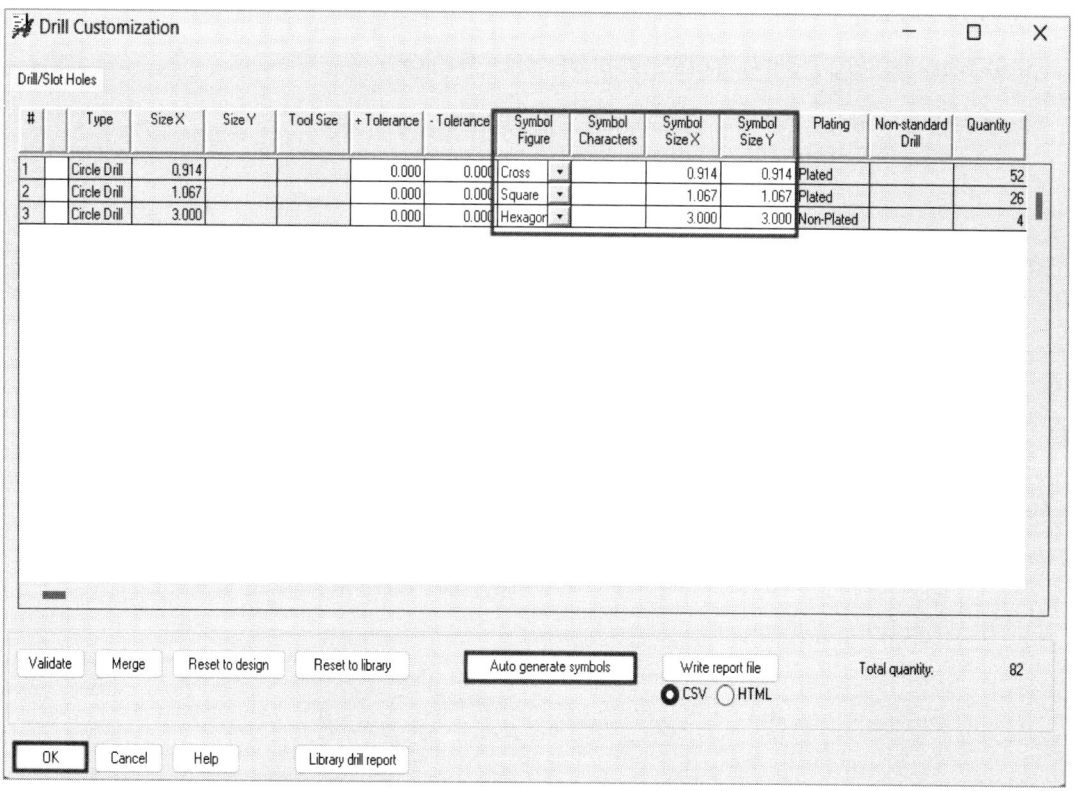

❖ NC Drill Legend 작성

❶ 생성한 드릴 차트를 기입하기 위해 메뉴의 Manufacture › NC › Drill Legend를 선택하거나, 아이콘을 선택한다.

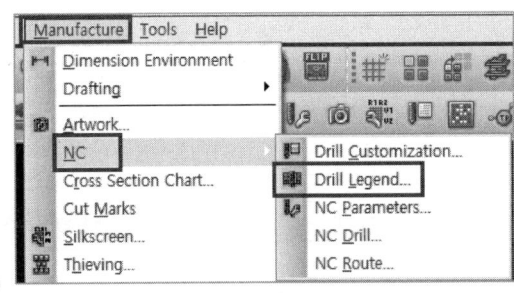

❷ Output unit을 Millimeter로 설정한 후 OK 버튼을 클릭하여 생성된 차트를 보드 하단에 적절히 배치한다.

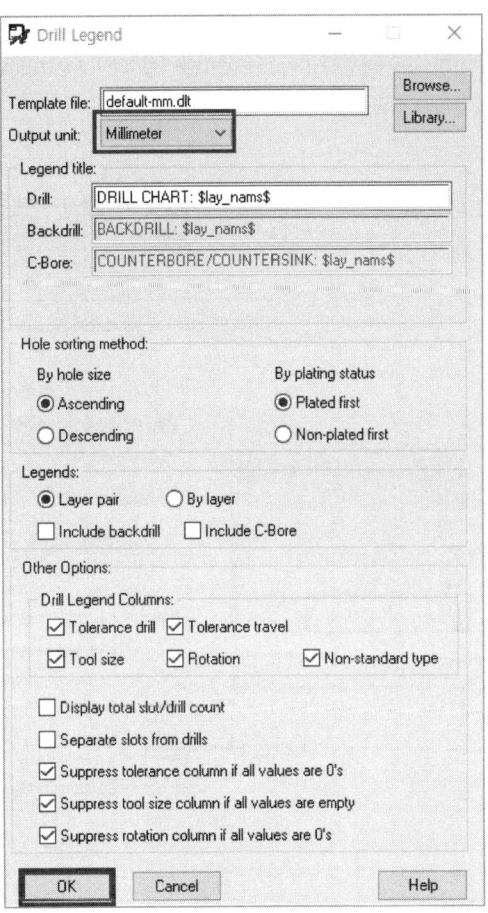

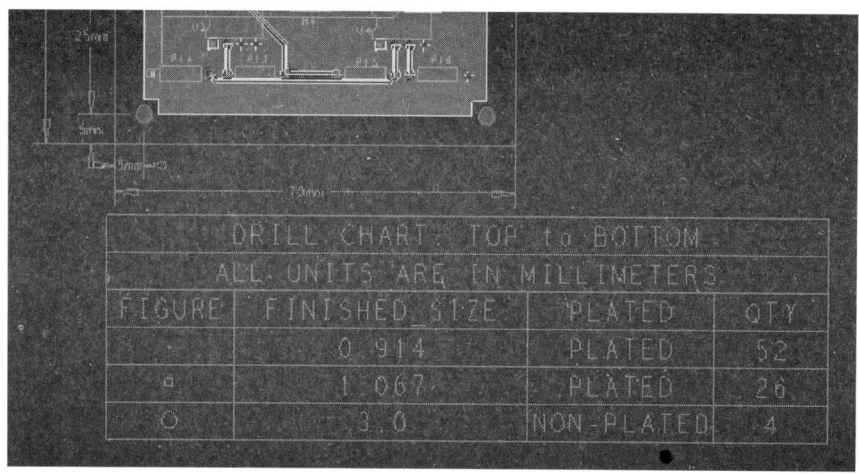

❖ Drill data 생성

❶ PCB 제조 과정에 필요한 Drill data를 생성하기 위해 메뉴의 Manufacture > NC > NC Parameters를 선택하거나, 아이콘 선택 후 아래와 같이 설정을 한다.

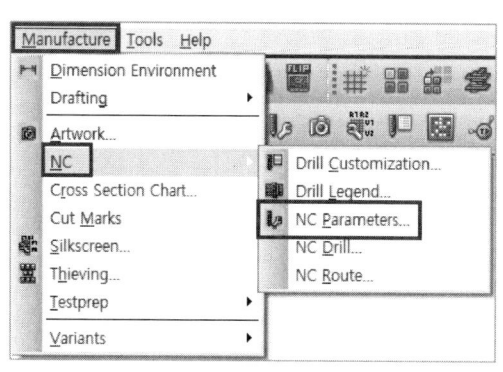
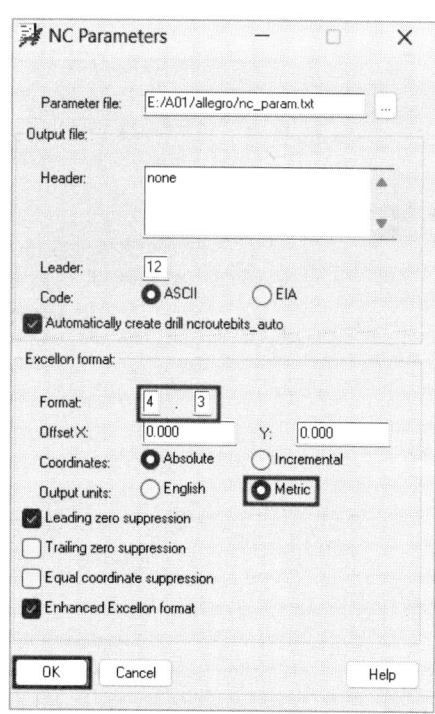

❷ NC Parameters를 설정 후 NC Drill data를 생성하기 위해 메뉴의 Manufacture 〉 NC 〉 NC Drill을 선택 후 Drill 버튼을 클릭하여 data를 생성한다.

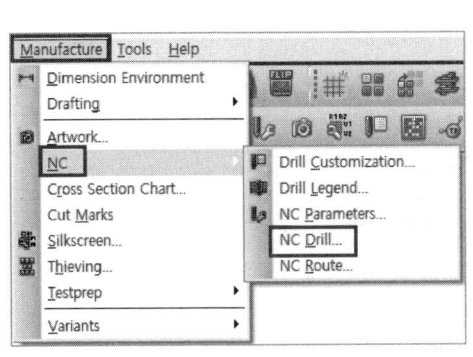 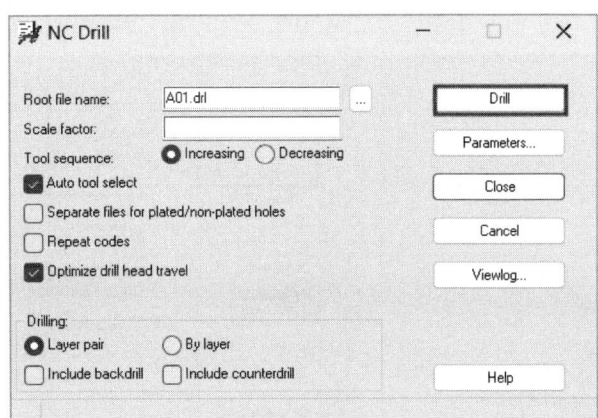

4) Gerber File 생성

Gerber란 Gerber Scientific Instrument사에 의해 고안되어 포토플로터에 적용, 사용하기 시작한 데이터 포맷이다. PCB 제조에 필요한 것이 Gerber File이며, 이를 PCB 패턴을 그린 필름으로 인쇄한다. PCB 제작에 필요한 Gerber File을 생성하기 위해 다음과 같은 순서로 필름을 생성할 수 있다.

❖ Artwork의 설정

❶ 메뉴의 Manufacture 〉 Artwork를 선택하거나, 아이콘을 선택한다.

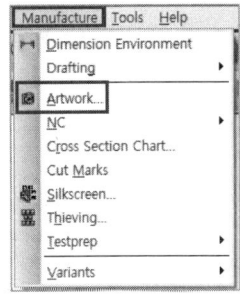

❷ Artwok Control Form 창에서 General Parameters 탭을 선택한 후, 아래와 같이 설정하고 OK 버튼을 클릭한다.

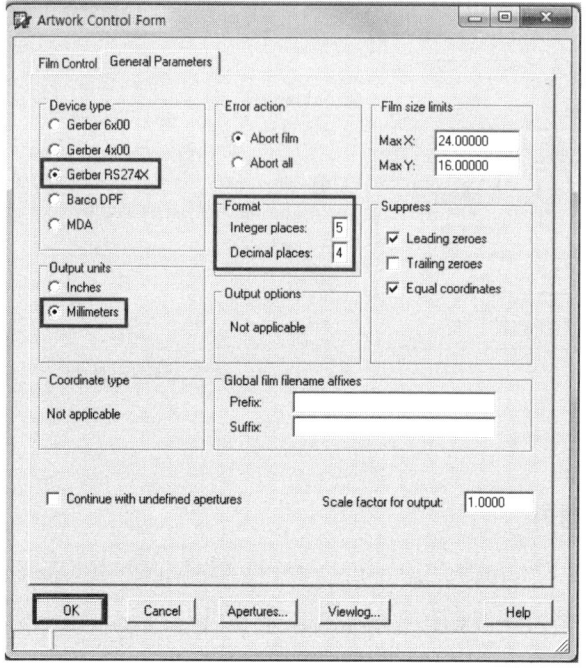

❖ Artwork Film 생성

Artwork Film의 출력 작업은 PCB 설계의 최종 과정으로 설계 작업의 내용을 출력하는 데 필요한 정보를 추출하는 과정이다. 기본적으로 TOP과 BOTTOM에 대해서만 Film Control Record되어 있고 추가적으로 생성할 Film은 Silkscreen_Top, Soldermask_Top, Soldermask_Bottom, Drill_draw이며, Artwork Control Film을 닫지 않은 상태에서 다음 작업들을 진행한다.

(가) Outline 추가

❶ 메뉴의 Manufacture 〉 Artwork를 선택하거나, 아이콘을 선택한 후 Film Control 탭을 선택한다.

❷ TOP의 OUTLINE Subclass를 추가하기 위해 펼침 버튼(+)을 선택한다.

❸ 하위 항목 중 임의의 하나를 선택 후, RMB 팝업 메뉴 중 Add를 선택한다.

❹ BOARD GEOMETRY에서 DESIGN_OUTLINE을 체크한 후, OK 버튼을 누른다.

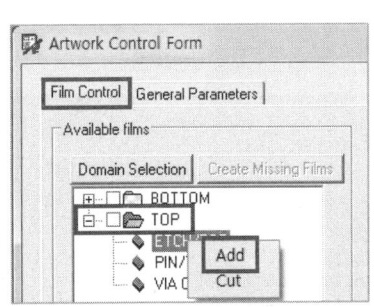 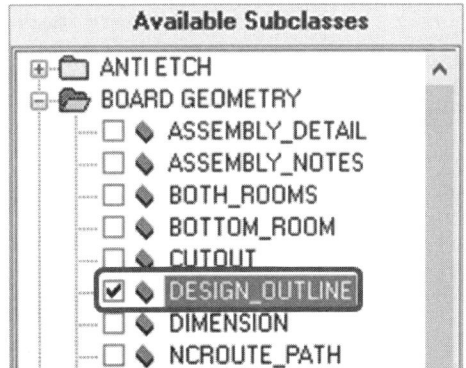

❺ 그림과 같이 DESIGN_OUTLINE의 Subclass가 추가된 것을 확인할 수 있다.

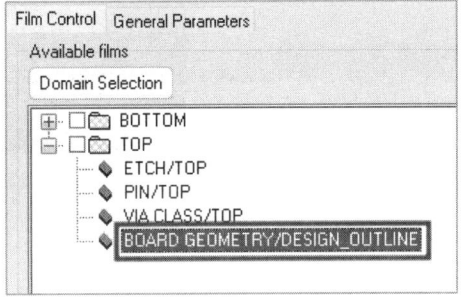

❻ 확인 방법은 확인하고자 하는 폴더를 클릭한 후 RMB 팝업 메뉴 중 Display for Visibility를 선택하여 볼 수 있다.

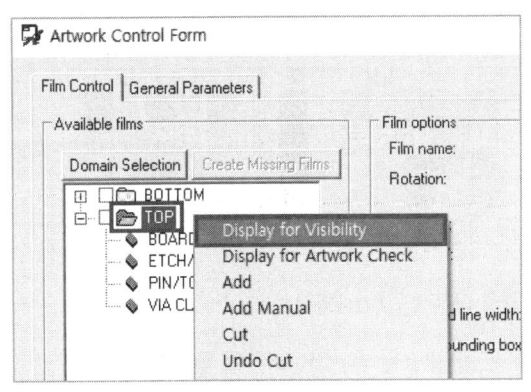 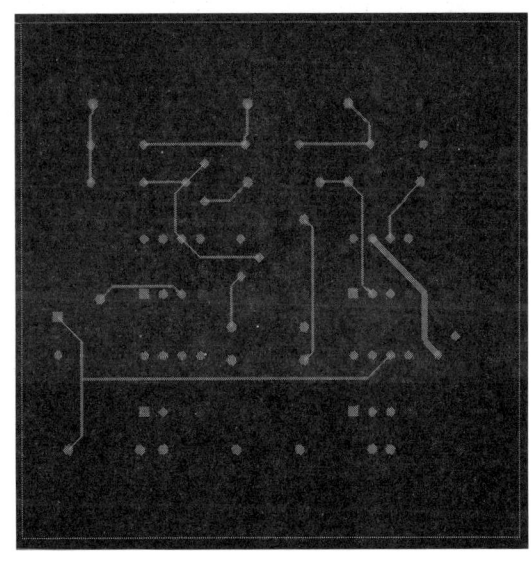

1장 OSCILLATOR 설계 • 143

> **TIP** **Bottom**
>
> Top과 같은 방법으로 Bottom Film에도 Outline을 추가한다.

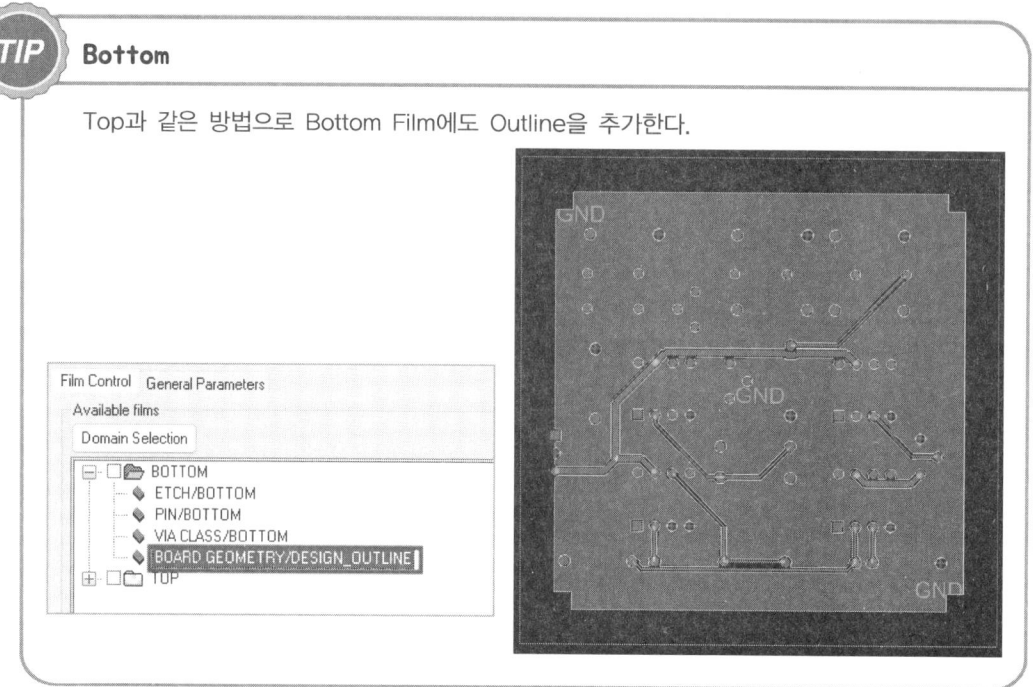

(나) SST(Silkscreen_Top) 생성

❶ Artwork Control Form 창이 열려있는 상태에서 메뉴의 Display 〉 Color/Visibility를 선택하거나, Color192( ) 아이콘을 선택한다.

❷ Color Dialog 창의 오른쪽 상단 Global visibility에서 Off 버튼을 클릭한다.

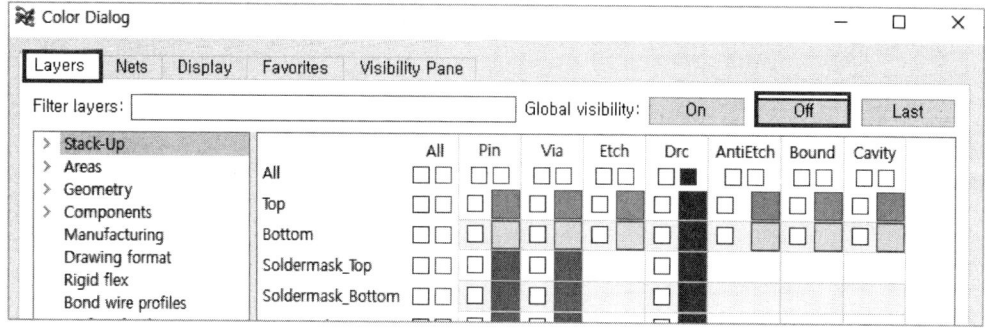

❸ Board geometry의 Subclasses 항목 중에서 Design_Outline, Dimension, Silkscreen_Top을 선택한다.

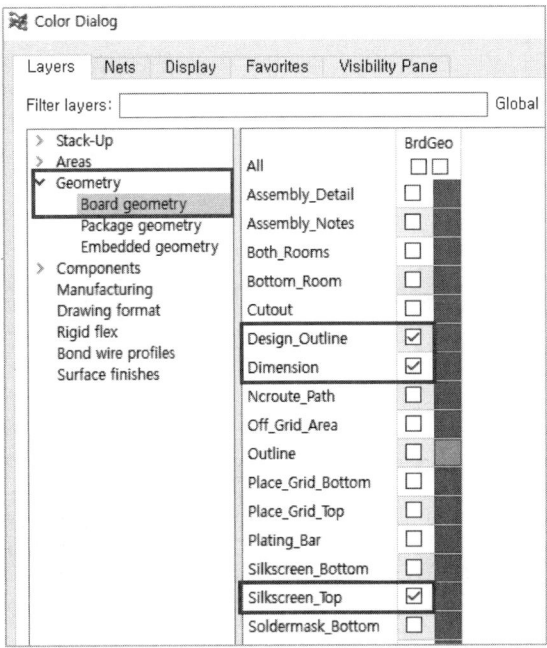

❹ Package geometry의 Subclasses 항목 중에서 Silkscreen_Top을 선택한다.

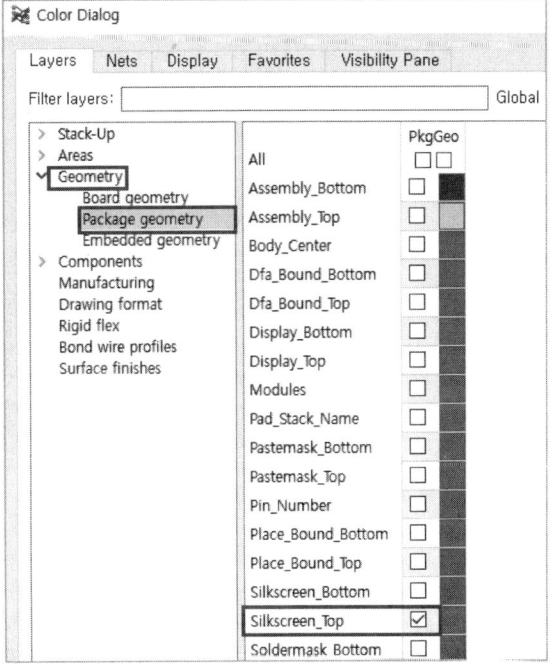

❺ Components의 Subclasses 항목 중에서 Silkscreen_Top의 RefDes 항목을 선택한다.

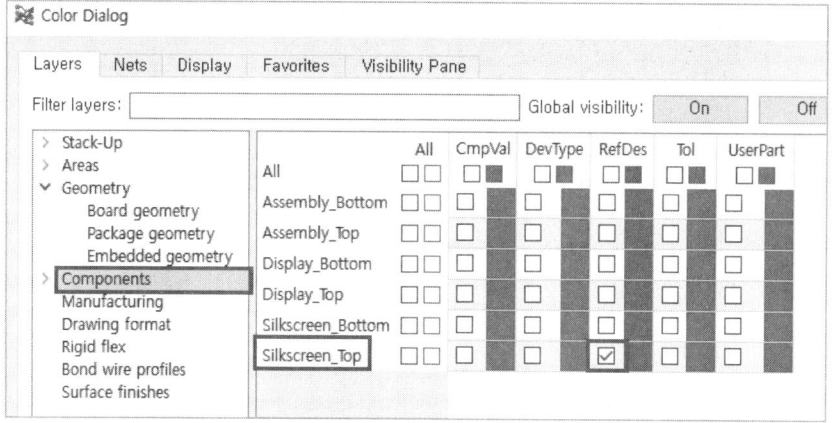

❻ Apply 버튼과 OK 버튼을 순서대로 누른다.

❼ Silkscreen_Top Film을 추가하기 위해 Top을 선택 후, RMB 팝업 메뉴 중 Add를 선택하여 Enter Film name에 SST라고 입력하고 OK 버튼을 클릭한다.

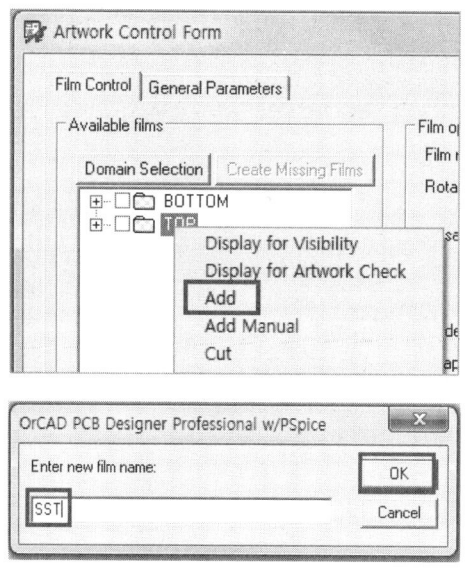

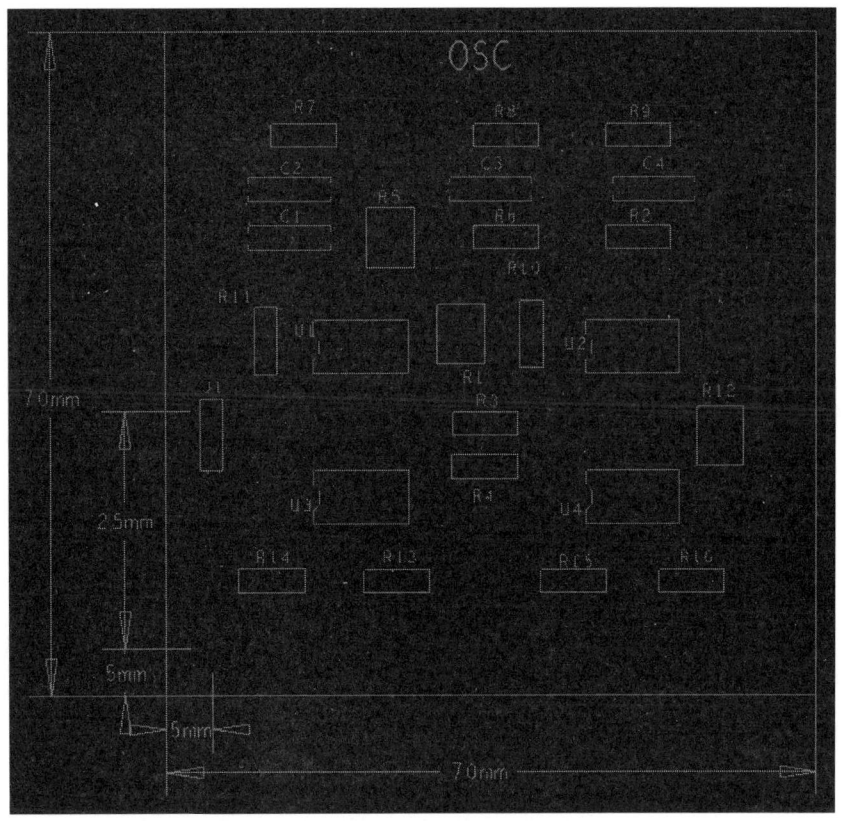

(다) SMT(Soldermask_Top) 생성

❶ Artwork Control Form 창이 열려있는 상태에서 메뉴의 Display > Color/Visibility를 선택하거나, Color192( ) 아이콘을 선택한다.

❷ Color Dialog 창의 오른쪽 상단 Global visibility에서 Off 버튼을 클릭한다.

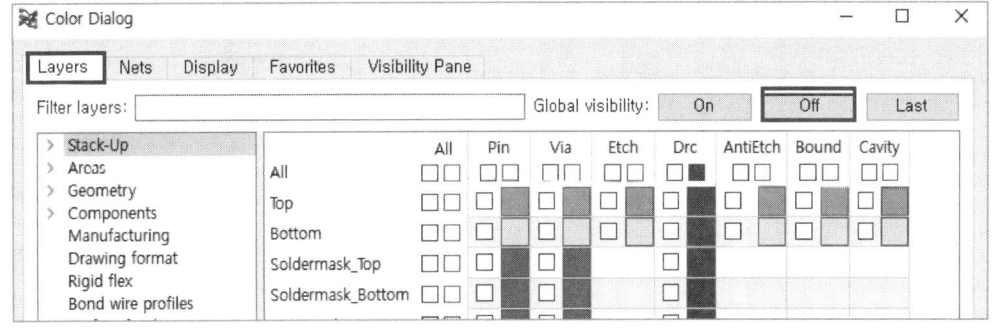

❸ Stack-Up의 Subclasses 항목 중에서 Soldermask_Top의 Pin과 Via 항목을 선택한다.

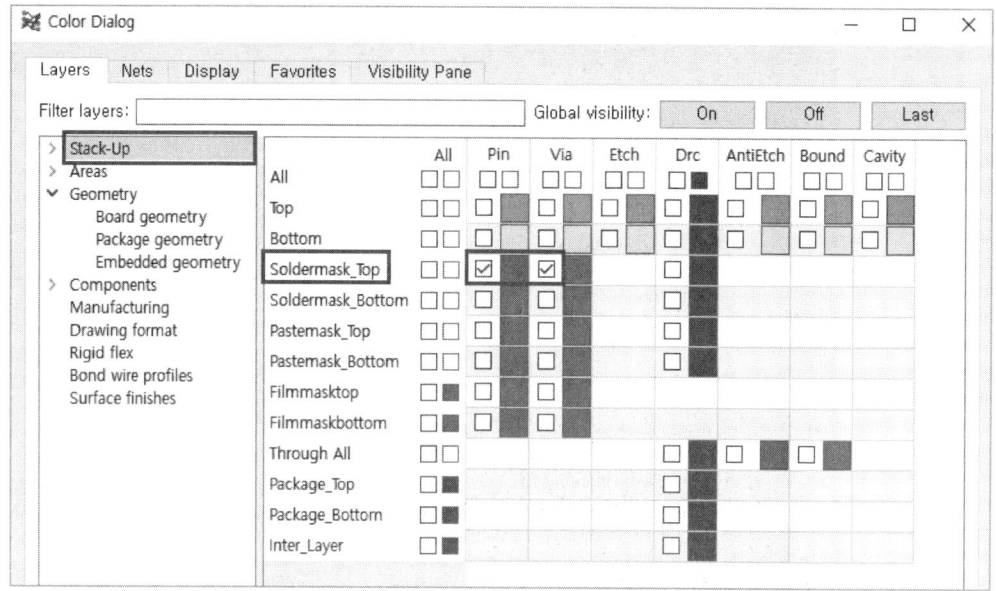

❹ Board geometry의 Subclasses 항목 중에서 Design_Outline 항목을 선택한다.

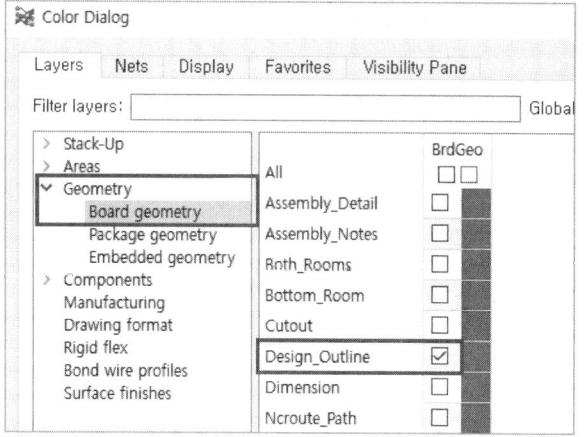

❺ Apply 버튼과 OK 버튼을 순서대로 누른다.

❻ Soldermask_Top Film을 추가하기 위해 TOP을 선택 후, RMB 팝업 메뉴 중 Add를 선택하여 Enter new film name에 SMT라고 입력하고 OK 버튼을 클릭한다.

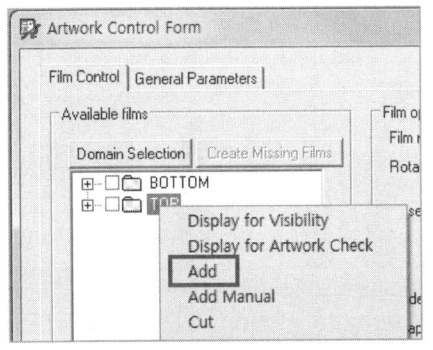
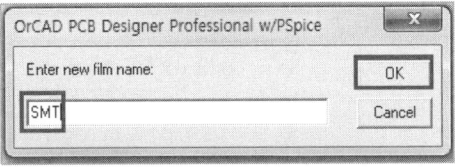
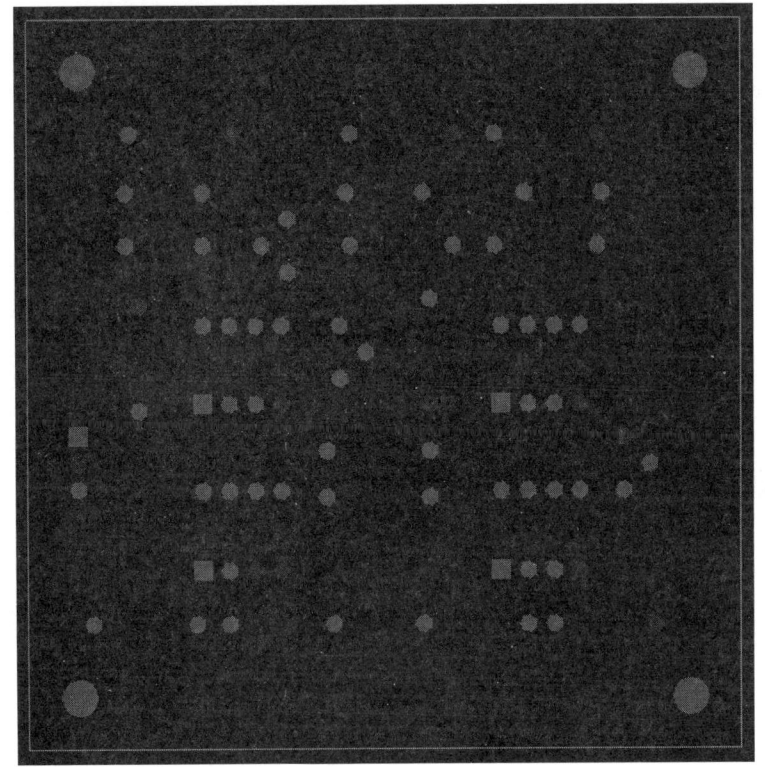

(라) SMB(Soldermask_Bottom) 생성

❶ Artwork Control Form 창이 열려있는 상태에서 메뉴의 Display 〉 Color/Visibility를 선택하거나, Color192( ) 아이콘을 선택한다.

❷ Color Dialog 창의 오른쪽 상단 Global visibility에서 Off 버튼을 클릭한다.

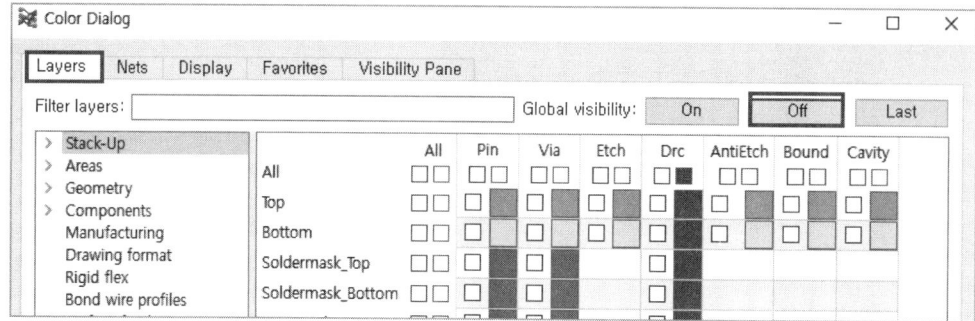

❸ Stack-Up의 Subclasses 항목 중에서 Soldermask_Bottom의 Pin과 Via 항목을 선택한다.

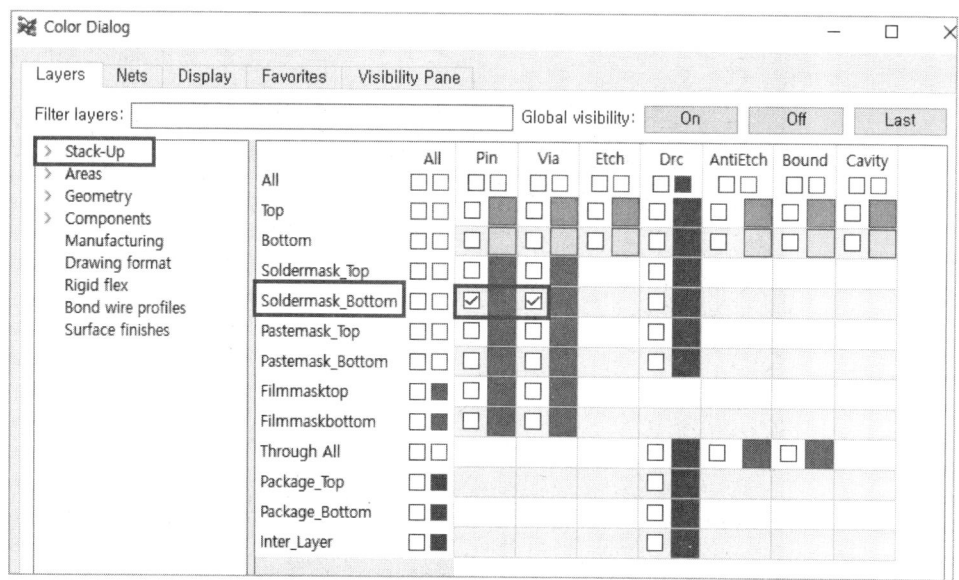

❹ Board geometry의 Subclasses 항목 중에서 Design_Outline 항목을 선택한다.

❺ Apply 버튼과 OK 버튼을 순서대로 누른다.

❻ Soldermask_Bottom Film을 추가하기 위해 TOP을 선택 후, RMB 팝업 메뉴 중 Add를 선택하여 Enter new film name에 SMB라고 입력하고 OK 버튼을 클릭한다.

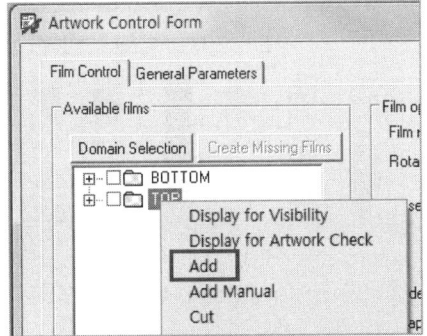
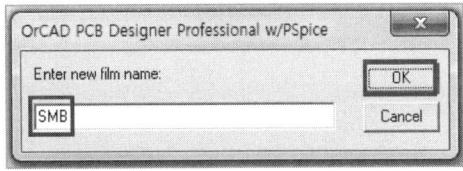

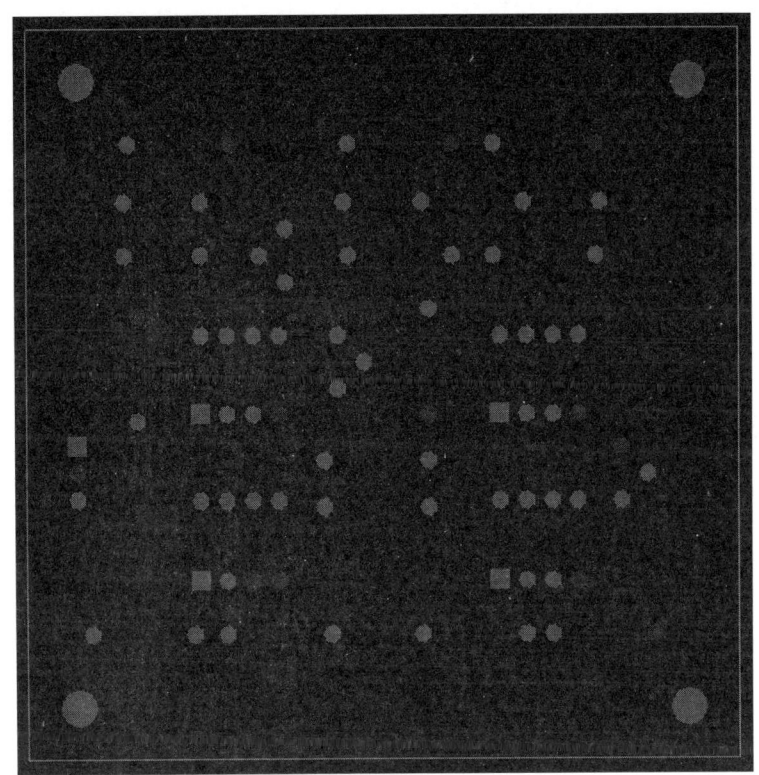

(마) DRD(Drill_draw) 생성

❶ Artwork Control Form 창이 열려있는 상태에서 메뉴의 Display 〉 Color/Visibility를 선택하거나, Color192( ) 아이콘을 선택한다.

❷ Color Dialog 창의 오른쪽 상단 Global visibility에서 Off 버튼을 클릭한다.

❸ Board geometry의 Subclasses 항목 중에서 Design_Outline 항목을 선택한다.

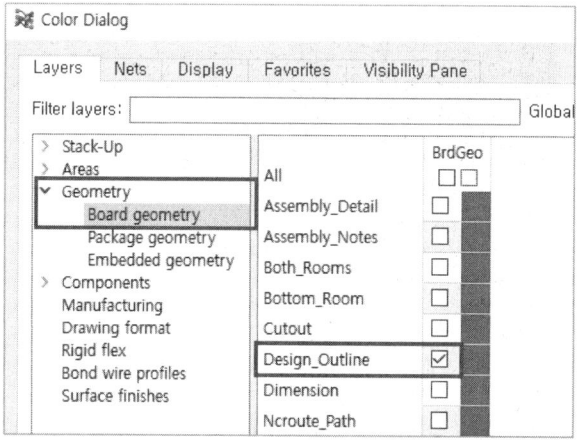

❹ Manufacturing의 Subclasses 항목 중에서 Nclegend-1-2를 선택한다.

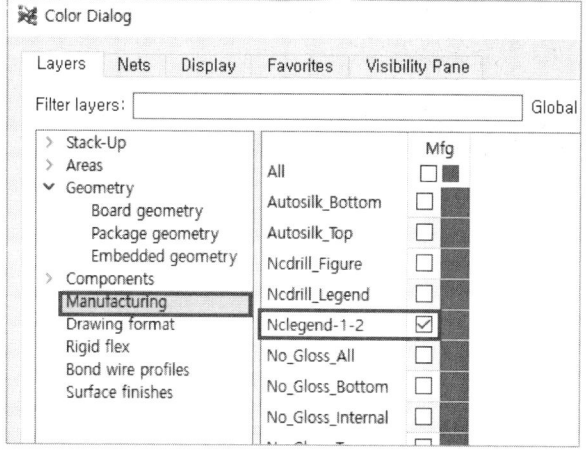

❺ Apply 버튼과 OK 버튼을 순서대로 누른다.

❻ Drill_draw Film을 추가하기 위해 TOP을 선택 후, RMB 팝업 메뉴 중 Add를 선택하여 Enter new film name에 DRD라고 입력하고 OK 버튼을 클릭한다.

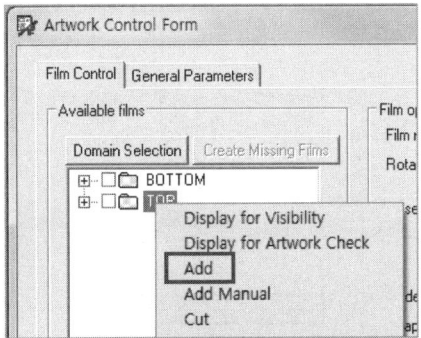
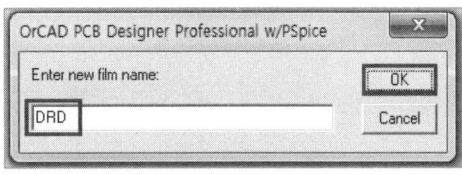

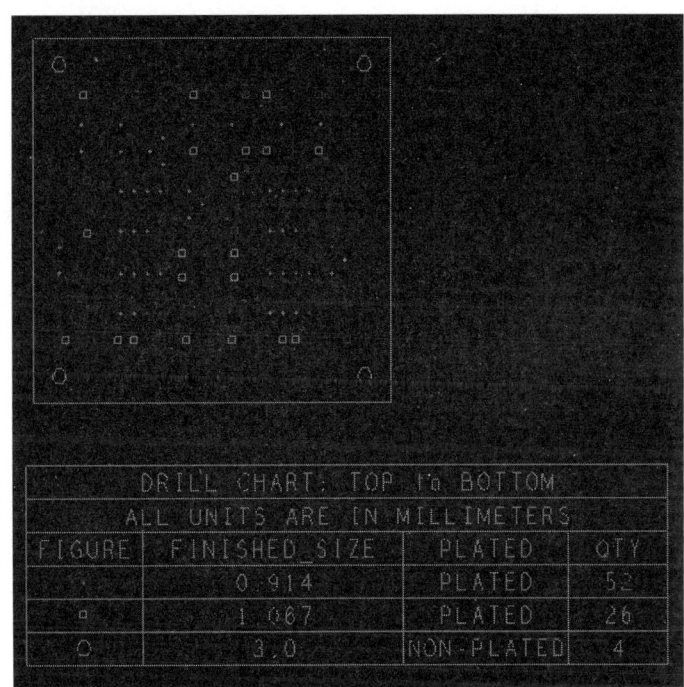

(바) Create Artwork

❶ Available films에 있는 SST를 선택 후 Film options의 Undefined line width 기입란에 0.2를 입력한다.

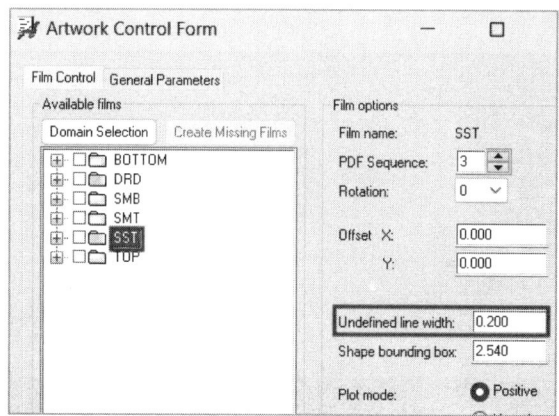

❷ Artwork Control Form 창에서 Select all 버튼을 선택한다.

❸ Create Artwork 버튼을 선택한다.

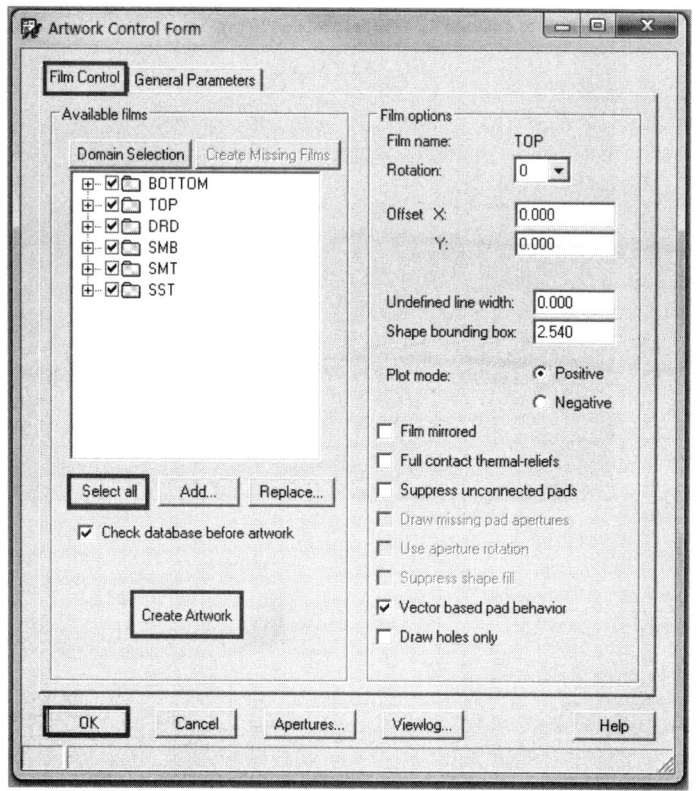

> **TIP** **Database Check**
>
> Artwork 생성 시 Error 메시지가 뜰 경우 Database Check를 하기 위해 메뉴의 Tools 〉 Database Check를 선택한다. Check 완료 후 Create Artwork를 재실행한다.
>
>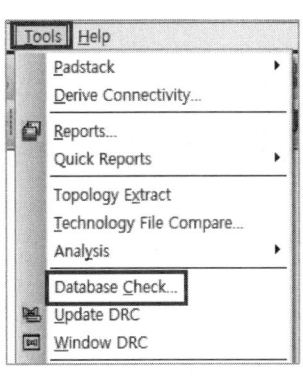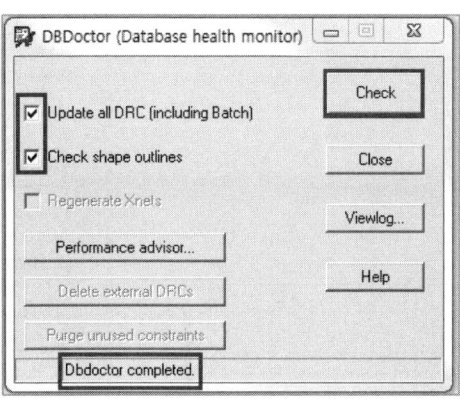

5) 결과물 출력하기

❖ Capture 출력하기

❶ 메뉴의 File 〉 Print Preview를 선택하고, Print Preview 창의 Scale 항목에서 Scale to paper size를 선택한다.

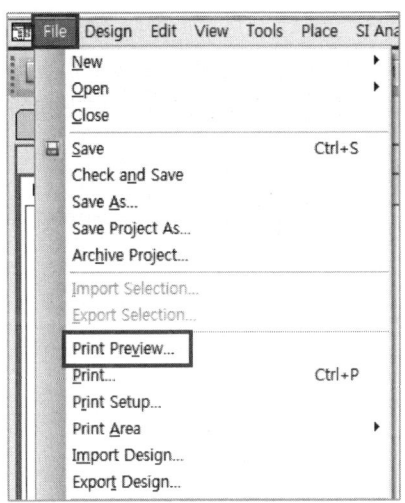 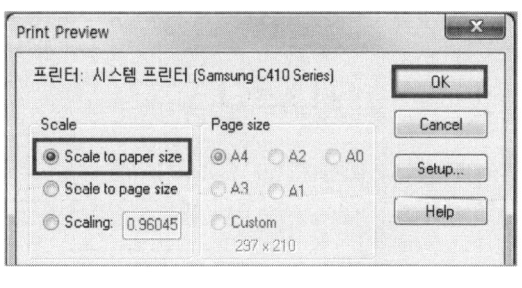

❷ Ok 버튼을 눌러 미리 보기를 하고, 이상이 없으면 좌측 상단의 Print를 눌러 출력한다.

❖ PCB Editor 출력하기

(가) Plot 설정

출력 전 기본 Setup을 하기 위해 메뉴의 File 〉 Plot Setup을 선택하여 다음과 같이 설정한다.

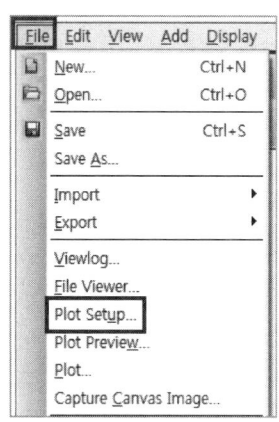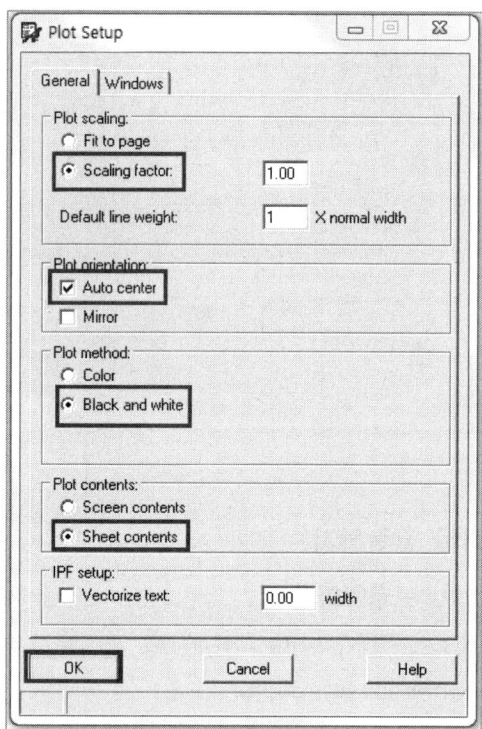

(나) 출력하기

❶ 우측 Control Panel의 Visibility 탭 View에서 Film: SST를 선택하고, 설계 창에 Display한 후 메뉴의 File 〉 Plot Preview를 선택한다.

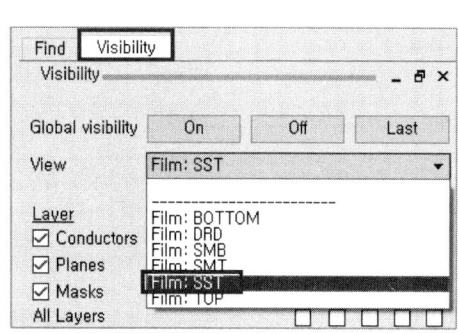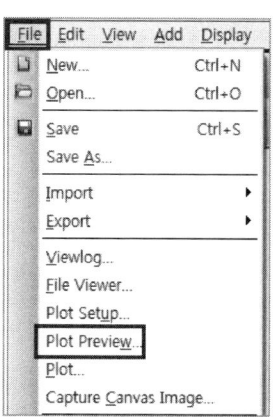

❷ 프린트 미리 보기 창이 열리면 출력될 파일을 확인 후 좌측 상단의 Print 버튼을 클릭하여 출력한다.

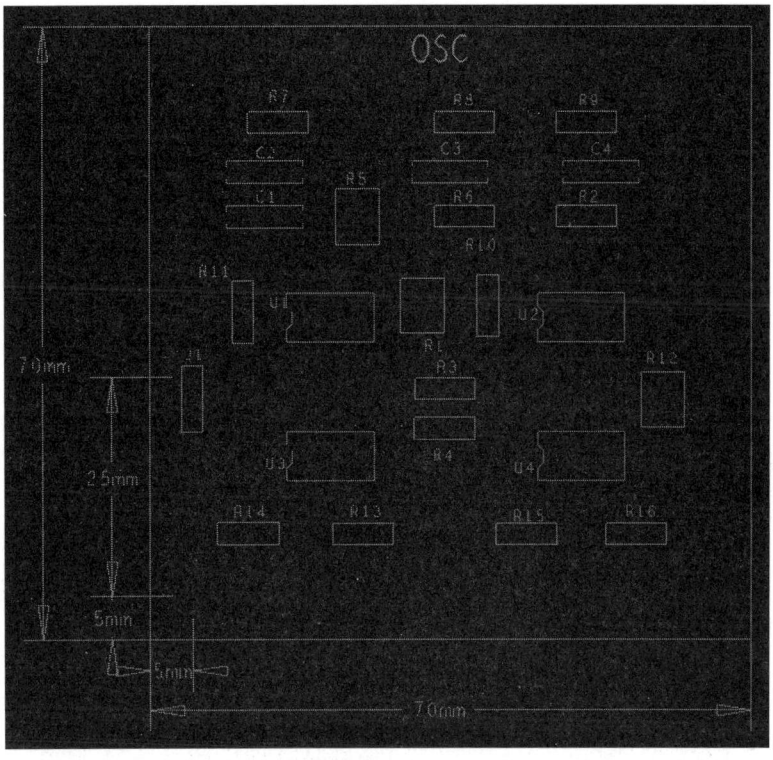

❸ 우측 Control Panel의 Visibility 탭 View에서 Film: TOP을 선택하고, 설계 창에 Display한 후 메뉴의 File 〉 Plot Preview를 선택한다.

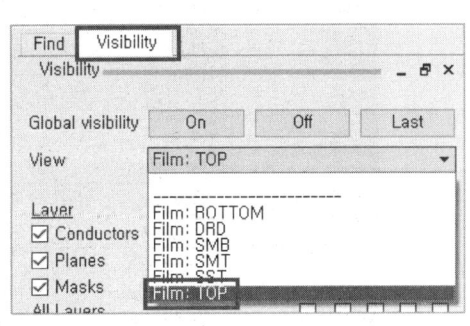 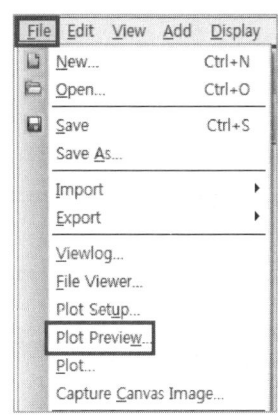

❹ 프린트 미리 보기 창이 열리면 출력될 파일을 확인 후 좌측 상단의 Print 버튼을 클릭하여 출력한다.

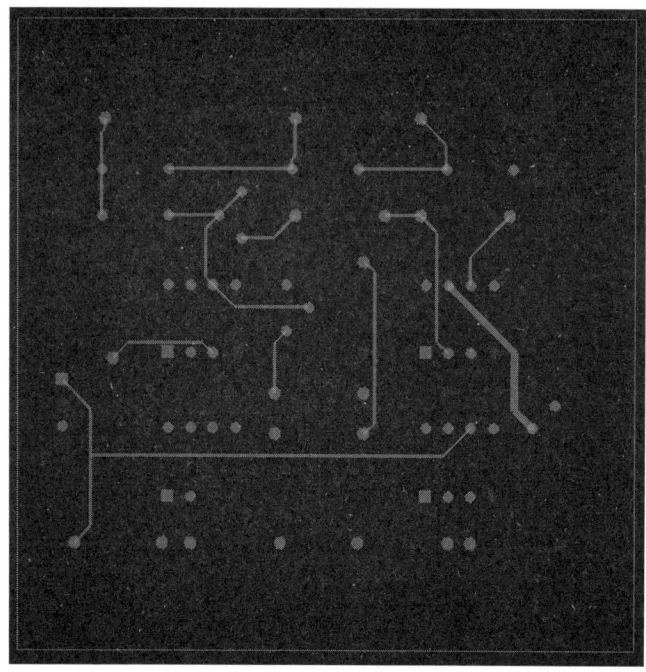

❺ 우측 Control Panel의 Visibility 탭 View에서 Film: BOTTOM, Film: SMT, Film: SMB, Film: DRD도 동일한 작업으로 출력한다.

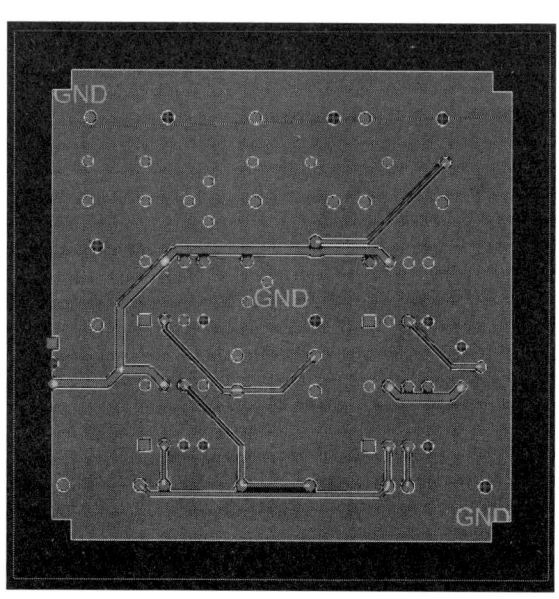

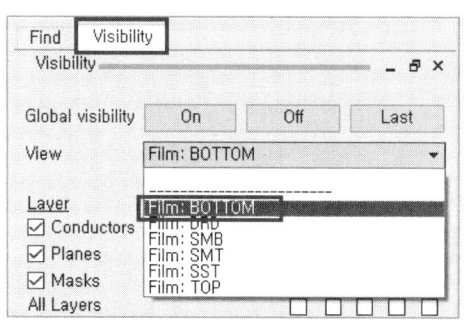

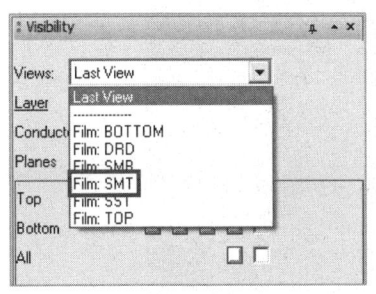
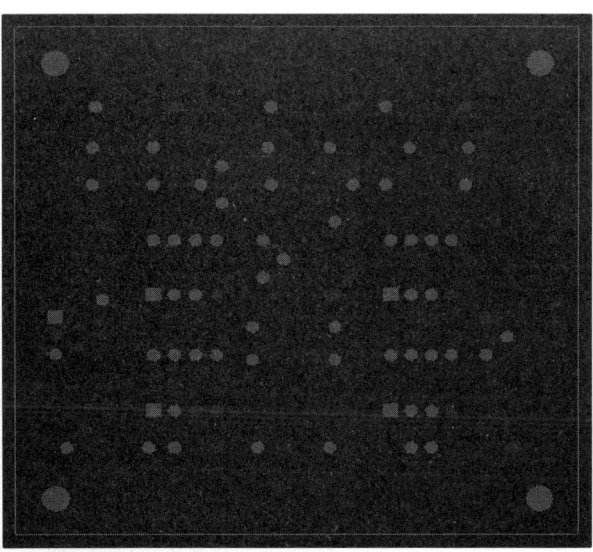

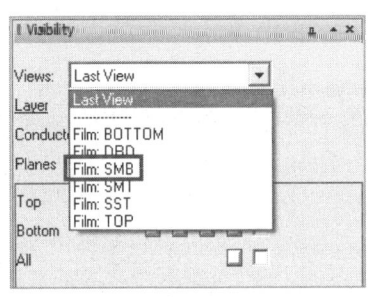
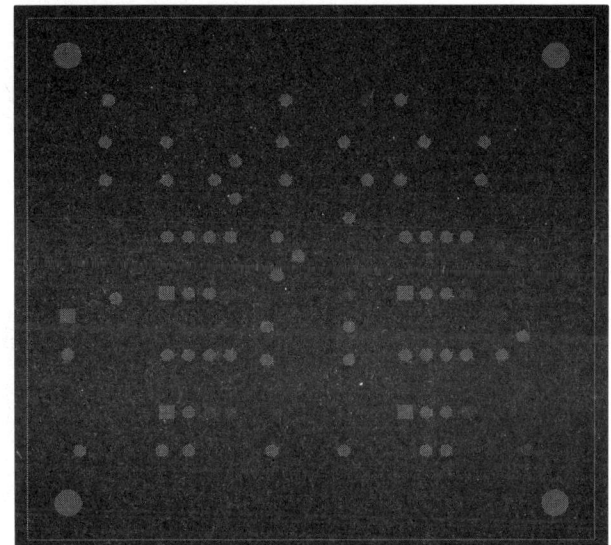

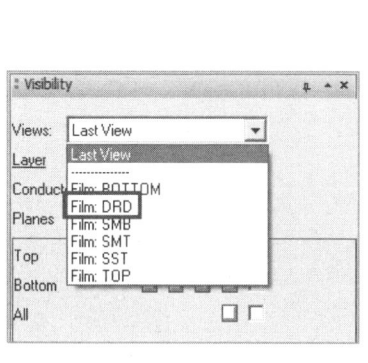

❖ 출력물 제출

수험자 유의사항의 14)번에서 인쇄 출력물을 지정한 순서(회로도면, 실크 면, TOP 면, BOTTOM 면, Solder Mask TOP 면, SLODER MASK BOTTOM 면, Drill Draw 면)에 의거 순으로 제출한다.

제3편 공개 문제 풀이

1장 CONTROL BOARD 설계

1장 CONTROL BOARD 설계

국가기술자격검정 실기시험문제

| 자격종목 | 전자캐드 기능사 | 과제명 | CONTROL BOARD |

※ 시험시간 : 4시간 30분

1. 요구사항

※ 다음의 요구사항을 지급(지참)된 소프트웨어를 사용하여 시험시간 내에 완성합니다.

과제 1 : 회로설계(Schematic)

가. 주어진 회로를 확인하고, 지급된(본인이 지참한) 전자캐드 소프트웨어를 사용하여 회로(Schematic)를 설계합니다.

나. 지급된 소프트웨어에 있는 라이브러리를 사용하며, 그 외 필요한 라이브러리는 본인이 생성합니다.

다. 수험자의 회로설계 작업 파일폴더 및 파일명은 <u>자신의 비번호로 설정</u>하여 아래의 요구사항에 준하여 회로를 설계합니다.

1) Page size는 A4(297mm × 210mm)로 균형 있게 작성합니다.
2) 타이틀 블록(Title block)의 작성
   가) title : 작품명 기재(크기 14)
      예) CONTROL BOARD
   나) Document Number : ELECTRONIC CAD와 시행일자 기입(크기 12)
      예) ELECTRONIC CAD, 20XX.XX.XX
   다) Revision : 1.0(크기 7)
3) 사용하지 않는 부품 및 핀들은 설계 규칙 검사 시 에러를 유발하지 않도록 처리합니다.

4) 다음 지정된 네트의 이름을 정의하여 연결하거나, 지시사항에 따라 네트의 이름을 이용하여 연결합니다. (포트 활용 가능)

부품의 지정 핀	네트의 이름	부품의 지정 핀	네트의 이름
U1의 1번 연결부	#COMP2	U1의 27번 연결부	PC4
U1의 7번 연결부	X1	U1의 28번 연결부	#TEMP
U1의 8번 연결부	X2	U1의 30번 연결부	RXD
U1의 15번 연결부	MOSI	U1의 31번 연결부	TXD
U1의 16번 연결부	MISO	U1의 32번 연결부	#COMP1
U1의 17번 연결부	SCK	U2의 2번 연결부	RESET
U1의 19번 연결부, U4의 1번, 2번 연결부	#ADC1	U3의 4번 연결부	RXD
U1의 22번 연결부, U4의 7번, R6 연결부	#ADC2	U3의 5번 연결부	TXD
U1의 23번 연결부	PC0	U3의 6번 연결부	RX
U1의 24번 연결부	PC1	U3의 7번 연결부	TX
U1의 25번 연결부	PC2	U4의 8번, R8 연결부	#TEMP
U1의 26번 연결부	PC3	J2의 1번 연결부	PC0
R9의 좌측 연결부	ADC1	J2의 2번 연결부	PC1
R10의 좌측 연결부	ADC2	J2의 3번 연결부	PC2
R11의 좌측 연결부	TEMP	J2의 4번 연결부	PC3
J1의 2번 연결부	MOSI	J2의 5번 연결부	PC4
J1의 3번 연결부	MISO	J2의 6번 연결부	TEMP
J1의 4번 연결부	SCK	J2의 7번 연결부	ADC1
J1의 5번 연결부	RESET	J2의 8번 연결부	ADC2
J1의 9번 연결부	TX	J2의 9번 연결부	#COMP1
J1의 10번 연결부	RX	J2의 10번 연결부	#COMP2

5) 지정하지 않은 설계조건은 일반적인 설계 규칙(KS 규격 등)을 적용하여 설계하며, 설계 규칙 검사항목은 기본값을 사용합니다.
6) 설계가 완료되면 설계도면과 PCB 설계를 위한 파일(네트리스트 등)을 생성합니다.
7) 새로운 부품(part) 작성 시 라이브러리의 이름은 자신의 비번호로 명명하고, 반드시 생성한 라이브러리 안에 저장합니다.

라. 지급된 소프트웨어에 있는 에러체크(ERC : Electronic Rule Check) 검사 기능을 이용하여 회로의 설계 규칙의 위반 유무를 감독위원에게 확인을 받은 후, 설계 규칙의 위반사항이 없을 시에는 다음 순서의 작업을 진행하도록 하고, **ERC 검사를 받지 아니한 경우 또는 ERC 검사를 통과하지 못한 경우 실격으로 처리합니다.** (단, 검사한 로그 파일을 디스크(HDD)에 저장합니다.)

마. 에러가 있는 경우 해당 지점의 부분을 수정하여 감독위원에게 재확인을 받습니다.

바. ERC 검사에서는 전기적인 선결선 상태, 전원 연결 상태, 부품의 연결 상태 등의 규칙을 검사하는 과정입니다. 이 검사를 통과된 후, PCB 설계 시 풋프린트(Footprint)가 정상적으로 입력된 상태에서 PCB 설계로 그 정보가 정확하게 넘어간 경우 전자캐드 소프트웨어를 사용하여 인쇄회로기판(PCB)을 설계합니다.

사. 설계가 완료된 회로도면은 시험의 종료 전까지 프린터로 제시된 용지의 규격과 동일하게 본인이 출력하여 제출합니다.

과제 2 : PCB 설계(Layout)

가. 과제 1에서 설계한 회로(Schematic)를 분석하여, 지급된(본인이 지참한) 전자캐드 소프트웨어를 사용하여 인쇄회로기판(PCB)을 설계합니다.

나. 부품은 지급된 소프트웨어에서 제공하는 기본 라이브러리의 부품을 사용하고, 그 외 부품은 제공된 데이터시트를 참고하여 본인이 부품을 생성합니다.

다. 수험자가 작성한 부품은 자신의 비번호로 명명한 라이브러리 파일 안에 저장합니다.

라. 수험자의 PCB 설계(Layout) 작업 파일명은 **자신의 비번호로 설정**하여 아래의 요구사항에 준하여 PCB를 설계합니다.
   1) 설계 환경 : 양면 PCB(2-Layer)
   2) 보드 사이즈는 80mm[가로] × 70mm[세로]
      (치수보조선을 이용하여 보드 사이즈를 실크스크린 레이어에 표시하여야 하며, **실크스크린 이외의 레이어에 표시한 경우 실격처리됩니다.**)
      가) 보드 외곽선 모서리는 아래 그림과 같이 라운드 처리합니다.

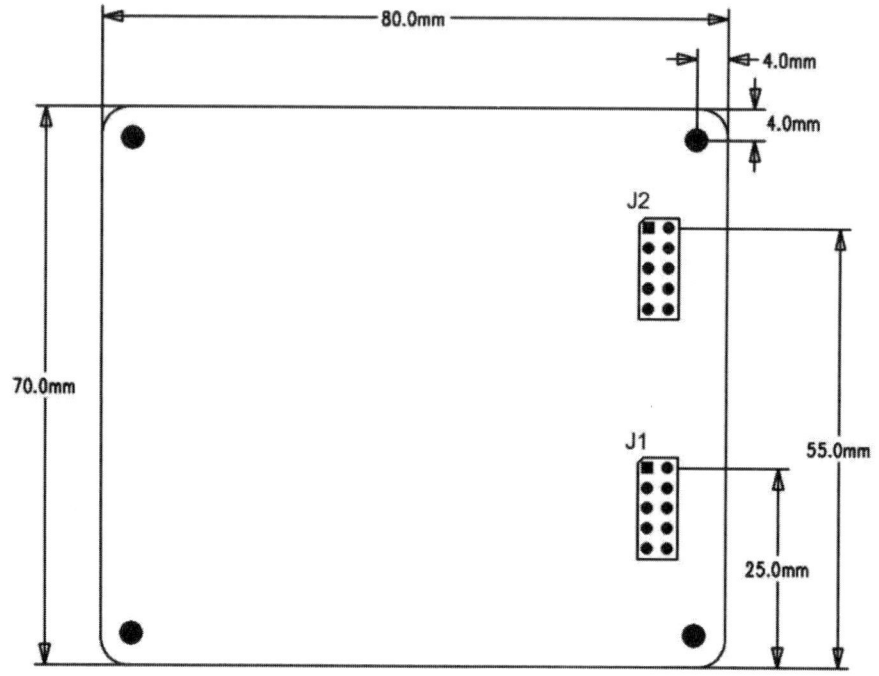

   3) 부품 배치 : 주요 부품은 다음 그림과 같이 배치하고, 그 외는 **임의대로 배치**합니다.
      가) 특별히 지정하지 않은 사항은 일반적인 PCB 설계 규칙에 준하며, 설계 단위는 mm 입니다.
      나) 부품은 TOP LAYER에만 실장하며, 부품의 실장 시 IC와 LED 등 극성이 있는 부품은 가급적 동일 방향으로 배열하도록 하고, 이격거리를 계산하여 배치합니다.

4) 부품의 생성

　가) 가급적 전자캐드 프로그램에서 제공하는 라이브러리를 사용하되 필요시에는 부품을 작성하도록 하며, 부품의 생성 시 각 부품의 데이터에서 제공하는 규격에 맞게 작성합니다.

　나) 제공된 부품도를 참고하여 정확한 부품을 사용합니다.

　다) 풋 프린터(Foot Print) 작성 시 데이터시트를 참조하여 MIN ~ MAX 사이의 값으로 사용합니다.

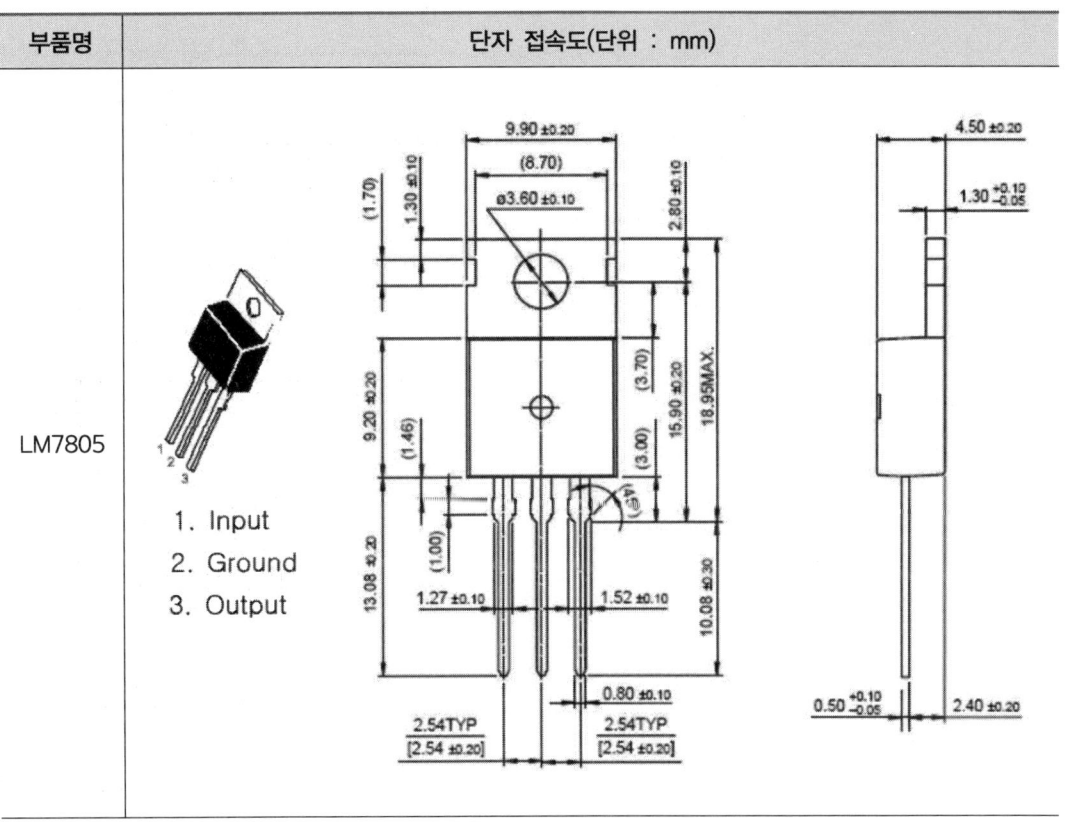

부품명	단자 접속도(단위 : mm)
ATMEGA8 (TQFP)	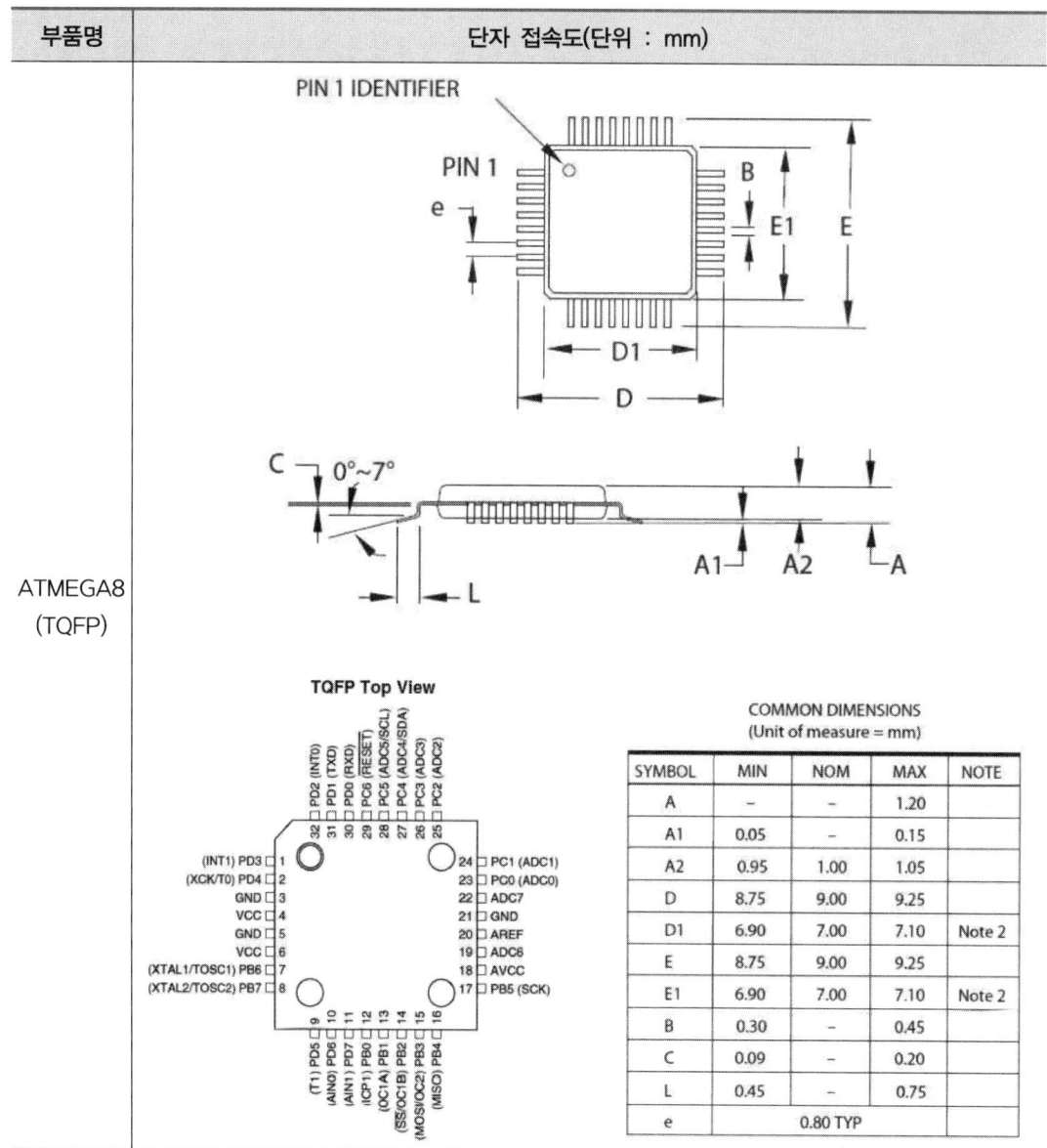

부품명	단자 접속도(단위 : mm)
LM2902 (SOIC14N)	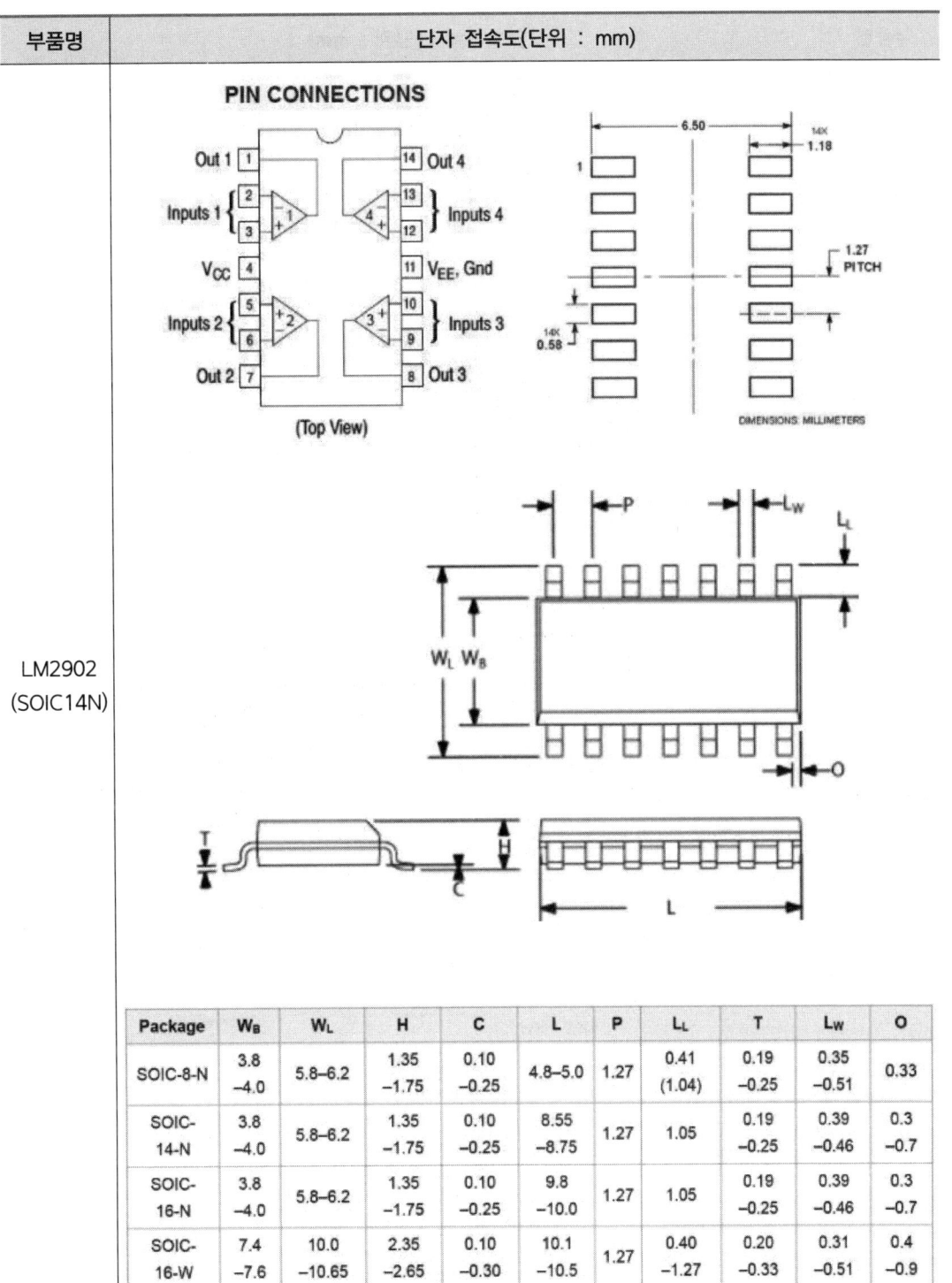

Package	W_B	W_L	H	C	L	P	L_L	T	L_W	O
SOIC-8-N	3.8 -4.0	5.8–6.2	1.35 -1.75	0.10 -0.25	4.8–5.0	1.27	0.41 (1.04)	0.19 -0.25	0.35 -0.51	0.33
SOIC-14-N	3.8 -4.0	5.8–6.2	1.35 -1.75	0.10 -0.25	8.55 -8.75	1.27	1.05	0.19 -0.25	0.39 -0.46	0.3 -0.7
SOIC-16-N	3.8 -4.0	5.8–6.2	1.35 -1.75	0.10 -0.25	9.8 -10.0	1.27	1.05	0.19 -0.25	0.39 -0.46	0.3 -0.7
SOIC-16-W	7.4 -7.6	10.0 -10.65	2.35 -2.65	0.10 -0.30	10.1 -10.5	1.27	0.40 -1.27	0.20 -0.33	0.31 -0.51	0.4 -0.9

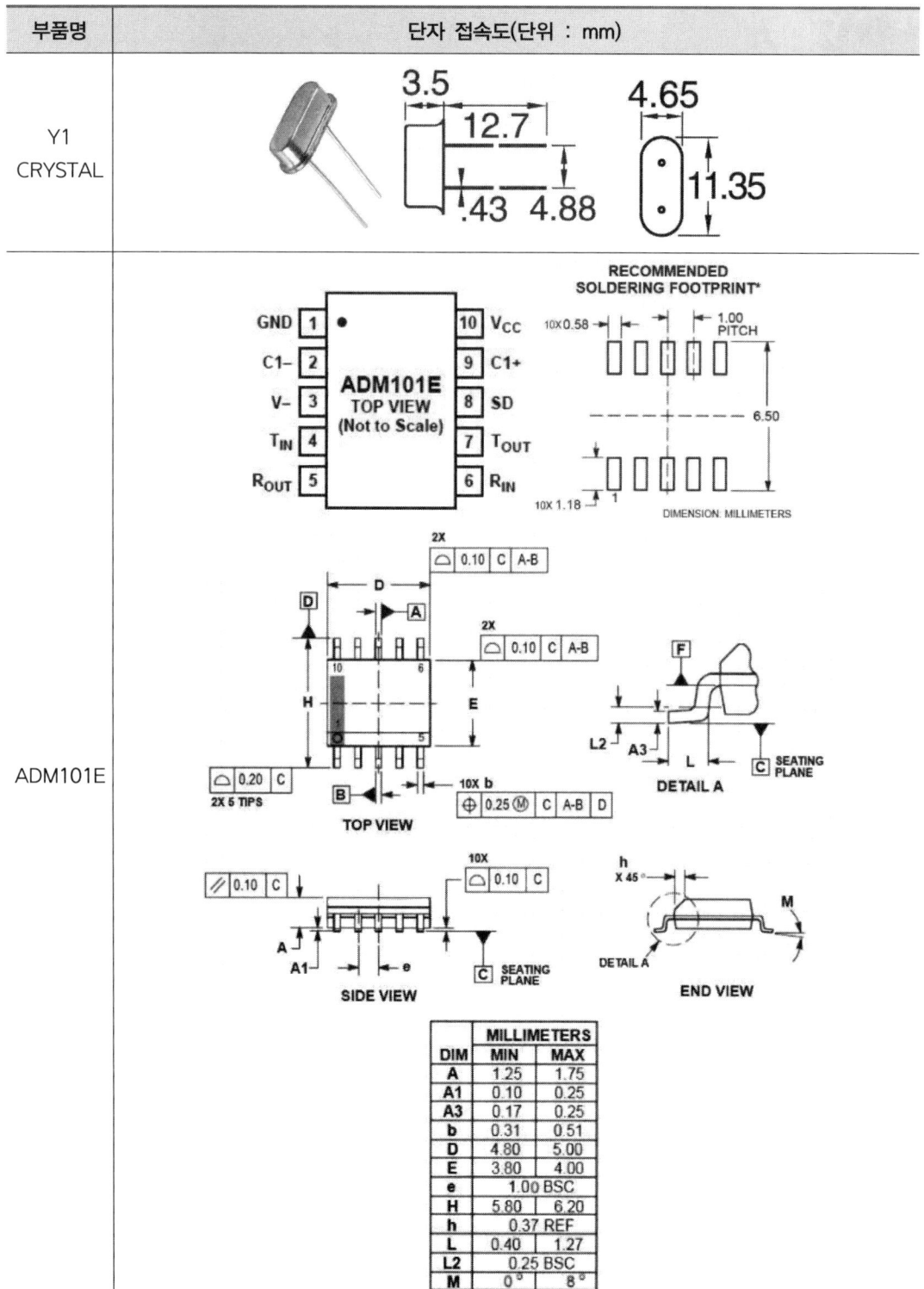

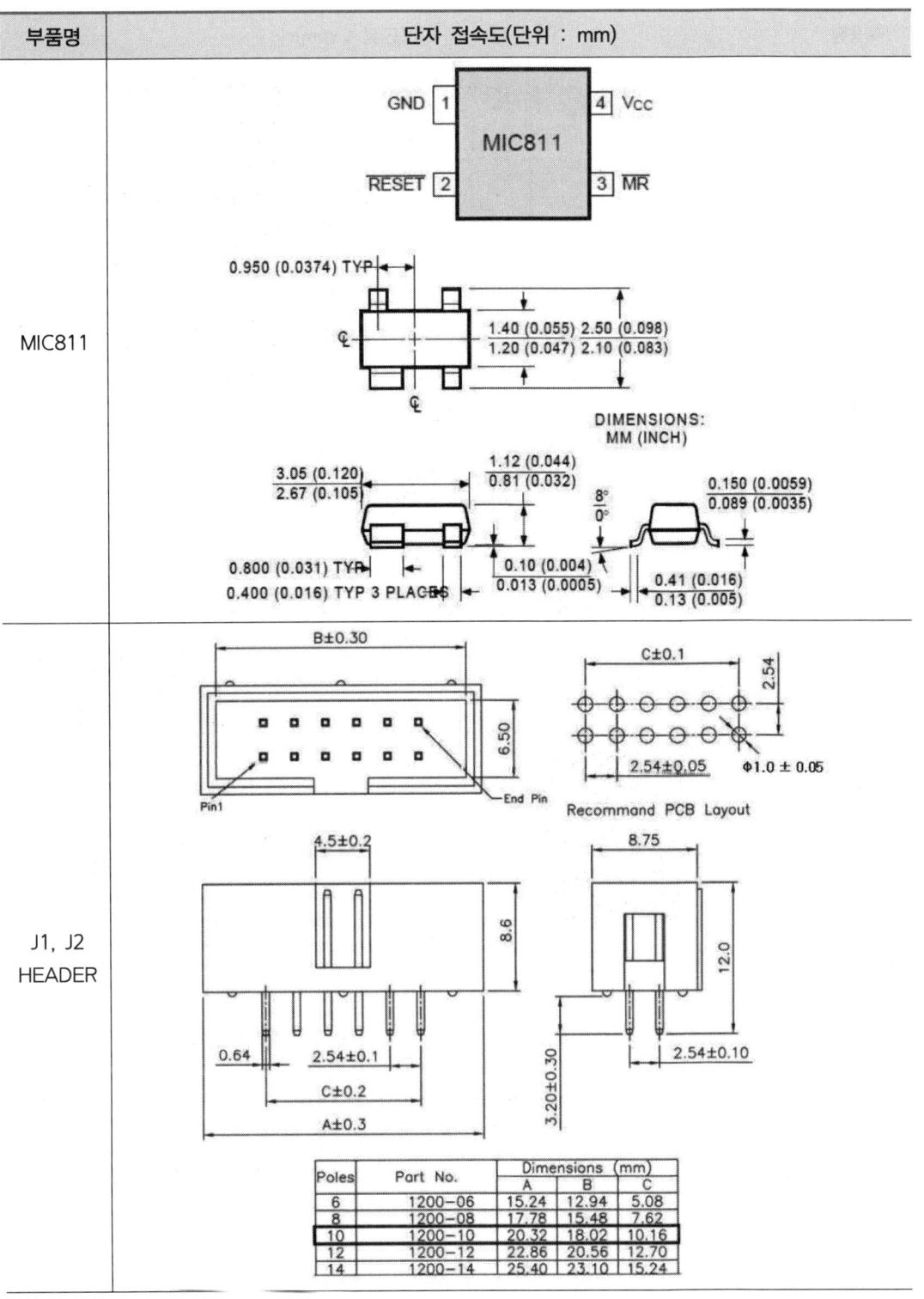

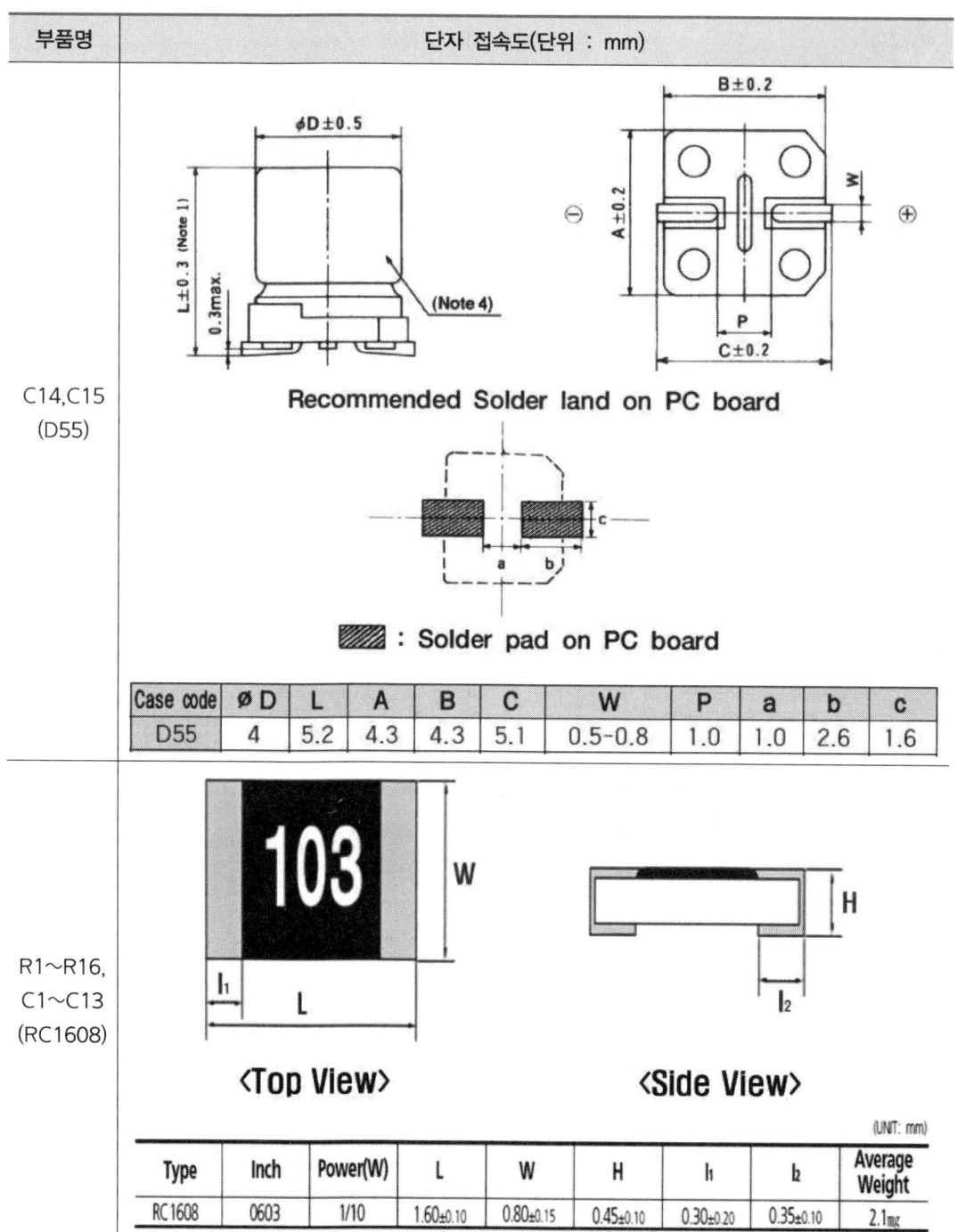

5) 네트(NET)의 폭(두께) 설정

    가) 정의된 네트의 폭에 따라 설계하시오.

네트명	두께
+12V, +5V, GND, X1, X2	0.5mm
그 외 일반 선	0.3mm

6) 배선(Routing)

    가) 배선은 양면 모두에서 진행하되 자동배선(Auto routing)은 사용할 수 없으며, **자동 배선 시 실격처리**됩니다.

    나) 배선경로는 최대한 짧게 하되 100% 배선하며, 직각 배선은 하지 않도록 합니다.

7) 기구 홀(Mounting Hole)의 삽입

    가) 보드 외곽의 네 모서리에 직경 3Φ의 기구 홀을 삽입하되 각각의 모서리로부터 4mm 떨어진 지점에 배치하고(위 부품배치 그림 참고), 비전기적(Non-Electrical) 속성으로 정의하며, 기구 홀의 부품 참조 값은 삭제합니다.

8) 실크 데이터(Silk data)

    가) 실크 데이터의 부품 번호는 한 방향으로 보기 좋게 정렬하고, 불필요한 데이터는 삭제합니다.

    나) 다음의 내용을 보드 상단 중앙에 위치시킵니다.

    (CONTROL BOARD)

    (line width : 0.25mm, height : 2mm)

9) 카퍼(Copper Pour)의 설정

    가) 보드의 카퍼 설정은 Bottom Layer에만 GND 속성의 카퍼 처리를 하되, 보드 외곽으로부터 0.1mm 이격을 두고 실시하며, 모든 네트와 카퍼와의 이격거리(Clearance)는 0.5mm, 단열판과 GND 네트 사이 연결선의 두께는 0.5mm로 설정합니다.

10) 비아(Via)의 설정

비아의 종류	속성	
	드릴 홀 크기(hole size)	패드 크기(pad size)
Power Via(전원선 연결)	0.4mm	0.8mm
Standard Via(그 외 연결)	0.3mm	0.6mm

11) DRC(Design Rule Check)

    가) 모든 조건은 default 값(Clearance : 0.254mm)에 위배되지 않아야 합니다. PCB 설계 규칙의 위반사항이 없을 시에는 다음 순서의 작업을 진행하도록 하고, <u>DRC 검사를 받지 아니한 경우 또는 검사를 통과하지 못한 경우 실격처리됩니다.</u> (단, 검사한 로그 파일은 디스크(HDD)에 저장합니다.)

12) PCB 제조에 필요한 데이터의 생성

    가) 양면 PCB 제조에 필요한 데이터 파일(거버 데이터(RS274-X) 등)을 빠짐없이 생성하고 저장장치(HDD)에 비번호로 저장한 폴더 및 작업한 파일을 저장합니다.

    나) 지급된 소프트웨어에 있는 DRC(Design Rule Check) 이용하여 PCB의 설계 규칙 여부를 감독위원에게 확인받고, 이동식 저장장치에 작업한 폴더를 저장하여 감독위원 PC로 이동합니다. <u>(이동식 저장장치에 작업 파일을 제출 후에는 작품의 수정이 불가능하니 신중하게 작업 후 최종 제출하여야 하며, 파일 제출 후 작품 수정 시에는 부정행위자로 간주하여 실격처리됩니다.)</u>

    다) 작품 출력 시에는 감독위원이 입회하고 수험자는 회로도와 PCB 제조에 필요한 데이터 파일(거버 데이터 등)을 실물(1:1)과 같은 크기로 출력합니다. (실물과 다르게 출력한 경우 실격처리)

마. 에러가 있는 경우 해당 지점의 부분을 수정하여 감독위원에게 재확인을 받습니다.

바. 데이터시트(특별히 데이터시트가 필요한 경우에 제공)를 참고하여 설계합니다.

2. 수험자 유의사항

1) 미리 작성된 라이브러리 또는 회로도 등은 일체 사용을 금합니다.

2) 시험위원의 지시에 따라 실행 순서를 준수하고, 시험위원의 지시가 있기 전에 전원을 ON-OFF 시키거나 검정시스템을 임의로 조작하여서는 안 됩니다.

3) <u>시험 중 USB 저장장치를 주고받는 행위나 시험 관련 대화는 부정행위로 처리</u>하며 시험 종료 후 하드 디스크에서 작업 내용을 삭제해야 합니다.

4) 출력물을 확인하여 <u>동일 작품이 발견될 경우 모두 부정행위자로 간주하여 실격처리됩니다.</u>

5) 만일의 장비고장 또는 정전으로 인한 **자료손실을 방지하기 위하여 수시로 저장(Save)합니다.**

6) 도면에서 표시되지 않은 규격은 데이터 북에서 가장 적당한 것을 선정하여 해당 규격으로 생성하고 라이브러리의 이름은 자신의 비번호를 명명하여 저장합니다.

7) 수험자의 회로설계, PCB 설계 작업 폴더명은 자신의 비번호로 설정해서 작업을 진행합니다.

8) 회로설계, PCB 설계 작업 시 ERC 또는 DRC 검사는 감독위원에게 반드시 확인을 받습니다. (각 과제에 해당하는 검사를 **받지 아니한 경우 또는 통과하지 못한 경우 실격처리**되고, 검사한 로그 파일은 디스크에 저장하여 최종 제출 시 함께 저장하여 제출토록 합니다.)

9) 시험과 관련된 파일 및 폴더는 이동식 저장장치에 저장하고, 감독위원 입회하에 본인이 출력한 출력물과 함께 제출합니다. **(단, 작업의 인쇄 출력물(가로 인쇄기준)마다 수험번호와 성명을 좌측 하단에 기재한 후 감독위원의 확인(날인)을 꼭 받습니다.)**

10) **이동식 저장장치에 작업 파일을 제출한 후에는 작품의 수정이 불가능하니 신중하게 작업 후 최종 제출바랍니다. (파일 제출 후의 작품 수정 시에는 부정행위자로 간주하여 실격처리됩니다.)**

11) 답안 출력이 완료되면 "수험진행사항 점검표"의 답안지 매수란에 수험자가 매수를 확인하여 기록하고, 감독위원의 확인을 꼭 받습니다.

12) **수험진행사항 점검표 작성은 흑색 필기구만 사용해야 하며**, 그 외 연필류, 빨간색, 청색 등 필기구 및 수정테이프(액)를 사용해 작성한 수험진행사항 점검표는 0점 처리되오니 불이익을 당하지 않도록 유의해 주시기 바랍니다.

13) 수험진행사항 점검표 정정 시에는 정정하고자 하는 단어에 두 줄(=)을 긋고 다시 작성하시기 바랍니다.

14) 요구한 작업을 완료한 후 이동식 저장장치에 작업 파일을 제출하고, 인쇄 출력물을 지정한 순서(회로도면, 실크 면, TOP 면, BOTTOM 면, Solder Mask TOP 면, Solder Mask BOTTOM 면, Drill Draw)에 의거 편철하여 제출한 경우에만 채점 대상에 해당합니다.

15) **출력물의 답안 편철을 위하여 회로도면(가로 기준) 좌측하단의 모서리 부분에는 설계를 하지 않습니다.**

16) 이동식 저장장치에 작업한 폴더의 저장시간과 작품의 출력시간은 시험시간에 포함되지 않습니다.

17) 문제지는 비번호 기재 후 반드시 제출합니다.

18) 수험자는 작업 전에 간단한 몸 풀기 운동을 실시 후에 시험에 임합니다.

19) 시험 과제의 회로도는 정상 동작과는 무관함을 알려드립니다. (패턴설계의 수행 능력을 판단하기 위해서 회로도를 임의로 구성한 것입니다.)

20) 다음 〈채점 제외(불합격 처리) 대상〉에 해당하는 작품은 채점하지 아니하고 불합격 처리합니다.

― 〈채점 제외(불합격 처리) 대상〉 ―

○ 기권
- 수험자 본인이 수험 도중 시험에 대한 포기 의사를 표현하는 경우

○ 실격
- 수험자가 기계조작 미숙 등으로 계속 작업 진행 시 본인 또는 타인의 인명이나 재산에 큰 피해를 가져올 수 있다고 시험위원이 판단할 경우
- 부정행위의 작품일 경우
- 설계 완성도가 0인 경우
  ① 회로설계에서 부품 배치 및 네트 연결이 미완성인 경우
  ② PCB 설계에서 부품 배치 및 배선이 미완성인 경우
- 출력하지 못한 경우
  ① 회로도를 출력하지 못한 경우
  ② PCB 제조에 필요한 거버 데이터를 1개 이상 출력하지 못한 경우

○ 오작
- 조립한 작품의 동작이 되지 않는 경우
- 요구사항을 준수하지 않은 작품을 제출한 경우
  1) 회로설계(Schematic) 요구조건과 다른 경우
     ① 접점이 누락된 경우
     ② 네트가 누락된 경우
     ③ 네트 연결이 잘못된 경우
     ④ 부품이 누락된 경우 등
  2) PCB 설계(Layer) 요구조건과 다른 경우
     ① 설계 레이어(2-Layer)가 다른 경우
     ② 보드 크기가 다른 경우
     ③ 부품이 초과하거나 누락된 경우
     ④ 고정부품 배치가 정확하지 않는 경우
     ⑤ 카퍼(동막)가 누락된 경우
     ⑥ 보드 사이즈를 지정된 레이어에 생성하지 않은 경우
     ⑦ 실크 데이터를 지정된 레이어에 생성하지 않은 경우
     ⑧ 거버 데이터(Gerber data)를 실물(1:1)로 출력하지 않은 경우
- 출력 결과물(데이터)을 이용하여 PCB 및 제품의 제조 시 불량의 원인이 되는 경우
  ① PCB 외곽선 정보가 누락된 경우
  ② 각종 실크 데이터와 패드가 겹치는 경우
  ③ 부품 데이터와 핀의 배열이 다른 경우
  ④ 부품 또는 PCB에 전원 공급이 되지 않는 경우 등
- 기타 요구사항의 실격에 해당하는 경우

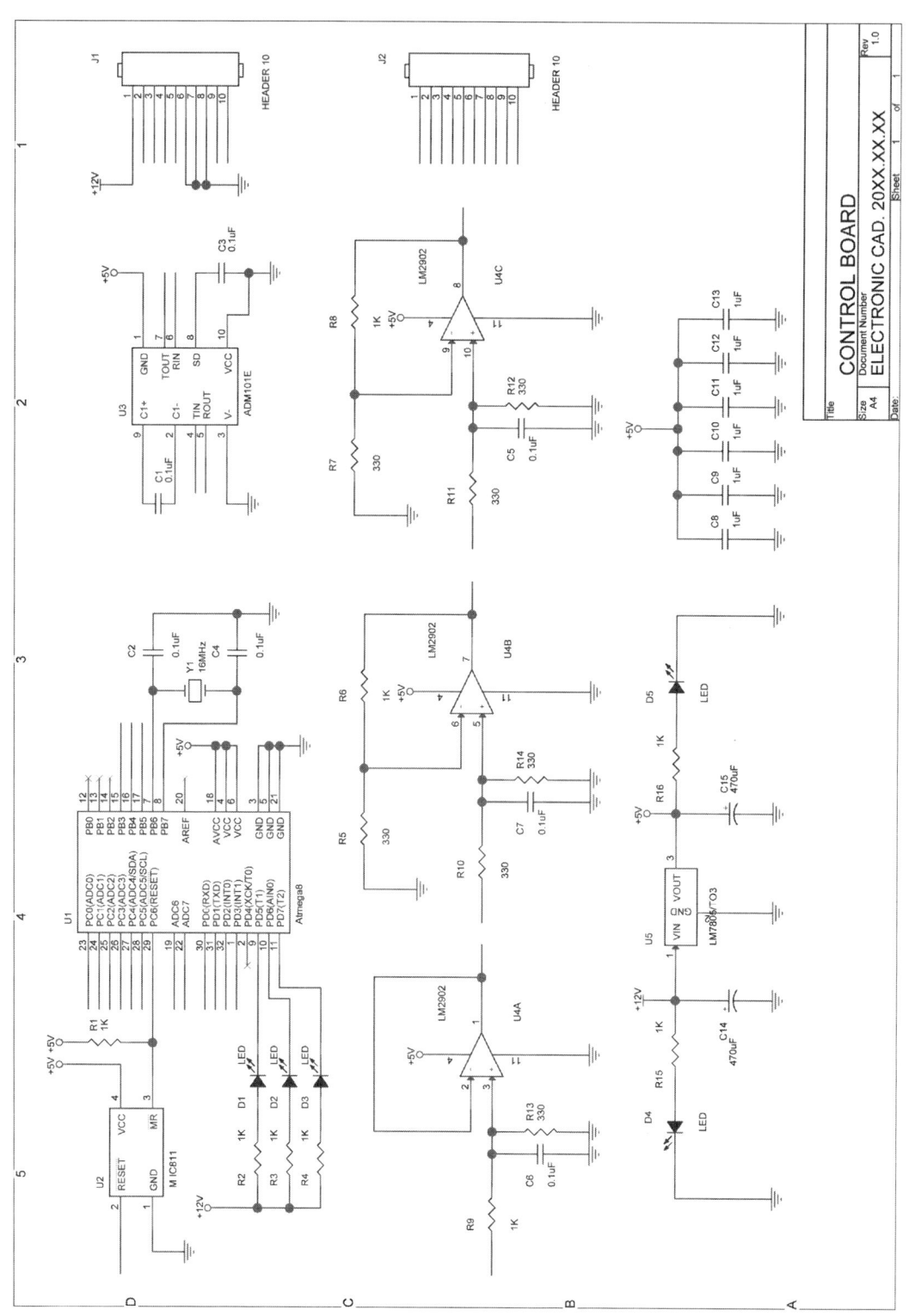

① Schematic - 회로도면 설계

(1) 프로젝트 시작 및 환경 설정

1) 새 프로젝트 시작

회로도 작성을 시작하기 위해 **시작 〉 모든 앱 〉 Cadence Release 17.2-2016 〉 Capture** 를 실행한다.

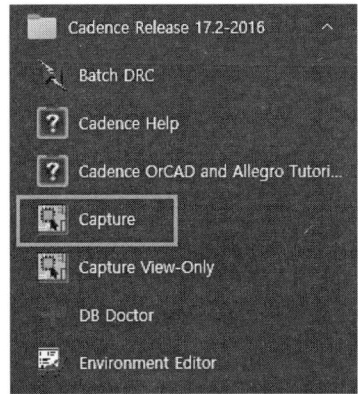

프로그램 실행 후 새 프로젝트를 시작하기 위해 메뉴에서 File 〉 New 〉 Project를 선택 또는 시작 페이지 창(Start Page Window)의 New Project를 선택한다.

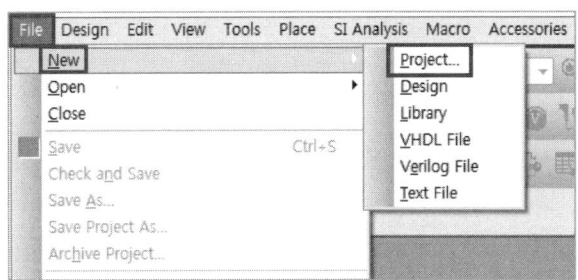

다음과 같이 New Project 창이 열리면 Name, Create a New Project Using, Location 등을 아래와 같은 순서로 설정할 수 있다.

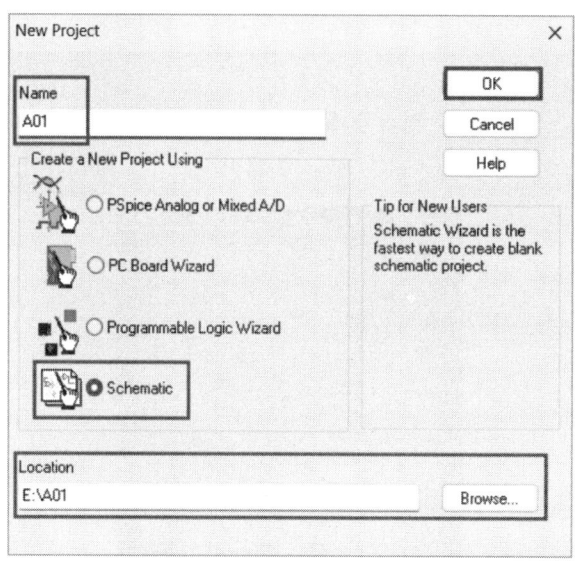

❶ Name 칸에 설계할 회로의 이름을 입력한다. (예 : A01(자신의 비번으로 설정))

❷ Create a New Project Using에서 회로도면 설계를 위한 캡처를 사용하기 위해 Schematic을 선택한다.

❸ 설계 파일을 저장할 경로를 지정하는 창으로서, 프로젝트 명이나 자신의 비번호를 저장 경로명으로 입력한다. Location Browse 버튼을 선택한 후, 저장할 드라이브를 선택하고 폴더를 클릭하여 경로를 설정할 수 있다.

❹ 모든 설정이 완료 후 OK 버튼을 클릭하여 새 프로젝트를 시작한다.

TIP 프로젝트명 및 저장 경로 설정 시 주의사항

- 프로젝트명 및 저장 경로는 영문, 숫자, Under Bar(_), Hyphen(-)을 사용한다.
- 프로젝트명 및 저장 경로는 한글 이름 및 특수 문자를 사용하면 레이아웃 설계에서 에러가 발생하므로 한글 이름 및 특수 문자를 사용하지 않는다.

2) 환경 설정

다음과 같이 Options 메뉴에서 회로도면 작성 전 기본적인 환경 설정을 할 수 있다.

❖ Grid Display 설정하기

다음과 같이 메뉴에서 Options 〉 Preference를 선택한다.

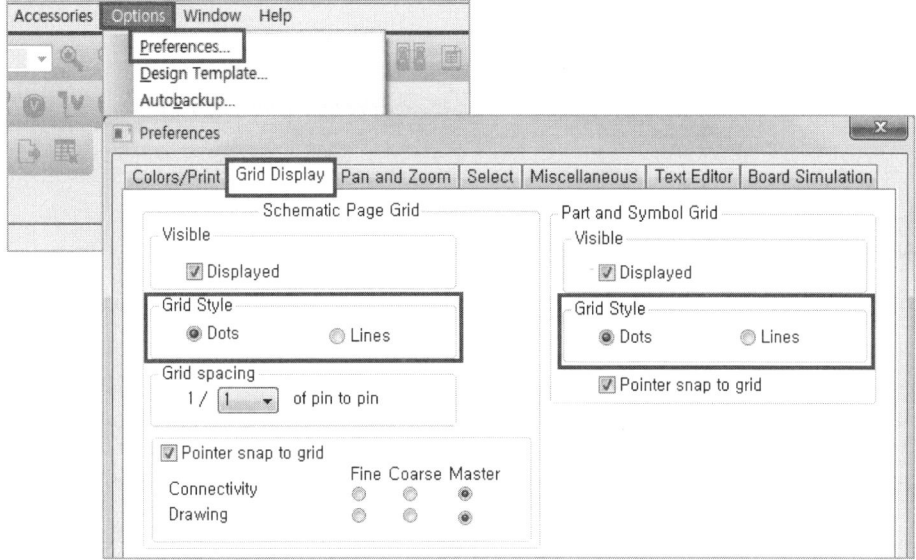

❶ 팝업 창이 뜨면 Grid Display 탭을 설정한다.

❷ Schematic Page Grid와 Part and Symbol Grid 부분의 Grid Style에서 Dots 또는 Lines 중 선택한다.

❸ 설정 후 확인 버튼을 클릭한다.

❖ Junction Dot Size 설정하기

Junction Dot Size를 설정하기 위해 다음과 같이 메뉴에서 Options 〉 Preference를 선택한다.

❶ 팝업 창이 뜨면 Miscellaneous 탭을 설정한다.

❷ Junction Dot Size 부분에서 크기를 Large로 선택한다.

❸ 설정 후 확인 버튼을 클릭한다.

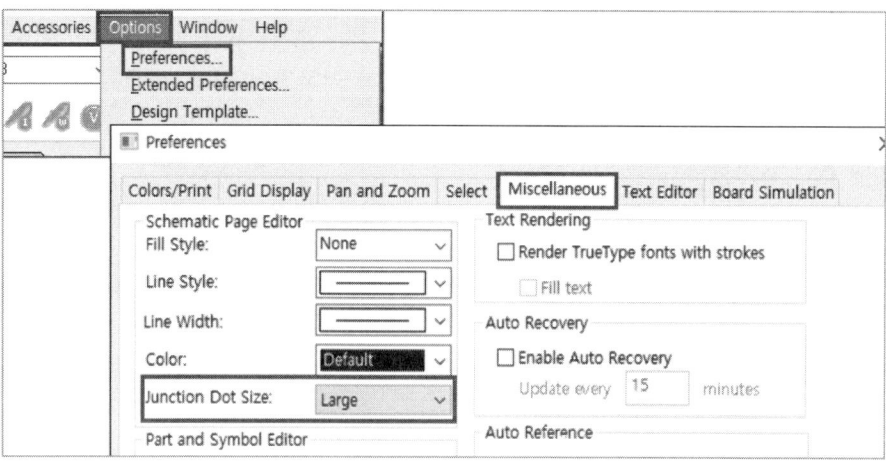

❖ Auto backup 설정하기

Auto backup 설정하기 위해 다음과 같이 메뉴에서 Options 〉 Autobackup을 선택한다.

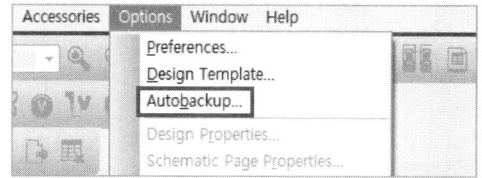

Muti-level Backup settings 팝업 창이 뜨면 다음과 같이 설정한다.

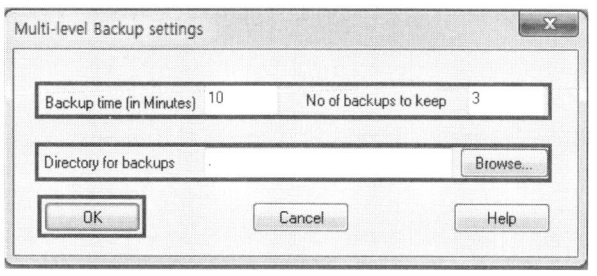

❶ Backup time[in Minuties] : Backup을 분 단위로 설정한다. (기본 : 10분으로 설정)

❷ No of backups to keep : Backup file 개수를 설정한다. (기본 : 3으로 설정)

❸ Directory for backups : Browse 버튼을 선택하여 Backup 경로를 설정한다. (기본 : 프로젝트 작업 경로로 설정)

❹ 설정 후 OK 버튼을 클릭한다. (백업 파일의 확장자는 *.DBK로 *.DBK를 *.DSN으로 바꾸어 최근에 저장된 회로도를 사용할 수 있다.)

❖ Schematic Page 설정하기

• 요구사항

과제 1의 다항 1)번 : Page size는 A4(297mm×210mm)로 균형 있게 작성

현재 작업 중인 Page에만 적용되는 환경 설정으로, Page가 활성화된 상태에서 메뉴의 Options 〉 Schematic Page Properties를 선택한다.

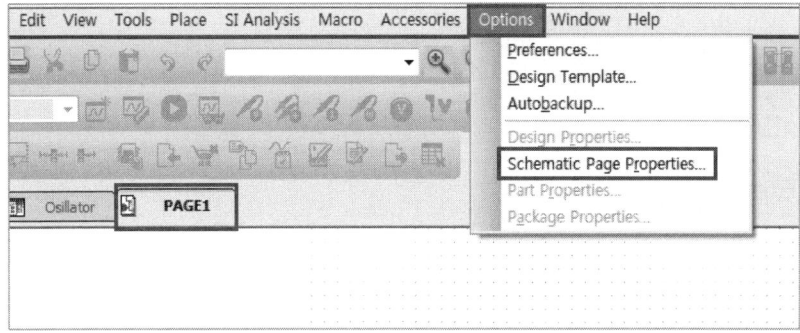

Schematic Page Properties 팝업 창이 뜨면 다음과 같이 설정한다.

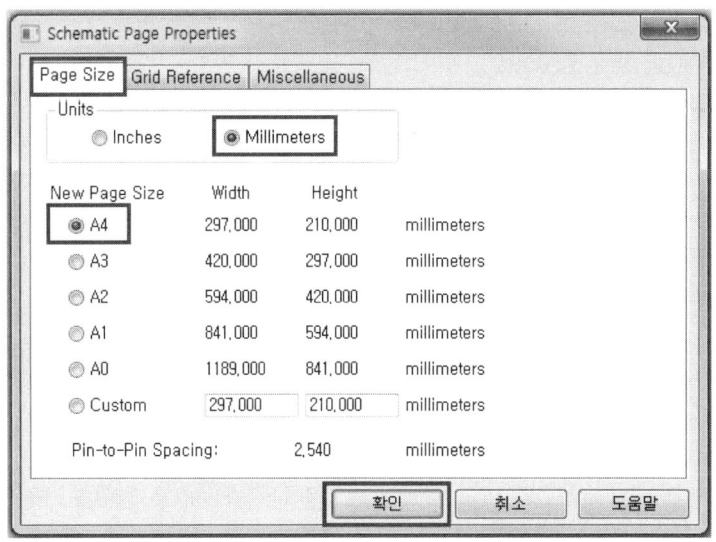

❶ Page Size 탭을 선택한다.

❷ 설계 도면의 단위를 설정하기 위해 Units을 Millimeters로 선택한다.

❸ 설계 도면의 크기를 선택하기 위해 New Page Size를 A4로 선택한다.

❹ 설정 후 확인 버튼을 클릭한다.

❺ Page 환경 설정이 끝난 뒤 우측 하단에 있는 Title Block의 Size 부분이 A4로 설정되어 있는지 확인한다.

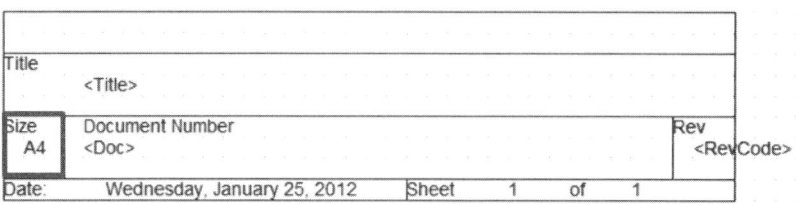

(2) 회로도 그리기

1) Title Block 작성

Title Block은 비전기적 속성으로 도면 제목, 부서 이름, 주소, 도면 번호 등 프로젝트의 정보를 입력할 수 있다. 다음 요구사항에 준하여 도면의 Title Block을 작성한다.

과제 1의 다항 2)번 타이틀 블록(Title Block)의 작성
- Title에 작품명 기재(크기 14)
  예) CONTROL BOARD
- Document Number에 ELECTRONIC CAD와 시행일자 기입(크기 12)
  예) ELECTRONIC CAD, 20XX.XX.XX
- revision : 1.0(크기 7)

❖ Title 작성

회로도의 우측 하단에 Title Block의 〈Title〉을 선택 후 RMB(오른쪽 마우스 버튼)를 클릭한다. 팝업 메뉴 중 Edit Properties를 선택한다. (또는 〈Title〉을 더블클릭한다.)

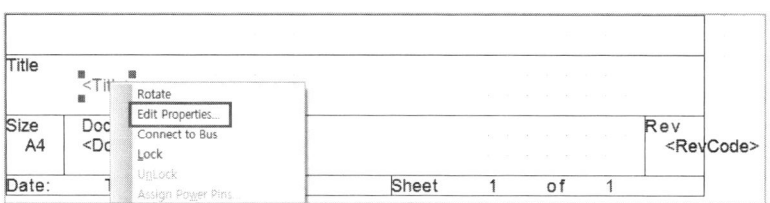

❶ Value에 CONTROL BOARD를 입력한다.

❷ Font에 Change를 누른 후 글꼴에서 크기 14를 선택 후 확인을 선택한다.

❸ OK 버튼을 눌러 설정을 완료한다.

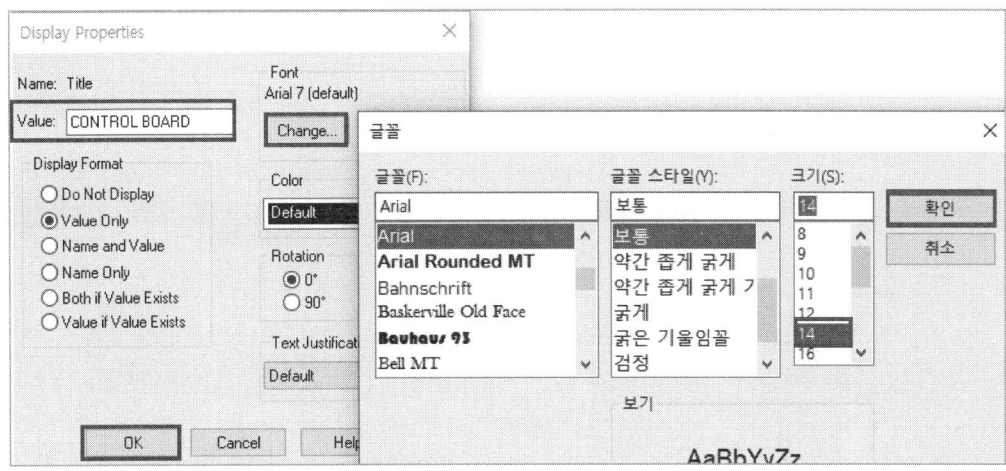

❖ Document 기입

회로도의 우측 하단에 Title Block의 〈Doc〉을 선택 후 RMB(오른쪽 마우스 버튼)를 클릭한다. 팝업 메뉴 중 Edit Properties를 선택 후 다음과 같은 순서로 입력할 수 있다. (또는 〈Doc〉을 더블클릭한다.)

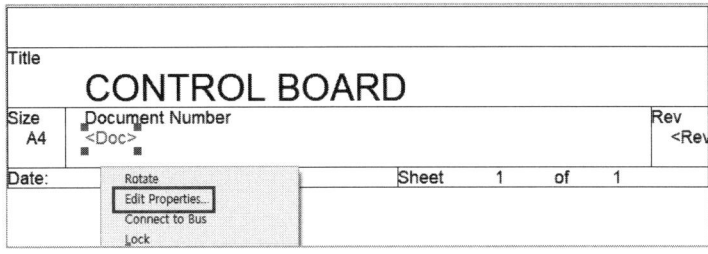

❶ Value에 ELECTRONIC CAD, 20XX.XX.XX를 입력한다.

❷ Font에 Change를 누른 후 글꼴에서 크기 12를 선택 후 확인을 선택한다.

❸ OK 버튼을 눌러 설정을 완료한다.

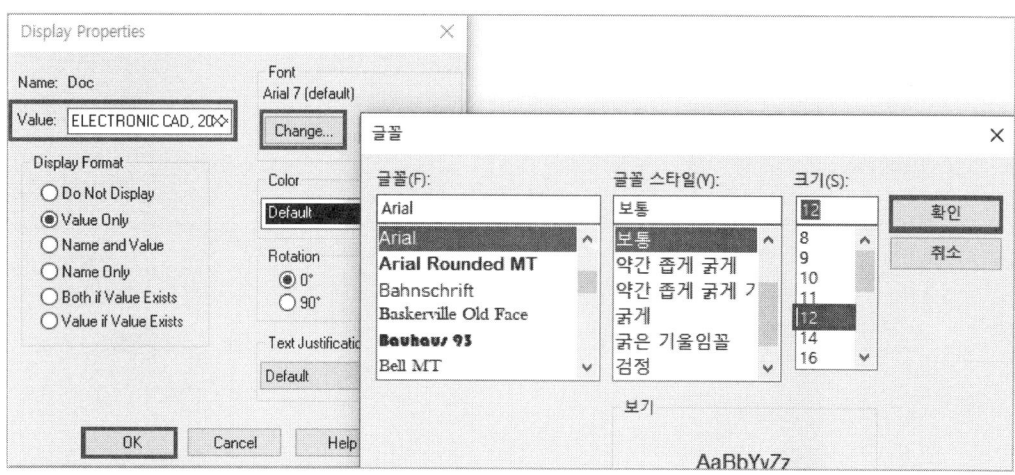

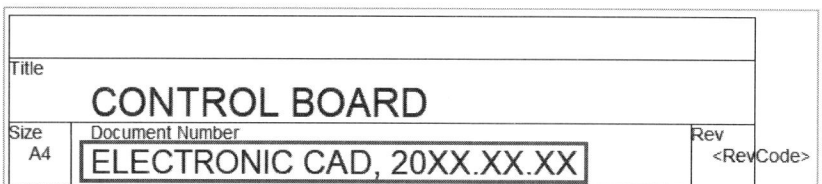

❖ Revision 기입

회로도의 우측 하단에 Title Block의 〈RevCode〉를 선택 후, RMB을 클릭한다. 팝업 메뉴 중 Edit Properties를 선택 후 다음과 같은 순서로 입력할 수 있다. (또는 〈RevCode〉를 더블클릭한다.)

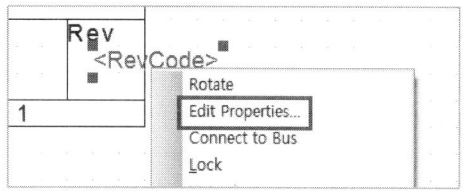

❶ Value에 1.0을 입력한다.

❷ Font에 Change를 누른 후 글꼴에서 크기 7을 선택 후 확인을 선택한다.

❸ OK 버튼을 눌러 설정을 완료한다.

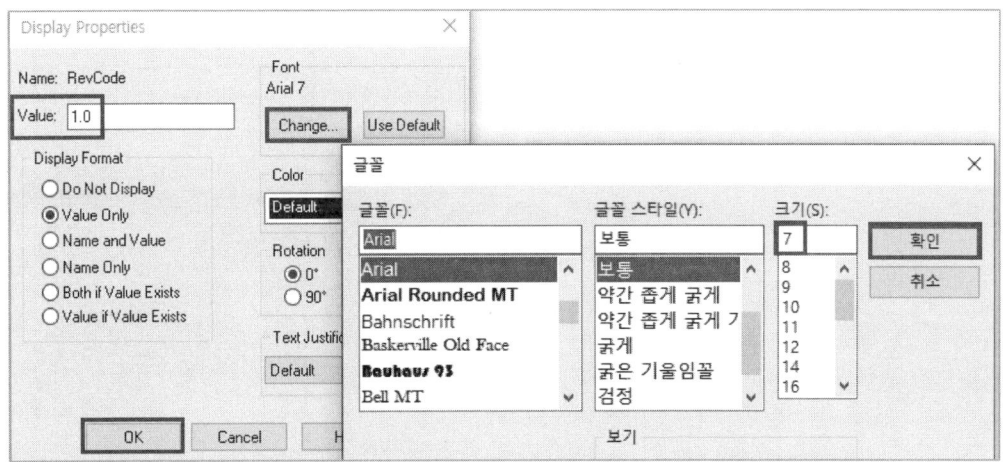

2) Library 등록(추가)

OrCAD Capture에 있는 라이브러리를 사용함을 원칙으로 하며 회로도면 작성 전 기본 Library를 등록하여 사용한다. (경로 : C:\Cadence\SPB_17.2\tools\capture\library)

메뉴에서 Place > Part를 선택하거나, 오른쪽 툴 팔레트의 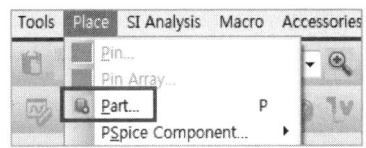 아이콘을 클릭한다. (단축키 : P)

Place Part 창의 Library 항목의 Add Library 버튼을 클릭한다. Browse File창에서 Library 폴더의 모든 파일을 선택한 후 추가한다. (단축키 : Ctrl + A)

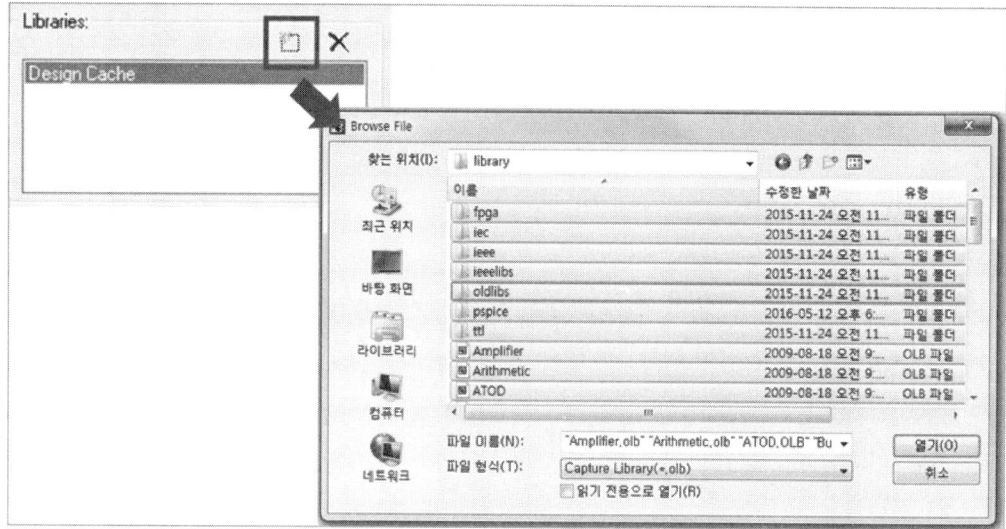

그림과 같이 Library가 등록되었지만 스크롤 바를 움직여 보면 Design Cache가 선택되어지지 않은 것을 볼 수 있다. Ctrl + LMB(왼쪽 마우스 버튼)를 클릭하거나, 모든 Library를 Drag하여 추가로 선택한다.

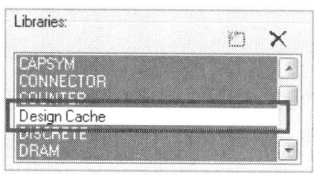

3) 부품 불러오기

메뉴에서 Place Part(단축키 : P)를 선택하거나 오른쪽 툴 팔레트의 ![] 아이콘을 클릭한다.

❶ Part 대화 상자에 Part명을 입력한다.

❷ Part List에서 원하는 Part를 선택한 후에 [Enter↵] 버튼(또는 ![] 아이콘)을 클릭하여 부품을 불러온다.

❸ Part가 선택되면 마우스 커서에 따라다니며 원하는 위치에 클릭함으로써 부품을 회로도면 내에 배치할 수 있다.

❹ 부품 배치를 완료되면 RMB 팝업 메뉴 중 End Mode(또는 [Esc] 버튼)를 클릭하여 종료한다.

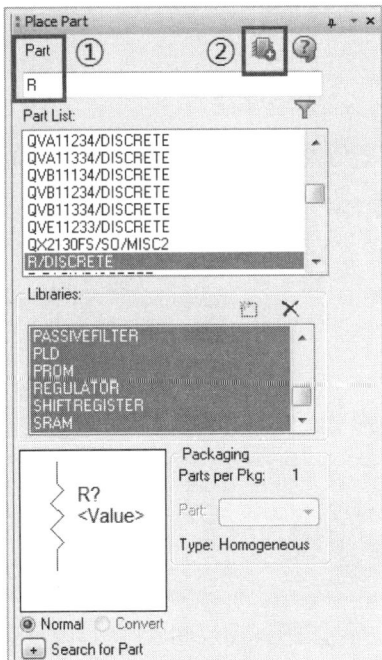
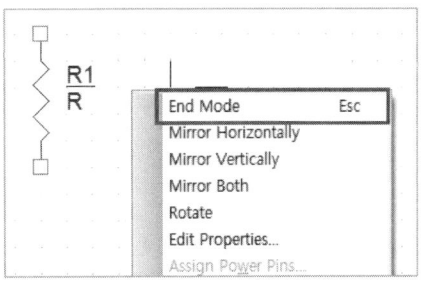

4) 회전하기

❖ 90° 회전

회전시키고자 하는 부품을 클릭 후 RMB 팝업 메뉴 중 Rotate(단축키 : R)를 선택하면 그림과 같이 반시계 방향으로 부품을 회전하여 배치할 수 있다.

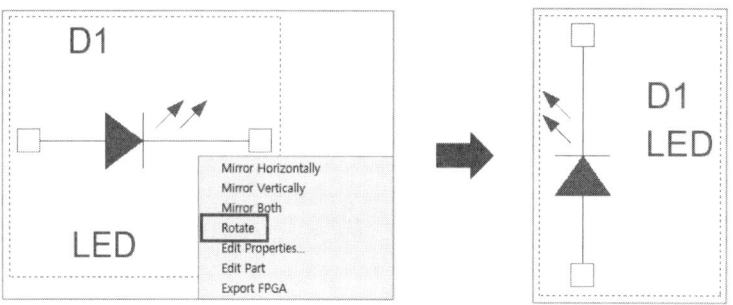

❖ 부품 수평 회전

회전시키고자 하는 부품을 클릭 후 RMB 팝업 메뉴 중 Mirror Horizontally(단축키 : H)를 선택하면 그림과 같이 좌우 반전된 부품을 배치할 수 있다.

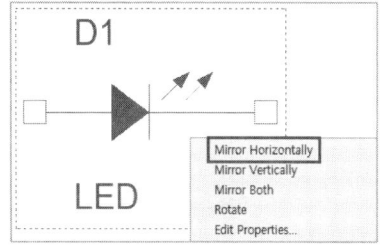 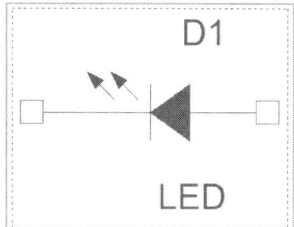

❖ 부품 수직 회전

회전시키고자 하는 부품을 클릭 후 RMB 팝업 메뉴 중 Mirror Vertically(단축키 : V)를 선택하면 그림과 같이 상하 반전된 부품을 배치할 수 있다.

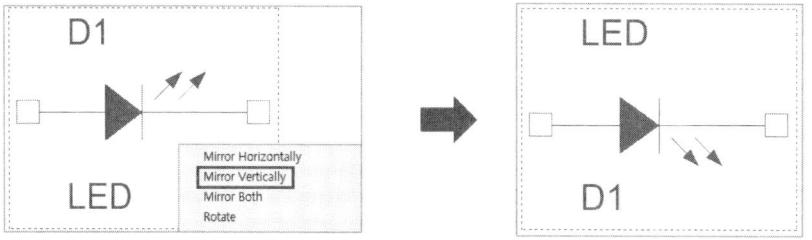

❖ 부품 수평 대칭 회전

회전시키고자 하는 부품을 클릭 후 RMB 팝업 메뉴 중 Mirror Both를 선택하면 그림과 같이 상하 반전된 부품을 배치할 수 있다.

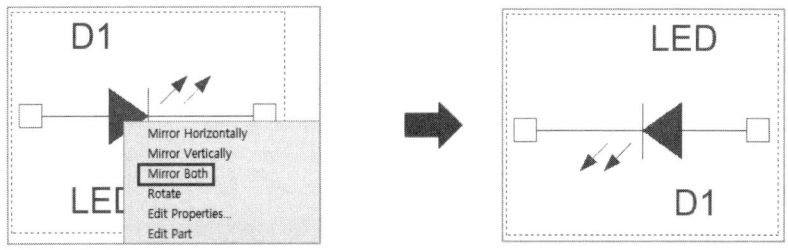

5) 부품 수정

회로도면에 나와 있는 부품과 제공되는 부품이 다를 경우 부품 편집기를 이용하여 부품을 수정할 수 있다.

❖ LM2902 부품 수정

메뉴에서 Place Part를 선택하거나 오른쪽 툴 팔레트의 ![icon] 아이콘을 클릭한 후 Part 창에서 LM2902를 입력하여 부품을 불러온다. LM2902 부품을 주어진 회로에 맞게 수정(편집)하기 위해 RMB 팝업 메뉴 중 Edit Part를 선택한다.

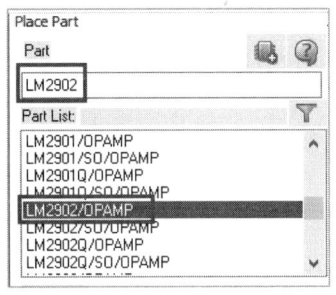 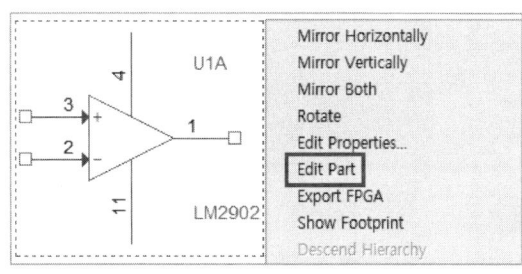

Edit Part에서 다음 순서와 같이 LM2902 부품을 수정할 수 있다.

❶ 4번 핀을 마우스로 Drag하여 그림과 같이 11번 핀 옆으로 이동한다.

❷ 11번 핀을 마우스로 Drag하여 앞서 이동한 4번 핀 자리로 이동한다.

❸ 4번 핀을 마우스로 Drag하여 앞서 이동한 11번 핀 자리로 이동한다.

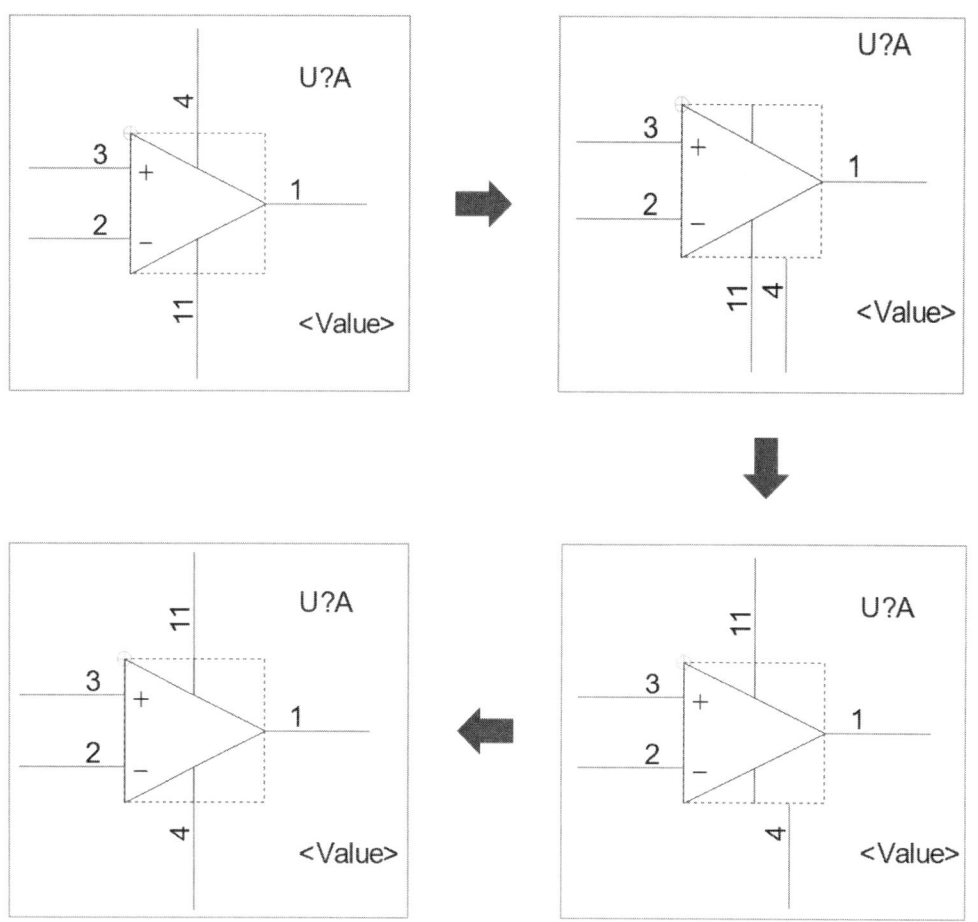

❹ 부품 편집 완료 후, 그림과 같이 현재 Tab(Edit Part)에서 RMB 팝업 메뉴 중 Close를 선택한다. (또는 File 〉 Close를 선택한다.)

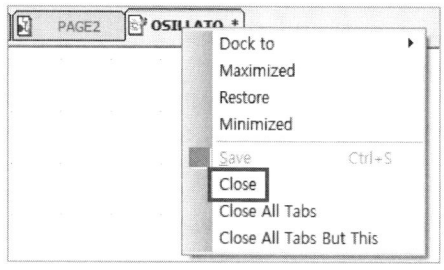

❺ Edit Part 탭을 닫으면 다음과 같이 Save Part Instance 창이 열리며, 부품을 저장할 수 있다.

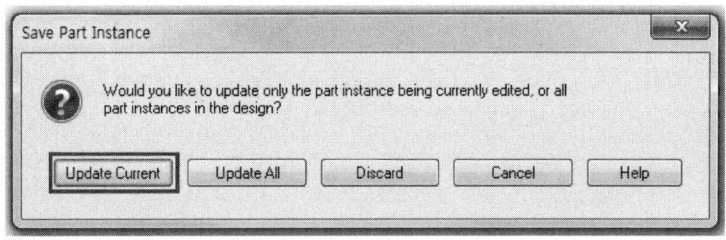

버튼	설명
Update Current	현재 편집한 부품만 Update
Update All	도면의 동일 부품 모두를 Update 적용
Discard	현재 작업한 내용을 취소하고 도면으로 복귀
Cancel	Edit Part 창의 종료를 취소

❻ Schematic page 창으로 복귀된 LM2902 부품을 클릭하여 Mirror Vertically(V)를 실행하여 부품을 상하 변경하여 수정을 완료한다.

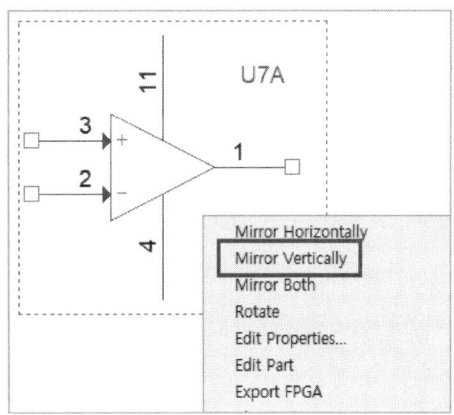

✓ 회로도면에 LM2902을 하나만 불러와 수정한 후, 나머지 2개 부품들은 복사하여 붙여넣기를 하면 된다.

❖ LM7805 부품 수정

메뉴에서 Place Part를 선택하거나 오른쪽 툴 팔레트의 아이콘을 클릭한 후 Part 창에서 LM7805를 입력하여 부품을 불러온다. LM7805 부품을 주어진 회로에 맞게 수정(편집)하기 위해 RMB 팝업 메뉴 중 Edit Part를 선택한다.

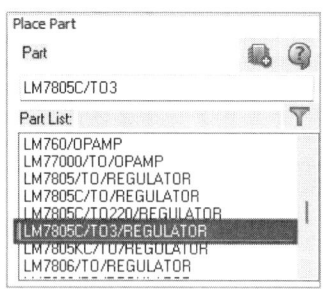 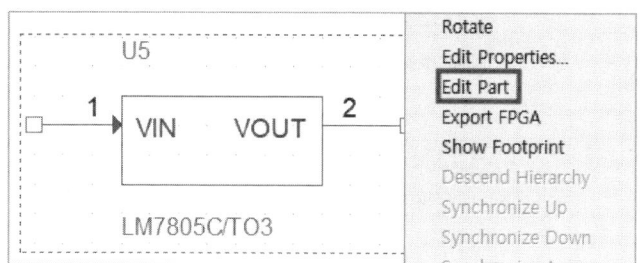

Edit Part에서 다음 순서와 같이 LM7805 부품을 수정할 수 있다.

❶ 부품의 아래에 있는 Zero Length 핀을 선택하고, 오른쪽의 Pin Properties에서 Number는 2로 Shape를 Line으로 Pin Visible은 체크한다.

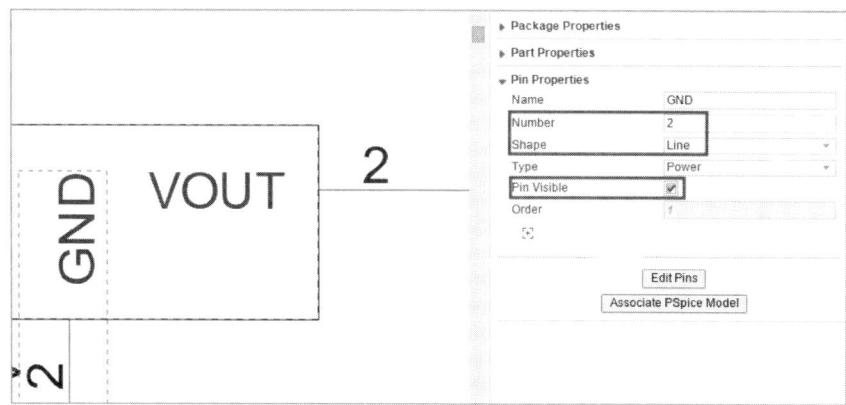

❷ VOUT의 2번 핀을 선택하고 오른쪽의 Pin Properties에서 Number를 3으로 변경한다.

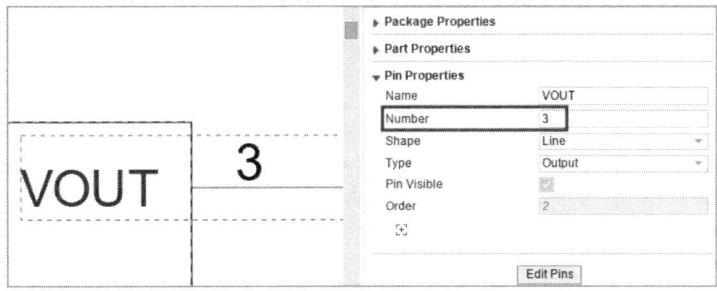

❸ 부품 편집 완료 후, 그림과 같이 현재 Tab(Edit Part)에서 RMB 팝업 메뉴 중 Close를 선택한다. (또는 File 〉 Close를 선택한다.)

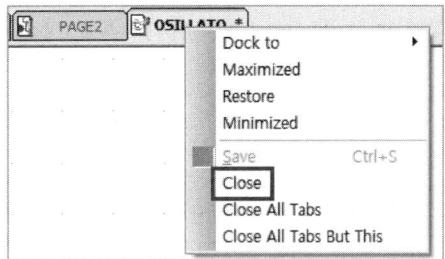

❹ Edit Part 탭을 닫으면 다음과 같이 Save Part Instance 창이 열리며, 부품을 저장할 수 있다.

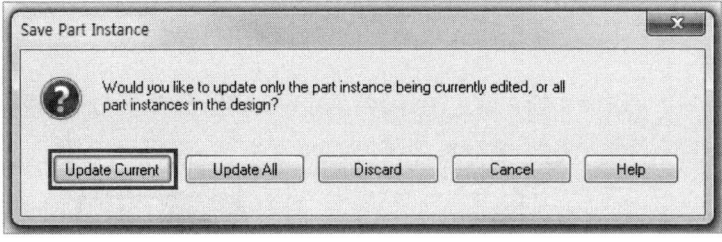

❺ 수정을 완료한다.

6) 부품 생성하기

회로도면에서 다음의 부품들은 OrCAD에서 제공되는 기본 라이브러리에 없으므로 문제에서 제공되는 데이터시트를 참고로 해서 부품을 생성해야 한다.

❖ ATMEGA8 부품 생성

❶ 메뉴의 File > New > Library를 클릭한다.

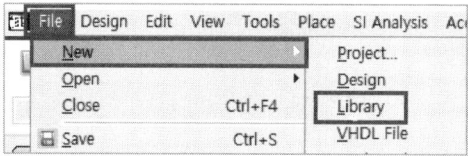

❷ 프로젝트 매니저 창에 library1.olb 파일이 생성된다.

❸ library.olb 파일을 선택 후, RMB 팝업 메뉴 중 New Part를 클릭하여 새로운 Part를 생성한다.

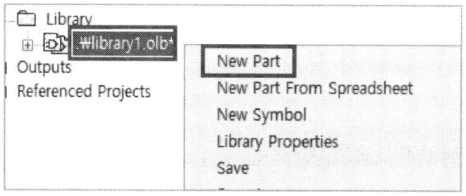

❹ New Part Properties 창이 뜨면 Name에 ATMEGA8을 입력 후 OK 버튼을 클릭한다.

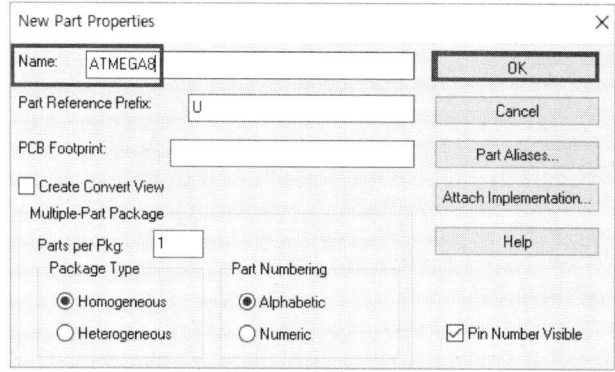

❺ ATMEGA8 탭이 생성되고 점선 사각형이 보이면 마우스로 드래그하여 크기를 임의로 변경한다.

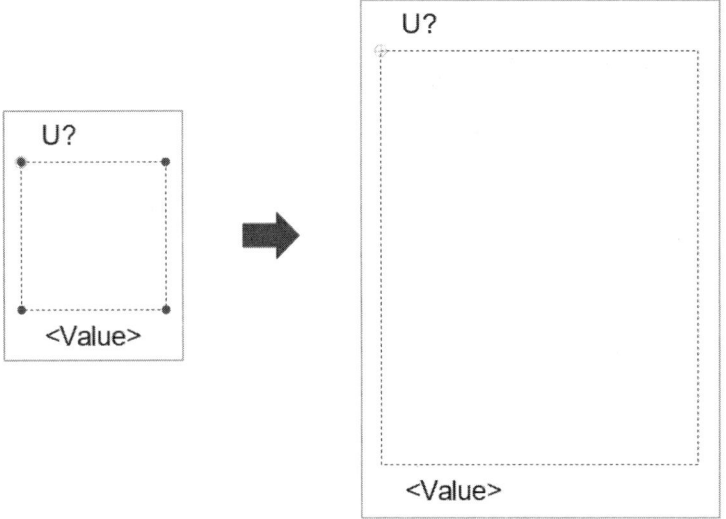

❻ 메뉴에서 Place Pin을 선택하거나 오른쪽 툴 팔레트 아이콘을 선택한다. Place Pin 창이 뜨면 Name에 PC0(ADC0), Number에 23, Shape에 Line, Type에 Passive를 입력하고 OK 버튼을 클릭한다. 생성된 Pin은 점선 사각형에 배치한다.

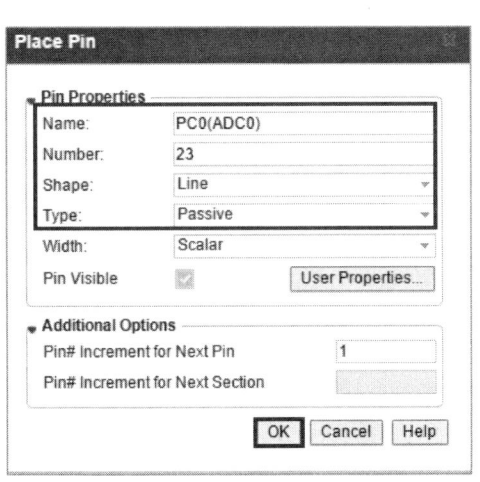
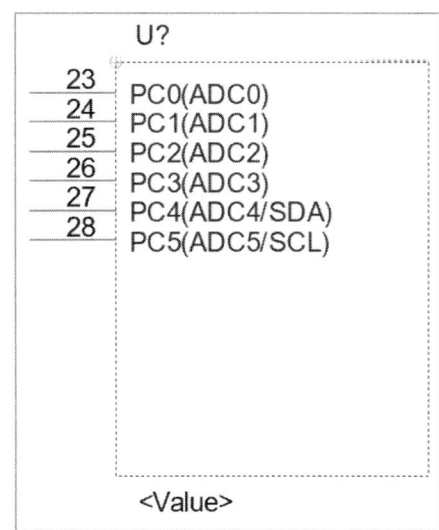

❼ 29번 핀의 Name에서 RESET에 밑줄을 나타내기 위해 R\E\S\E\T를 Name에 입력한 후, OK 버튼을 클릭한다. 생성된 Pin을 배치한다.

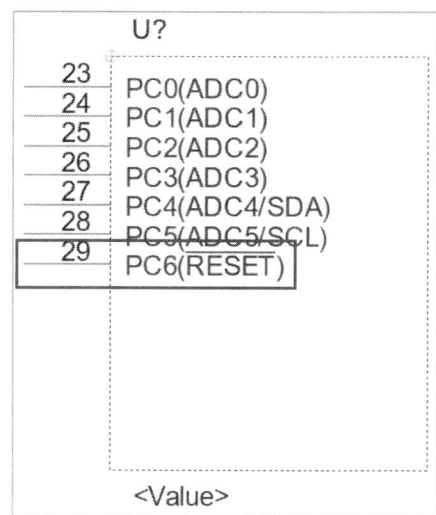

❽ 나머지 핀들도 회로도의 ATMEGA8 부품을 참고하여 표와 같이 입력 후 OK 버튼을 클릭한다. 핀들을 모두 배치한 후, 점선 사각형을 크기에 맞게 조절한다.

Name	Number	Shape	Type
PD3(INT1)	1	Line	Passive
PD4(XCK/T0)	2	Line	Passive
GND	3	Line	Power
VCC	4	Line	Power
GND	5	Line	Power
VCC	6	Line	Power
PB6	7	Line	Passive
PB7	8	Line	Passive
PD5(T1)	9	Line	Passive
PD6(AIN0)	10	Line	Passive
PD7(T2)	11	Line	Passive
PB0	12	Line	Passive
PB1	13	Line	Passive
PB2	14	Line	Passive

Name	Number	Shape	Type
PB3	15	Line	Passive
PB4	16	Line	Passive
PB5	17	Line	Passive
AVCC	18	Line	Passive
ADC6	19	Line	Passive
AREF	20	Line	Passive
GND	21	Line	Power
ADC7	22	Line	Passive
PC0(ADC0)	23	Line	Passive
PC1(ADC1)	24	Line	Passive
PC2(ADC2)	25	Line	Passive
PC3(ADC3)	26	Line	Passive
PC4(ADC4/SDA)	27	Line	Passive
PC5(ADC5/SCL)	28	Line	Passive
PC6(RESET)	29	Line	Passive
PD0(RXD)	30	Line	Passive
PD1(TXD)	31	Line	Passive
PD2(INT0)	32	Line	Passive

```
                    U?
         23 ┌──────────────────┐  12
        ────┤ PC0(ADC0)    PB0 ├────
         24 │                  │  13
        ────┤ PC1(ADC1)    PB1 ├────
         25 │                  │  14
        ────┤ PC2(ADC2)    PB2 ├────
         26 │                  │  16
        ────┤ PC3(ADC3)    PB4 ├────
         27 │                  │  15
        ────┤ PC4(ADC4/SDA) PB3├────
         28 │                  │  17
        ────┤ PC5(ADC5/SCL) PB5├────
         29 │                  │   7
        ────┤ PC6(RESET)   PB6 ├────
            │                  │   8
            │              PB7 ├────
            │                  │
         19 │                  │
        ────┤ ADC6             │
         22 │              AREF│  20
        ────┤ ADC7             ├────
            │                  │
         30 │                  │
        ────┤ PD0(RXD)         │
         31 │              AVCC│  18
        ────┤ PD1(TXD)         ├────
         32 │               VCC│   4
        ────┤ PD2(INT0)        ├────
          1 │                  │
        ────┤ PD3(INT1)        │
          9 │               VCC│   6
        ────┤ PD5(T1)          ├────
          2 │               GND│   3
        ────┤ PD4(XCK/T0)      ├────
         10 │               GND│   5
        ────┤ PD6(AIN0)        ├────
         11 │               GND│  21
        ────┤ PD7(T2)          ├────
            │     <Value>      │
            └──────────────────┘
```

❾ 메뉴에서 Place 〉 Rectangle을 선택하거나, 오른쪽 툴 팔레트 아이콘을 클릭하여 점선 사각형을 실선으로 그린 후, RMB 팝업 메뉴 중 End Mode를 클릭하여 작업을 완료한다.

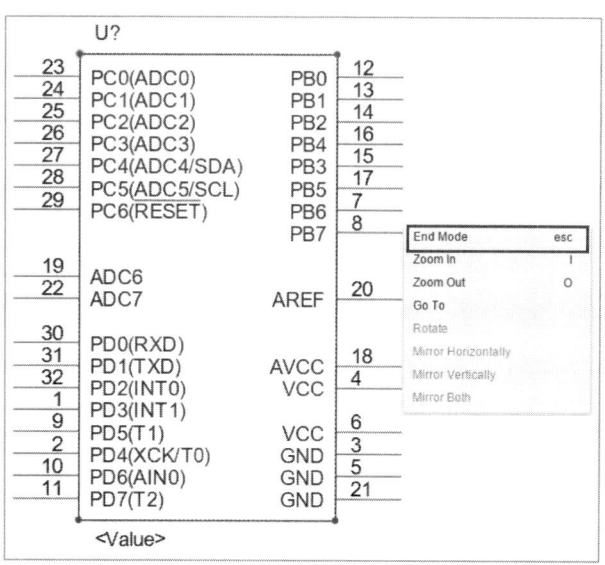

✓ 동일한 방법으로 MIC811, ADM101E를 생성한다.

❖ MIC811 부품 생성

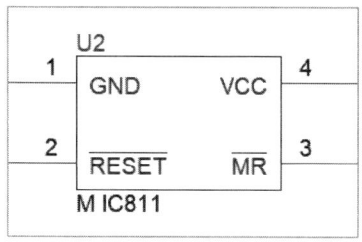

Name	Number	Shape	Type
GND	1	Line	Power
R\E\S\E\T	2	Line	Passive
M\R\	3	Line	Passive
VCC	4	Line	Power

❖ ADM101E 부품 생성

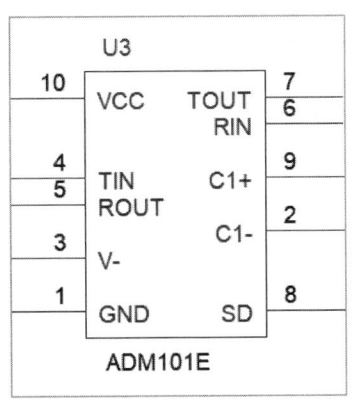

Name	Number	Shape	Type
GND	1	Line	Power
C1-	2	Line	Passive
V-	3	Line	Passive
TIN	4	Line	Passive
ROUT	5	Line	Passive
RIN	6	Line	Passive
TOUT	7	Line	Passive
SD	8	Line	Passive
C1+	9	Line	Passive
VCC	10	Line	Power

✔ library1.olb 라이브러리에 ATMEGA8, MIC811, ADM101E 부품을 생성한 후 library1.olb 파일을 선택한다. RMB 팝업 메뉴 중 Save를 클릭하고 저장할 폴더(ex:A01)를 선택하고 저장한다. 부품을 불러오기 위해서는 library1.olb 라이브러리 파일을 등록 후 불러올 수 있다.

7) 부품 배치하기

Part List 표를 참고하여 회로도의 부품 배치를 완료할 수 있다.

Part Name	Part Symbol	Part Name	Part Symbol
ATMEGA8 (부품 생성)	(ATmega8 symbol)	LED	D? <Value>
R	R? RESISTOR	CRYSTAL	Y? CRYSTAL
Cap np	C? CAP NP	Cap pol	C? CAP POL
LM7805	U? VIN VOUT LM7805C/TO3	LM2902	U?A LM2902
HEADER 10	J3 HEADER 10	AMD101E (부품 생성)	U3 ADM101E
MIC811 (부품 생성)	U2 MIC811		

202 • 제3편 공개 문제 풀이

8) 배선작업

❖ 배선하기

부품 배치 후 배선을 하기 위해 메뉴의 Place 〉 Wire를 선택하거나, 오른쪽 툴 팔레트의 아이콘을 클릭한다. (단축키 : W)

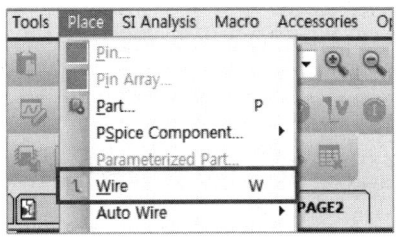

핀 끝의 사각형 모양을 클릭한 뒤 다른 핀 끝의 사각형 모양을 클릭하거나 핀 끝에서 연결된 배선을 클릭하여 전기적으로 선을 연결할 수 있다.

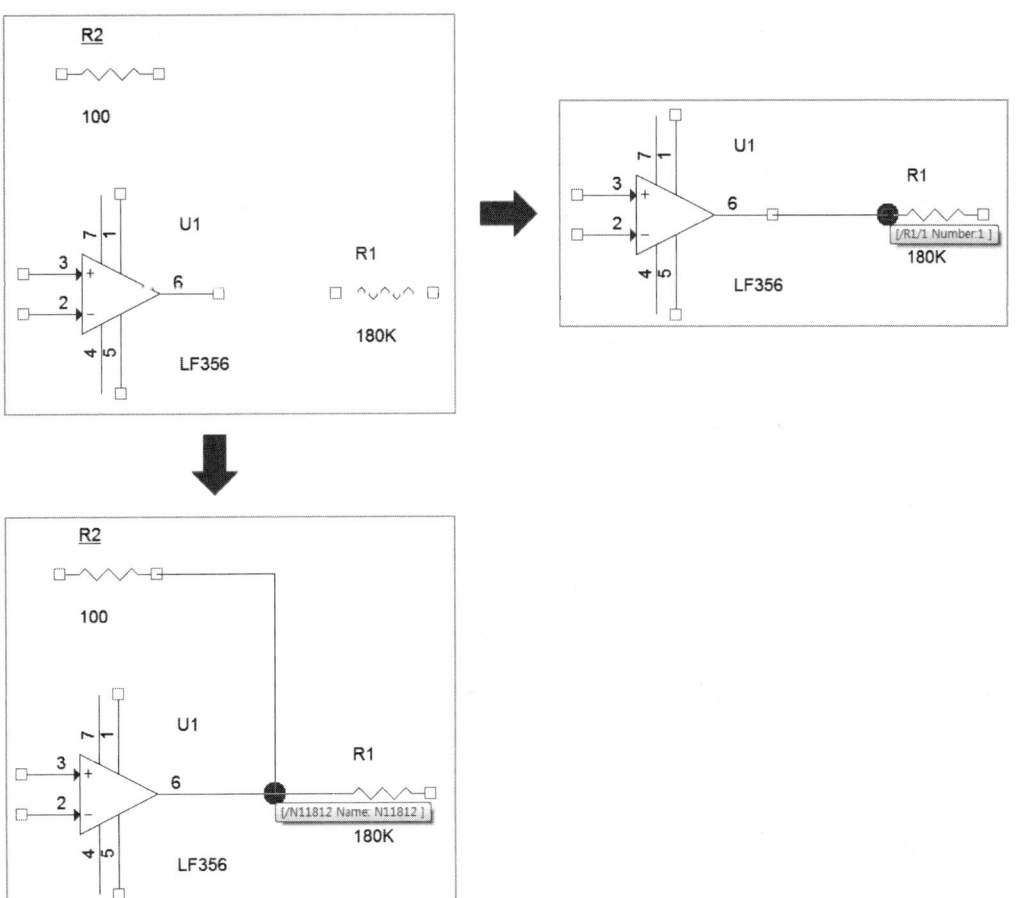

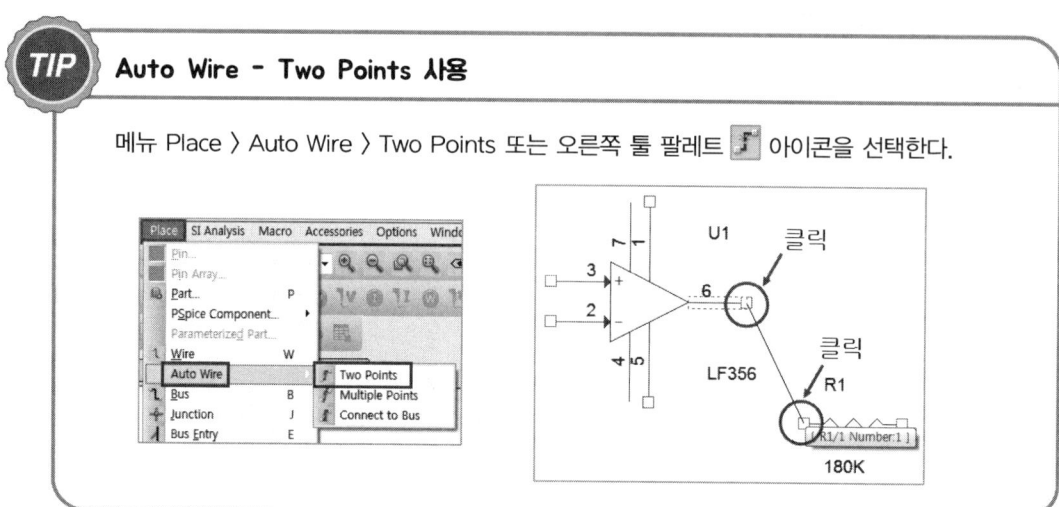

❖ 배선 시 주의 사항

배선 시 부품의 위치 수정 및 이동을 위해 핀과 핀의 직접적인 연결은 피한다.

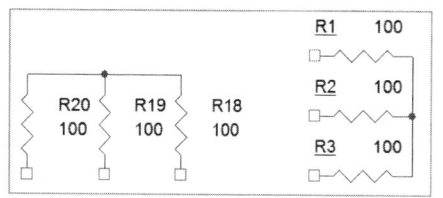

【수정 시 불편】

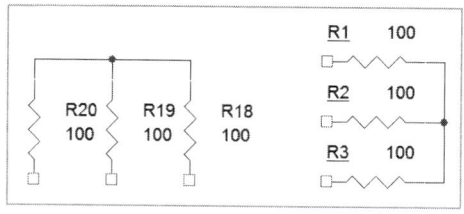

【수정 시 편리】

9) 전원 Symbol 연결

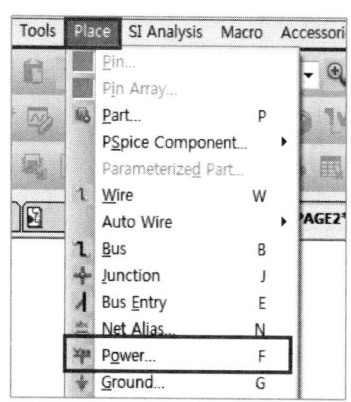

❖ Power Symbol

부품 배치가 완료된 상태에서 전원 및 그라운드 Symbol을 배치한다.

메뉴에서 Place 〉 Power를 선택하거나, 오른쪽 툴 팔레트 아이콘을 클릭한다. (단축키 : F)

다음과 같은 순서로 주어진 도면에 맞는 VCC Symbol을 선택하여 원하는 위치에 배치할 수 있다.

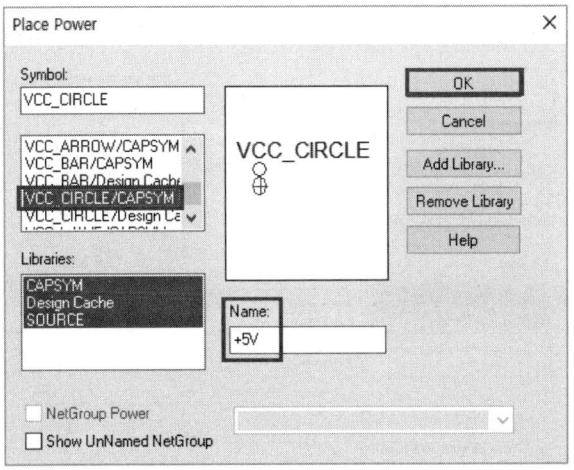

❶ Symbol 창에 VCC_CIRCLE을 선택한다.

❷ Name 기입란에 +5V를 입력한다.

❸ OK 버튼을 클릭한 후 원하는 위치에 배치한다.

❖ Ground Symbol

메뉴에서 Place 〉 Ground를 선택하거나, 오른쪽 툴 팔레트 아이콘을 클릭한다. (단축키 : G)

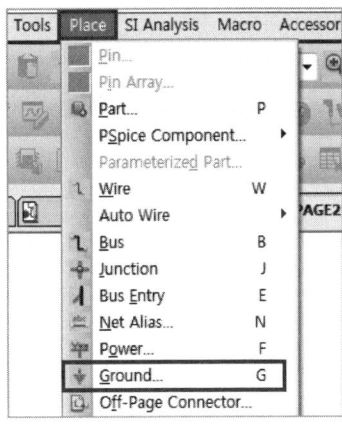

1장 CONTROL BOARD 설계 • 205

다음과 같은 순서로 주어진 도면에 맞는 GND Symbol을 선택하여 원하는 위치에 배치할 수 있다.

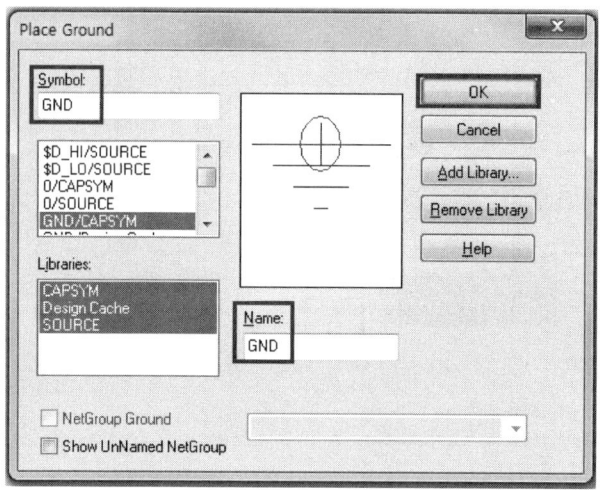

❶ Symbol 창에 GND를 선택한다.

❷ Name 기입란에 GND를 확인한다..

❸ OK 버튼을 클릭한 후 원하는 위치에 배치한다.

> **TIP** **GND 배치 시의 주의사항**
>
> 그라운드 Symbol 중 GND와 GND_POWER Symbol, 0의 경우 Symbol 모양이 동일하지만 GND Symbol의 Name 속성과 GND_POWER Symbol, 0의 Name 속성이 같지 않기 때문에 사용에 주의하여야 한다.
>
>

10) No Connect 처리

사용하지 않는 핀의 경우 No Connect를 이용하여 표시한다. 메뉴에서 Place > No Connect를 선택하거나, 오른쪽 툴 팔레트의 아이콘을 클릭한다. (단축키 : X)

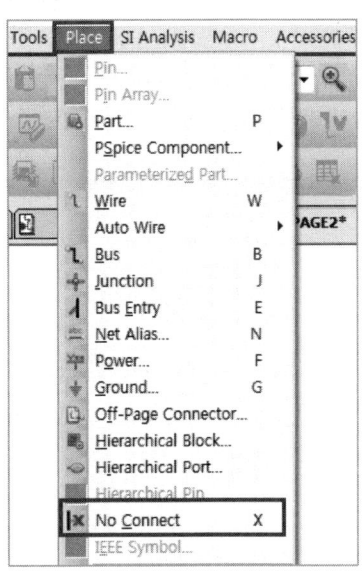

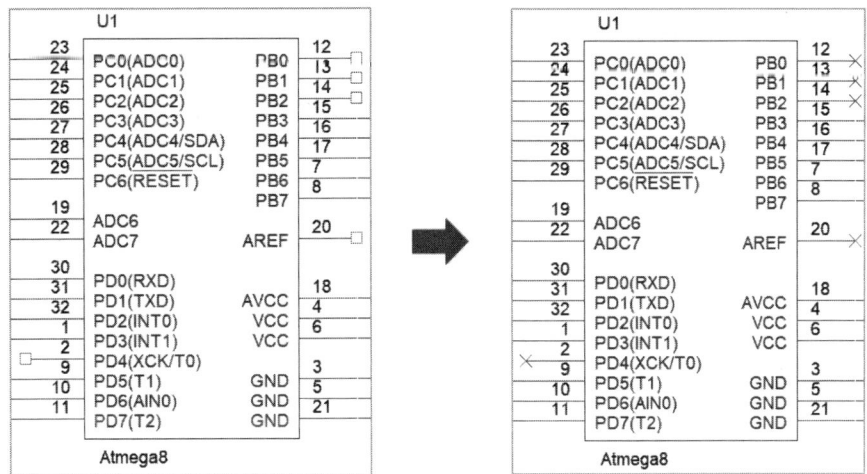

11) 부품 참조번호 및 부품 값 편집

❖ Part Reference 편집

Part Reference의 앞 첫머리 문자는 부품의 종류를 나타내며, 숫자는 수량을 말한다. Reference는 회로도와 설계(PCB Editor)의 연결고리가 되는 필수 구성요소이므로 겹치거나 삭제되지 않도록 주의한다.

다음과 같이 부품의 Reference를 편집하기 위해 부품번호를 더블클릭하거나, 또는 RMB 팝업 메뉴 중 Edit Properties를 선택한다.

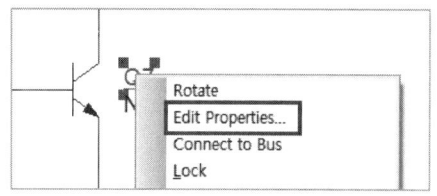

Display Properties 창이 뜨면 Part Reference의 Value 부분에 Q2를 입력한 후 OK버튼을 클릭하여 부품 참조번호를 수정할 수 있다.

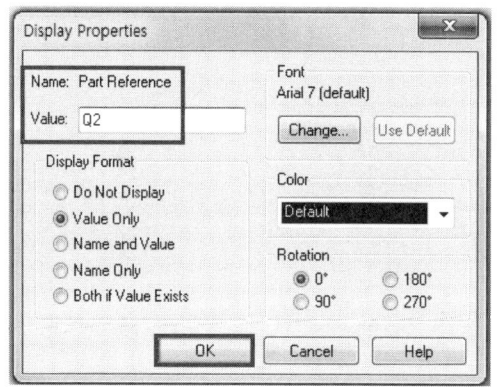

> **TIP 참조번호의 밑줄 삭제**
>
>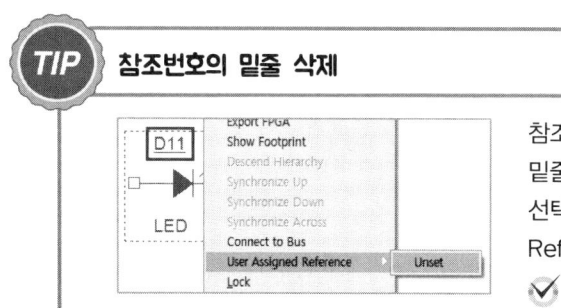
>
> 참조번호를 수정하고 나면 밑줄이 생기는 데 밑줄을 없애는 방법으로 밑줄이 있는 부품을 선택하고 RMB 팝업 메뉴 중 User Assigned Reference 〉 Unset을 클릭한다.
>
> ✓ 프린트 인쇄 시 밑줄은 출력되지 않음

❖ Part Value 편집

부품의 Value는 주로 용량, 부품이름, 제조회사, 부품코드 등을 나타내며, 다음과 같이 Value를 수정하기 위해 부품 값을 더블클릭하거나 또는 RMB 팝업 메뉴 중 Edit Properties 를 선택한다.

Display Properties 창이 뜨면 Value의 Value 부분에 C1815를 입력한 후 OK 버튼을 클릭하여 부품 값을 수정할 수 있다.

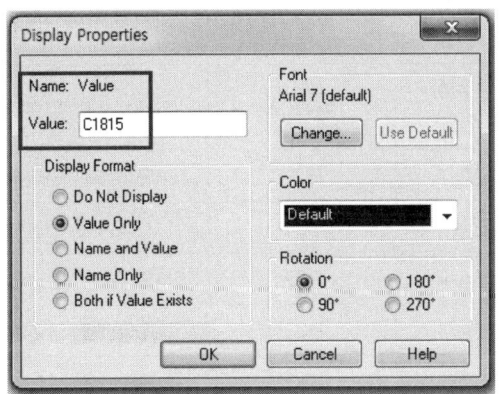

12) Net Alias 작성

Net Alias는 자동으로 부여되는 Net Name(예 : N01686)에 대해 PCB Editor에서 설계 작업 시 Design Rule 등에 적용하기 쉽도록 해당 Net에 다른 이름(별칭)을 부여해주는 기능이다.

Net Alias 사용은 주로 전원 Net 및 중요 Net에 부여하여 관리 및 확인을 쉽게 할 수 있다. 또는 특정 Wire에 정의된 Net 이름을 부여할 때 쓰인다. Net Alias가 같은 네트들은 배선으로 연결되지 않더라도 속성으로 서로 연결되어 있다.

다음 요구사항에 준하여 Net Alias를 작성한다.

요구사항

과제 1의 다항 4)번 Net Alias 작성
- 다음 지정된 네트의 이름을 정의하여 연결하거나, 지시사항에 따라 네트의 이름을 이용하여 연결합니다. (포트 활용 가능)

부품의 지정 핀	네트의 이름	부품의 지정 핀	네트의 이름
U1의 1번 연결부	#COMP2	U1의 27번 연결부	PC4
U1의 7번 연결부	X1	U1의 28번 연결부	#TEMP
U1의 8번 연결부	X2	U1의 30번 연결부	RXD
U1의 15번 연결부	MOSI	U1의 31번 연결부	TXD
U1의 16번 연결부	MISO	U1의 32번 연결부	#COMP1
U1의 17번 연결부	SCK	U2의 2번 연결부	RESET
U1의 19번 연결부, U4의 1번, 2번 연결부	#ADC1	U3의 4번 연결부	RXD
U1의 22번 연결부, U4의 7번, R6 연결부	#ADC2	U3의 5번 연결부	TXD
U1의 23번 연결부	PC0	U3의 6번 연결부	RX
U1의 24번 연결부	PC1	U3의 7번 연결부	TX
U1의 25번 연결부	PC2	U4의 8번, R8 연결부	#TEMP
U1의 26번 연결부	PC3	J2의 1번 연결부	PC0
R9의 좌측 연결부	ADC1	J2의 2번 연결부	PC1
R10의 좌측 연결부	ADC2	J2의 3번 연결부	PC2
R11의 좌측 연결부	TEMP	J2의 4번 연결부	PC3
J1의 2번 연결부	MOSI	J2의 5번 연결부	PC4
J1의 3번 연결부	MISO	J2의 6번 연결부	TEMP
J1의 4번 연결부	SCK	J2의 7번 연결부	ADC1
J1의 5번 연결부	RESET	J2의 8번 연결부	ADC2
J1의 9번 연결부	TX	J2의 9번 연결부	#COMP1
J1의 10번 연결부	RX	J2의 10번 연결부	#COMP2

U1의 1번 연결부 핀에 #COMP2 네트 이름을 기입하기 위해 메뉴에서 Place > Net Alias 또는 오른쪽 툴 팔레트의 아이콘을 클릭한다. (단축키 : N)

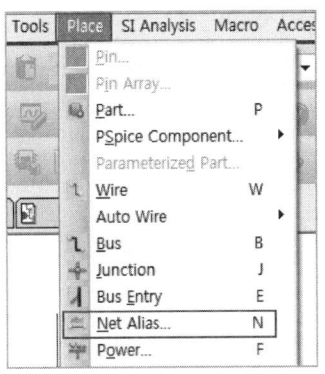

다음 그림과 같이 Place Net Alias 창의 Alias에 #COMP2를 입력 후 해당 Pin이 아닌 Net에 Alias를 기입할 수 있다.

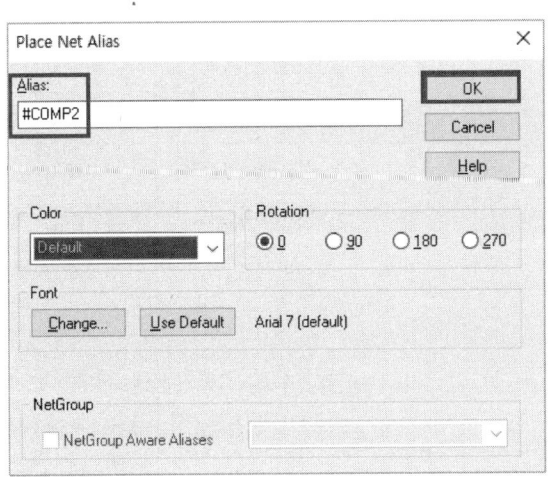
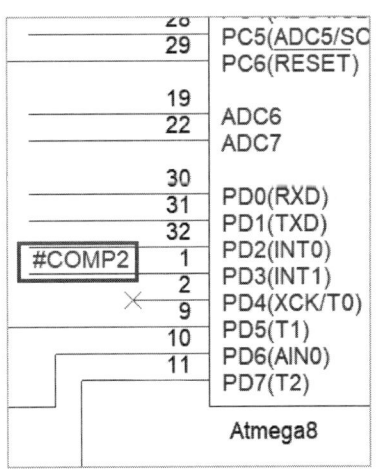

위와 같은 방법으로 나머지 Net의 Alias를 기입하도록 한다.

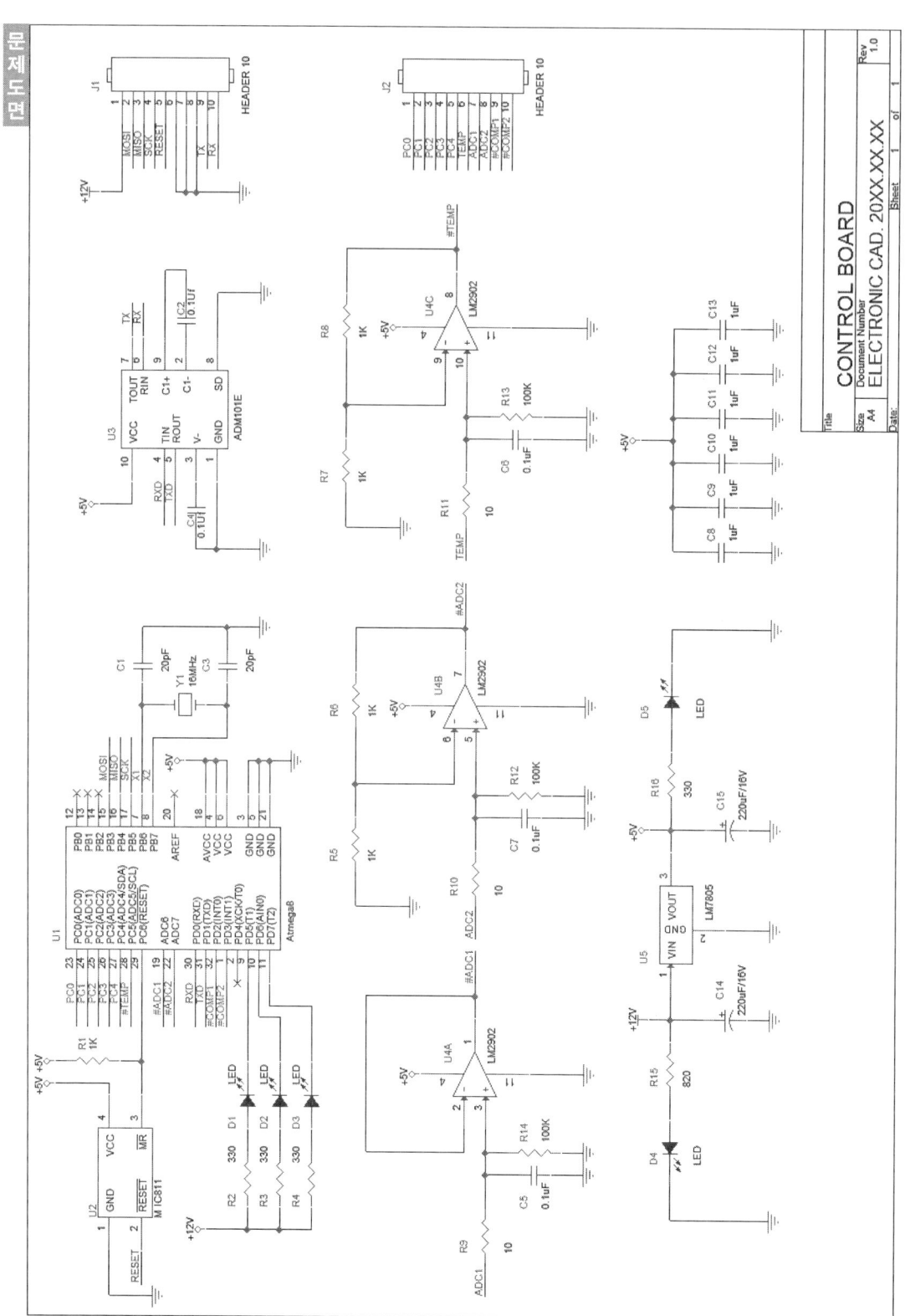

(3) Via 생성

• 요구사항

과제 2의 라항 10) 비아(Via)의 설정

비아의 종류	속성	
	드릴 홀 크기(Hole size)	패드 크기(Pad size)
Power Via(전원선 연결)	0.4mm	0.8mm
Standard Via	0.3mm	0.6mm

1) Power Via(홀 : 0.4mm, 패드 : 0.8mm) 생성

❶ 시작 〉 Cadence Release 17.2-2016 〉 Padstack Editor를 클릭한다.

❷ 메뉴의 File 〉 New를 클릭하고 Browse를 클릭하여 저장경로("Symbols" 폴더)를 설정한다.

❸ Padstack name에 "Power_Via"로 작성하고, Padstack usage에는 Via을 선택한다.

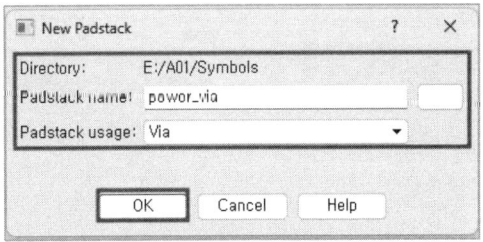

❹ Pad Editor 창의 왼쪽 아래 Tab에서 다음과 같이 설정한다.

- Units : Millimeter
- Decimal places : 2

❺ Drill 탭에서 Finished diameter를 0.4로 입력한다.

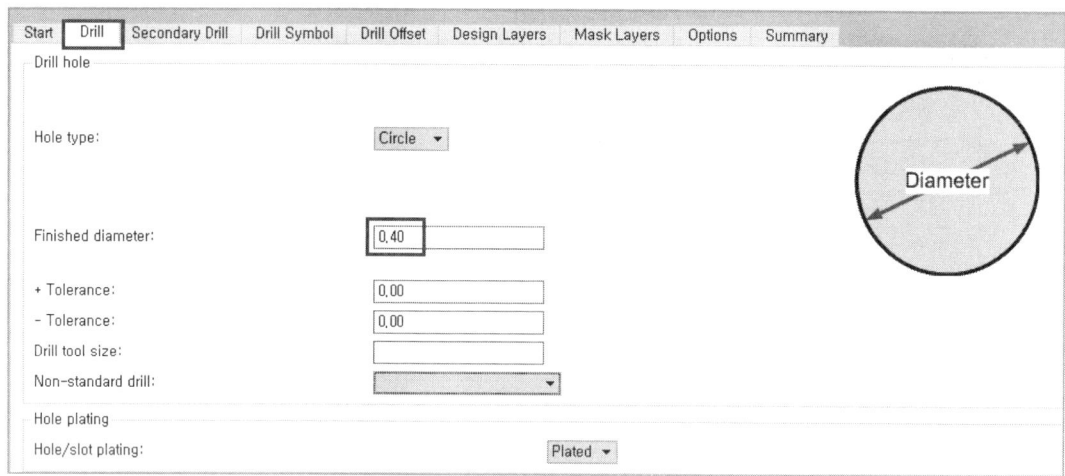

❻ Drill Symbol 탭에서 아래와 같이 설정한다.

- Type of drill figure : Circle
- Characters : A
- Drill figure diameter : 0.4

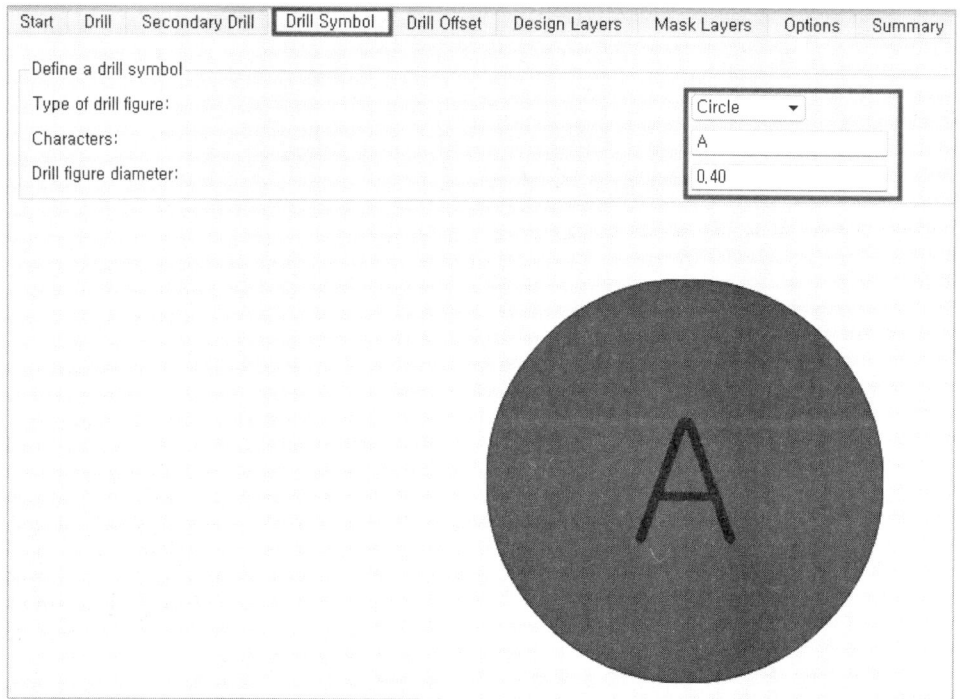

❼ Design Layers 탭에서 Regular Pad Layer인 BEGIN LAYER, DEFAULT INTERNAL, END LAYER를 아래와 같이 설정한다.

- Geometry : Circle
- Diameter : 0.8

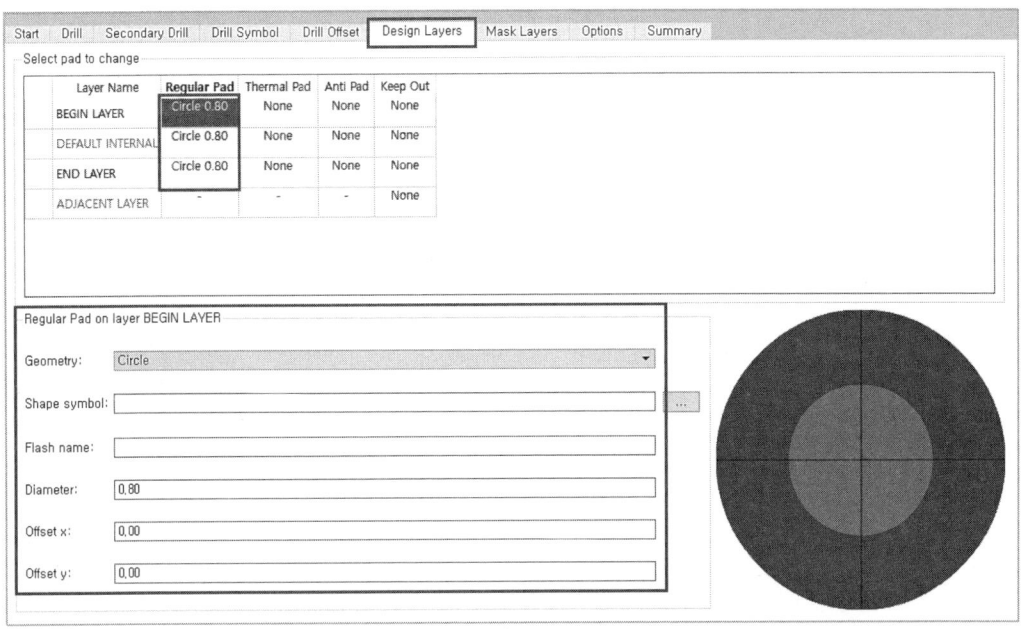

❽ Design Layers 탭에서 Thermal Pad, Anti Pad를 아래와 같이 설정한다.

- Geometry : Circle
- Diameter : 1.0

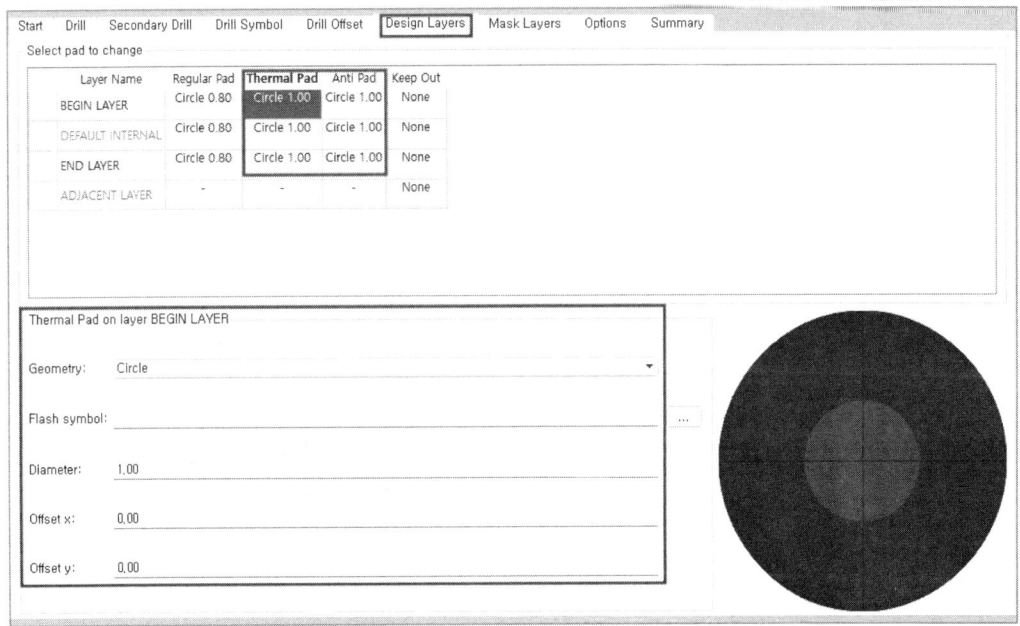

1장 CONTROL BOARD 설계 • 215

❾ Mask Layers 탭에서 SOLDERMASK_TOP과 SOLDERMASK_BOTTOM PAD를 아래와 같이 설정한다.

- **Geometry** : Circle
- **Diameter** : 0.9

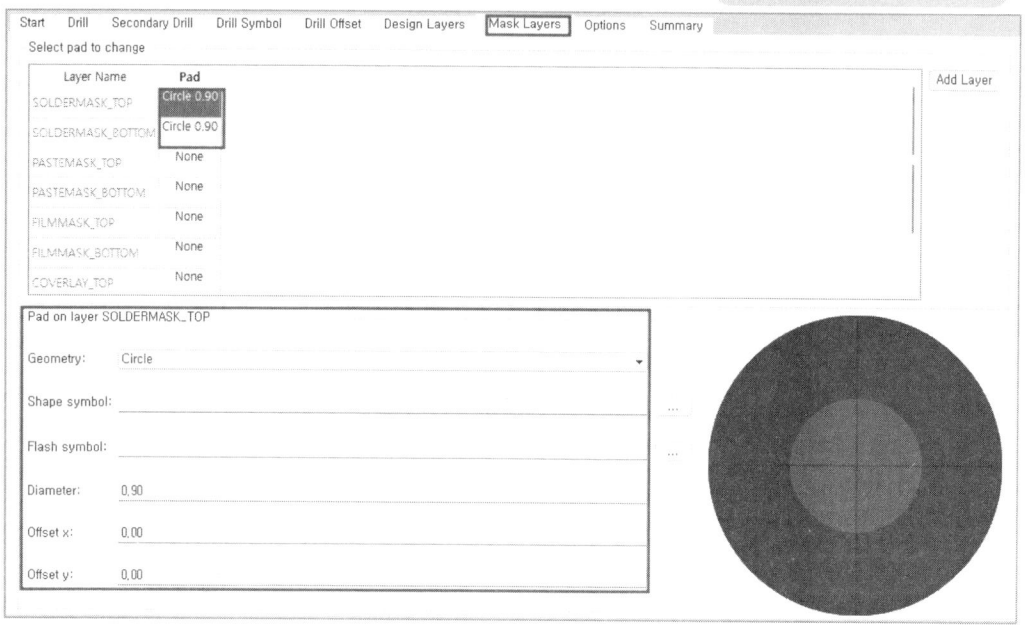

❿ 메뉴 File 〉 Save를 클릭하여 PAD를 저장한다. (하단 작업줄에 에러 표시 없이 'Padstack E:/A01/Symbols/Power_Via.pad saved.'가 표시되어야 함)

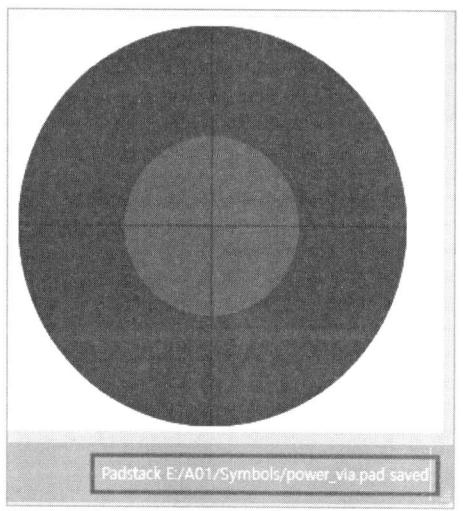

2) Standard Via(홀 : 0.3mm, 패드 : 0.6mm) 생성

❶ 시작 〉 Cadence Release 17.2-2016 〉 Padstack Editor를 클릭한다.

❷ 메뉴의 File 〉 New를 클릭하고 Browse를 클릭하여 저장경로("Symbols" 폴더)를 설정한다.

❸ Padstack name에 "Standard_Via"로 작성하고, Padstack usage에는 Via를 선택한다.

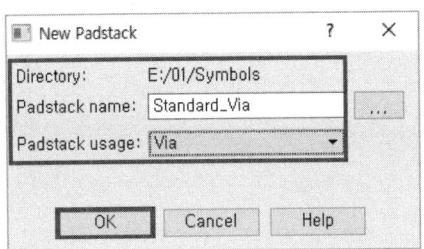

❹ Pad Editor 창의 왼쪽 아래 Tab에서 다음과 같이 설정한다.

- Units : Millimeter
- Decimal places : 2

❺ Drill 탭에서 Finished diameter에 0.3을 입력한다.

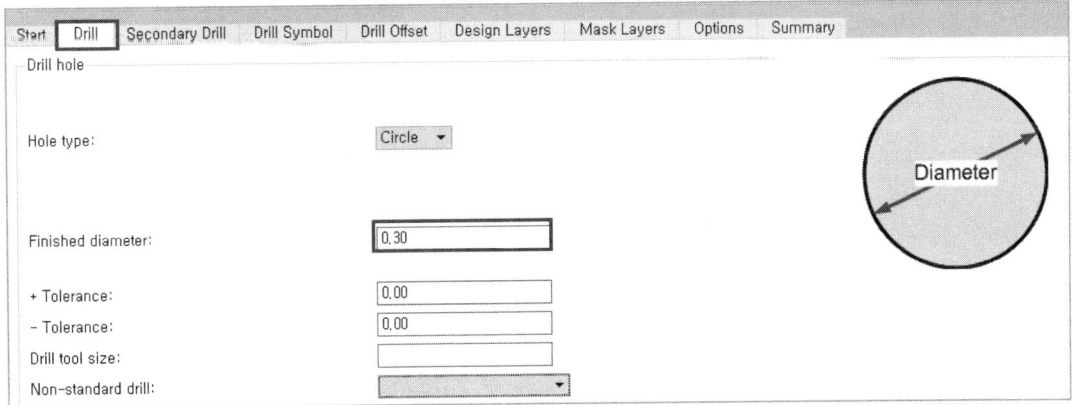

❻ Drill Symbol 탭에서 아래와 같이 설정한다.

- Type of drill figure : Circle
- Characters : V
- Drill figure diameter : 0.3

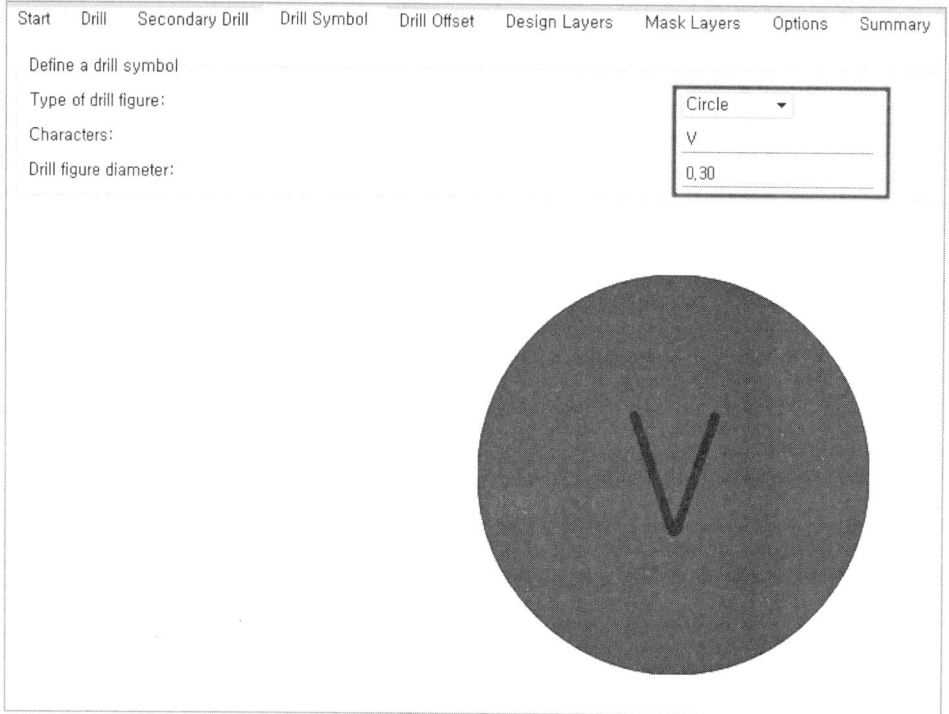

❼ Design Layers 탭에서 Regular Pad Layer인 BEGIN LAYER, DEFAULT INTERNAL, END LAYER를 아래와 같이 설정한다.

- Geometry : Circle
- Diameter : 0.6

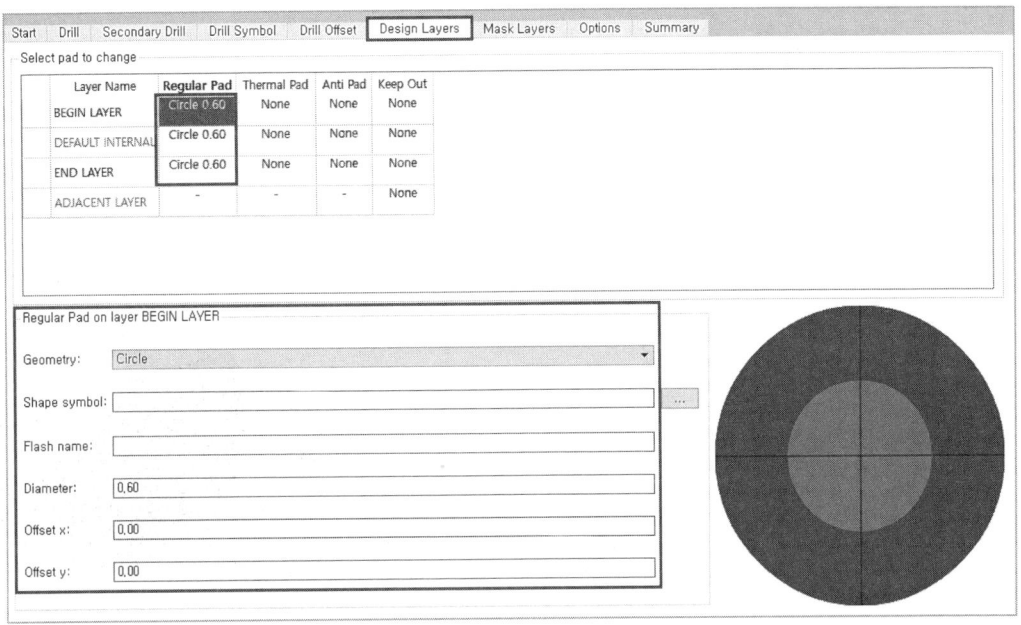

❽ Design Layers 탭에서 Thermal Pad, Anti Pad를 아래와 같이 선정한다.

- Geometry : Circle
- Diameter : 0.8

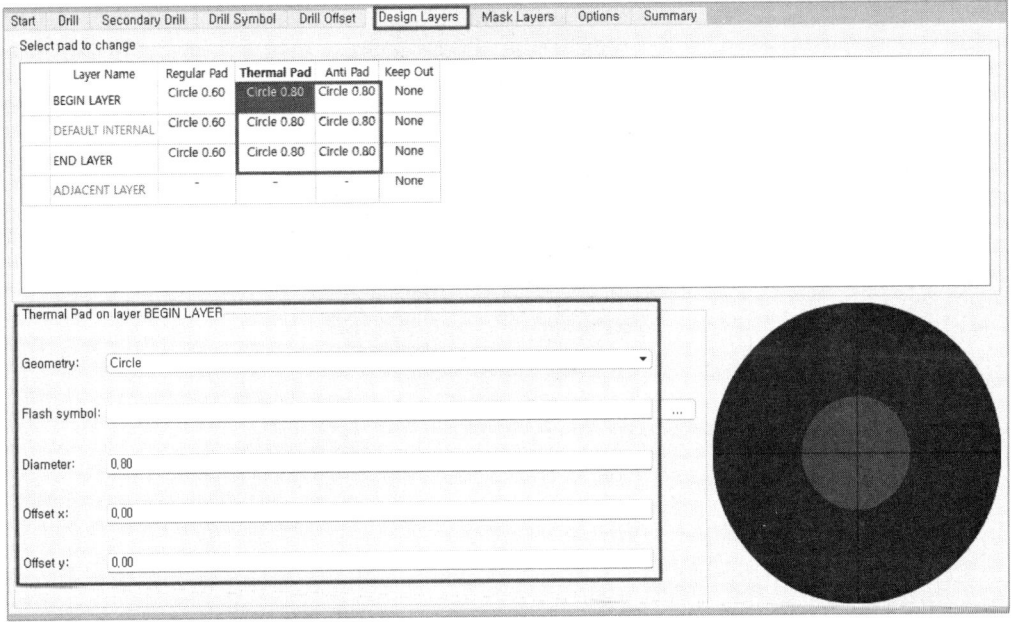

❾ Mask Layers 탭에서 SOLDERMASK_TOP과 SOLDERMASK_BOTTOM PAD를 아래와 같이 설정한다.

- Geometry : Circle
- Diameter : 0.7

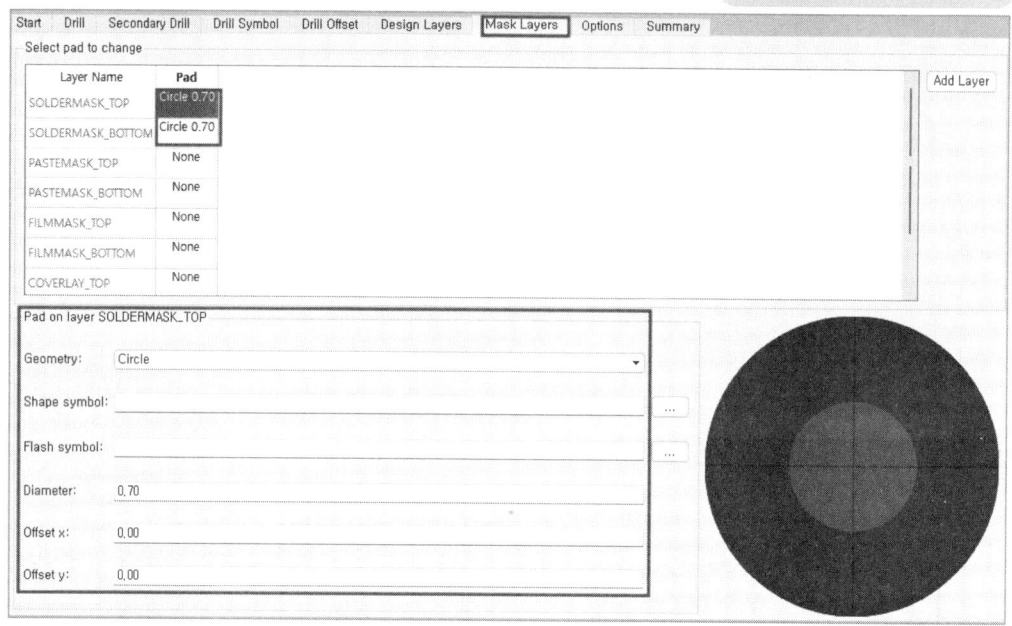

❿ 메뉴에서 File 〉 Save를 클릭하여 PAD를 저장한다. (하단 작업줄에 에러 표시 없이 'Padstack E:/A01/Symbols/Standard_Via.pad saved.'가 표시되어야 함)

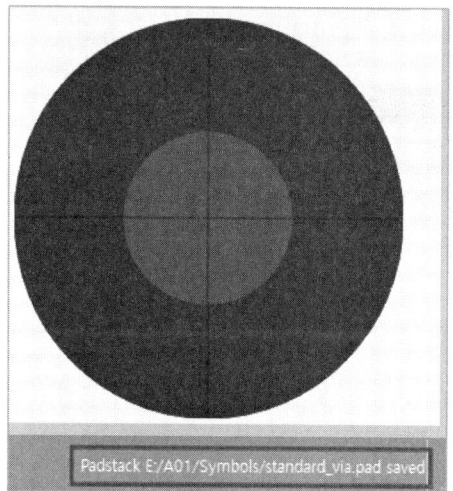

(4) PCB Footprint 생성 및 등록

기본으로 제공되지 않은 부품은 데이터시트를 참고로 Footprint를 제작해야 한다.

1) ATMEGA8 생성

❖ Pin 치수 설정

SMD PAD를 생성하기 위해 데이터시트를 참고로 크기를 설정하며, MIN ~ MAX 사이의 값으로 사용한다.

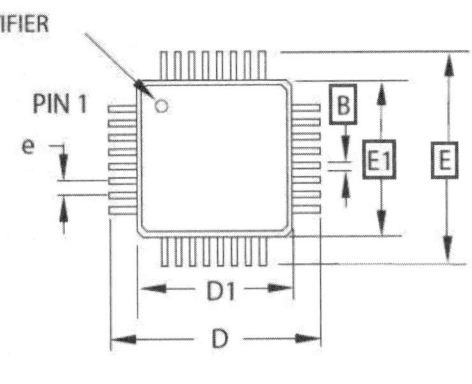

SYMBOL	MIN	NOM	MAX	NOTE
A	–	–	1.20	
A1	0.05	–	0.15	
A2	0.95	1.00	1.05	
D	8.75	9.00	9.25	
D1	6.90	7.00	7.10	Note 2
E	8.75	9.00	9.25	
E1	6.90	7.00	7.10	Note 2
B	0.30	–	0.45	
C	0.09	–	0.20	
L	0.45	–	0.75	
e	0.80 TYP			

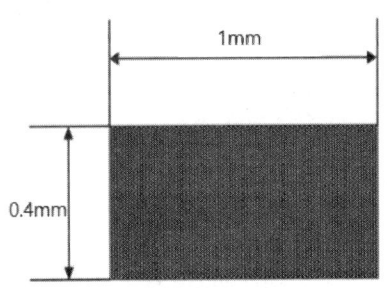

- Width : 1mm
- Height : 0.4mm

❖ SMD PAD 생성

❶ 시작 〉 Cadence Release 17.2-2016 〉 Padstack Editor를 클릭한다.

❷ 메뉴에서 File 〉 New를 클릭하고 Browse를 클릭하여 저장경로("Symbols" 폴더)를 설정한다.

❸ Padstack name에 "rect1_0x0_4"로 작성하고, Padstack usage에는 SMD Pin을 선택한다.

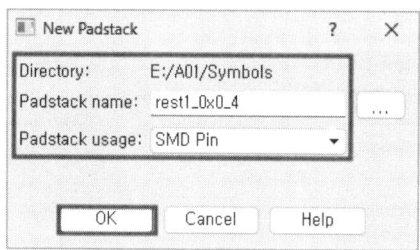

❹ Pad Editor 창의 왼쪽 아래 Tab에서 다음과 같이 설정한다.

- Units : Millimeter
- Decimal places : 2

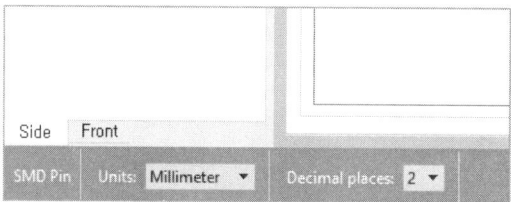

❺ Start 탭에서 SMD Pin, Rectangle을 클릭한다.

❻ ATMEGA8은 표면 실장 부품이므로 드릴과 심벌 설정은 하지 않는다.

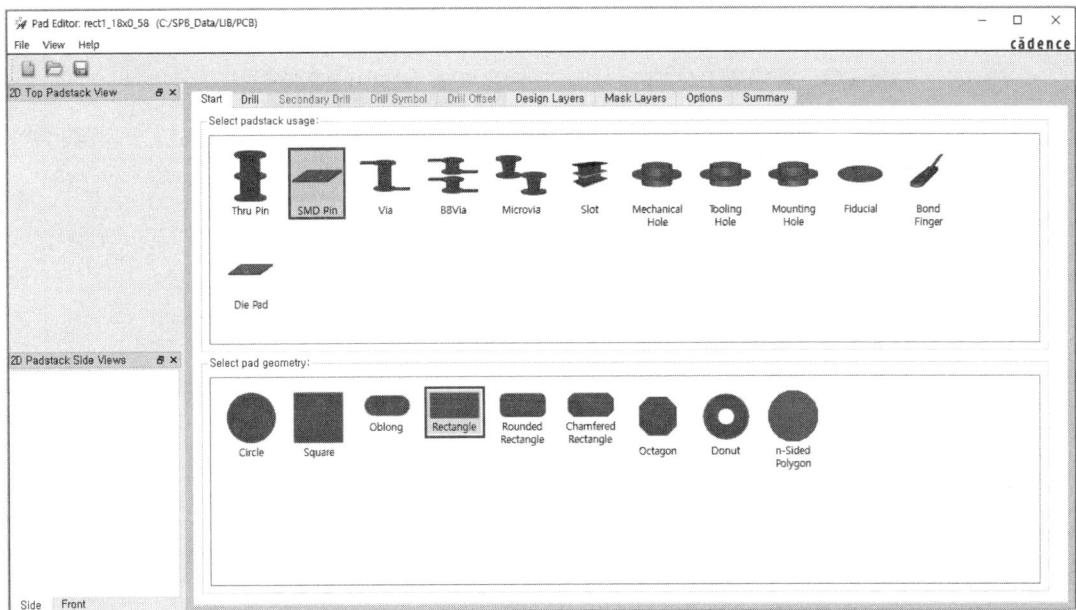

❼ Design Layers 탭을 선택한다.

❽ BEGIN LAYER을 선택하고 아래에 Regular Pad만 설정한다. (Constraint Manager에서 Thermal Relief(Same Net Spacing Constraints)와 Anti Pad(Spacing Constraints) 설정 가능)

- Geometry : Rectangle
- Width : 1
- Height : 0.4

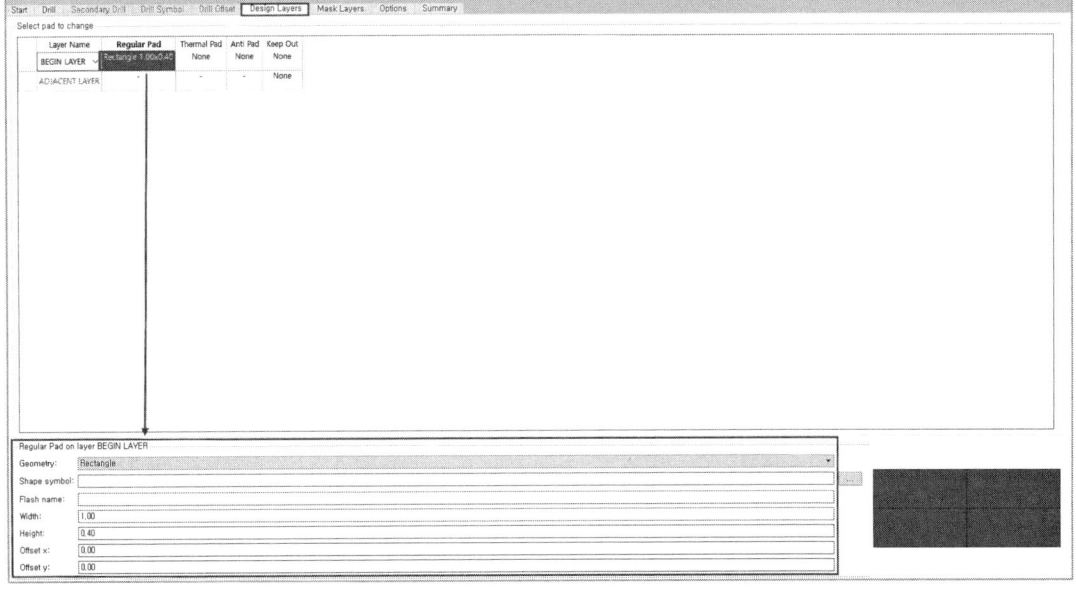

❾ Mask Layers를 선택한다.

❿ SOLDERMASK_TOP과 PASTEMASK_TOP을 아래와 같이 설정한다.

- Geometry : Rectangle
- Width : 1
- Height : 0.4

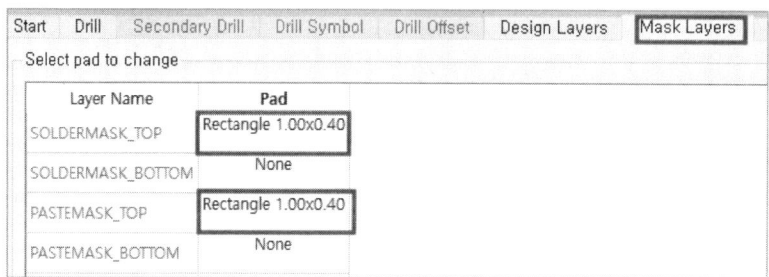

✓ SMD 부품은 PCB의 한 면에 실장하기 때문에 Top에만 설정한다.

✓ Top은 부품이 배치되는 레이어를 의미한다.

⓫ 메뉴에서 File 〉 Save를 클릭하여 PAD를 저장한다. (하단 작업줄에 에러 표시 없이 'Padstack E:/A01/Symbols/rect1x0_4.pad saved.'가 표시되어야 함)

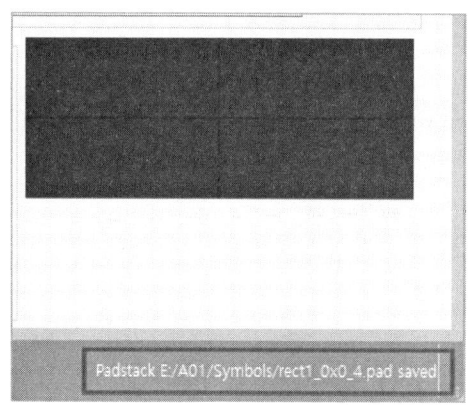

❖ PCB Footprint 생성

❶ 시작 〉 Cadence Release 17.2-2016 〉 PCB Editor를 실행한다.

❷ OrCAD PCB Editor에서 메뉴의 File 〉 New( )를 클릭한다.

❸ New Drawing 창의 Drawing Type에 Package symbol(wizard)를 선택하고 저장경로와 Footprint 이름을 설정한다.

- Project Directory : E:/A01/Symbols
- Drawing Name : ATMEGA8(풋프린트 이름)
- Drawing Type : Package symbol(wizard)

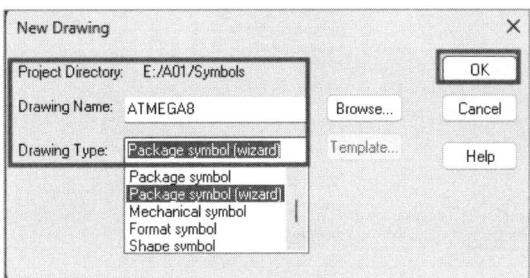

❹ PLCC/QFP 타입을 선택하고 Next 버튼을 클릭한다.

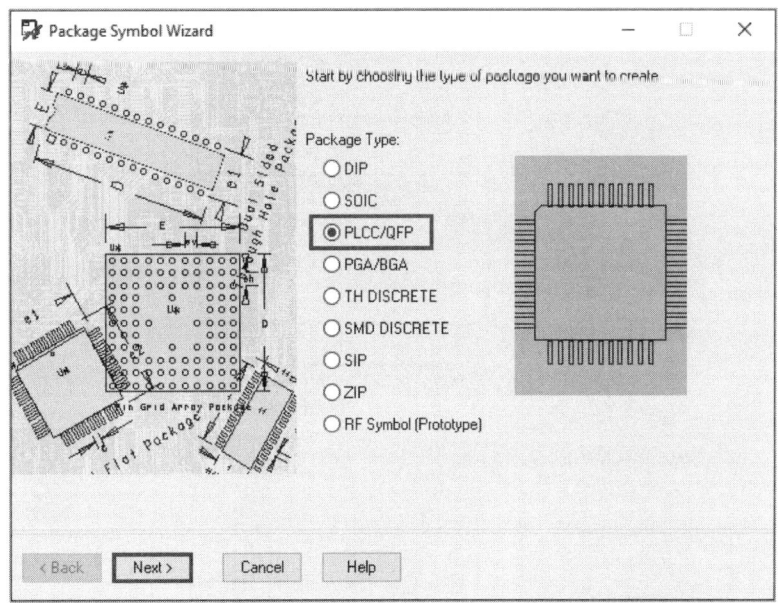

❺ Load Template 버튼을 클릭하여 기본적으로 제공하는 템플릿을 불러들인 다음, Next 버튼을 클릭한다.

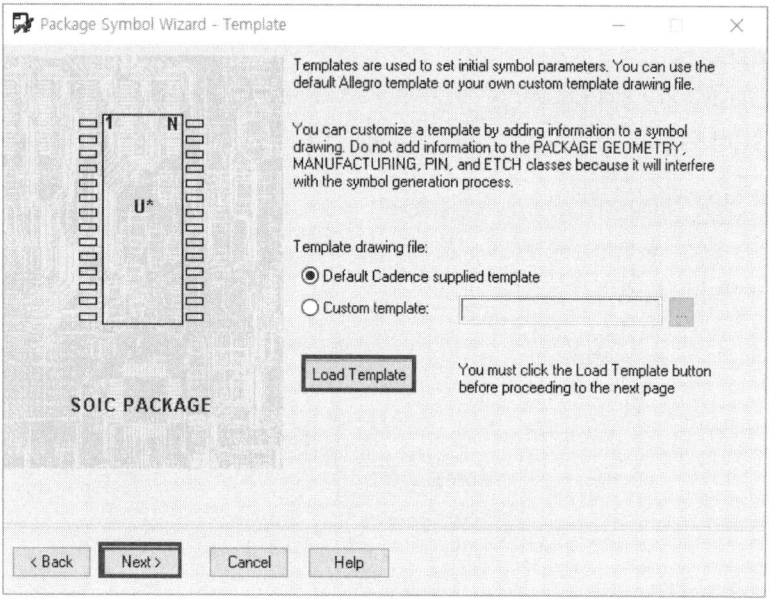

❻ 단위는 Millimeter를 선택하고, 소수점 자릿수(Accuracy)는 2로 클릭한다.

❼ RefDes는 U*를 선택하고 Next 버튼을 클릭한다.

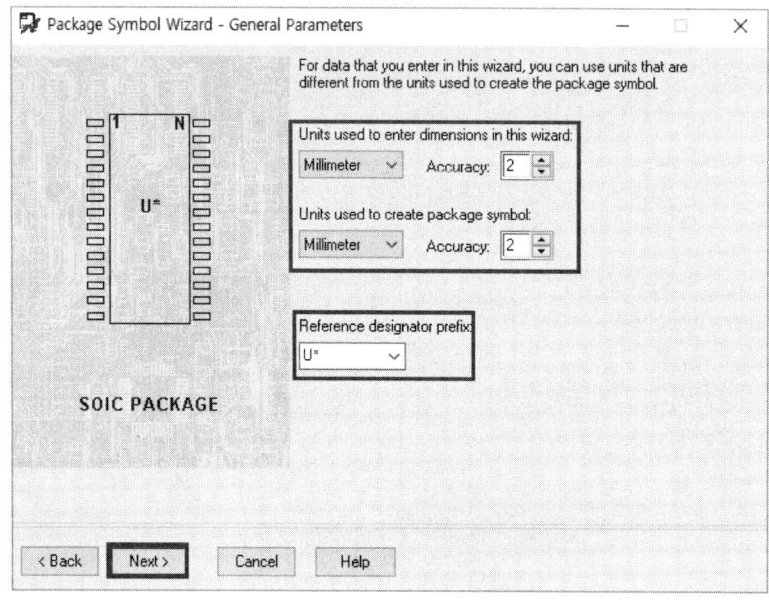

✓ Datasheet에서 핀 간격과 패키지 크기를 참고로 값을 입력한다.

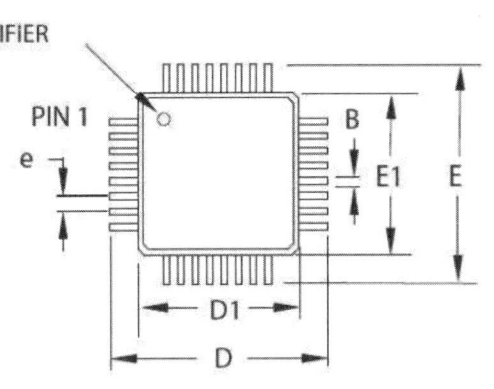

SYMBOL	MIN	NOM	MAX	NOTE
A	–	–	1.20	
A1	0.05	–	0.15	
A2	0.95	1.00	1.05	
D	8.75	9.00	9.25	
D1	6.90	7.00	7.10	Note 2
E	8.75	9.00	9.25	
E1	6.90	7.00	7.10	Note 2
B	0.30	–	0.45	
C	0.09	–	0.20	
L	0.45	–	0.75	
e		0.80 TYP		

COMMON DIMENSIONS (Unit of measure = mm)

❽ Datasheet를 참조하여 필요한 각 값들을 선택해서 입력한다.

- Verticial pin count : 8
- Horizontal pin count : 8
- Lead pitch (e) : 0.8mm

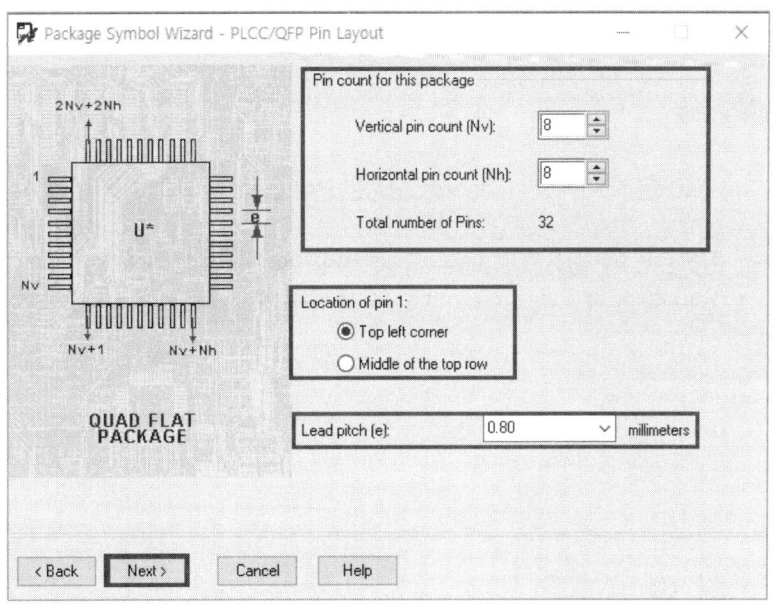

- Terminal column spacing (e1) : 8mm
  (D1 + pad size/2 + pad size/2 = 7 + 0.5 + 0.5)
- Terminal row spacing (e2) : 8mm
  (E1 + pad size/2 + pad size/2 = 7 + 0.5 + 0.5)
- Package width (E) : 7mm
  (D1 = 7)
- Package length (D) : 7mm
  (E1 = 7)

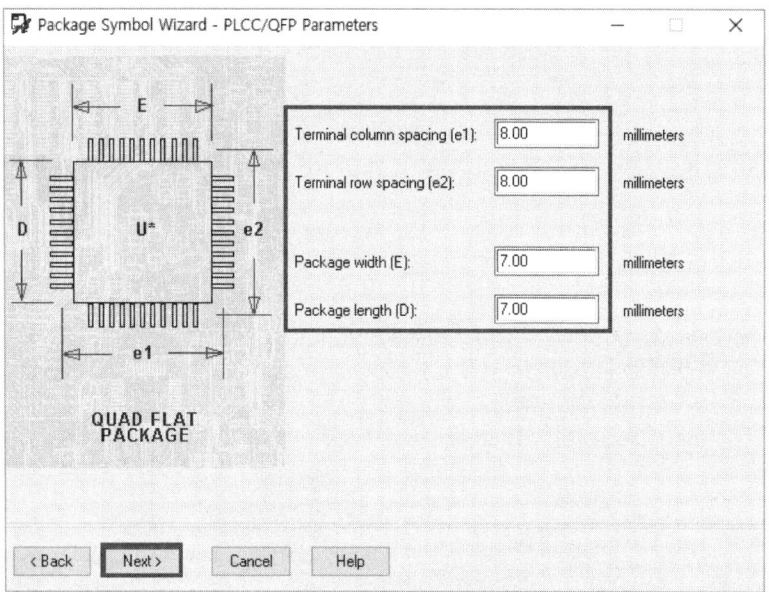

❾ Padstack은 Padstack Editor로 생성한 PAD(rect1_0x0_4)를 선택한다.

- Default padstack to use for symbol pins : rect1_0x0_4
- Padstack to use for pin 1 : rect1_0x0_4

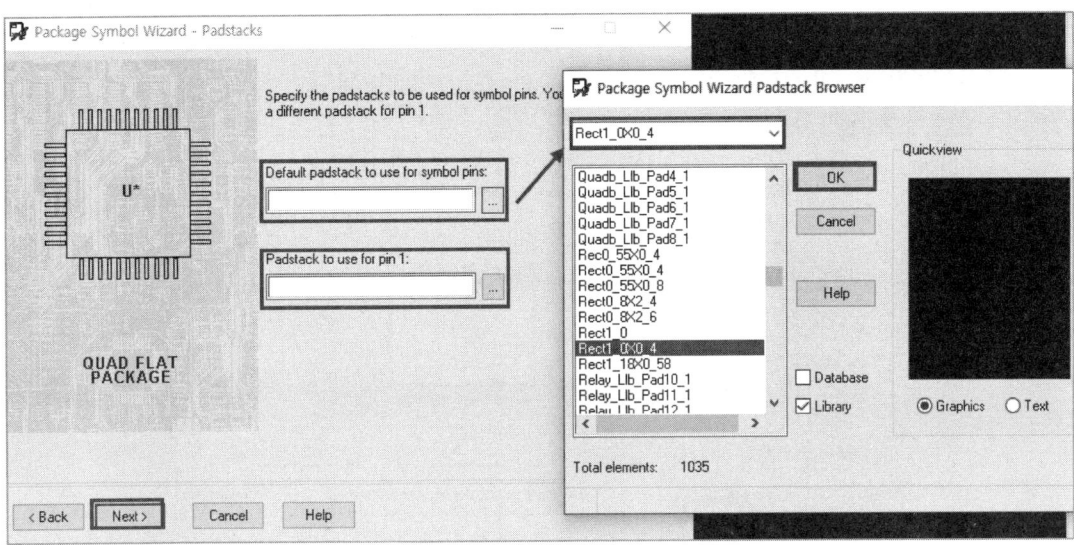

⑩ Symbol origin을 중심으로 설정한다.

- Select the location of symbols origin : Center of symbol body
- Select whether or ~ : Create a compiled symbol

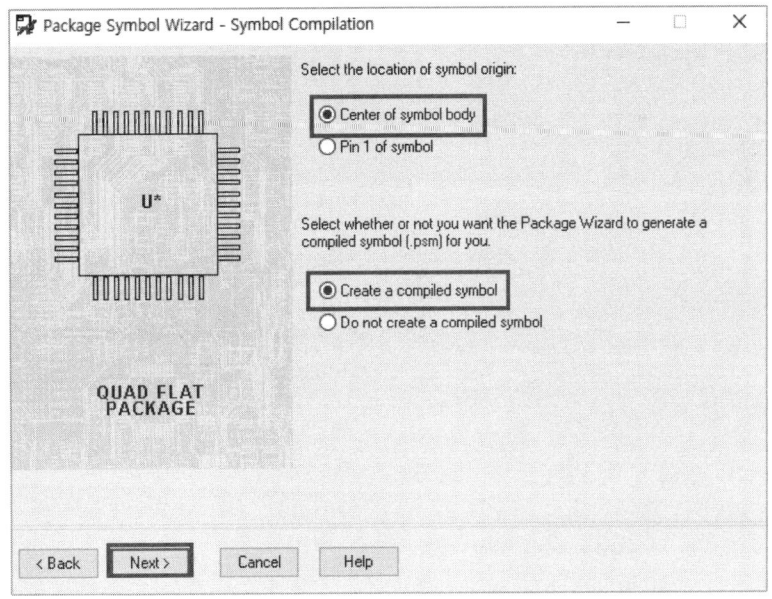

⑪ ATMEGA8.dra, ATMEGA8.psm 파일이 생성되며, Finish 버튼을 클릭하여 Package symbol Wizard를 종료한다.

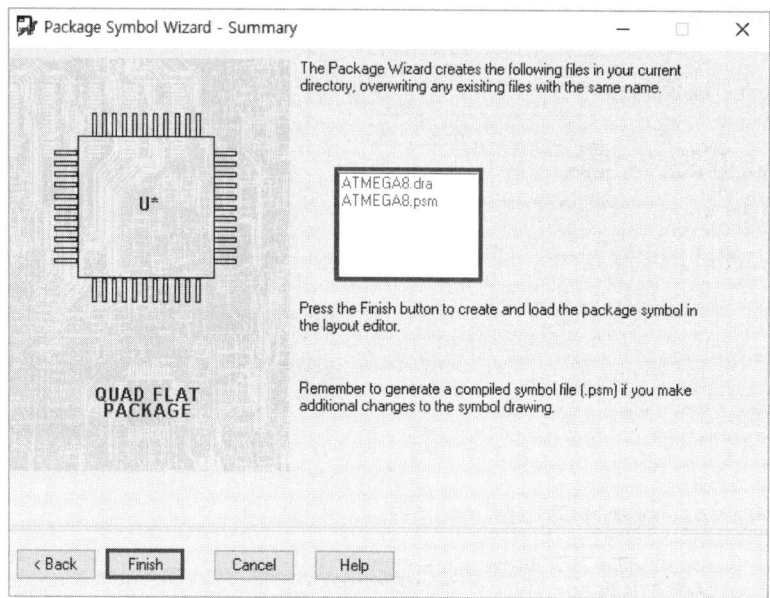

⑫ 작업이 완료되면 Footprint가 생성된다. (ATMEGA8.dra와 ATMEGA8.psm 파일이 저장되는지 확인한다.)

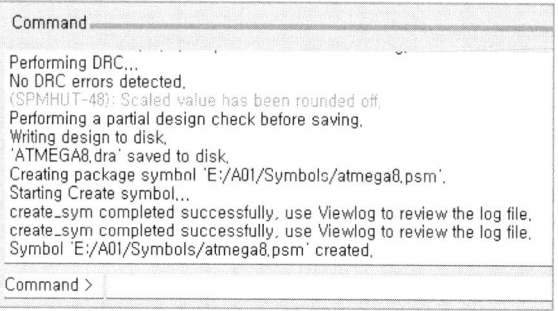

2) ADM101E 생성

❖ Pin 치수 설정

SMD PAD를 생성하기 위해 데이터시트를 참고로 크기를 설정하며, MIN ~ MAX 사이의 값으로 사용한다.

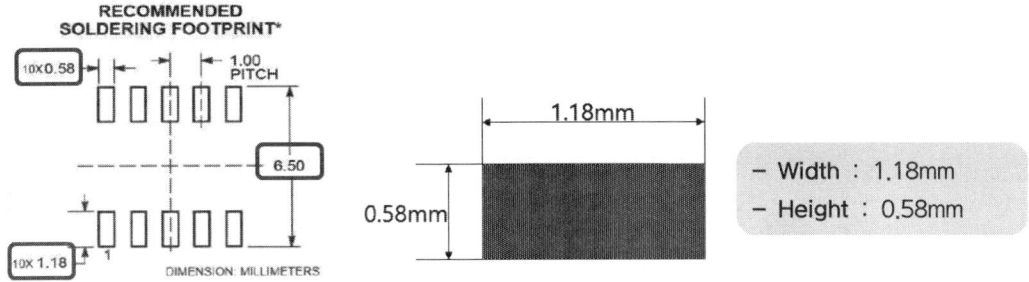

❖ SMD PAD 생성

❶ 시작 〉 Cadence Release 17.2-2016 〉 Padstack Editor를 클릭한다.

❷ 메뉴에서 File 〉 New를 클릭하고 Browse를 클릭하여 저장경로(E:/A01/Symbols)를 설정한다.

❸ Padstack name에 "rect1_18x0_58"로 작성하고, Padstack usage에는 SMD Pin을 선택한다.

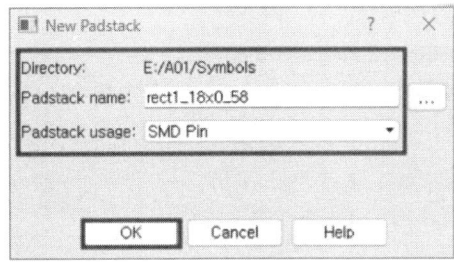

❹ Parameters 탭에서 설계에 사용할 단위를 Units 항목에 설정한다.

- Units : Millimeter
- Decimal places : 2

❺ Start 탭에서 SMD Pin, Rectangle을 클릭한다.

❻ ADM101E는 표면 실장 부품이므로 드릴과 심벌 설정은 하지 않는다.

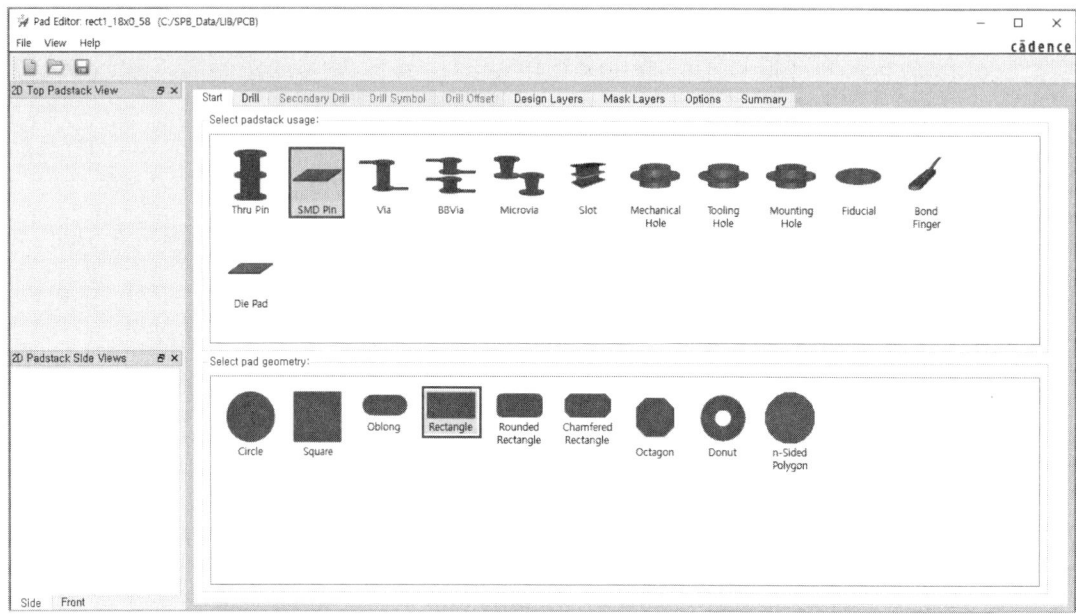

❼ Design Layers 탭을 선택한다.

❽ BEGIN LAYER을 선택하고 아래에 Regular Pad만 설정한다. (Constraint Manager에서 Thermal Relief(Same Net Spacing Constraints)와 Anti Pad(Spacing Constraints) 설정 가능)

- **Geometry** : Rectangle
- **Width** : 1.18
- **Height** : 0.58

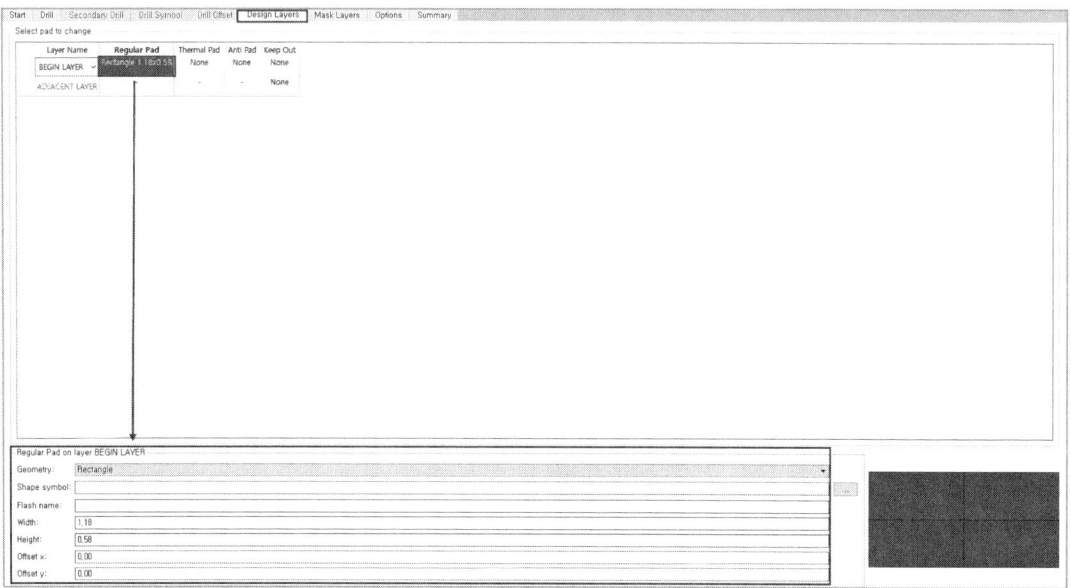

❾ Mask Layers를 선택한다.

❿ SOLDERMASK_TOP과 PASTEMASK_TOP의 Pad도 BEGIN LAYER와 동일하게 설정한다.

- Geometry : Rectangle
- Width : 1.18
- Height : 0.58

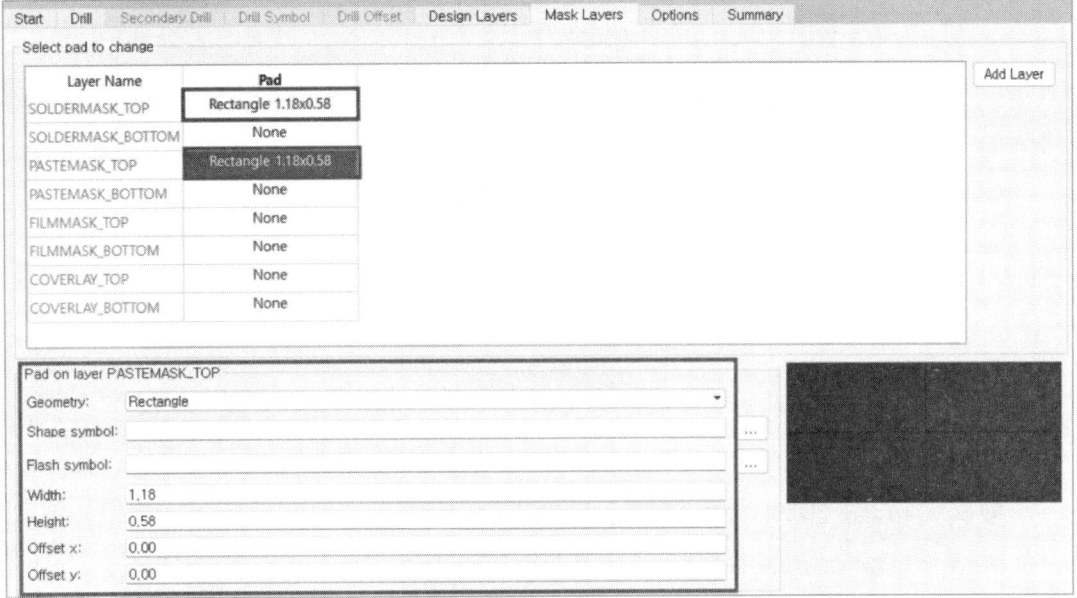

✓ SMD 부품은 PCB의 한 면에 실장하기 때문에 Top에만 설정한다.

✓ Top은 부품이 배치되는 레이어를 의미한다.

⓫ 메뉴에서 File 〉 Save를 클릭하여 PAD를 저장한다. (하단 작업줄에 에러 표시 없이 'Padstack E:/A01/Symbols/rect1_18x0_58.pad saved.'가 표시되어야 함)

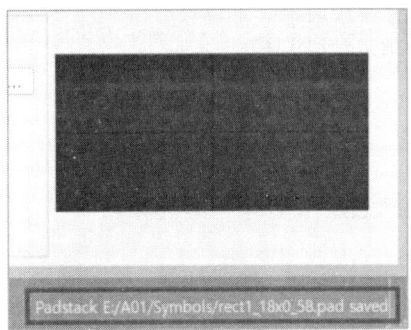

❖ PCB Footprint 생성

❶ 시작 〉 Cadence Release 17.2-2016 〉 PCB Editor를 실행한다.

❷ OrCAD PCB Editor에서 메뉴의 File 〉 New( )를 클릭한다.

❸ New Drawing 창의 Drawing Type에 Package symbol(wizard)를 선택하고 저장경로와 Footprint 이름을 설정한다.

- Project Directory : E:/A01/Symbols
- Drawing Name : ADM101E(풋프린트 이름)
- Drawing Type : Package symbol(wizard)

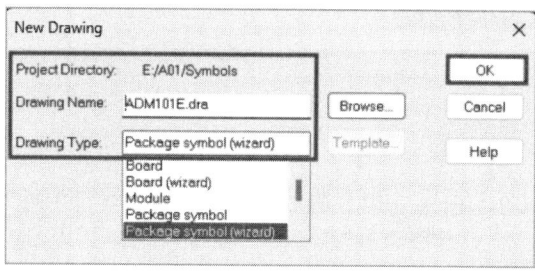

❹ SOIC 타입을 선택하고 Next 버튼을 클릭한다.

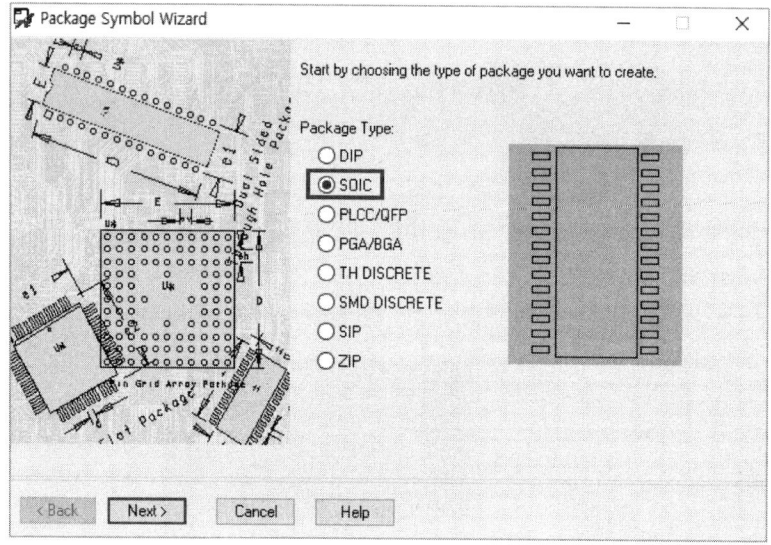

234 • 제3편 공개 문제 풀이

❺ Load Template 버튼을 클릭하여 기본적으로 제공하는 템플릿을 불러들인 다음, Next 버튼을 클릭한다.

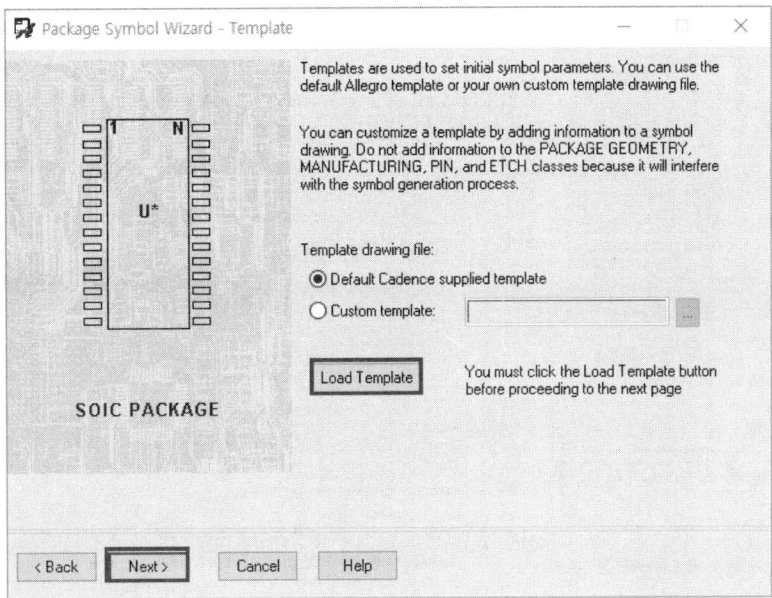

❻ 단위는 Millimeter를 선택하고, 소수점 자릿수(Accuracy)는 2로 클릭한다.
❼ RefDes는 U*를 선택하고 Next 버튼을 클릭한다.

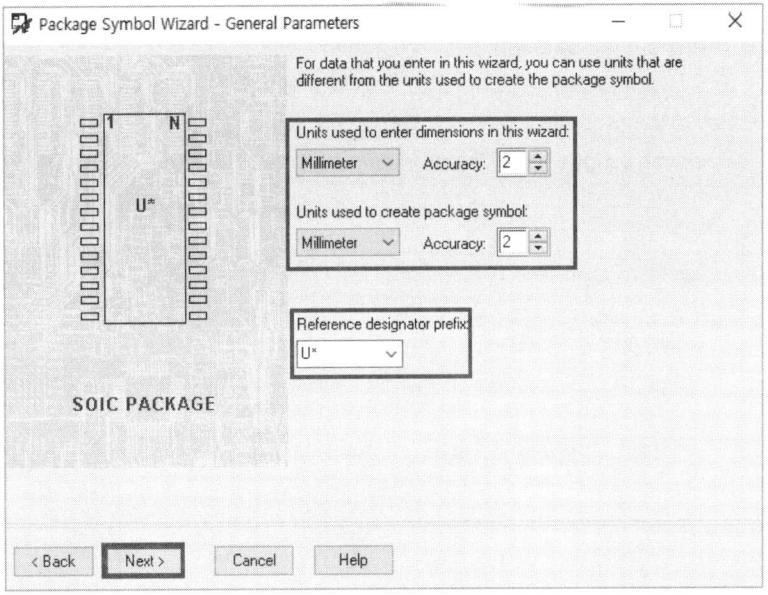

✓ Datasheet에서 핀 간격과 패키지 크기를 참고로 값을 입력한다.

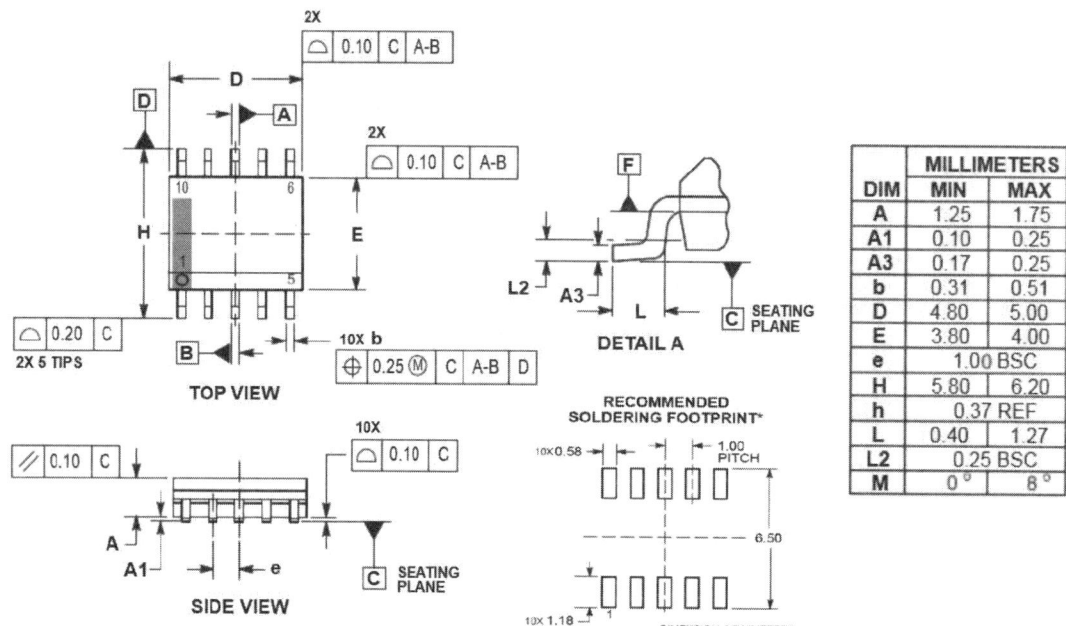

❽ Datasheet를 참조하여 필요한 각 값들을 선택해서 입력한다.

- Number of pins (N) : 10
- Lead pitch (e) : 1mm
- Terminal row spacing (e1) : 5.32mm
  (6.5 - pad size/2 - pad size/2 = 6.5 - 0.59 - 0.59)
- Package width (E) : 4mm
- Package length (D) : 5mm

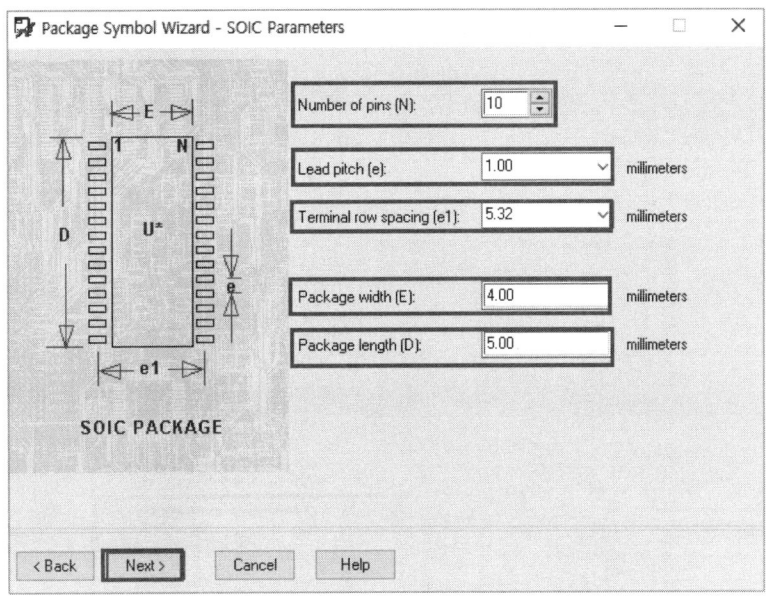

❾ Padstack은 Padstack Editor로 생성한 PAD(rect1_18x0_58)를 선택한다.

- Default padstack to use for symbol pins : rect1_18x0_58
- Padstack to use for pin 1 : rect1_18x0_58

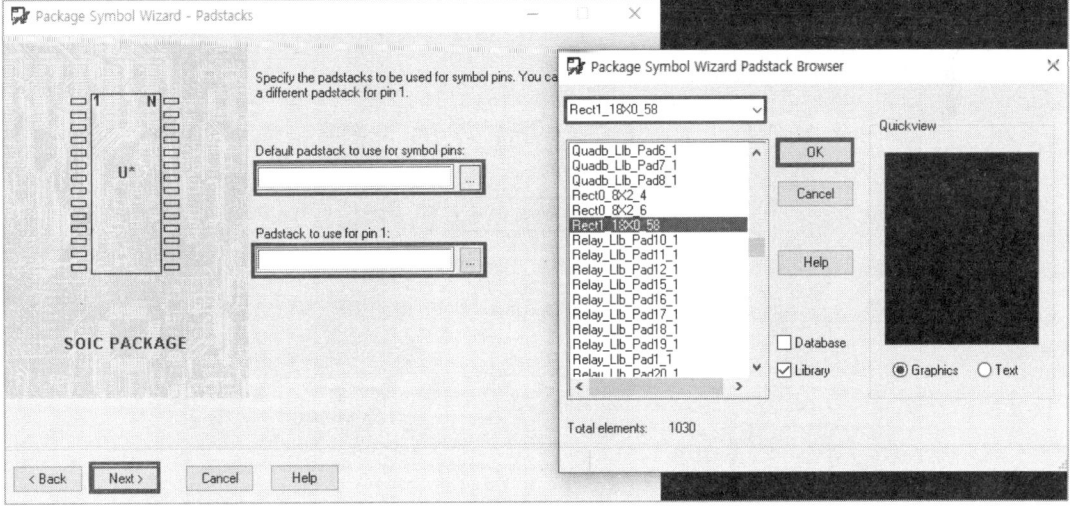

⑩ Symbol origin을 중심으로 설정한다.

- Select the location of symbols origin : Center of symbol body
- Select whether or ~ : Create a compiled symbol

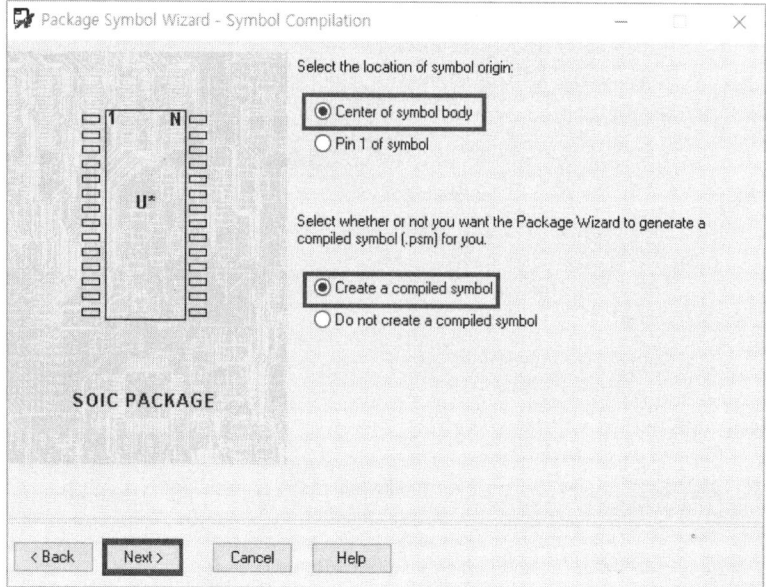

⑪ ADM101E.dra, ADM101E.psm 파일이 생성되며, Finish 버튼을 클릭하여 Package Symbol Wizard를 종료한다.

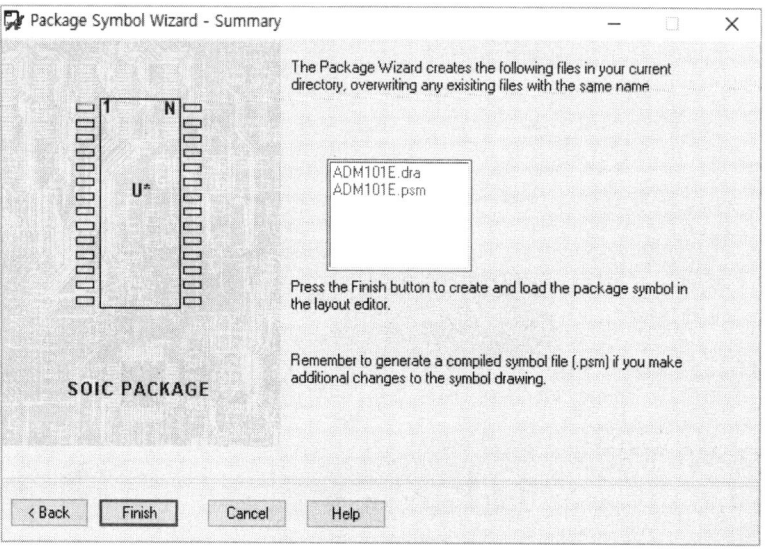

⑫ 작업이 완료되면 Footprint가 생성된다. (ADM101E.dra와 ADM101E.psm 파일이 저장되는지 확인한다.)

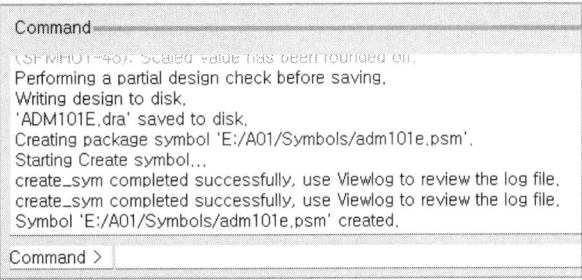

3) LM2902 생성

❖ Pin 치수 설정

　　SMD PAD를 생성하기 위해 데이터시트를 참고로 크기를 설정하며, MIN ~ MAX 사이의 값으로 사용한다.

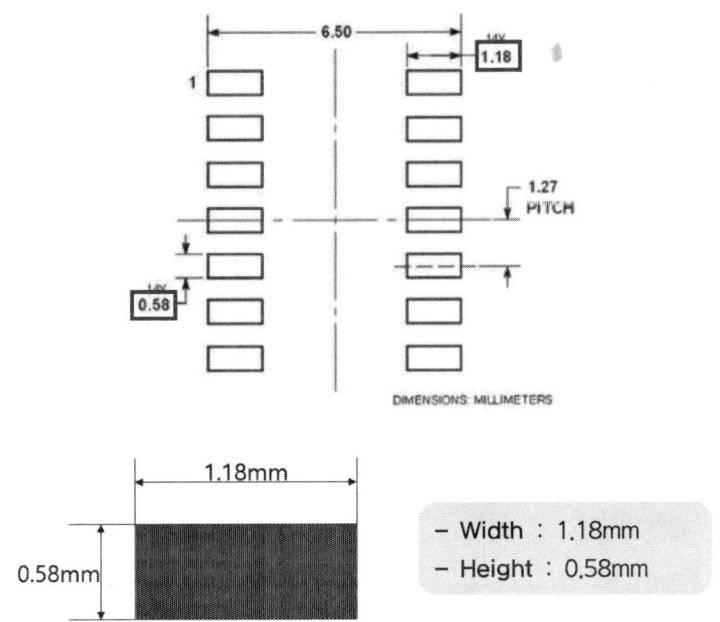

❖ SMD PAD 생성

　　LM2902에서 사용되는 PAD는 ADM101E에서 사용된 PAD와 치수가 같아서 기존에 만들었던 rect1_18x0_58을 사용하도록 한다.

❖ PCB Footprint 생성

❶ 시작 > Cadence Release 17.2-2016 > PCB Editor를 실행한다.

❷ OrCAD PCB Editor에서 메뉴의 File > New( )를 클릭한다.

❸ New Drawing 창의 Drawing Type에 Package symbol(wizard)를 선택하고 저장경로와 Footprint 이름을 설정한다.

- Project Directory : E:/A01/Symbols
- Drawing Name : LM2902(풋프린트 이름)
- Drawing Type : Package symbol(wizard)

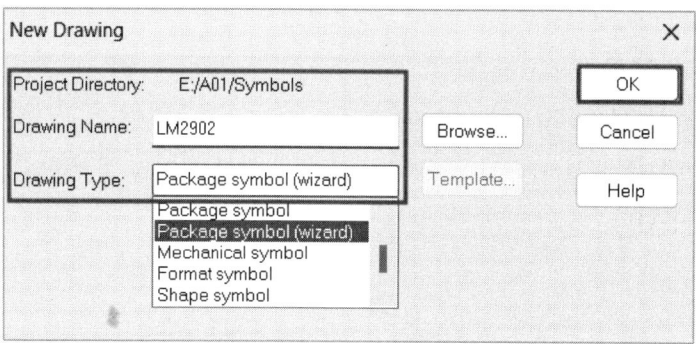

❹ SOIC 타입을 선택하고 Next 버튼을 클릭한다.

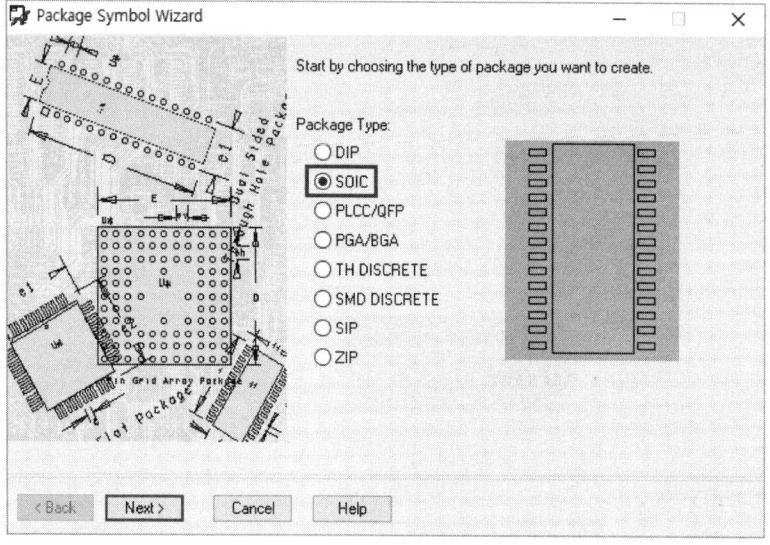

❺ Load Template 버튼을 클릭하여 기본적으로 제공하는 템플릿을 불러들인 다음, Next 버튼을 클릭한다.

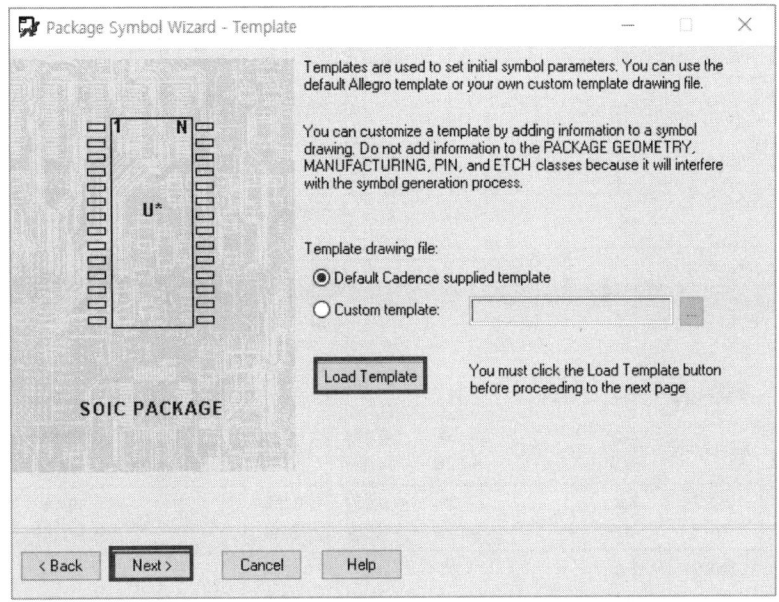

❻ 단위는 Millimeter를 선택하고, 소수점 자릿수(Accuracy)는 2를 선택한다.

❼ RefDes는 U*를 선택하고 Next 버튼을 클릭한다.

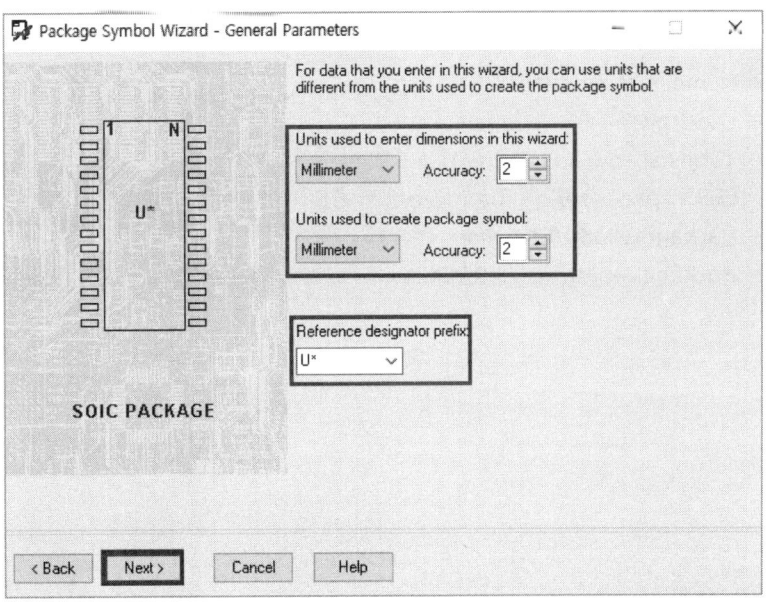

✓ Datasheet에서 핀 간격과 패키지 크기를 참고로 값을 입력한다.

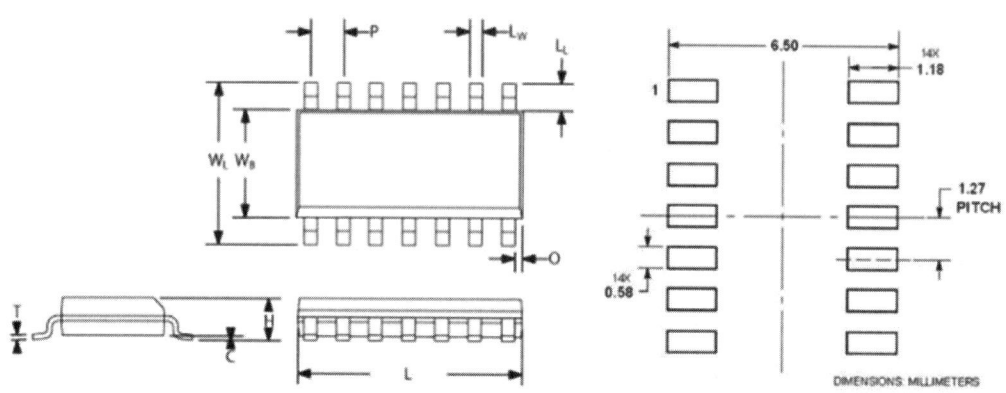

Package	W_B	W_L	H	C	L	P	L_L	T	L_W	O
SOIC-8-N	3.8 -4.0	5.8-6.2	1.35 -1.75	0.10 -0.25	4.8-5.0	1.27	0.41 (1.04)	0.19 -0.25	0.35 -0.51	0.33
SOIC-14-N	3.8 -4.0	5.8-6.2	1.35 -1.75	0.10 -0.25	8.55 -8.75	1.27	1.05	0.19 -0.25	0.39 -0.46	0.3 -0.7
SOIC-16-N	3.8 -4.0	5.8-6.2	1.35 -1.75	0.10 -0.25	9.8 -10.0	1.27	1.05	0.19 -0.25	0.39 -0.46	0.3 -0.7
SOIC-16-W	7.4 -7.6	10.0 -10.65	2.35 -2.65	0.10 -0.30	10.1 -10.5	1.27	0.40 -1.27	0.20 -0.33	0.31 -0.51	0.4 -0.9

❽ Datasheet를 참조하여 필요한 값들을 선택해서 입력한다.

- Number of pins (N) : 14
- Lead pitch (e) : 1.27mm
- Terminal row spacing (e1) : 5.32mm
  (6.5 − pad size/2 − pad size/2 = 6.5 − 0.59 − 0.59)
- Package width (E) : 4mm
- Package length (D) : 8.75mm

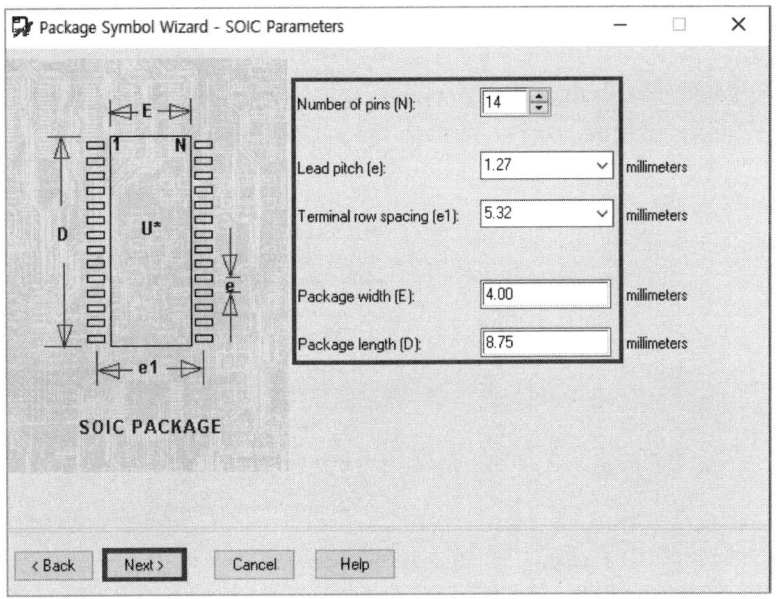

❾ Padstack은 Padstack Editor로 생성한 PAD(rect1_18x0_58)를 선택한다.

- Default padstack to use for symbol pins : rect1_18x0_58
- Padstack to use for pin 1 : rect1_18x0_58

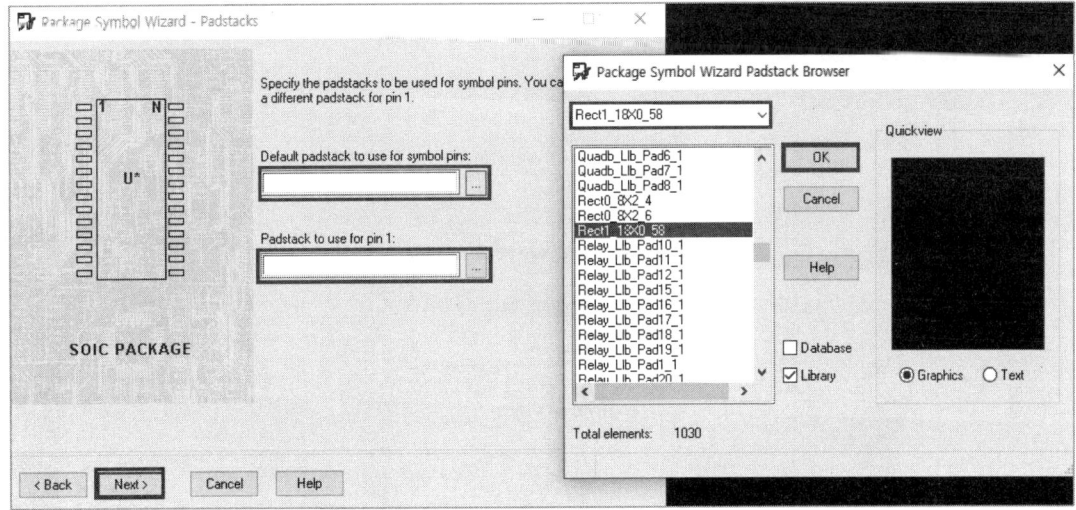

1장 CONTROL BOARD 설계 • 243

⑩ Symbol origin을 중심으로 설정한다.

- Select the location of symbols origin : Center of symbol body
- Select whether or ~ : Create a compiled symbol

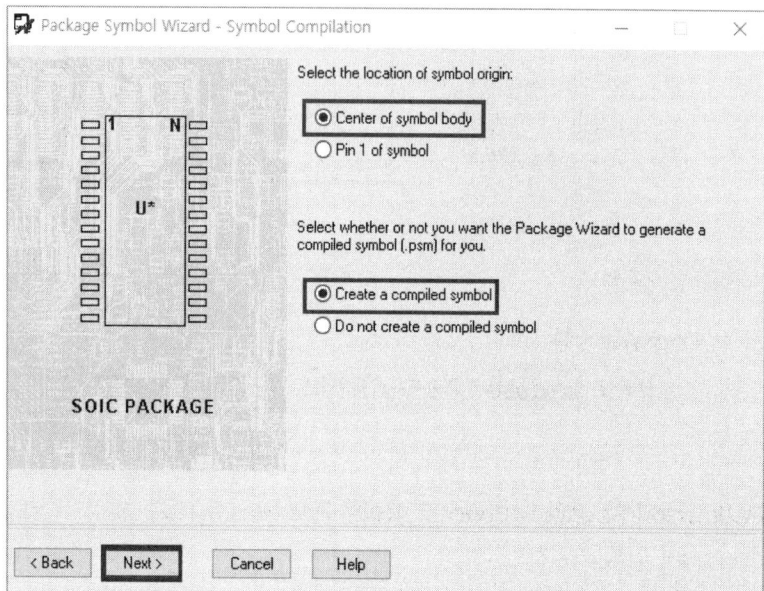

⑪ LM2902.dra, LM2902.psm 파일이 생성되며, Finish 버튼을 클릭하여 Package Symbol Wizard를 종료한다.

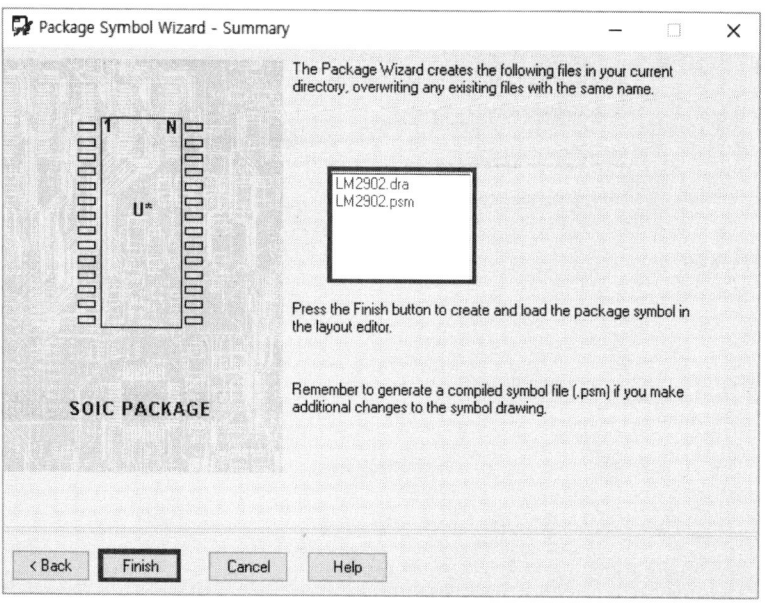

⑫ 작업이 완료되면 Footprint가 생성된다. (LM2902.dra와 LM2092.psm 파일이 저장되는지 확인한다.)

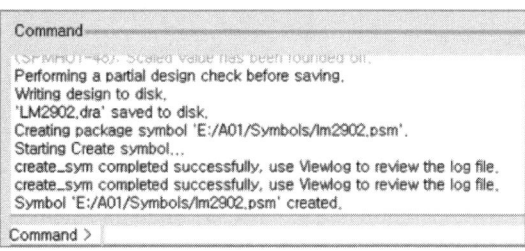

4) CRYSTAL 생성

❖ PCB Footprint 생성

❶ 시작 〉 Cadence Release 17.2-2016 〉 PCB Editor를 실행한다.

❷ OrCAD PCB Editor에서 메뉴에서 File 〉 New( )를 클릭한다.

❸ New Drawing 창의 Drawing Type에 Package symbol(wizard)를 선택하고 저장경로와 Footprint 이름을 설정한다.

- Project Directory : E:/A01/Symbols
- Drawing Name : CRYSTAL(풋프린트 이름)
- Drawing Type : Package symbol

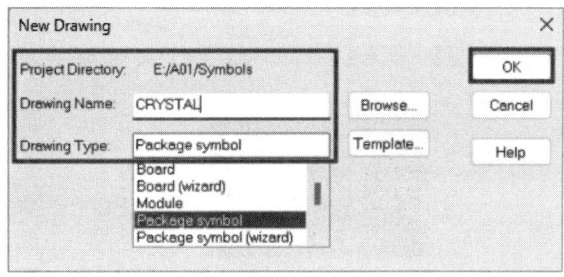

❹ Create a New Design 창에서 아래의 그림과 같이 설정하고 OK를 클릭한다.

- Units : Millimeter
- Sheet Size : A4
- Accuracy : 2
- Default : Bottom Left

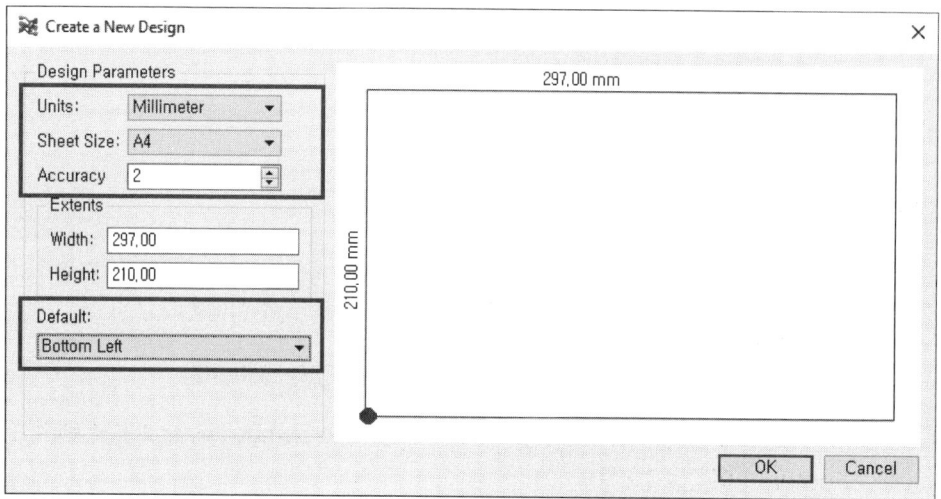

❺ 메뉴에서 Setup 〉 Design Parameters를 선택한다.

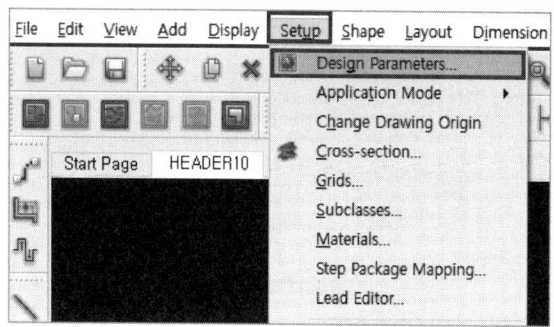

❻ Design Parameter Editor 창이 뜨면 Display 탭에서 우측 하단 체크박스의 Grids on을 체크한다.

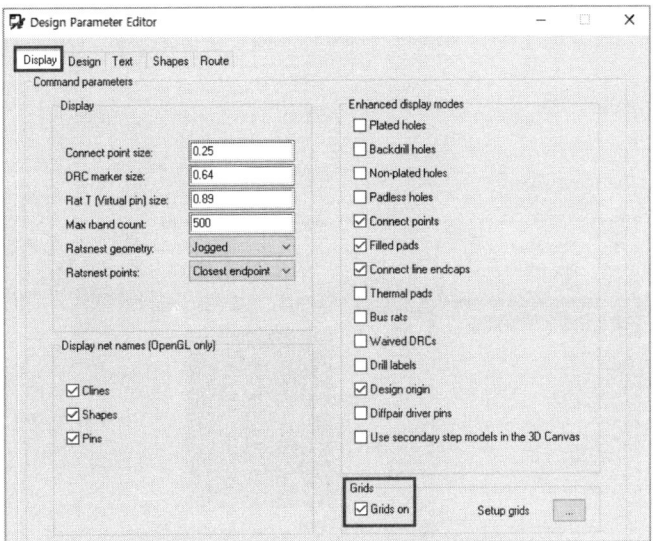

❼ Design 탭에서 아래와 같이 Origin 좌표를 설정하고 OK를 클릭한다.

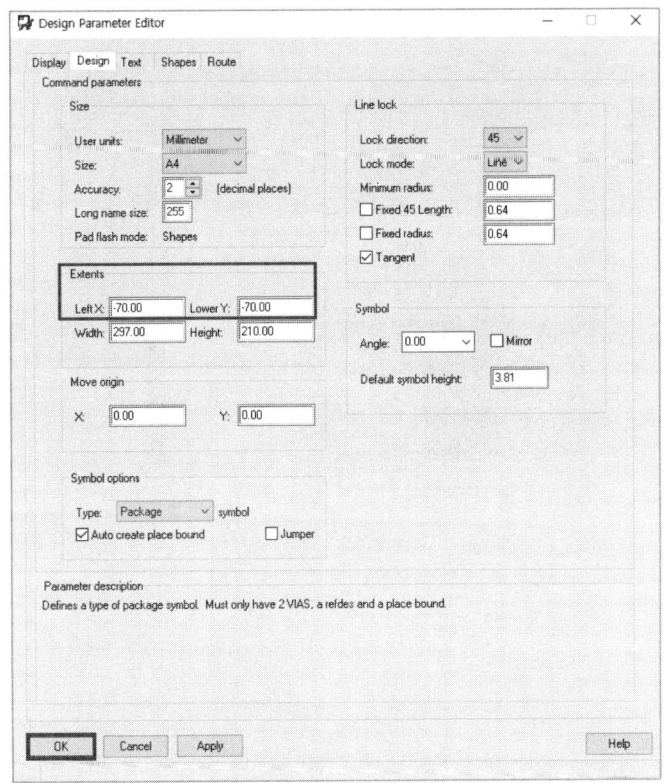

- Left X : -70
- Lower Y : -70

❽ 메뉴에서 Layout 〉 Pins를 선택하고 Options 창이 활성화되면, Padstack의 Browse 버튼을 클릭하고 "Pad30cir20d"를 검색하여 선택 후 OK를 클릭한다.

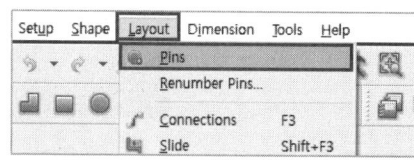

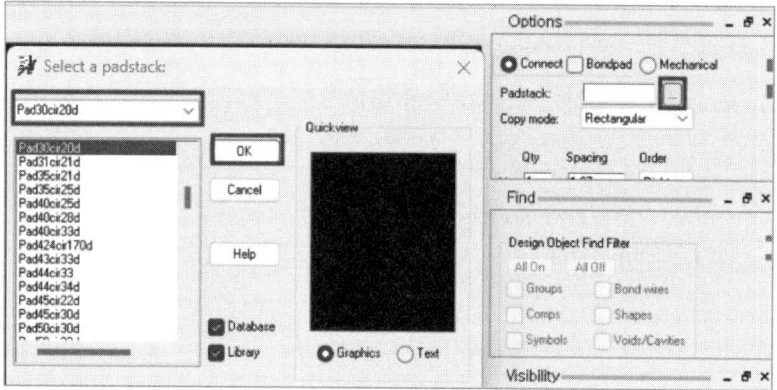

❾ Options 창에서 아래와 같이 설정한다.

- Qty X값(핀의 X축 개수) : 2
- Spacing(핀 간의 간격) : 4.88
- Pin #(시작 번호) : 1
- INC : 1

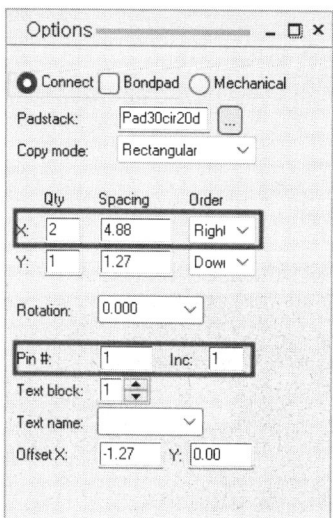

❿ 아래의 Command 창에 "x 0 0"을 입력하고 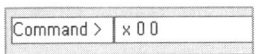를 누르면 핀이 배치된다.

⓫ RMB 팝업 메뉴 중 Done을 클릭하여 작업을 완료한다.

⓬ Assembly를 작성하기 위해 메뉴의 Add 〉 Line을 클릭하고, Options 창에서 다음과 같이 설정한다.

- Active Class and Subclass : Package Geometry / Assembly_Top
- Line width : 0.2

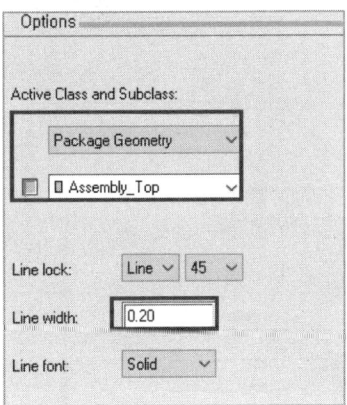

⓭ 아래의 Command 창에서 다음과 같이 입력하고, RMB 팝업 메뉴 중 Done으로 작업을 완료한다.

- Command : x -3.24 2.33 ▶ ix 11.35 ▶ iy -4.65 ▶ ix -11.35 ▶ iy 4.65 ▶

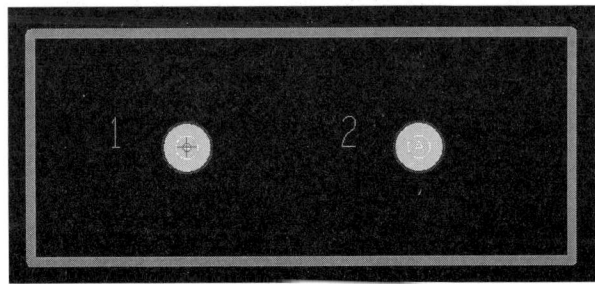

⑭ Silkscreen을 작성하기 위해 메뉴의 Add 〉 Line을 선택하고, Options 창에서 다음과 같이 설정한다.

- Active Class and Subclass : Package Geometry / Silkscreen_Top
- Line width : 0.2

⑮ 아래의 Command 창에서 다음과 같이 입력하고, RMB 팝업 메뉴 중 Done으로 작업을 완료한다.

- Command : x -3.24 2.33 ▶ ix 11.35 ▶ iy -4.65 ▶ ix -11.35 ▶ iy 4.65 ▶

⑯ 양쪽에 라운드를 만들기 위해 메뉴의 Dimension 〉 Fillet을 선택하고 Options 창에서 다음과 같이 설정한다.

- Radius : 2

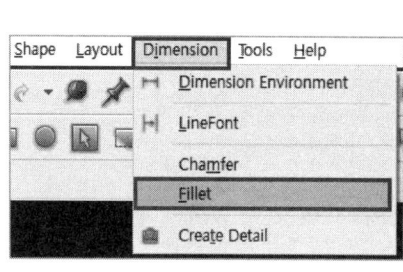
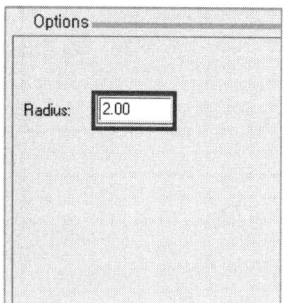

⑰ 마우스로 양쪽 모서리를 드래그하여 라운드를 만들어 준다. RMB 팝업 메뉴 중 Done를 눌러 작업을 완료한다.

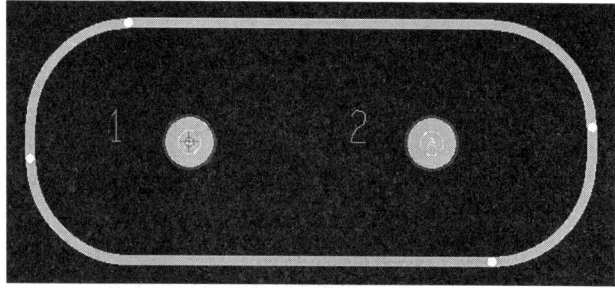

⑱ 조립을 위한 참조번호를 입력하기 위해서 메뉴의 Layout 〉 Labels 〉 RefDes를 클릭하고, Options 창에서 다음과 같이 설정한다.

- Active Class and Subclass : RefDes / Assembly_Top
- Text block : 3

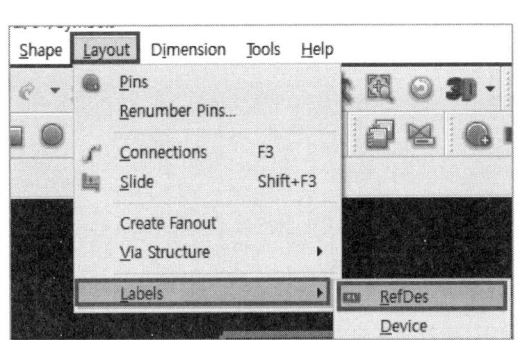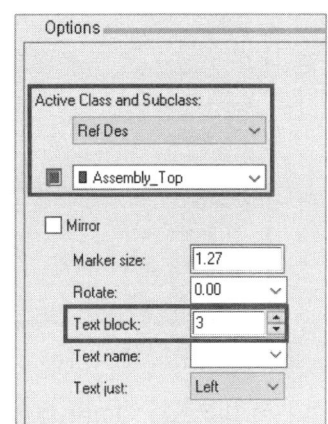

⑲ 부품의 안쪽에 "Y*"를 입력하여 배치한다.

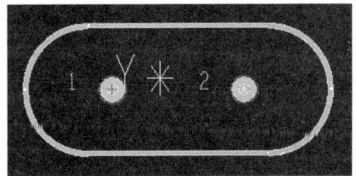

⑳ 실크 데이터를 위한 참조번호를 입력하기 위해서 메뉴의 Layout 〉 Labels 〉 RefDes를 클릭하고, Options 창에서 다음과 같이 설정한다.

- Active Class and Subclass : RefDes / Silkscreen_Top

㉑ 부품의 위쪽에 "Y*"를 입력하여 배치하고, RMB 팝업 메뉴 중 Done으로 작업을 마친다.

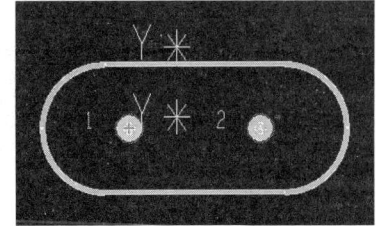

㉒ Footprint 영역을 설정하기 위해 메뉴의 Shape > Compose Shape를 클릭하고, Options 창에서 다음과 같이 설정한다.

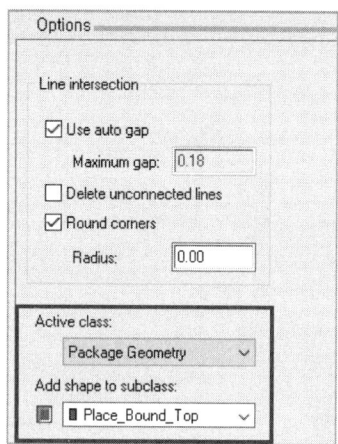

- Active Class : Package Geometry
- Add shape to subclass : Place_Bound_Top

㉓ 왼쪽 마우스를 클릭한 채로 부품이 포함되도록 드래그한다. 그러면 해당 외곽선을 기준으로 경계면이 형성된다. RMB 팝업 메뉴 중 Done으로 작업을 마친다.

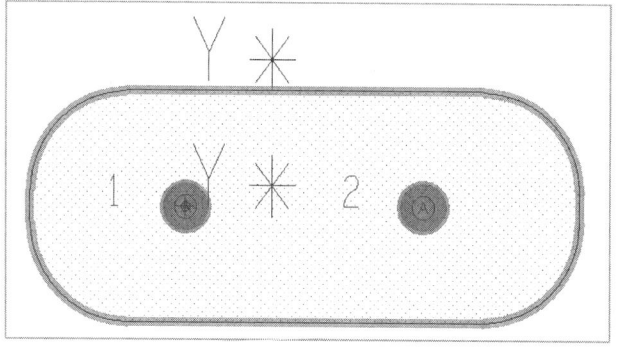

㉔ 부품을 확인하고 메뉴의 File > Save(💾)를 클릭 후, Command 창에 저장되었는지 확인한다.

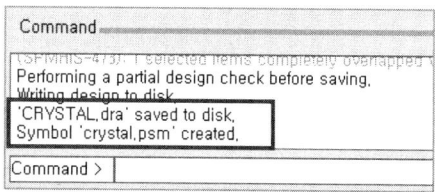

5) C14, C15(D55) 생성

❖ Pin 치수 설정

SMD PAD를 생성하기 위해 데이터시트를 참고로 크기를 설정하며, MIN ~ MAX 사이의 값으로 사용한다.

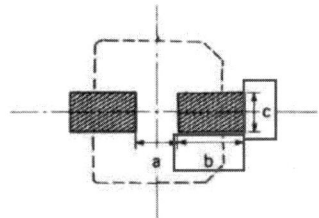

Case code	Ø D	L	A	B	C	W	P	a	b	c
D55	4	5.2	4.3	4.3	5.1	0.5-0.8	1.0	1.0	2.6	1.6

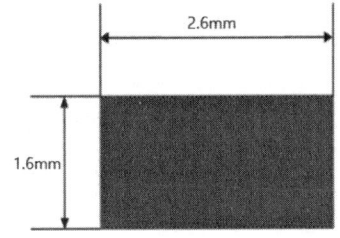

- Width = 2.6mm
- Height = 1.6mm

❖ SMD PAD 생성

❶ 시작 > Cadence Release 17.2-2016 > Padstack Editor를 클릭한다.

❷ 메뉴에서 File > New를 클릭하고 Browse를 클릭하여 저장경로("Symbols" 폴더)를 설정한다.

❸ Padstack name에 "rect2_6x1_6"을 작성하고, Padstack usage에는 SMD Pin을 선택한다.

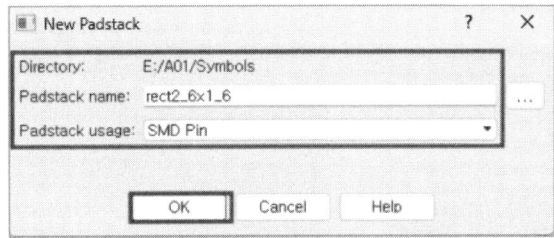

❹ Pad Editor 창의 왼쪽 아래 Tab에서 다음과 같이 설정한다.

- Units : Millimeter
- Decimal places : 2

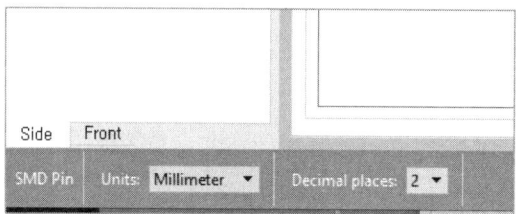

❺ C14, C15는 표면 실장 부품이므로 드릴과 심벌 설정은 하지 않는다.

❻ Start 탭에서 SMD Pin, Rectangle을 클릭한다.

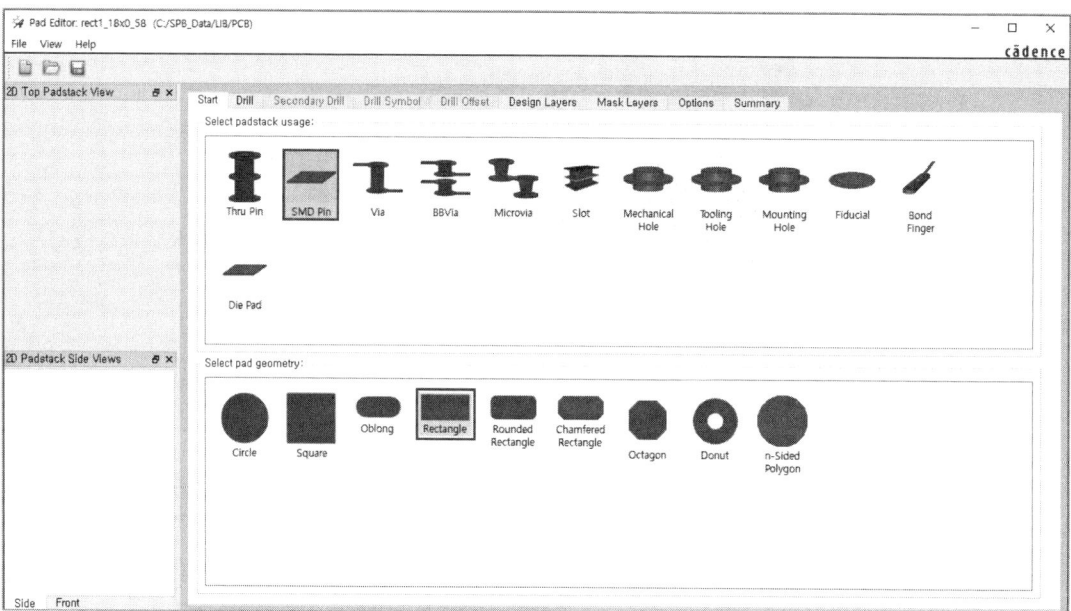

❼ Design Layers 탭을 선택한다.

❽ BEGIN LAYER을 선택하고 아래에 Regular Pad만 설정한다. (Constraint Manager에서 Thermal Relief(Same Net Spacing Constraints)와 Anti Pad(Spacing Constraints) 설정 가능)

- Geometry : Rectangle
- Width : 2.6
- Height : 1.6

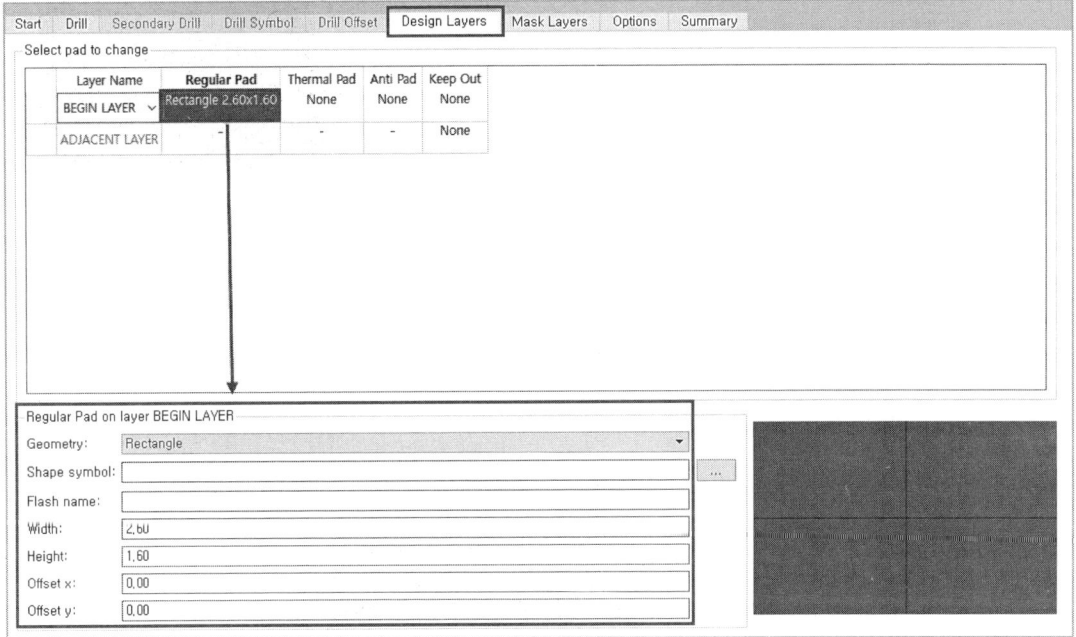

❾ Mask Layers를 선택한다.

❿ SOLDERMASK_TOP과 PASTEMASK_TOP의 Pad도 BEGIN LAYER와 동일하게 설정한다.

- Geometry : Rectangle
- Width : 2.6
- Height : 1.6

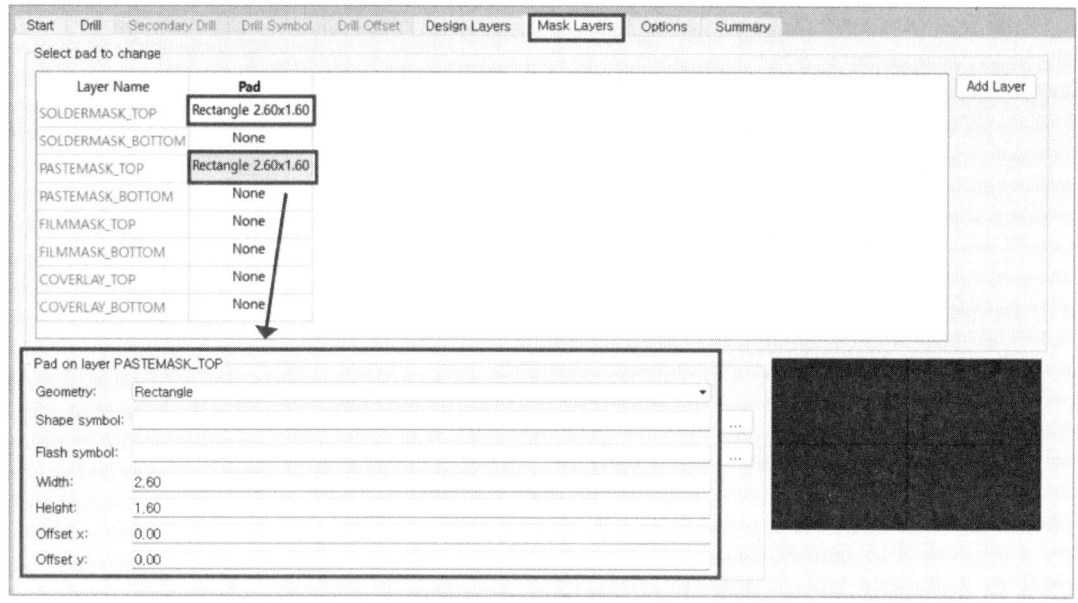

- ✓ SMD 부품은 PCB의 한 면에 실장하기 때문에 Top에만 설정한다.
- ✓ Top은 부품이 배치되는 레이어를 의미한다.

⑪ 메뉴에서 File 〉 Save를 클릭하여 PAD를 저장한다. (하단 작업줄에 에러 표시 없이 'Padstack E:/A01/Symbols/rect2_6x1_6.pad saved.'가 표시되어야 함)

❖ PCB Footprint 생성

❶ 시작 〉 Cadence Release 17.2-2016 〉 PCB Editor를 실행한다.

❷ OrCAD PCB Editor에서 메뉴의 File 〉 New( )를 클릭한다.

❸ New Drawing 창의 Drawing Type에 Package Symbol을 선택하고 저장경로와 Footprint 이름을 설정한 후 OK를 클릭한다.

- Project Directory : E:/01/Symbols
- Drawing Name : D55(풋프린트 이름)
- Drawing Type : Package symbol

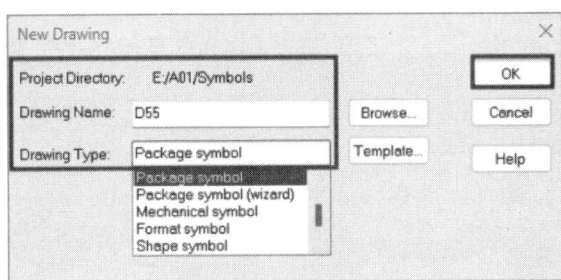

❹ Create a New Design 창에서 아래의 그림과 같이 설정하고 OK를 클릭한다.

- Units : Millimeter
- Sheet Size : A4
- Accuracy : 2
- Default : Bottom Left

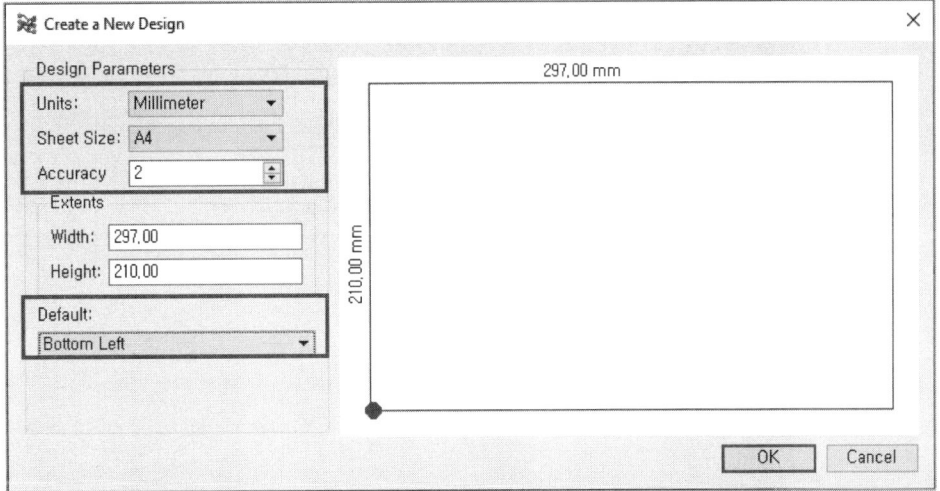

❺ 메뉴에서 Setup 〉 Design Parameters를 선택한다.

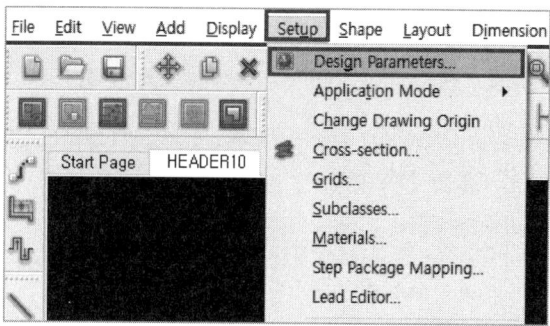

❻ Design Parameter Editor 창이 뜨면 Display 탭에서 우측 하단 체크박스의 Grids on을 체크한다.

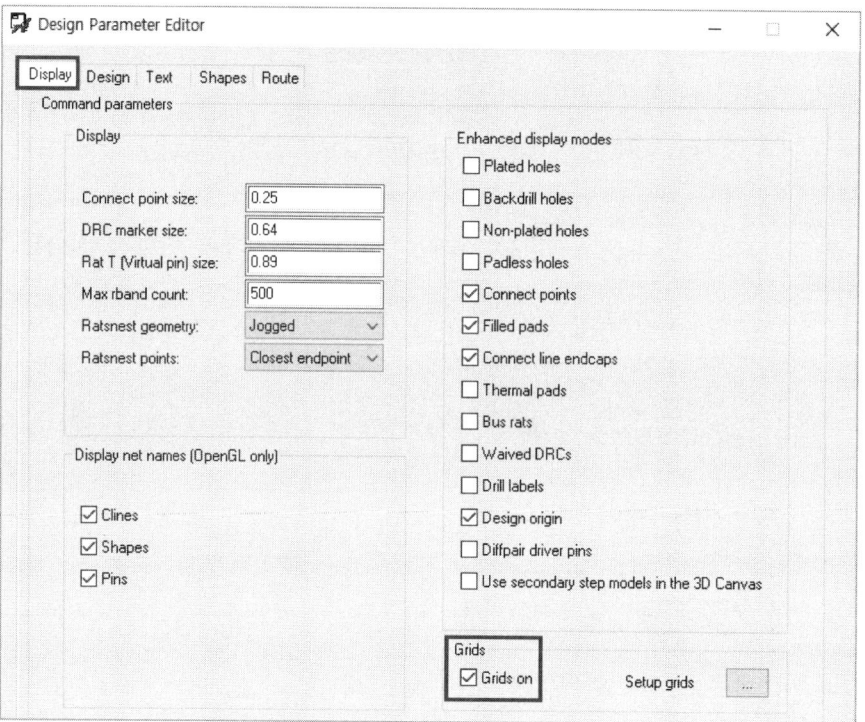

❼ Design 탭에서 아래와 같이 Origin 좌표를 설정하고 OK를 클릭한다.

- Left X : -70
- Lower Y : -70

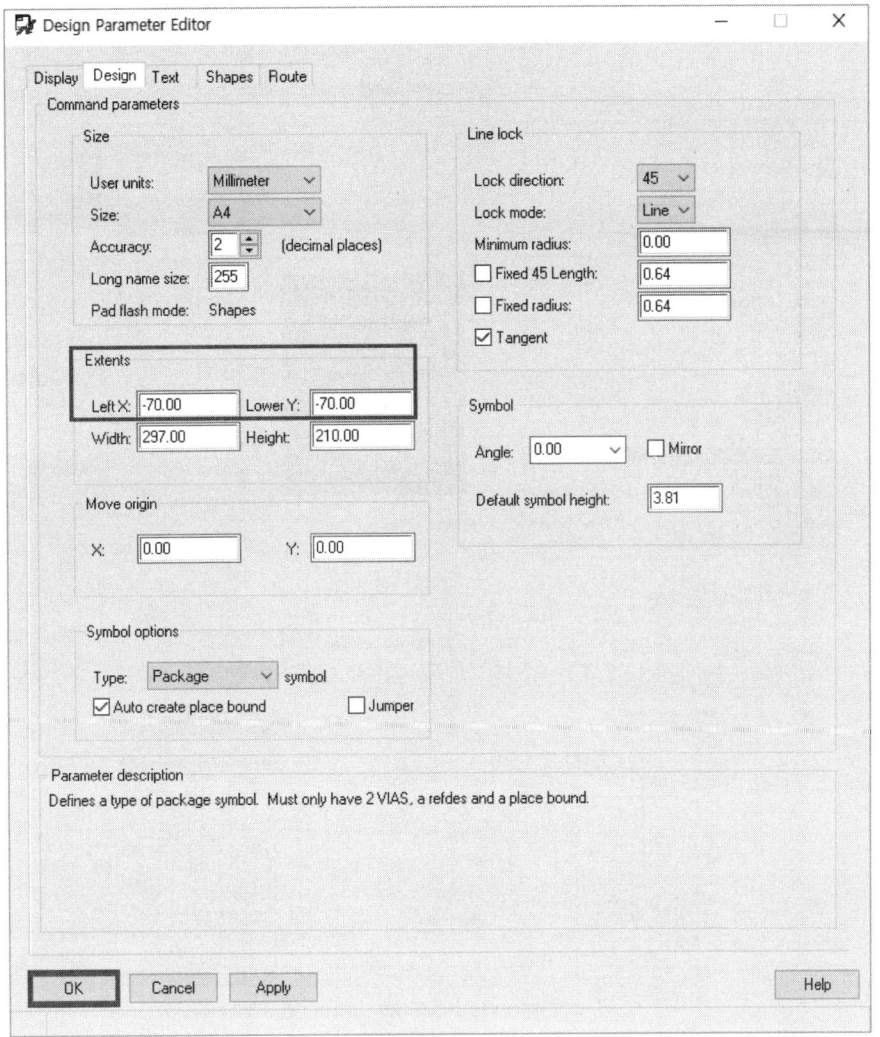

❽ 메뉴에서 Layout 〉 Pins를 선택하고 Options 창이 활성화되면, Padstack의 Browse 버튼을 클릭하고 "Rect2_6X1_6"을 검색하여 선택 후 OK를 클릭한다.

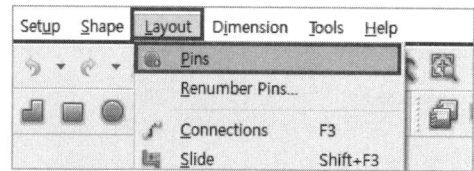

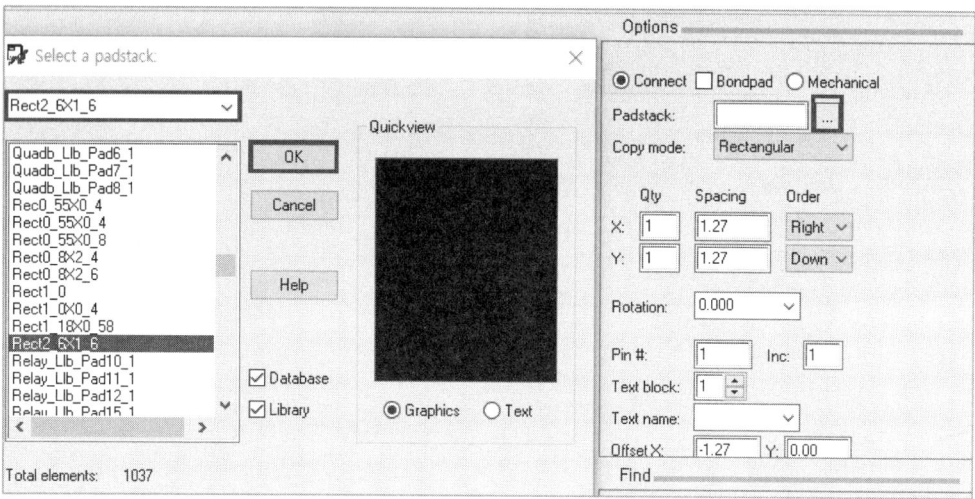

✓ Datasheet에서 핀 간격과 패키지 크기를 참고로 값을 입력한다.

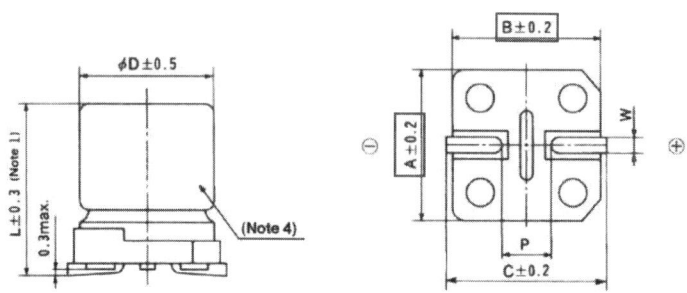

Recommended Solder land on PC board

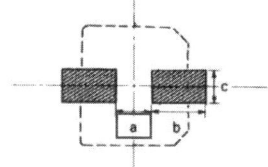

▨ : Solder pad on PC board

Case code	ØD	L	A	B	C	W	P	a	b	c
D55	4	5.2	4.3	4.3	5.1	0.5-0.8	1.0	1.0	2.6	1.6

❾ 아래의 Command 창에 다음과 같이 입력하여 Pad를 배치한다. (핀과 핀 사이의 거리 : a + pad/2 + pad/2 = 1 + 1.3 + 1.3 = 3.6)

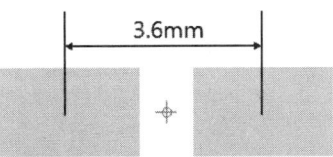

- Command : x 1.8 0 ▶ x -1.8 0 ▶

❿ RMB 팝업 메뉴 중 Done을 클릭하여 작업을 완료한다.

⓫ Assembly를 작성하기 위해 메뉴의 Add 〉 Line을 클릭하고, Options 창에서 다음과 같이 설정한다.

- Active Class and Subclass : Package Geometry/Assembly_Top
- Line width : 0.2

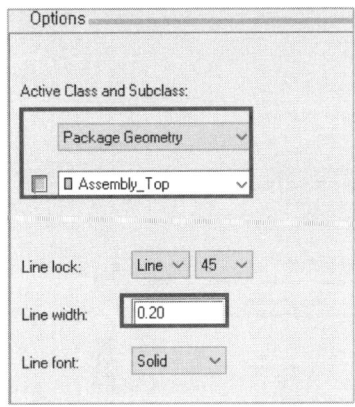

⓬ 아래의 Command 창에서 다음과 같이 입력하고, RMB 팝업 메뉴 중 Next를 클릭한다.

- Command : x -2.2 -1 ▶ x -2.2 -2.2 ▶ x 2.2 -2.2 ▶ x 2.2 -1 ▶

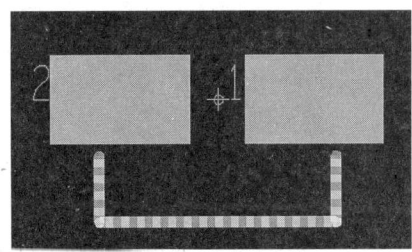

⑬ 아래의 Command 창에서 다음과 같이 입력하고, RMB 팝업 메뉴 중 Done을 선택하고 작업을 완료한다.

- Command : x -2.2 1 ▶ x -2.2 2.2 ▶ x 2.2 2.2 ▶ x 2.2 1 ▶

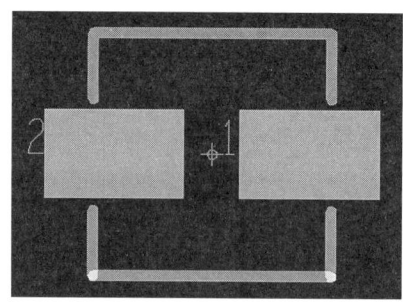

⑭ 1번 핀 쪽의 모서리를 잘라내기 위해 메뉴의 Dimension 〉 Chamfer를 선택하고, Options 창에서 다음과 같이 설정한다.

- Trim Segment : 0.4
- Chamfer angle : 45

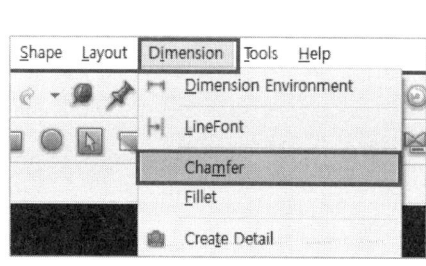 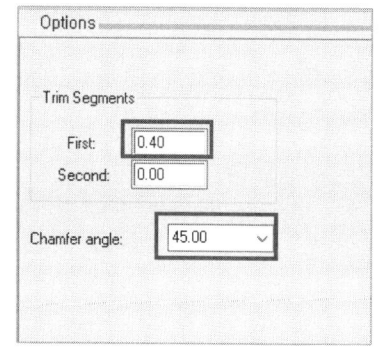

⑮ 마우스를 드래그하고 RMB 팝업 메뉴 중 Done을 눌러 작업을 완료한다.

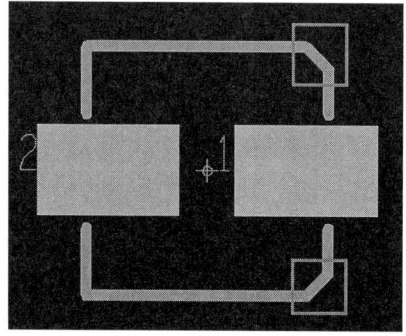

⑯ Silkscreen을 작성하기 위해 메뉴의 Add 〉 Line을 클릭하고, Options 창에서 다음과 같이 설정한다.

- Active Class and Subclass : Package Geometry/Silkscreen_Top
- Line width : 0.2

⑰ 아래의 Command 창에서 다음과 같이 입력하고, RMB 팝업 메뉴 중 Next를 클릭한다.

- Command : x -2.2 -1 ▶ x -2.2 -2.2 ▶ x 2.2 -2.2 ▶ x 2.2 -1 ▶

⑱ 아래의 Command 창에서 다음과 같이 입력하고, RMB 팝업 메뉴 중 Done을 선택하고 작업을 완료한다.

- Command : x -2.2 1 ▶ x -2.2 2.2 ▶ x 2.2 2.2 ▶ x 2.2 1 ▶

⑲ 1번 핀 쪽의 모서리를 잘라내기 위해 메뉴의 Dimension 〉 Chamfer를 선택하고, Options 창에서 다음과 같이 설정한다.

- Trim Segment : 0.4
- Chamfer angle : 45

⑳ 마우스를 드래그하고 RMB 팝업 메뉴 중 Done을 눌러 작업을 완료한다

㉑ 조립을 위한 참조번호를 입력하기 위해 메뉴의 Layout 〉 Labels 〉 RefDes를 클릭하고, Options 창에서 다음과 같이 설정한다.

- Active Class and Subclass : RefDes/Assembly_Top
- Text block : 3

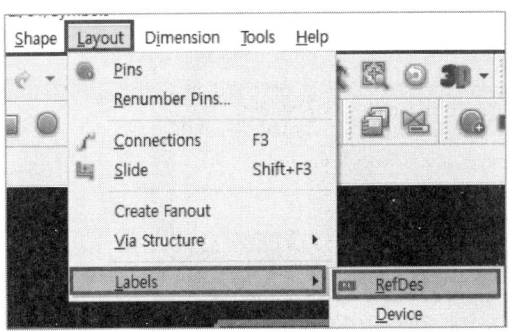
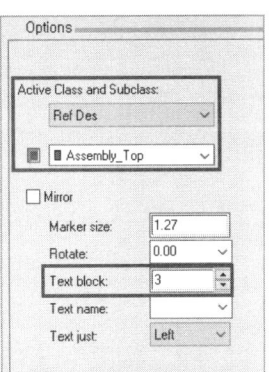

㉒ 부품의 안쪽에 "C*"를 입력하여 배치한다.

㉓ 실크 데이터를 위한 참조번호를 입력하기 위해 메뉴의 Layout 〉 Labels 〉 RefDes를 클릭하고, Options 창에서 다음과 같이 설정한다.

- Active Class and Subclass : RefDes/Silkscreen_Top

㉔ 부품의 위쪽에 "C*"를 입력하여 배치하고, RMB 팝업 메뉴 중 Done으로 작업을 마친다.

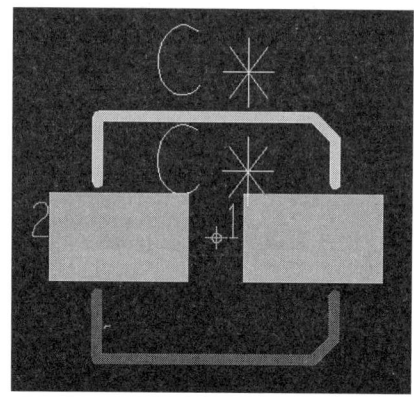

㉕ Footprint 영역을 설정하기 위해 메뉴의 Shape 〉 Rectangular를 클릭하고, Options 창에서 다음과 같이 설정한다.

- Active Class and Subclass : Package Geometry
- Add shape to subclass : Place_Bound_Top

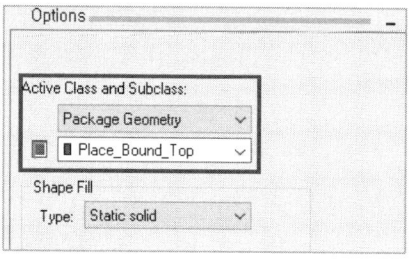

㉖ 외곽선과 핀이 모두 포함되도록 마우스를 드래그한다. 그리고 RMB 팝업 메뉴 중 Done으로 작업을 마친다.

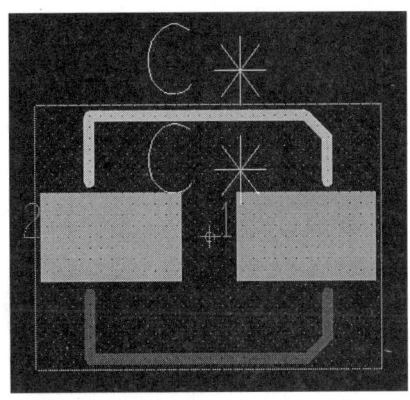

㉗ 부품을 확인하고 메뉴의 File 〉 Save(📄)를 클릭 후, Command 창에 저장되었는지 확인한다.

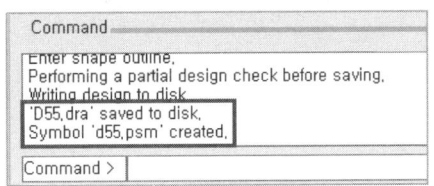

6) 라이브러리 등록

❖ 라이브러리 환경 설정

생성된 라이브러리를 사용하기 위해서 환경 설정을 한다. 라이브러리로 설정된 기본 경로는 아래와 같다. (예: BRD 파일이 C:\SPB_Data\allegro에 있을 경우)

순위	경로	설명
1	.	C:\SPB_Data\allegro
2	symbols	C:\SPB_Data\allegro\symbols
3	..	C:\SPB_Data\
4	..\symbols	C:\SPB_Data\symbols
5	C:\Cadence\SPB_17.2\share\pcb\pcb_lib\symbols	(경로와 동일)
6	C:\Cadence\SPB_17.2\share\local\pcb\symbols	(경로와 동일)

❶ 시작 〉 Cadence Release 17.2-2016 〉 PCB Editor를 실행한다.

❷ 메뉴의 Setup 〉 User Preferences를 클릭한다.

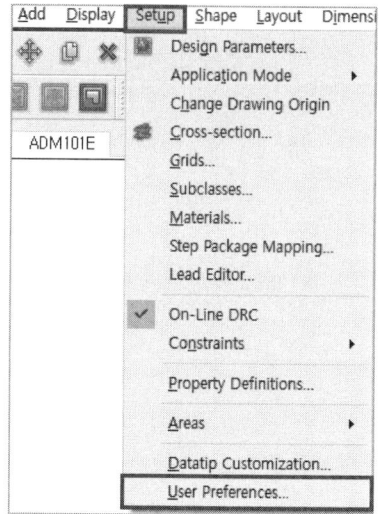

❸ User Preferences Editor에서 Categories의 Paths 〉 Library를 선택한다.

❹ 오른쪽 Category : Library에서 padpath를 클릭한다.

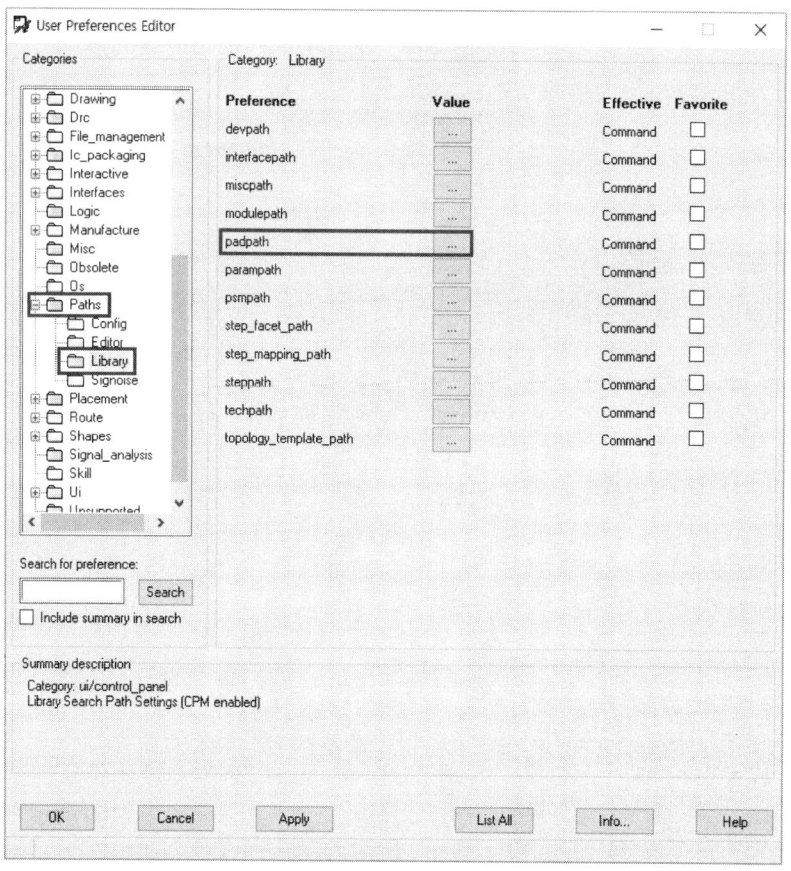

❺ padpath Items에서 New ( )를 클릭한다.

❻ Footprint에 Pin 데이터를 저장할 경로인 E:/A01/Symbols를 추가한다.

❼ 경로 설정 후 OK 버튼을 클릭한다.

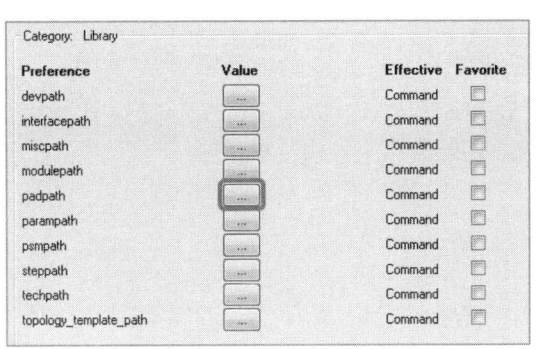

❽ 오른쪽 Category : Library에서 psmpath를 클릭한다.

❾ psmpath Items에서 New ( )를 클릭한다.

❿ Footprint에 Pin 데이터를 저장할 경로인 E:/A01/Symbols를 추가한다.

⓫ 경로 설정 후 OK 버튼을 클릭한다.

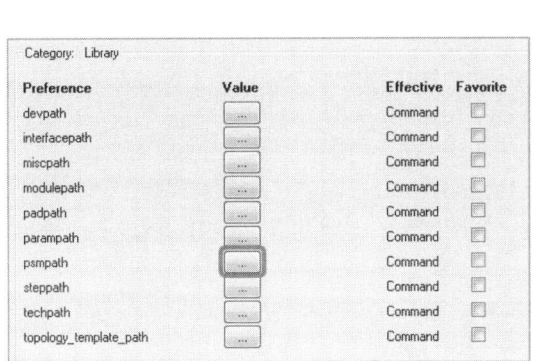
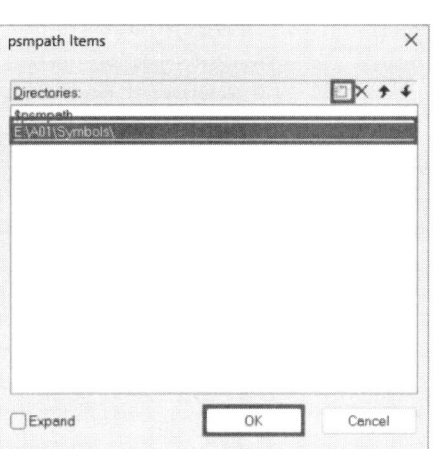

⓬ User Preference Editor에서 OK 버튼을 클릭하여 닫는다.

(5) 회로 마무리 작업 및 Netlist 생성

회로도면 작성 완료 후 PCB 설계를 위한 Netlist를 생성하기 위해 각 부품의 PCB Footprint 입력 및 DRC를 실행한다.

1) PCB Footprint 입력

PCB Footprint는 PCB 설계에 실질적이며 물리적인 Library이며, 설계 제작 완료 후 실물 부품이 PCB에 실장(납땜)이 되는 영역을 말한다.

Allegro(OrCAD)에서 제공하는 기본 Symbol의 PCB Footprint를 사용하여 PCB 설계에 필요한 Netlist를 생성하기 위해 각 부품에 Footprint를 입력한다.

❖ 하나의 Footprint 입력

다음 그림과 같이 회로도면의 부품을 클릭 후 RMB 팝업 메뉴 중 Edit Properties를 선택하거나 또는 부품을 더블클릭한다.

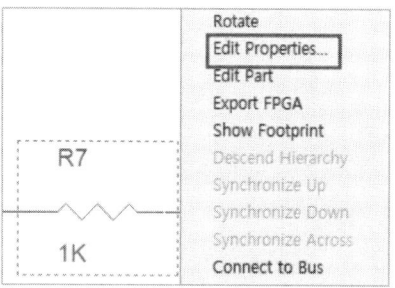

다음 그림과 같이 선택한 부품의 PCB Footprint를 입력할 수 있다.

		Location X-Coordin	Location Y-Coordin	Part Reference	PCB Footprint	Value	Name	NC
1	⊞ SCHEMATIC1 :	760	310	R7	SMR0603	330	INS31031	

\Parts \ Schematic Nets \ Flat Nets \ Pins \ Title Blocks \ Globals \ Ports \ Aliases \

입력을 완료하고 빠져나오기 위해서는 상단의 탭을 선택한 후, RMB 팝업 메뉴 중 Close를 선택한다.

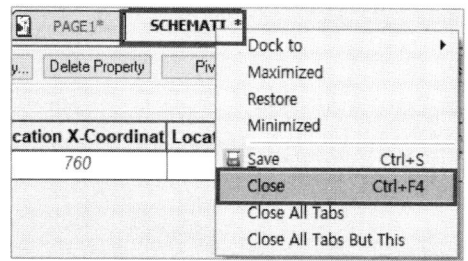

❖ 여러 개의 Footprint 입력

동일한 PCB Footprint를 갖는 부품의 경우 회로도면에서 부품들을 클릭 후 RMB 팝업 메뉴 중 Edit Properties를 선택한다. 다음 그림과 같이 하나의 PCB Footprint를 입력 후 박스 오른쪽 하단으로 마우스를 이동해 커서 모양이 + 모양으로 바뀌면 마우스를 드래그하여 입력할 수 있다.

또는 PCB Footprint 박스를 클릭하여 전체 선택한 후에 RMB를 클릭하여 팝업 메뉴에서 Edit를 선택한다.

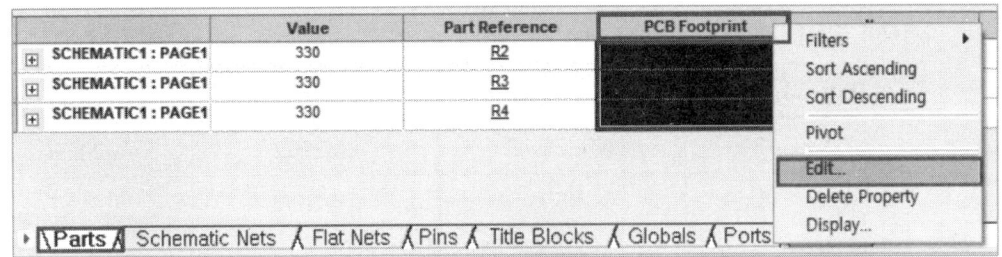

Edit Property Values 창이 뜨면 PCB Footprint를 입력한 후 OK 버튼을 누른다.

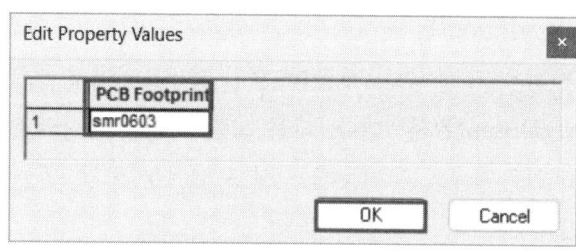

다음 PCB Footprint List를 참고하여 회로의 모든 부품에 PCB Footprint를 입력한다. PCB Footprint 입력 시 대소문자는 구분하지 않는다.

[기본으로 제공되는 PCB Footprint List]

Part Name	PCB Footprint	Part Name	PCB Footprint
R1 ~ R16	SMR0603	LM7805	TO220AB
C1 ~ C13	SMC0603	LED	CAP196
HEADER10	WALCON100VHTM 2OEW32510	MIC811	SOT143

[제작이 필요한 PCB Footprint List]

Part Name	PCB Footprint	Part Name	PCB Footprint
ATMEGA8	ATMEGA8	LM2902	LM2902
C14, C15	D55	CRYSTAL	CRYSTAL
ADM101E	ADM101E		

2) 설계 규칙 검사(Design Rule Check)

기본적으로 체크되어 있는 설정으로 검사를 실행한다. 검사 시 ERROR와 WARNING이 발생 시 수정하고 다시 DRC 검사를 실행한다.

DRC(Design Rule Check)는 전기적 특성 위반 검사로 Pin의 중복과 같은 패키지 오류 검증 및 미결선 배선 등의 Error와 Warning에 대해 Reporting할 수 있으며, 생성한 파일은 *.drc 확장자명으로 Output된다.

PCB Footprint 입력 후 회로의 정상 동작 여부를 검사하기 위해 Project Manager 탭으로 이동한다. 그림과 같이 a01.dsn을 선택 후 메뉴의 Tools 〉 Design Rules Check 또는 활성화된 아이콘 중 Design rules check( ) 아이콘을 클릭한다.

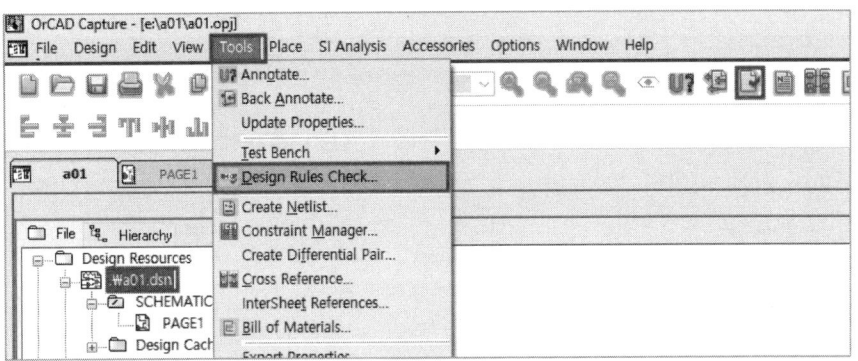

Design Rule Check 팝업 창의 Action 부분에서 회로도면에서 에러가 발생한 위치에 초록색 원 마커가 표시될 수 있도록 "Create DRC markers for warnings"의 Check Box와 Report File 부분의 "View Output" Check Box를 선택하여 결과가 화면으로 출력될 수 있도록 선택한다.

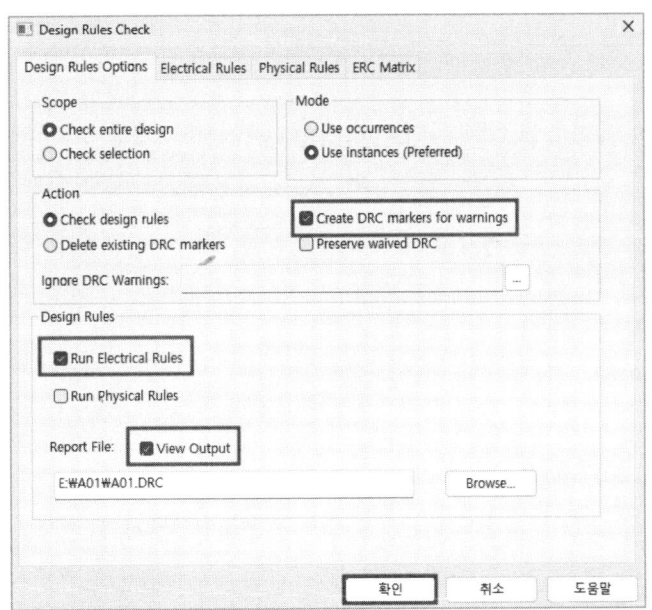

도면에 에러가 없을 때에는 다음과 같은 결과 창이 나타난다.

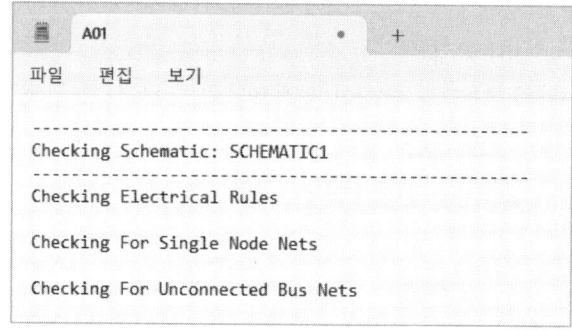

Waring과 Error가 발생하면 회로도에 다음과 같이 초록색 원 마커가 생성되며, Error 발생 시 Report를 확인한 후 처리한다. (부록 부분의 자주 발생하는 Error 정리 참고)

❶ LM7805 부품을 선택한다.

❷ RMB 팝업 메뉴 중 Edit Part를 선택한다.

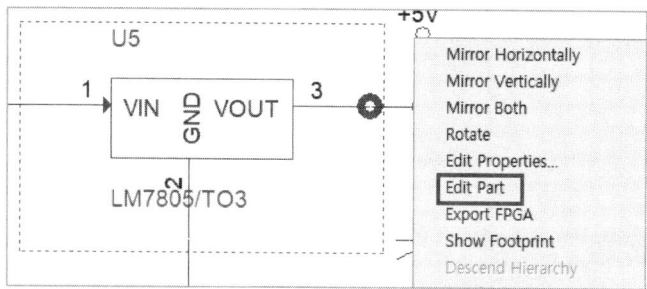

❸ LM7805의 3번 핀을 선택하고 Pin Properties에서 Type을 Output에서 Passive로 바꾼다.

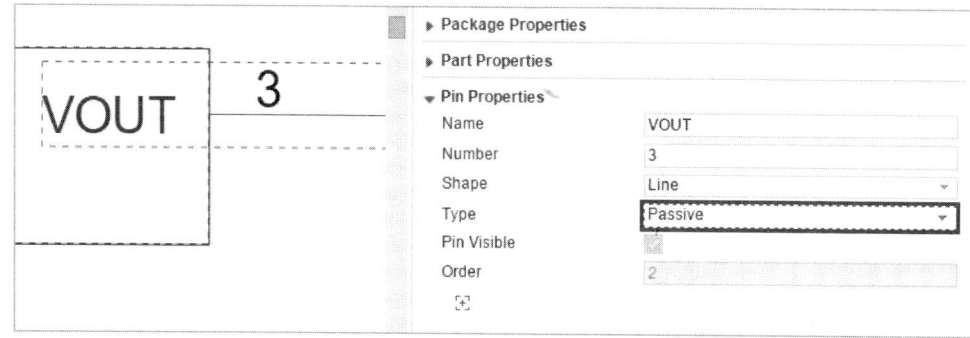

❹ 편집을 마치기 위해서는 그림과 같이 현재 Tab(Edit Part)에서 RMB 팝업 메뉴의 Close를 선택한다. (또는 File > Close를 선택한다.)

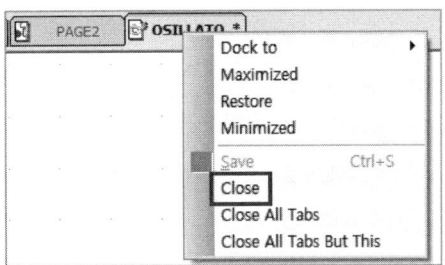

❺ Edit Part 탭을 닫으면 다음과 같이 Save Part Instance 창이 열리며, Update Current를 클릭하여 속성을 저장할 수 있다.

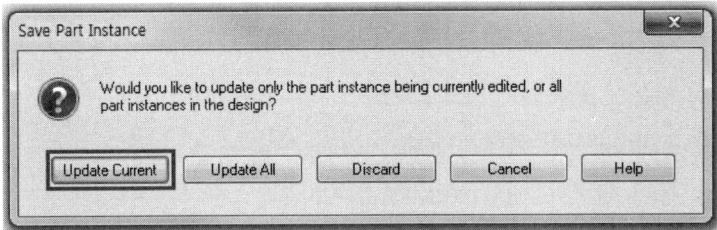

❻ 다시 Design Rules Check를 실행한다.

3) Create Netlist

Netlist는 PCB 설계에 필요한 모든 선, 부품 및 각종 심벌들의 연결정보를 나타낸다. 완성된 도면의 Netlist를 생성하기 위해 Project Manager 탭으로 이동한다. 그림과 같이 osillator.dsn을 선택 후 메뉴의 Tools > Create Netlist 또는 활성화된 아이콘 중 ▦ 아이콘을 클릭한다.

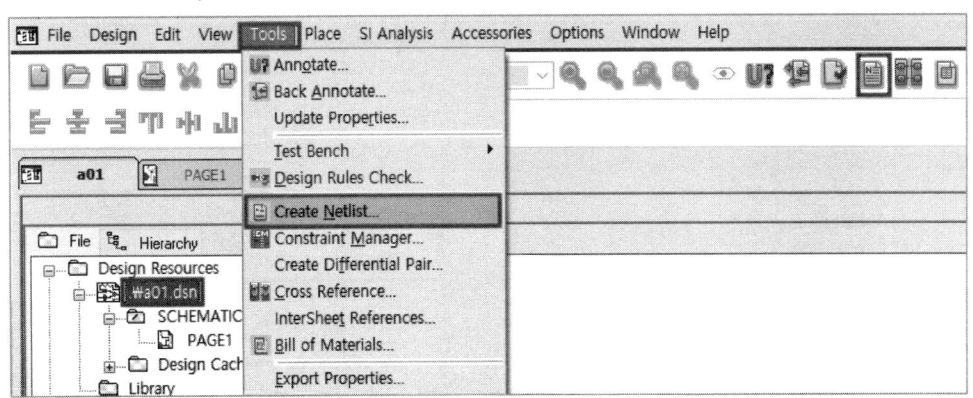

Create Netlist 창에서 "Create or Update PCB Editor Board(Netrev)" 부분의 Check Box를 선택하여 비활성화된 부분을 활성화한다.

Board Launching Option 부분에서 "Open Board in OrCAD PCB Editor"를 선택 후 확인 버튼을 누르면 Netlist 생성 및 OrCAD PCB Editor로 정보가 전송된다.

Netlist 생성 시 주의 할 점은 Error 및 Warning이 발생하여도 Board Launching Option에서 "Open Board in OrCAD PCB Editor" 부분이 선택되어 있으므로 OrCAD PCB Editor 창이 열리게 된다. PCB Editor 창이 열린다 해도 Netlist 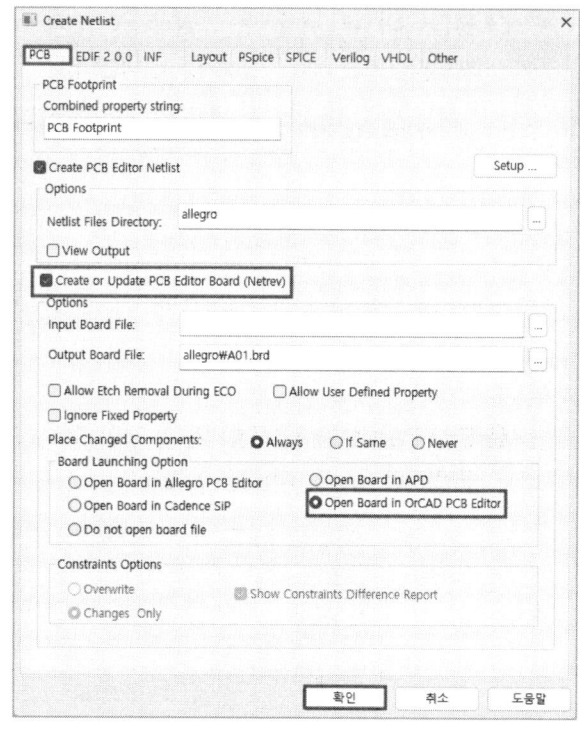 정보가 정확히 생성된 것이 아니므로 꼭 Error 및 Warning을 확인 후 수정하여 다시 Netlist를 생성하도록 한다.

Netlist 생성 시 Error 및 Warning 메시지 확인은 메뉴에서 Window > Session log를 선택하면 설계 창 하단에 Session log 창이 열리며 메시지를 확인할 수 있다.

그림과 같이 Session log창에 Error가 없어야 다음 단계로 넘어갈 수 있다.

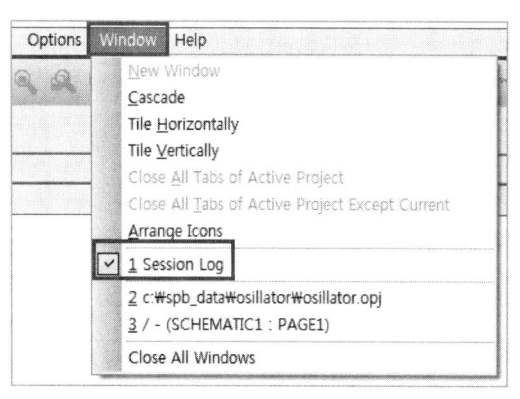
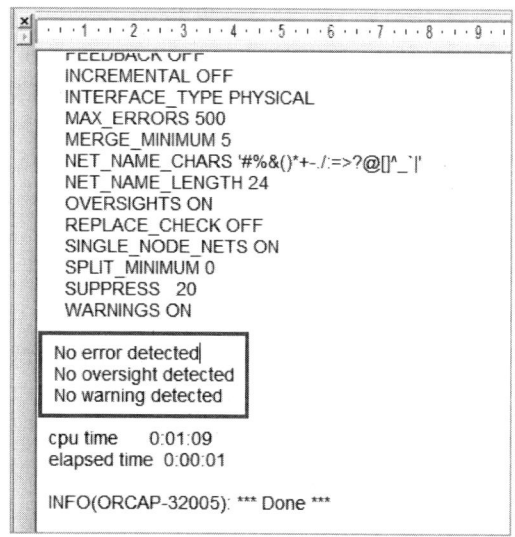

② PCB Editor - 2 Layer 설계

(1) PCB 기본 환경 설정

1) PCB Editor 시작

OrCAD PCB Editor는 Capture와 통합된 인터페이스로 자동/대화형 부품 배치, 그리드 On/Off, 자동/대화형 라우터, DFM(Design For Manufacturing) 기능 등을 제공한다. 다음과 같이 주어진 회로를 작성하기 위해 PCB Editor 프로그램을 실행한다.

(시작 > Cadence Release 17.2-2016 > PCB Editor) 프로그램 실행 후 앞서 생성한 보드 파일을 Open한다. 만약, OrCAD Capture에서 Netlist 생성 시 자동으로 PCB Editor를 Open하였다면 보드 파일을 불러오는 내용은 생략한다.

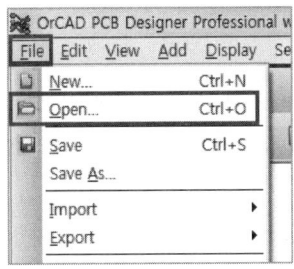

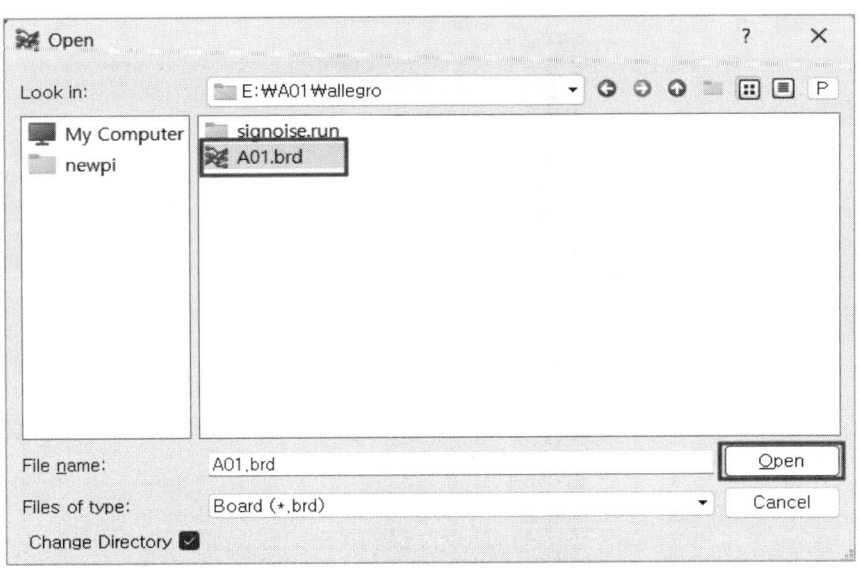

PCB 설계의 환경 설정은 Design Parameters와 Constraint managers로 설정한다. Design Parameters는 PCB 설계에서 Display 설정, 설계 단위 및 원점 설정, 도면 크기 설정 등을 설정할 수 있으며, Constraint managers는 PCB 설계에서 패턴의 두께, 간격 등 설계 규칙을 설정할 수 있다.

2) 메뉴 환경 변경

PCB Editor를 실행하면 아래의 그림과 같이 보여질 경우가 생긴다. 이 경우 16.6 버전 메뉴처럼 변경하고자 한다.

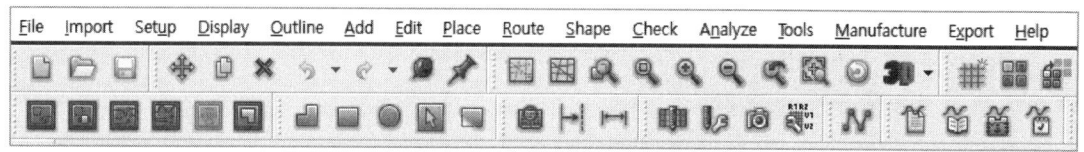

❶ 메뉴에서 Setup 〉 User Preferences를 선택한다.

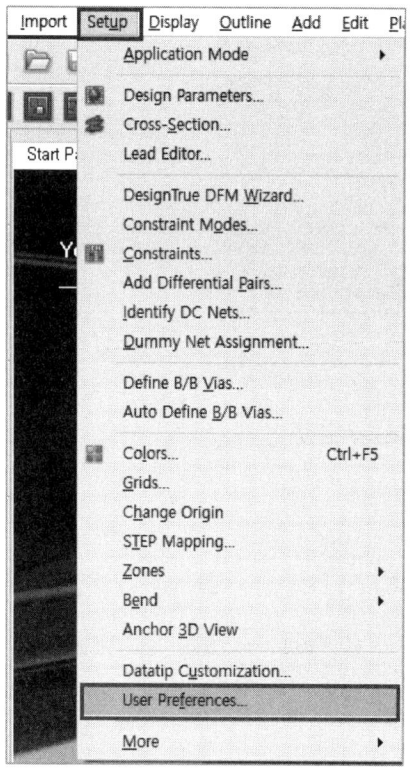

❷ User Preferences Editor 창이 뜨면 Categories에서 Ui 〉 General을 클릭하고, Category General에서 orcad_use_legacy_menu를 체크한 후 OK를 선택한다.

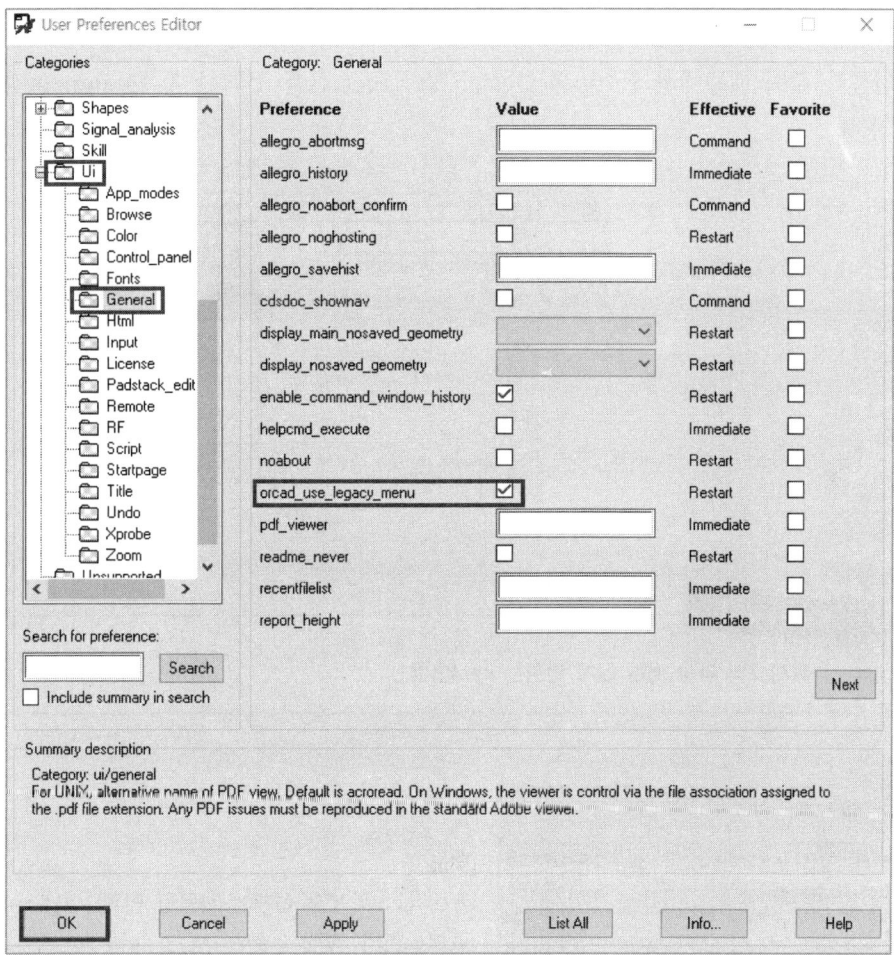

❸ PCB Editor 프로그램을 닫았다가 다시 실행하면 그림과 같이 변경된 메뉴 환경을 확인할 수 있다.

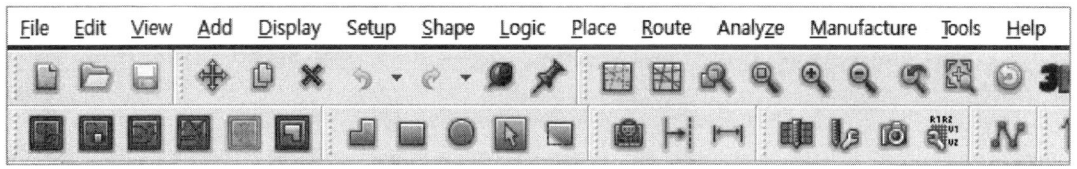

3) 설계 단위 및 원점 설정

PCB 설계에서 사용할 단위와 도면의 크기, 기준점의 위치, 그리드 설정 등을 설정한 후 설계를 시작한다.

다음과 같이 메뉴에서 Setup > Design Parameters를 선택한 후 Design 환경 설정을 할 수 있다.

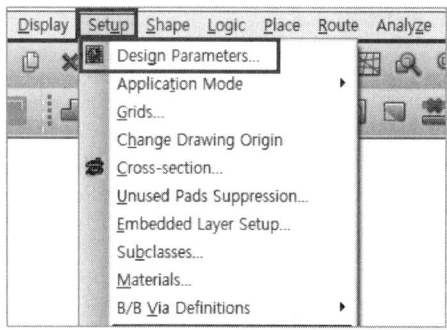

> **요구사항**
>
> 과제 2의 라항 3)번 설계 단위는 mm입니다.

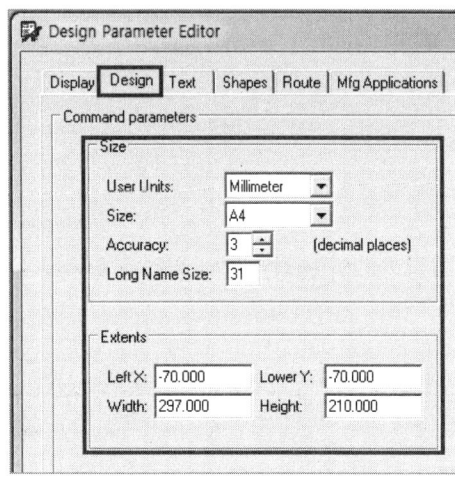

[Size]
User Units(PCB 설계에 사용할 단위) : Milimeter
Size(도면의 크기) : A4
Accuracy(사용할 단위의 정밀도) : 3(소수점 셋째 자리까지 표시)

[Extents]
Left X(X축 방향으로 원점 이동) : -70
Lower Y(Y축 방향으로 원점 이동) : -70

(2) PCB 2-Layer 설계

1) Board Outline(보드 외곽선) 생성

> • 요구사항
>
> 과제 2의 라항 1) 설계 환경 : 양면 PCB(2-Layer)
> 과제 2의 라항 2) 보드 사이즈 : 80mm(가로) X 70mm(세로)

❶ 메뉴의 Shape 〉 Rectangular를 선택한다. 설계 창 오른쪽 Control Panel의 Options 탭을 다음과 같이 설정한다.

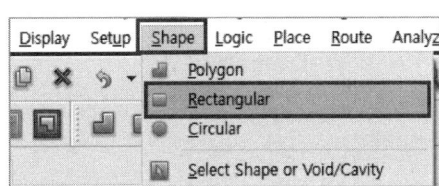

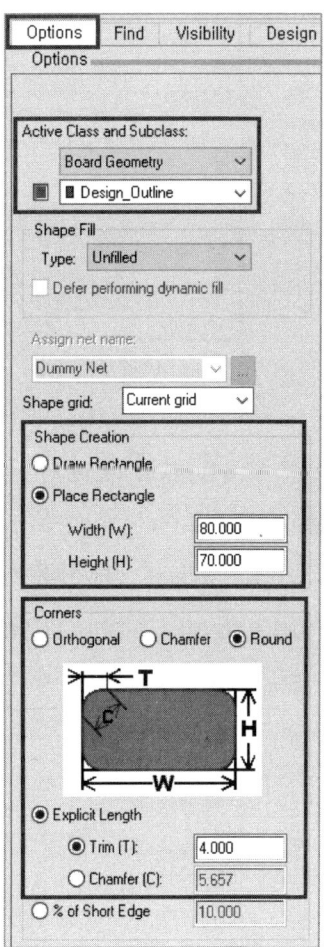

❷ Options 탭의 설정이 끝났으면 다음과 같이 하단의 Command 창에 좌표를 입력한다.

— Command : x 0 70 ▶

❸ RMB 팝업 메뉴 중 Done을 눌러 작업을 완료한다.

❹ 메뉴의 Edit 〉 Z-Copy를 클릭하고 Options 창에서 아래와 같이 입력한다.

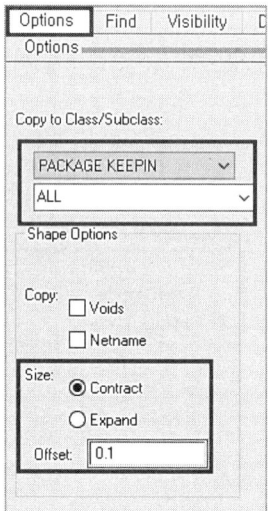

- Copy to Class/Subclass :
  · PACKAGE KEEPIN/ALL
- Shape Options :
  · Contract 체크
  · Offset : 0.1

❺ 작업 창의 Design_Outline 선을 선택한다.

❻ ❹번으로 돌아가 Copy to Class/Subclass를 ROUTE KEEPIN/ALL로 변경 후 작업 창의 Design_Outline 선을 선택한다.

❼ RMB 팝업 메뉴 중 Done을 눌러 작업을 종료한다.

2) 기구 홀 및 주요 부품 배치하기

다음 요구 사항에 준하여 기구 홀 및 고정 부품을 Board에 배치한다.

• 요구사항

【요구사항】
과제 2의 라항 3)번 부품 배치 : 주요 부품은 다음과 같이 배치
과제 2의 라항 7)번 기구 홀(Mounting Hole)의 삽입
- 보드 외곽의 네 모서리에 직경 3Φ의 기구 홀을 삽입하되 각각의 모서리로부터 4mm 떨어진 지점에 배치하고(그림 참고), 비전기적(non-electrical) 속성으로 정의하고, 기구 홀의 부품 참조 값은 삭제합니다.

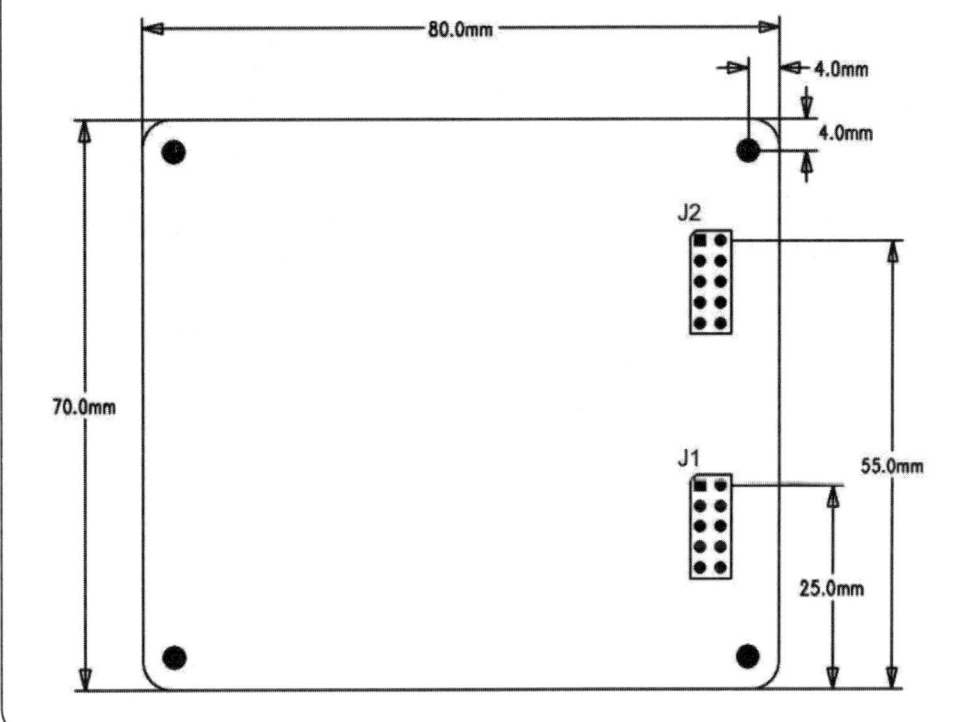

❖ 기구 홀(Mounting Hole)의 배치

PCB Editor에 등록된 Library의 Footprint를 이용하기 위해서는 List construction 항목의 Library가 체크되어 있어야 한다. 기구 홀 배치는 다음 순서와 같이 한다.

❶ 메뉴에서 Place 〉 Manually를 선택한다.

❷ Placement 창의 Advance Settings 탭에서 아래와 같이 항목을 체크한다.

- List construction : Library
- Symbols and Module Definitions : Disable

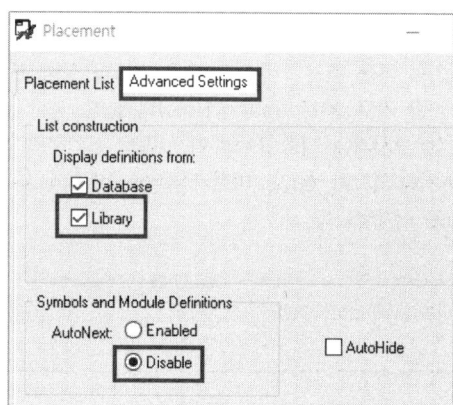

❸ Placement List 탭을 선택하고, List Box에서 Mechanical symbols를 선택한 후 MTG125를 체크한다.

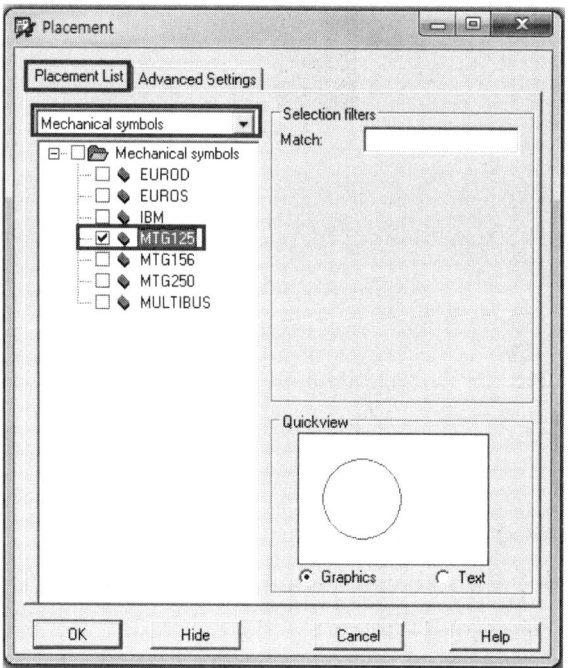

❹ 마우스 커서에 선택한 MTG125 Symbol을 확인 후 Command 창에 아래와 같이 좌표를 입력한다.

Command : x 4 4 ▶ x 76 4 ▶ x 76 66 ▶ x 4 66 ▶

❺ RMB 팝업 메뉴 중 Done(F6)을 클릭하여 작업을 완료한다.

❖ 기구 홀의 PAD 수정 방법

MTG125 크기가 125mil(3.175mm, 100mil은 2.54mm)인 비전기적 속성의 기구 홀이기 때문에 PAD를 3mm로 수정해 주어야 한다.

❶ 툴 바의 AppMode에서 Etchedit를 선택하거나 메뉴 Setup 〉 Application Mode 〉 Etch edit를 선택한다.

 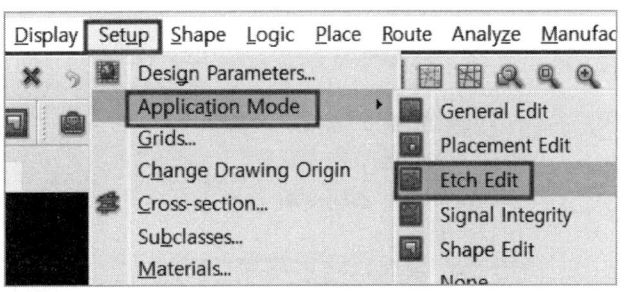

❷ 배치된 4개의 기구 홀 중 임의의 PAD 하나를 선택 후 RMB 팝업 메뉴 중 Modify design padstack 〉 All instances를 선택한다.

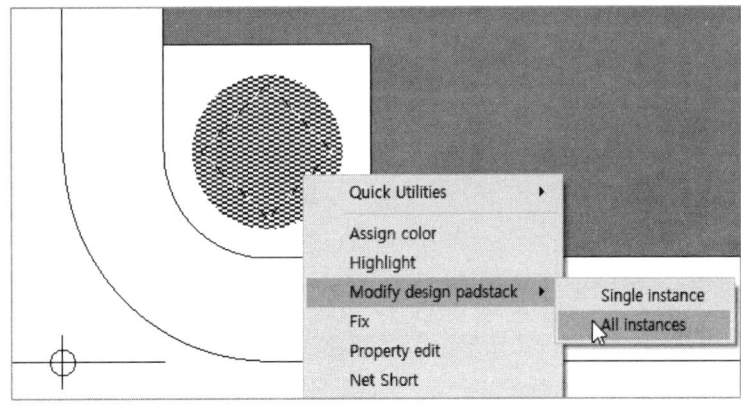

❸ Padstack Designer 창에서 Units를 Millimeter로 선택하고, Decimal places에 3을 입력한다.

❹ Drill 탭에서 Finished diameter에 3을 입력한다.

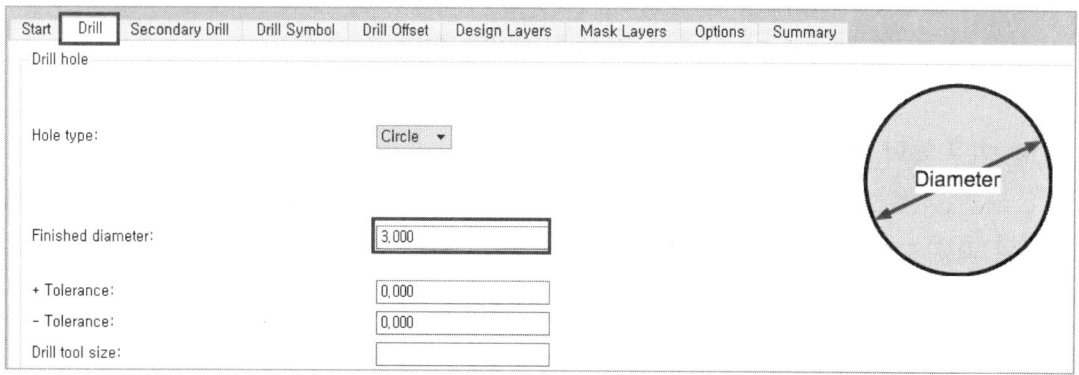

❺ Drill Symbol 탭에서 아래와 같이 입력한다.

- **Type of drill figure** : Circle
- **Characters** : X
- **Drill figure diameter** : 3

❻ 메뉴의 File 〉 Update to Design and Exit를 눌러 Padstack 창을 종료한다.

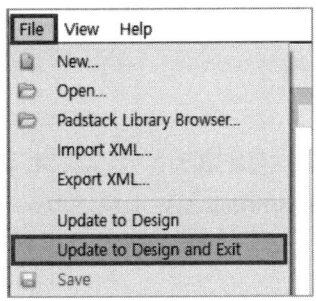

❖ 주요 부품 배치

과제 2의 라항 3)번에 있는 주요 부품이 배치되어 있는 그림을 참고하여 배치할 수 있다.

❶ 메뉴의 Place 〉 Manually를 선택한다.

❷ Placement List 탭의 List Box에서 Components by refdes를 선택 후 J1, J2 Check Box를 클릭하고 Hide 버튼을 클릭한다.

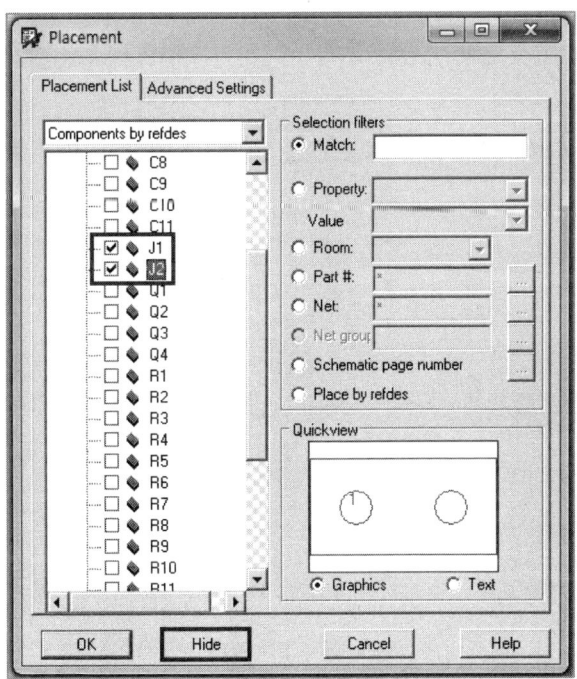

❸ 마우스 커서에 선택한 J1 부품을 확인할 수 있으며, 부품을 회전시킨 후 설계 창 하단 Command 창에 좌표 x 67 25를 입력하여 배치할 수 있다.

Command >   x 67 25

❹ 마우스 커서에 선택한 J2 부품을 확인할 수 있으며, 부품을 회전시킨 후 설계 창 하단 Command 창에 좌표 x 67 55를 입력하여 배치할 수 있다.

Command >   x 67 55

❺ RMB - Done(F6)을 선택한다.

3) Color Display 설정

Color Display 설정은 부품 배치 작업 시 불필요한 데이터를 보이지 않게 처리하므로 PCB 설정 시 가시성을 높여 준다.

❶ 메뉴의 Display 〉 Color/Visibility를 선택하거나 Color192() 아이콘을 선택한다.

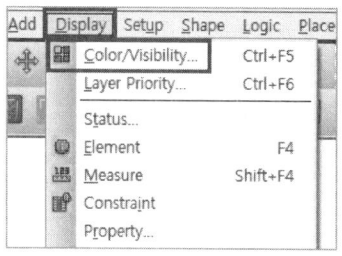

❷ Color Dialog 창 우측 상단의 Global Visibility에서 Off 버튼을 클릭하여 모든 Check Box를 해제한다.

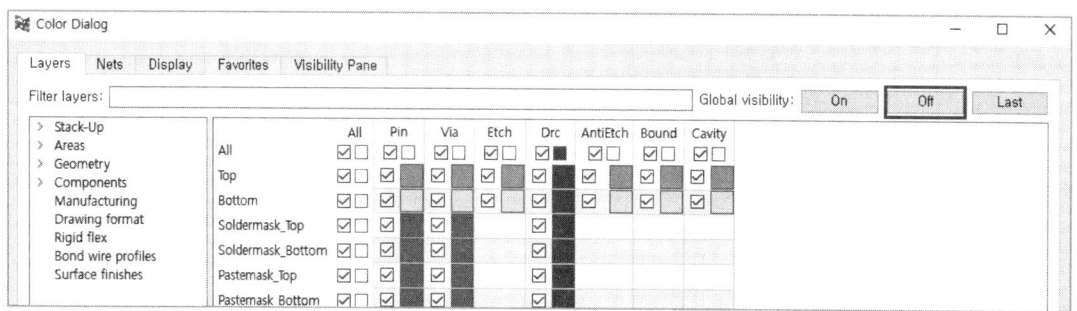

❸ 카테고리의 Stack-Up에서 Pin, Via, Etch, Drc만 체크하고, Apply 버튼을 클릭하여 Display 한다.

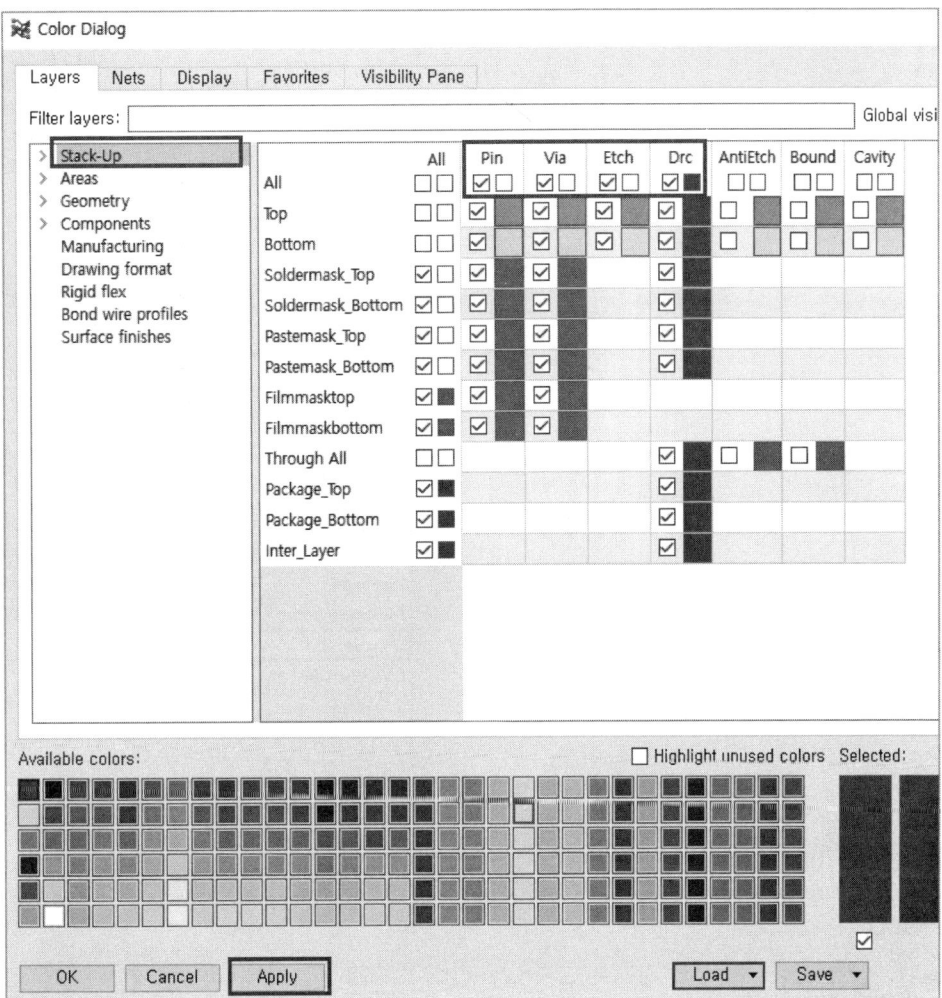

❹ 카테고리의 Board Geometry에서 Design_Outline(보드 외곽선), Dimension(치수보조선), Slikscreen_Top(보드명)을 체크하고, Apply 버튼을 클릭하여 Display 한다.

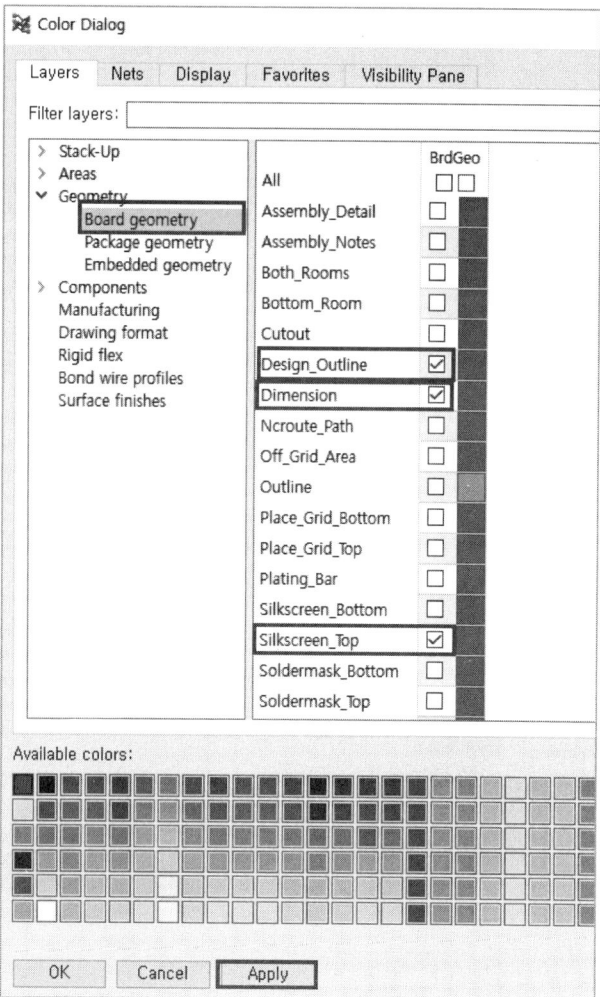

❺ 카테고리의 Package Geometry에서 Slikscreen_Top(부품 외형)을 체크하고, Apply 버튼을 클릭하여 Display 한다.

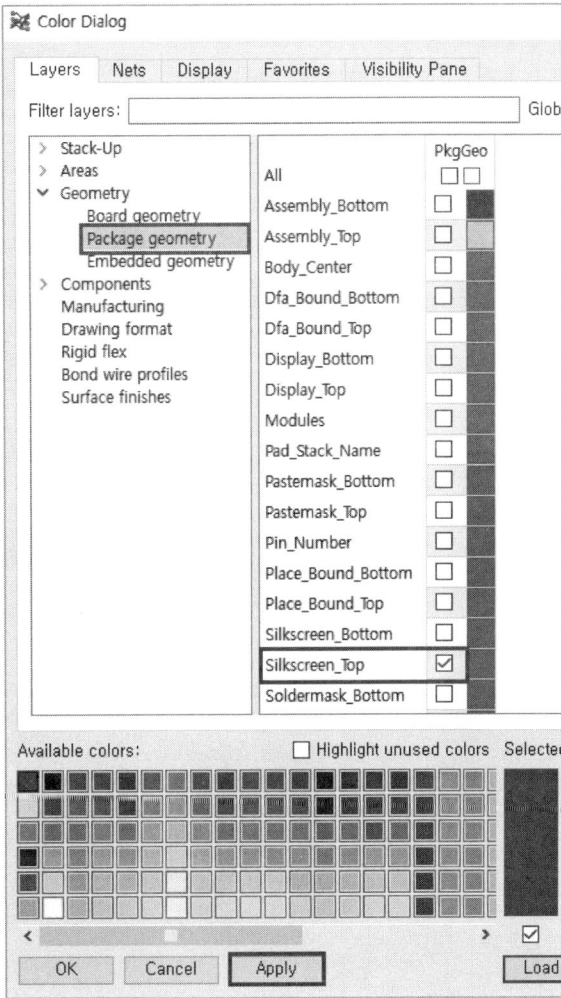

❻ 카테고리의 Components에서 Silkscreen_Top의 RefDes(부품 번호)를 체크하고, Apply 버튼을 클릭하여 Display 한다.

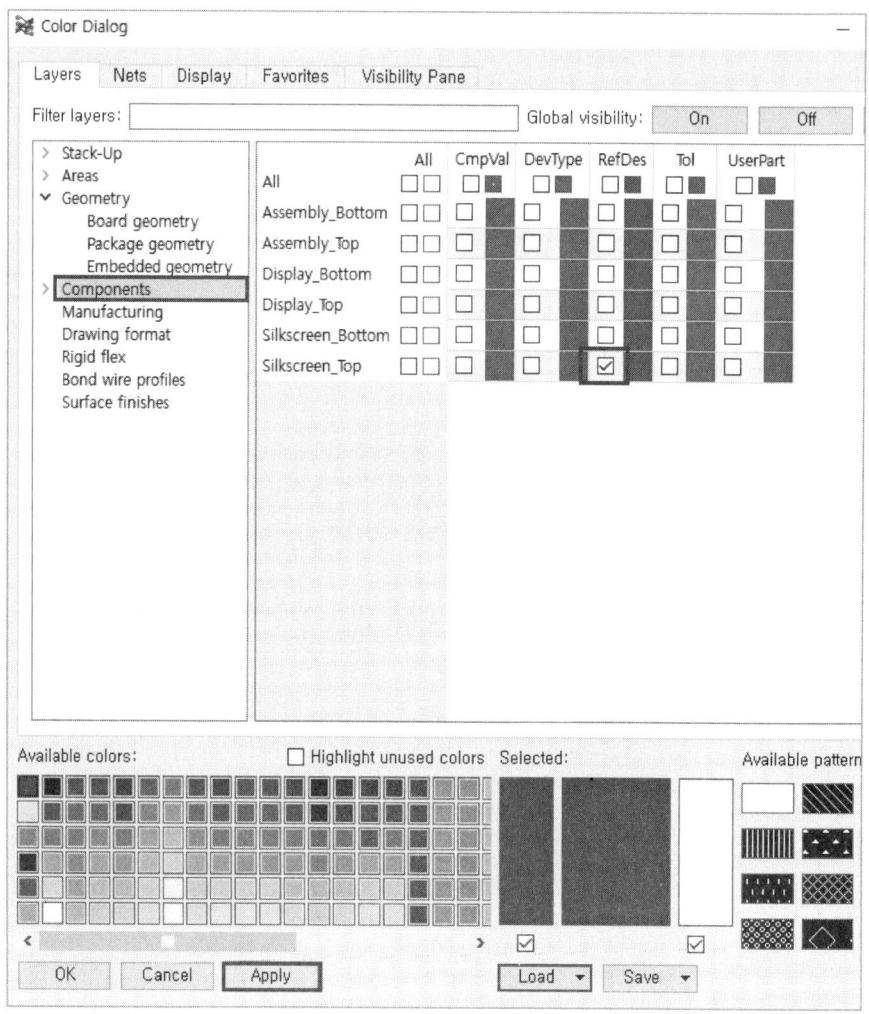

❼ Layers 설정 완료 후 Nets를 선택하여 특정 Net(전원)에 대한 Color 설정을 할 수 있으며, 먼저 Color 팔레트에서 색을 선택 후 Pins의 Color Box를 선택하여 색을 설정할 수 있다.

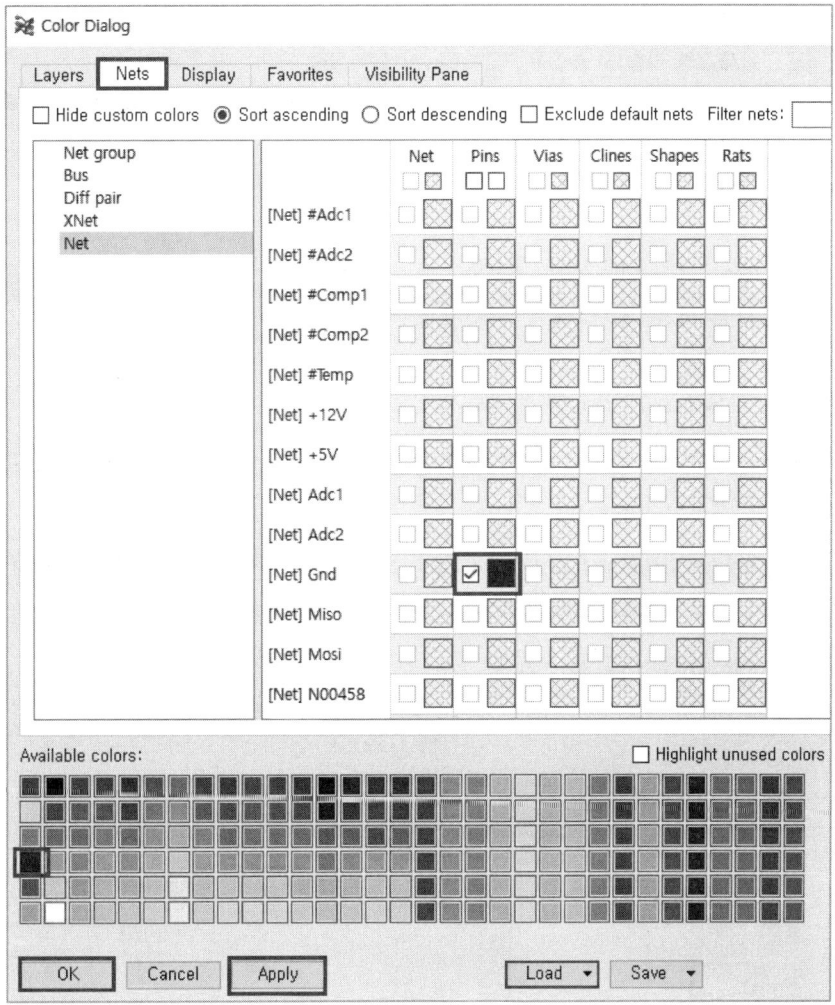

❽ 위와 같은 기본적인 Color 설정 후 Apply 버튼을 클릭하여 Display 하고, OK 버튼을 클릭한다.

4) 부품(Footprint)의 배치

> **요구사항**
> 과제 2의 라항 3) 부품은 TOP Layer에만 실장
> 과제 2의 라항 3) 부품의 실장 시 IC와 LED등 극성이 있는 부품은 가급적 동일 방향으로 배열하도록 하고, 이격 거리를 계산하여 배치

❖ 부품 배치 그리드(Grid)의 설정

고정 부품 배치 후 나머지 부품을 배치하기 위해 먼저 그리드를 적절히 설정한다.

❶ 메뉴의 Setup > Grids를 선택하거나, 아이콘을 선택한다.

❷ Define Grid 팝업 창이 뜨면 좌측 상단의 Grids On Check Box를 선택하여 화면에 그리드가 표시되게 한다.

❸ Non-Etch Spacing x/y와 All Etch Spacing x/y에 값을 기입한다. (Non-Etch Spacing x/y : 0.5/All Etch Spacing x/y : 0.2)

❹ OK 버튼을 눌러 설정을 끝낸다.

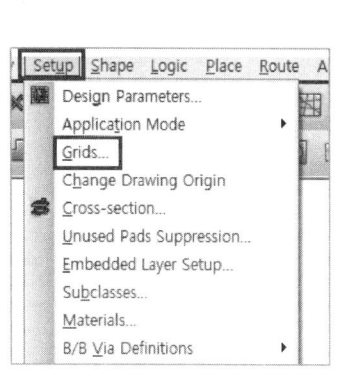
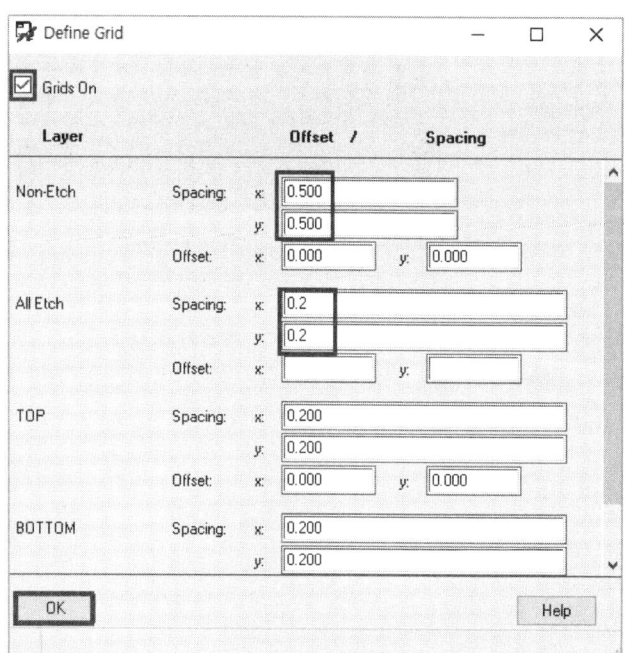

❖ 부품(Footprint)의 회전

❶ 메뉴 Edit > Move 또는 move(✥) 명령을 실행한다.

❷ 회전하고자 하는 부품을 선택 후 RMB 팝업 메뉴 중 Rotate를 클릭한다.

❸ 부품의 기준점(회전 시 생성되는 선을 기준)을 중심으로 회전한다.

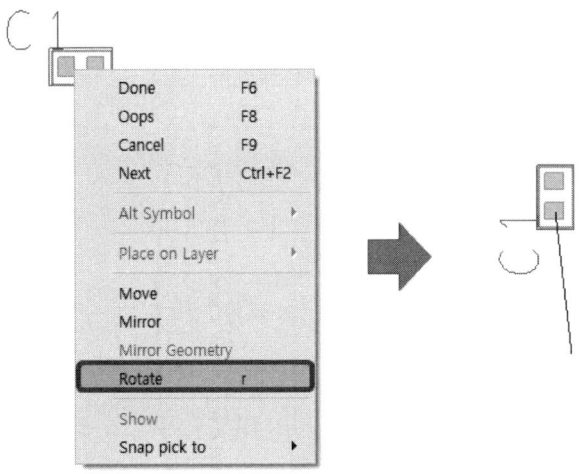

❹ 부품이 원하는 방향으로 되었을 시 RMB 팝업 메뉴 중 Done(F6)을 선택한다.

> **TIP 회전 단축키 설정**
>
> - PCB Editor에서는 부품을 회전(Rotate)시키는 단축키가 없다. 단축키를 사용하기 위해서는 단축키를 설정하여 사용할 수 있다.
> - Command 창에 "funckey r iangle -90"을 입력한 후, r을 눌러 부품을 -90도 방향으로 회전시킬 수 있다.
>
>

❖ 부품(Footprint)의 배치

그리드 설정 후 부품 배치를 위해 메뉴의 Place > Manually를 선택하거나, 아이콘을 선택한 후 Components by refdes의 부품들을 선택하여 Board Outline 안에 적절히 배치할 수 있다.

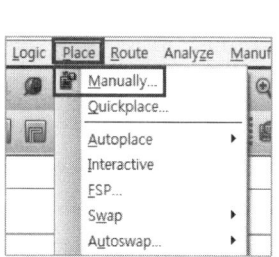
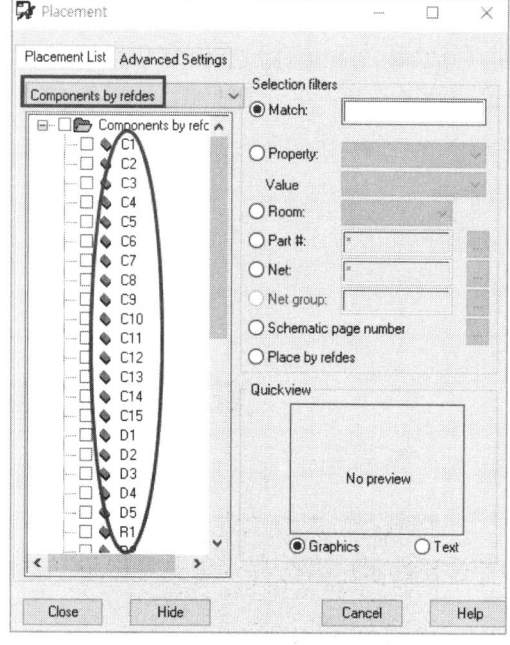

❖ 부품의 정렬

Board Outline 안의 부품을 일정하게 정렬하기 위해 메뉴의 Setup > Application Mode > Placement Edit를 선택하거나, Placement Edit 아이콘을 선택한다. 그리고 부품 정렬 시 가로 또는 세로 방향으로 다수의 부품을 선택 후, 기준으로 하고자 하는 부품 위에 마우스를 가져가서 RMB 팝업 메뉴 중 Align components를 선택하면 자동 정렬이 된다.

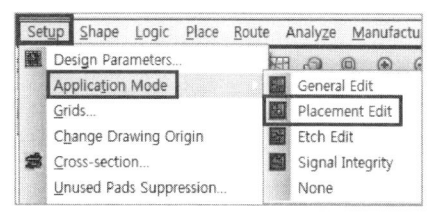

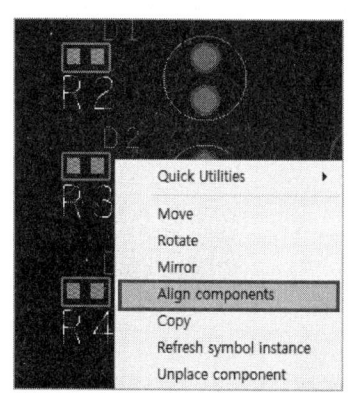

TIP 부품 정렬

Align components를 실행 후, Control Panel 창의 Options 창에서 Alignment Direction을 선택하여 정렬 방향을 선택할 수 있고, Alignment Edge를 선택하여 왼쪽, 가운데, 오른쪽 정렬을 할 수 있으며, Spacing을 선택하여 일정한 간격으로 부품들을 배치할 수도 있다.

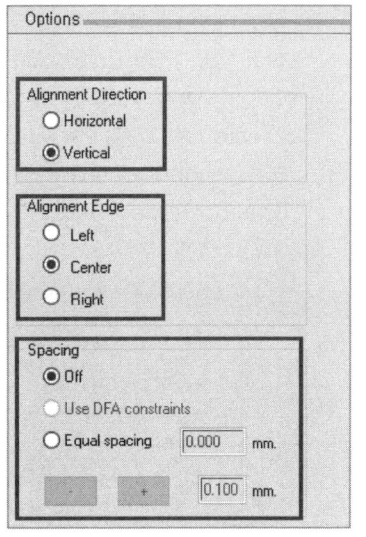

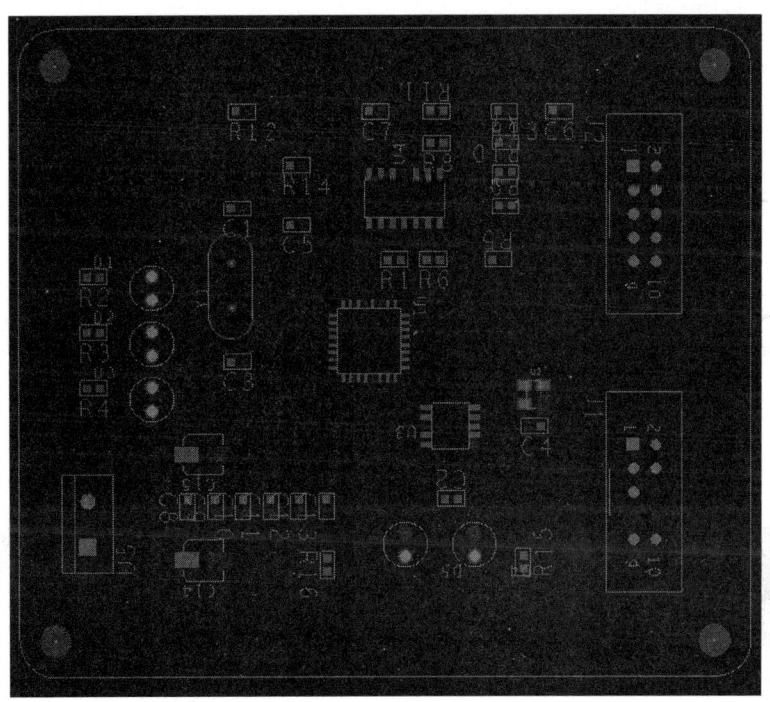

Netlist 갱신하기

① 부품 배치 시 회로도의 규칙과 다르게 설계되었을 경우(예 : Footprint 수정) 작업하고 있던 PCB Editor 프로그램을 저장 후 닫는다.
② Capture에서 회로도를 수정 후 Create Netlist를 실행한다.
③ Create Netlist 창에서 Create or Update PCB Editor Board의 Options 항목에 있는 Input Board에 현재 작업하고 있던 PCB Editor 파일을 찾아 선택한다. (Output Board File에 있는 파일을 찾아 선택)
④ 확인 버튼을 누른다.

⑤ PCB Editor 프로그램이 실행되고 수정된 것을 확인할 수 있다.

5) Constraint 설정(설계 Rule 설정)

> **• 요구사항**
>
> 과제 2의 라항 5) 네트(NET)의 폭(두께) 설정
> - 정의된 네트의 폭에 따라 설계합니다.
>
> | +12V, +5V, GND, X1, X2 | 0.5mm |
> |---|---|
> | 그 외 일반선 | 0.3mm |
>
> 과제 2의 라항 9) 카퍼(Copper Pour)의 설정
> - 모든 네트와 카퍼와의 이격거리는(Clearance) 0.5mm에 위배되지 않아야 합니다.
>
> 과제 2의 라항 10) 비아(Via)의 설정
>
> | 비아의 종류 | 속성 | |
> |---|---|---|
> | | 드릴 홀 크기(Hole size) | 패드 크기(Pad size) |
> | Power Via(전원선 연결) | 0.4mm | 0.8mm |
> | Standard Via | 0.3mm | 0.6mm |
>
> 과제 2의 라항 11) DRC 설정
> - 모든 조건은 default 값(clearance : 0.254mm)에 위배되지 않아야 합니다.

배치 완료 후 배선 전 작업이며, Constraint manager를 이용하여 배선의 두께와 배선, Pin, Shape 등의 간격을 설정할 수 있다.

다른 명령어가 활성화되어 있으면 Constraint manager 창이 나타나지 않는다. 따라서 이전에 작업 중이던 작업을 완료(RMB 팝업 메뉴 중 Done 선택) 후 Constraint manager를 실행시킨다.

❖ 네트 폭의 설정

① 메뉴의 Setup 〉 Constraints 〉 Constraint Manager를 선택하거나, 아이콘을 선택한다.

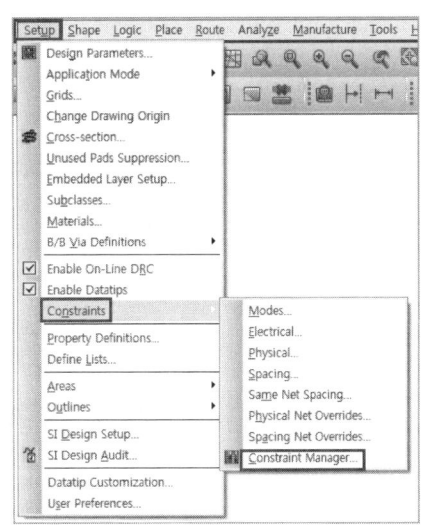

❷ Worksheet Selector 창의 Physical 항목 〉 Physical Constraint Set 〉 All Layers를 선택한다.

❸ 오른쪽 창에서 DEFAULT 〉 Line Width 〉 Min(mm)의 기입란에 일반선 두께 0.3을 기입한다.

Type	S	Name	Line Width Min mm	Max mm	Min Width mm
Dsn		01	0.300	0.000	0.127
PCS		DEFAULT	0.300	0.000	0.127

❹ Worksheet selector 창의 Physical 항목에 Net – All Layers를 선택한 후, 오른쪽 창에서 12V, +5V, GND, X1, X2의 Line Width – Min(mm)를 0.5로 변경한다.

Type	S	Name	Referenced Physical C Set	Line Width Min mm	Max mm
Net		#ADC2	DEFAULT	0.300	0.000
Net		#COMP1	DEFAULT	0.300	0.000
Net		#COMP2	DEFAULT	0.300	0.000
Net		#TEMP	DEFAULT	0.300	0.000
Net		+5V	DEFAULT	0.500	0.000
Net		+12V	DEFAULT	0.500	0.000
Net		ADC1	DEFAULT	0.300	0.000
Net		ADC2	DEFAULT	0.300	0.000
Net		GND	DEFAULT	0.500	0.000
Net		MISO	DEFAULT	0.300	0.000

❖ VIA 설정하기

❶ 배선의 폭 설정이 끝나면 Worksheet selector 창의 Physical 항목에 Physical Constraint Set 〉 All Layers를 선택하고, 오른쪽 창에서 DEFAULT 〉 VIA를 클릭한다.

Type	S	Name	(+)Tolerance mm	(-)Tolerance mm	Vias
Dsn		01	0.000	0.000	VIA
PCS		DEFAULT	0.000	0.000	VIA
PCS		POWER_NET	0.000	0.000	VIA

❷ Select a via from the library or the database에서 STANDARD_VIA를 찾아 더블클릭하면 오른쪽 Via list로 STANDARD_VIA가 이동한다.

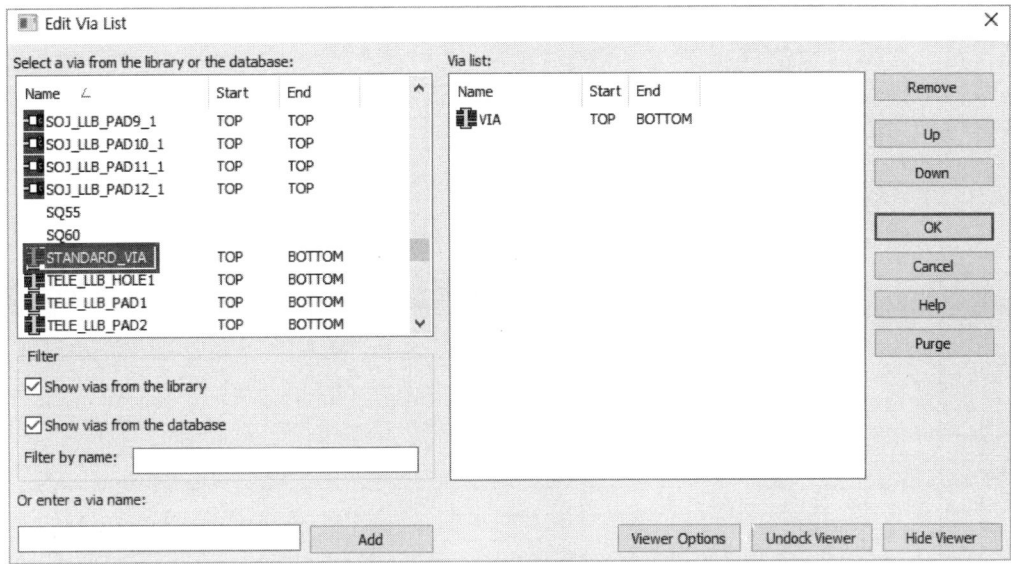

❸ 오른쪽 Via list에서 VIA를 선택하고, Remove 버튼을 클릭하거나 더블클릭하여 VIA를 제거한다. OK 버튼을 클릭하여 Edit Via List 창을 닫는다.

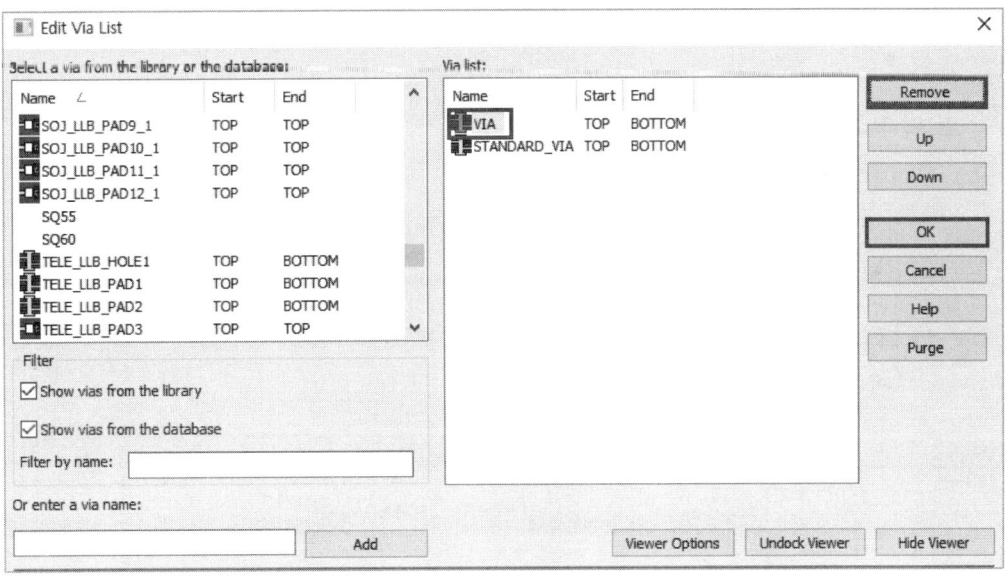

❹ Worksheet selector 창의 Physical 항목에 Net 〉 All Layers를 선택한 후, 오른쪽 창에서 12V, +5V, GND를 STANDARD_VIA 설정 방법과 같이 POWER_VIA로 설정한다.

		Objects	(+)Tolerance	(-)Tolerance	Vias
Type	S	Name	mm	mm	
*		*	*	*	*
Dsn		A01	0.000	0.000	STANDARD_VIA
PCS		⊞ DEFAULT	0.000	0.000	STANDARD_VIA

		Objects	Referenced Physical CSet	Line Width		(-)Tolerance	Vias
				Min	Max		
Type	S	Name		mm	mm	mm	
*	*	*	*	*	*	*	*
Net		#ADC2	DEFAULT	0.300	0.000	0.000	STANDARD_VIA
Net		#COMP1	DEFAULT	0.300	0.000	0.000	STANDARD_VIA
Net		#COMP2	DEFAULT	0.300	0.000	0.000	STANDARD_VIA
Net		#TEMP	DEFAULT	0.300	0.000	0.000	STANDARD_VIA
Net		+5V	DEFAULT	0.500	0.000	0.000	POWER_VIA
Net		+12V	DEFAULT	0.500	0.000	0.000	POWER_VIA
Net		ADC1	DEFAULT	0.300	0.000	0.000	STANDARD_VIA
Net		ADC2	DEFAULT	0.300	0.000	0.000	STANDARD_VIA
Net		GND	DEFAULT	0.500	0.000	0.000	POWER_VIA
Net		MISO	DEFAULT	0.300	0.000	0.000	STANDARD_VIA
Net		MOSI	DEFAULT	0.300	0.000	0.000	STANDARD_VIA
Net		N00458	DEFAULT	0.300	0.000	0.000	STANDARD_VIA
Net		N00544	DEFAULT	0.300	0.000	0.000	STANDARD_VIA
Net		N00608	DEFAULT	0.300	0.000	0.000	STANDARD_VIA
Net		N00675	DEFAULT	0.300	0.000	0.000	STANDARD_VIA

❖ 이격 거리(Spacing)의 설정

❶ 이격 거리 설정을 위해 CM 창 좌측 Worksheet selector 창의 Spacing 〉 Spacing Constraint Set 〉 All Layer를 클릭한 후 Line을 선택한다.

❷ 오른쪽 창에서 DEFAULT를 클릭한다.

❸ 전체 선택이 되면 0.254를 기입한 후 [Enter↵]를 클릭하여 이격 거리 값을 설정한다. (Default Clearance : 0.254mm)

		Objects	Referenced Spacing CSet	Line To >>	Thru Pin To >>	Shape To >>	Bond Finger To >>	Hole To >>
				All	All	All	All	All
Type	S	Name		mm	mm	mm	mm	mm
Dsn		01	DEFAULT	0.254	0.254	0.254	0.254	0.254
SCS		⊞ DEFAULT		0.254	0.254	0.254	0.254	0.254

❹ DEFAULT의 Shape To 〉 All 기입란에 0.5를 기입한 후 Enter↵를 클릭한다.

Objects			Referenced Spacing CSet	Line To >> All mm	Test Via To >> All mm	Shape To >> All mm	Bond Finger To >> All mm
Type	S	Name					
*	*	*	*	*	*	*	*
Dsn		01	DEFAULT	***	***	0.500	***
SCS		⊞ DEFAULT		***	***	0.500	***

❖ Same Net Spacing의 설정

❶ Worksheet Selector의 Same Net Spacing 〉 Spacing Constraint Set 〉 All Layer를 클릭한다.

❷ 이격 거리(Spacing) 설정을 Net Spacing과 같은 방법으로 설정한다.

Objects			Referenced Spacing CSet	Line To >> All mm	Thru Pin To >> All mm	Shape To >> All mm	Bond Finger To >> All mm	Hole To >> All mm
Type	S	Name						
*	*	*	*	*	*	*	*	*
Dsn		01	DEFAULT	0.254	0.254	0.254	0.254	0.254
SCS		⊞ DEFAULT		0.254	0.254	0.254	0.254	0.254

Objects			Referenced Spacing CSet	Line To >> All mm	Test Via To >> All mm	Shape To >> All mm	Bond Finger To >> All mm
Type	S	Name					
*	*	*	*	*	*	*	*
Dsn		01	DEFAULT	***	***	0.500	***
SCS		⊞ DEFAULT		***	***	0.500	***

❖ Properties의 설정

요구사항의 모든 Rule 설정 완료 후, 배선 전 GND 가상 선을 숨기기 위해 Worksheet selector의 Properties 〉 Net 〉 General Properties를 선택 후 GND Net의 No Rat 부분을 On으로 설정한다.

Worksheet Selector				Objects		Voltage V	Weight	No Rat	Route		Fixed
									Priority	to Shape	
⚡ Electrical			Type	S	Name						
⚙ Physical			*	*	*	*	*	*	*	*	*
⫽ Spacing			Dsn		01						
⫽ Same Net Spacing			Net		#ADC1						
⚙ Manufacturing			Net		#ADC2						
📁 Properties			Net		#COMP1						
∨ 📁 Net			Net		#COMP2						
📄 General Properties			Net		#TEMP						
📄 Route/Vias Keepout Exception			Net		+5V						
∨ 📁 Component			Net		+12V						
> 📁 Component Properties			Net		ADC1						
> 📁 Pin Properties			Net		ADC2						
			Net		GND			On			
			Net		MISO						
			Net		MOSI						
			Net		N00458						
			Net		N00544						

만약 GND 외에 다른 Ojects가 No Rat에 On 되어 있으면 Clear로 변경한다. 설정 완료 후 File 〉 Close를 선택하여 설계 창으로 복귀한다.

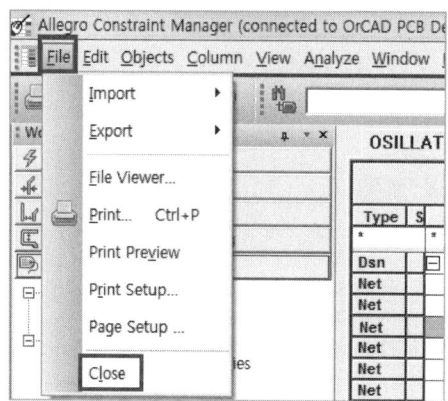

6) 배선(Routing)

과제 2의 라항 6) 배선(Routing)
- 배선은 양면 모두에서 진행
- 배선경로는 최대한 짧게 하되 100% 배선하며, 직각 배선은 하지 않음
- 자동배선(Auto routing)은 사용할 수 없으며, 자동 배선 시는 실격처리

요구사항에 준하여 배선하기 위해 메뉴의 Route 〉 Connect를 선택하거나, 아이콘을 클릭한다.

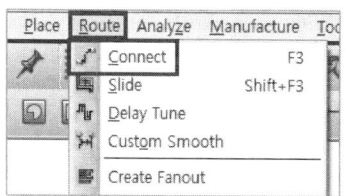

직각으로만 배선이 되면 설계 창 우측 Control Panel의 Options에서 Line lock의 각도를 45도로 설정하고 작업을 다시 진행한다.

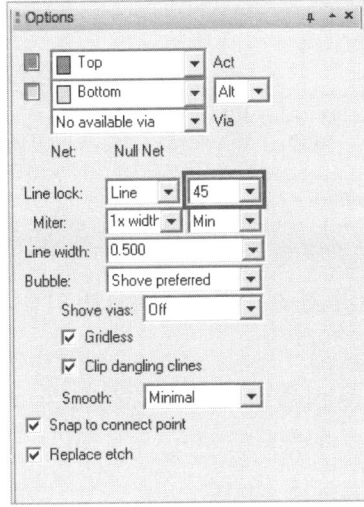

- **Act와 Alt** : Active와 Alternate Subclass는 현재 작업되어지는 Layer를 결정
- **Line lock** : Line/45로 설정
- **Miter** : Miter size의 값을 설정
- **Line width** : Constraint Manager에서 설정된 값으로 자동 설정
- **Bubble** : Off, Hug only, Shove preferred 설정
- **Gridless** : 추가된 Etch에 Routing Grid Snap을 사용할 것인지 결정
- **Smooth** : Off, Minimal, Full 등 설정
- **Replace etch** : 배선된 etch 영역을 삭제하거나 추가하지 않고 기존 Trace 경로 변경

> **TIP Bubble**
>
> - **Off** : DRC를 적용하지 않는다. Error가 있어도 배선되므로 배선에 주의해야 한다.
> - **Hug only 및 Hug preferred** : 주어진 DRC 값에 의해 배선된다. 기존의 Etch 객체들 주위를 감싸며 배선된다.
> - **Shove preferred** : Spacing을 위반하지 않는 범위에서 기존 배선이나 via를 밀어내며 배선한다.
>
>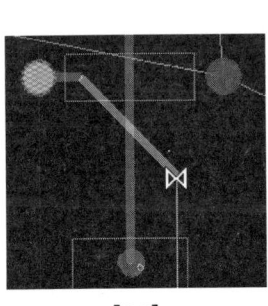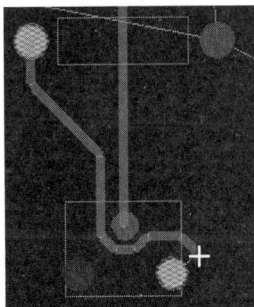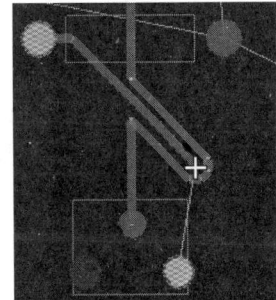
>
> [Off]　　　　　　[Hug only]　　　　　[Shove preferred]

❖ 배선 및 Layer 변경

기본 배선 방법은 부품의 핀을 클릭 후 연결된 가상선에 따라 마우스를 드래그한 후 부품에 연결된 핀을 클릭하여 배선할 수 있다.

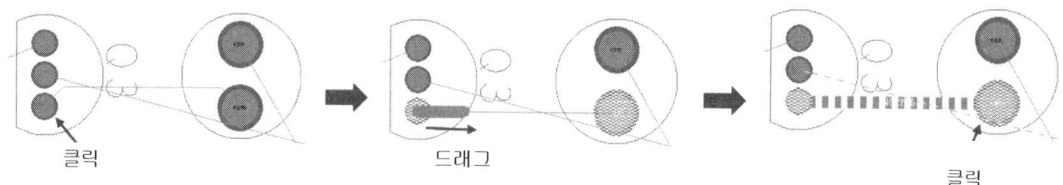

배선은 가급적 짧은 배선부터 배선하도록 한다. GND의 경우 카퍼(Copper)와 연결되므로 별도로 배선하지 않아도 된다.

배선 중 Layer 변경은 RMB 팝업 메뉴 중 Change Active Layer에서 바꾸고자 하는 Layer를 선택하거나, 키보드의 +, - 키를 눌러 Layer를 변경할 수 있다. 또는 RMB 팝업 메뉴 중 Swap Layers를 선택하여 변경할 수 있다.

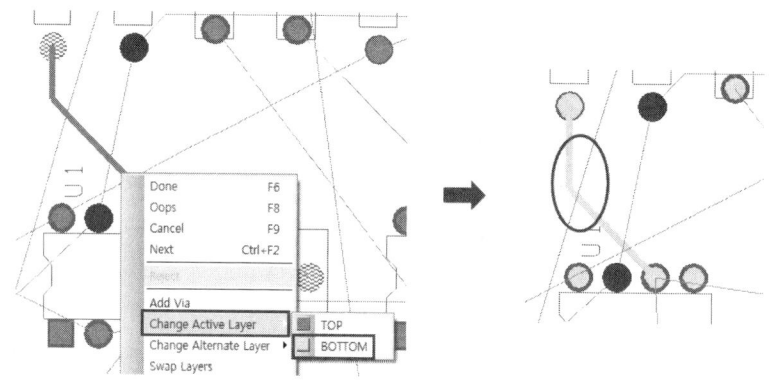

> **TIP** 레이어(Top - Bottom) 단축키 설정
>
> - PCB Editor에서는 배선 시 레이어를 변경하는 단축키가 없다. 단축키를 사용하기 위해서는 단축키를 설정하여 사용할 수 있다.
> - Command 창에 "funckey s pop swap"을 입력한 후, s를 눌러 레이어를 변경할 수 있다.

❖ 비아(Via) 생성

배선 작업 시 Via 생성은 생성하고자 하는 위치에 마우스를 클릭한 후, RMB 팝업 메뉴 중 Add Via를 선택하거나 마우스를 더블클릭하여 Via를 생성한다.

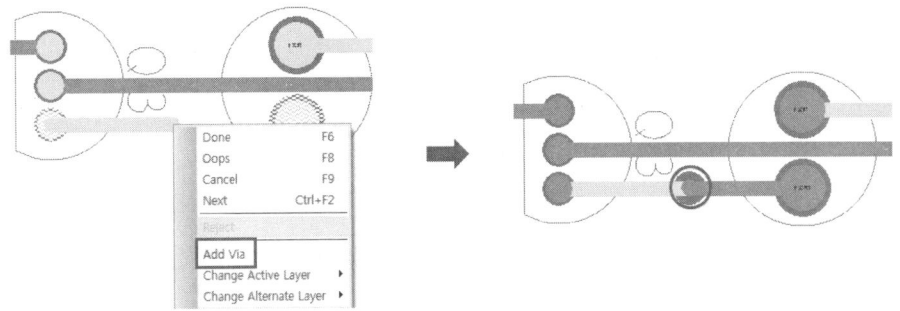

회로도의 모든 SMD 부품에서 GND를 Bottom 면의 Copper와 연결시키기 위해서는 Via를 생성하도록 해준다.

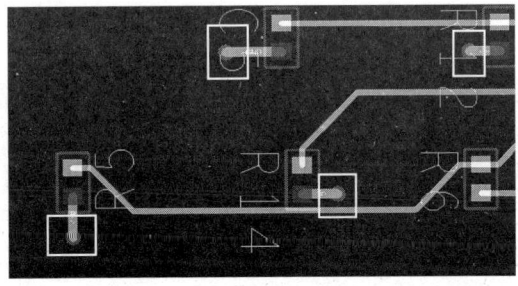

❖ 배선 정리

(가) Slide

Slide 기능을 이용하여 배선을 깔끔하게 정리할 수 있다. 메뉴의 Route 〉 Slide를 선택하거나, 아이콘을 선택하여 배선한 선들을 정리할 수 있다.

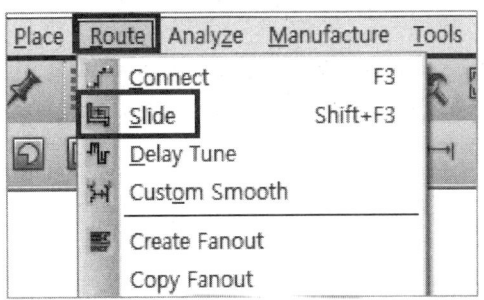

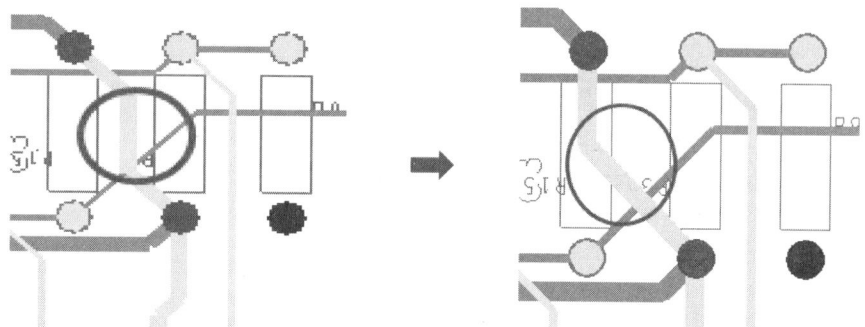

(나) Custom Smooth

Custom Smooth 기능의 경우 직선으로 연결되지 않은 선을 선택하여 최단거리로 선을 정리할 수 있다. 메뉴의 Route 〉 Custom Smooth를 선택하여 배선된 선들을 정리할 수 있다.

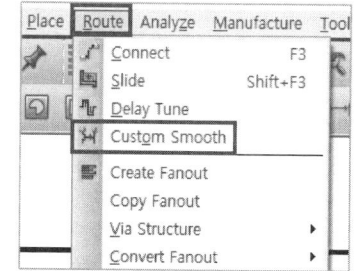

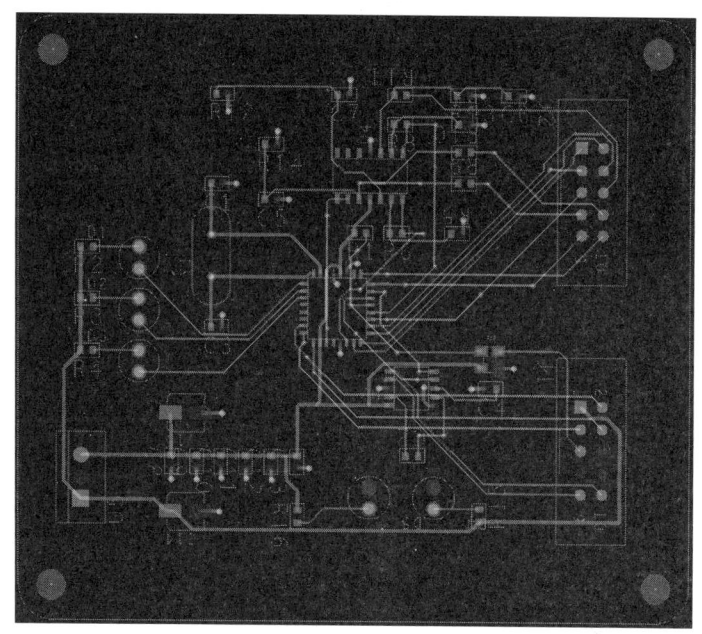

배선이 완료되면 RMB 팝업 메뉴 중 Done(F6)을 눌러 작업을 종료한다.

7) Copper Pour 작성

> **요구사항**
> 과제 2의 라항 9) 카퍼(Copper Pour)의 설정
> - 보드 납땜면(BOTTOM layer)에 GND 속성의 카퍼 처리를 하되, 보드 외곽으로부터 0.1mm 이격을 두고 실시하며, 단열판과 GND 네트 사이 연결선의 두께는 0.5mm로 설정

일반 신호선이 아닌 Power나 GND 등 다수의 접속 포인트를 특성에 맞게 면 처리하는 과정을 말하며, 요구사항에 준하여 Copper Pour를 작성하도록 한다.

❶ Parameter 설정을 위해 메뉴의 Shape 〉 Global Dynamic Parameters를 선택한다.

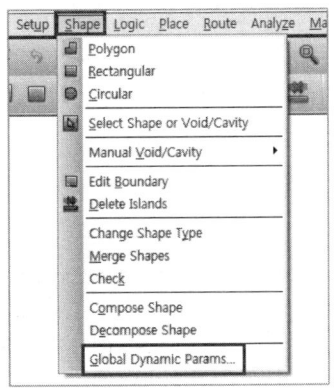

❷ Global Dynamic Shape Parameters 창에서 Thermal relief connects 탭을 선택 후, Thru pins의 Minimum connects를 1로 설정하고, 단열판과 GND Net 사이의 연결선 두께를 0.5mm로 설정하기 위해 Use fixed thermal width of에 0.5를 입력하고 OK를 클릭한다.

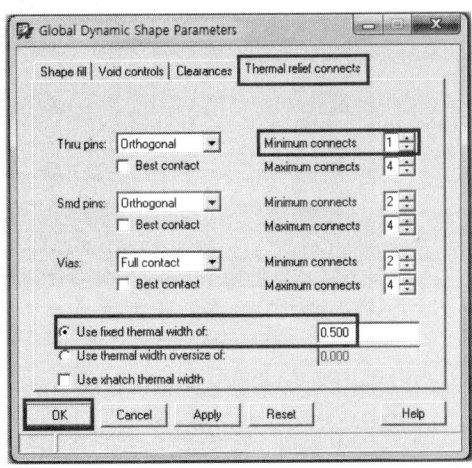

❸ GND 속성의 카퍼 영역을 설정하고, GND Net를 설정하기 위해 메뉴의 Shape 〉 Rectangular를 선택한다.

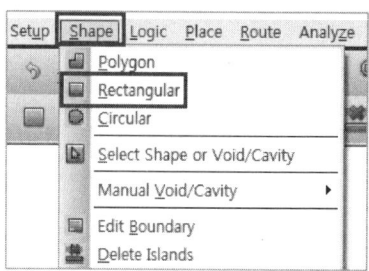

❹ Control Panel의 Options에서 Active Class and Subclass를 Etch, Bottom으로 설정하고, Shape Fill에서 Type을 Dynamic copper로 설정한다. Assign net name은 [...] 아이콘을 선택하여 GND로 설정한다.

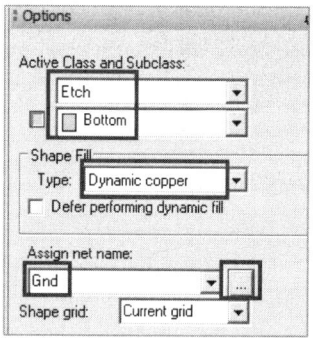

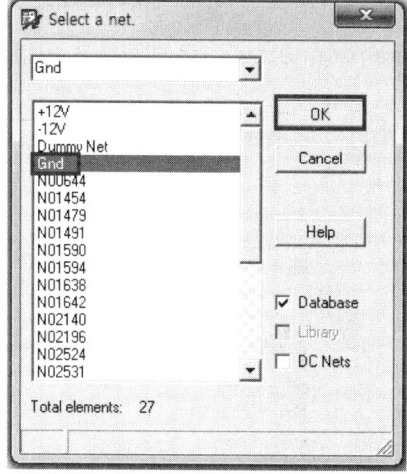

❺ Options 설정 완료 후 보드가 포함되도록 마우스를 드래그한다.

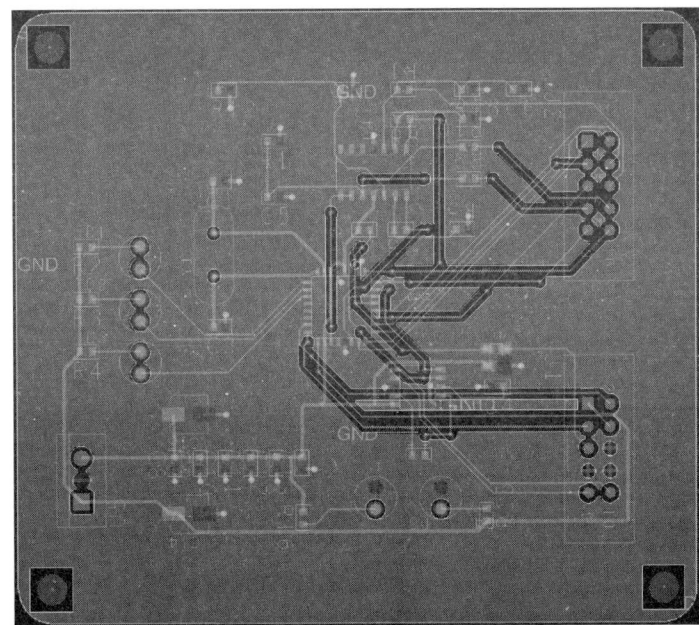

❻ Bottom Layer에 카퍼 설정이 끝났으면 RMB 팝업 메뉴 중 Done(F6)을 선택하여 작업을 종료한다.

8) Status 확인

Copper Area 설정 완료 후 Post Processing(후처리 작업) 전 Symbols and nets와 Shapes 및 DRCs를 확인하기 위해 메뉴의 Display 〉 Status를 선택한다.

Status 팝업 창에서 상태 박스가 모두 정상 상태(■)로 되었는지 확인하고, OK 버튼을 클릭한다.

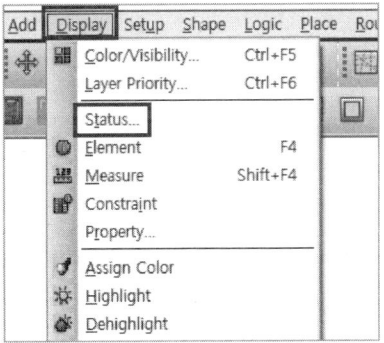

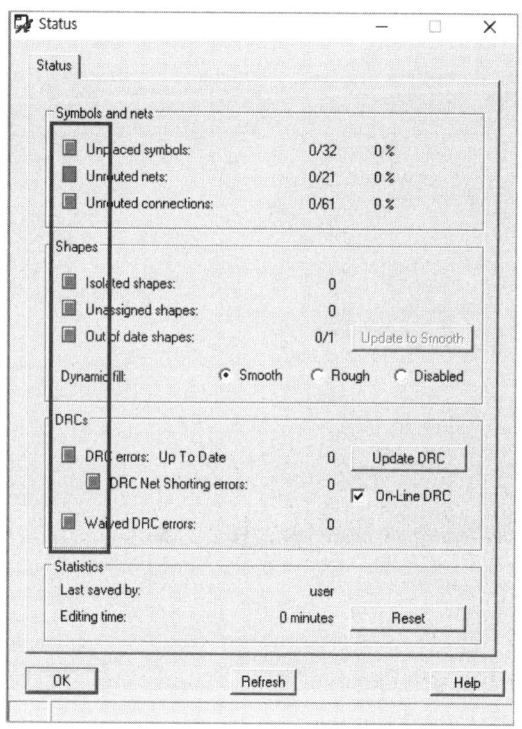

❖ Symbols and nets

배치가 안 된 부품(Unplaced symbols)이 있거나 선이 연결되지 않은 부분(Unrouted connections)을 Check해 주며, 상태 박스가 모두 녹색일 경우 정상이며, 노란색(경고)이나 빨간색(에러)일 경우에는 상태 박스를 클릭하여 좌표를 확인 후 수정할 수 있다.

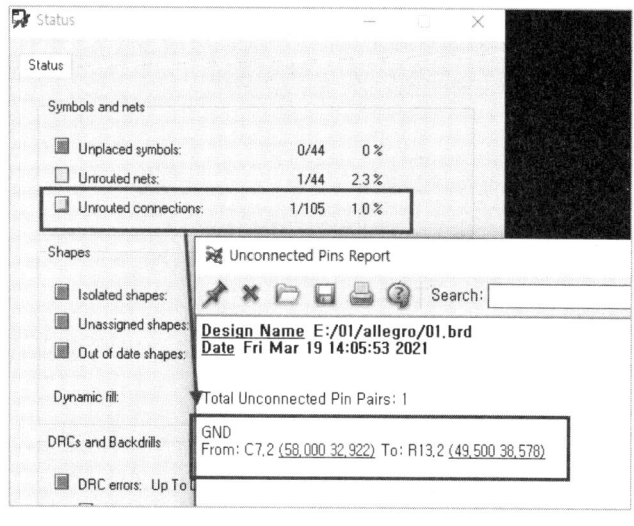

다음과 같은 경고는 C7의 2번 핀 GND가 카퍼에 연결되지 않아 생긴 경고로 강제적으로 다른 부품의 GND 핀이나 카퍼에 연결해 주면 해결할 수 있다.

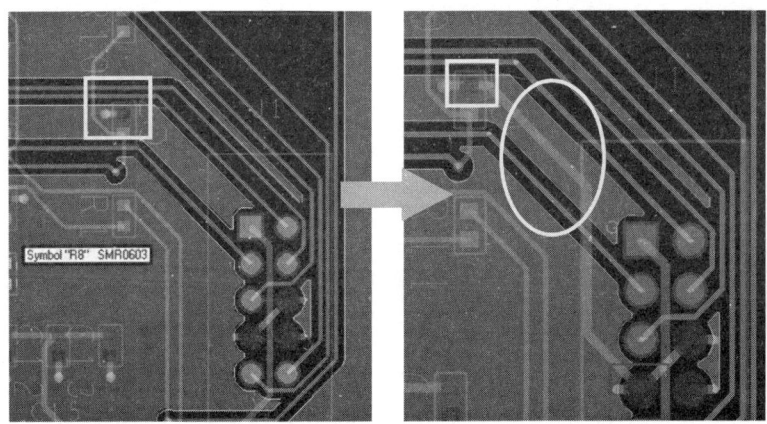

❖ Shapes

Status 창에서 Isolated shapes가 존재할 경우 상태 박스가 노란색이며, Delete Islands를 선택하여 제거해야 한다.

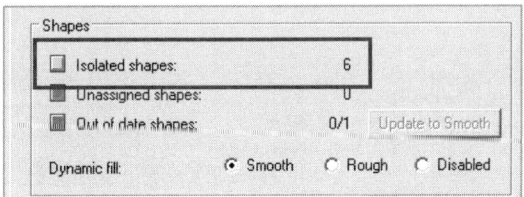

❶ Isolated shape가 존재할 경우 메뉴의 Shape 〉 Delete Islands를 선택하거나, 아이콘을 선택하여 Options 부분에서 확인 후 삭제할 수 있다.

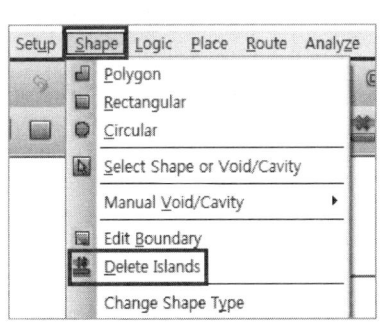 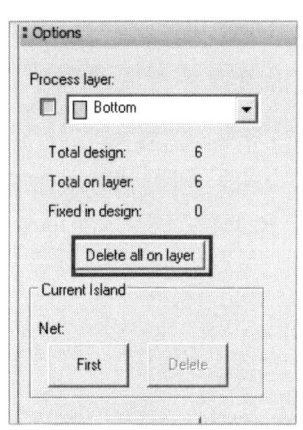

1장 CONTROL BOARD 설계 • 311

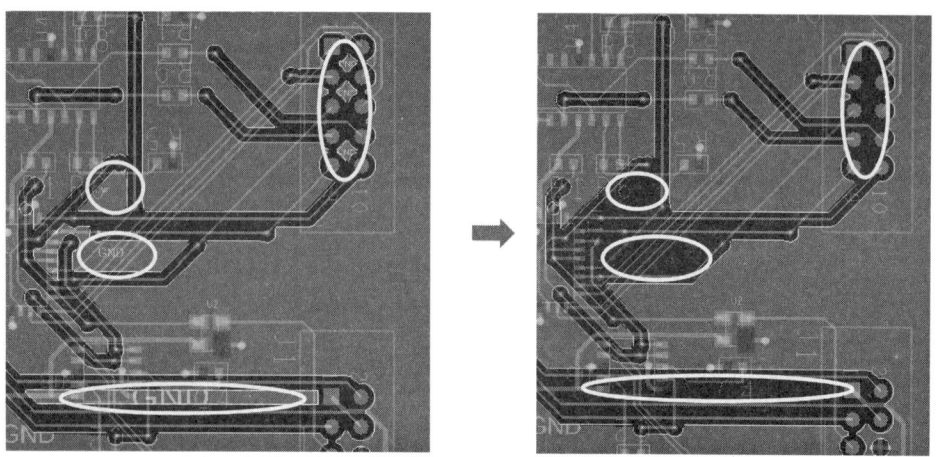

❷ Isolated shape를 제거하였으면 RMB 팝업 메뉴 중 Done(F6)을 선택한다.

❖ DRCs

앞서 설정한 PCB 설계 Rule에 위배되었을 경우 노란색 또는 빨간색으로 표시되며, 에러 확인은 각각의 상태 박스를 클릭하여 확인 가능하다.

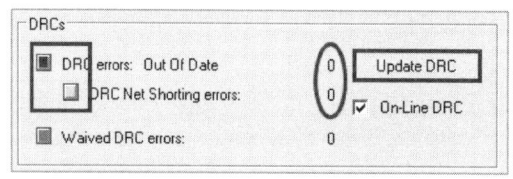

하지만 그림과 같이 상태 박스가 노란색과 빨간색으로 되어 있으나, 숫자가 0일 경우 Update DRC 버튼을 눌러 상태 박스를 녹색으로 변경할 수 있다.

이와 같이 모든 상태 박스가 녹색일 경우 정상 작업이 되었음을 확인할 수 있으며, 다음 단계로 진행할 수 있다.

만약 Update DRC 버튼을 눌렀는데도 녹색으로 변경되지 않으면, 메뉴의 Tools 〉 Updatd DRC를 선택하고 다시 Status에 Update DRC 버튼을 누른다.

(3) Post Processing(후처리 작업)

1) 실크 데이터(Silk data) 작업

> • 요구사항
>
> 과제 2의 라항 8) 실크 데이터(Silk data)
> - 실크 데이터의 부품 번호는 한 방향으로 보기 좋게 정렬하고, 불필요한 데이터는 삭제
> - 다음의 내용을 보드 상단 중앙에 위치
>   (CONTROL BOARD)
>   (line width : 0.25mm, height : 2mm)

❖ 보드명 기입

요구사항의 내용에 따라 다음 순서와 같이 보드명을 기입할 수 있다.

❶ PCB Editor에서 기본적으로 제공하는 Text Block을 편집하기 위해 메뉴에서 Setup 〉 Design Parameters를 선택한다.

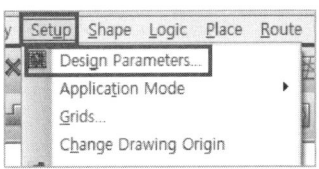

❷ Text 탭 선택 후 Setup Text Sizes 버튼을 클릭한다.

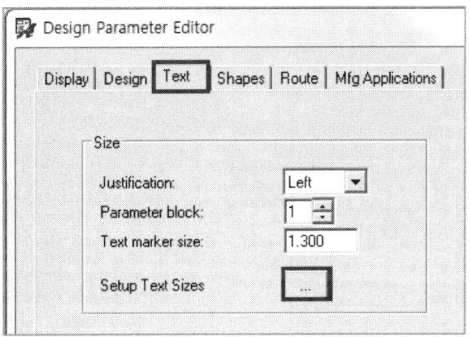

❸ 글자 크기를 설정하기 위해 Add 버튼을 클릭한 후 Text Block(21)이 추가되고 조건에 맞게 빈칸을 설정한다.

- Width(글자의 너비) : 1.5(임의 설정)
- Height(글자의 높이) : 2
- Line Space(줄 간격) : 0.2(임의 설정)
- Photo Width(글자 선의 두께) : 0.25
- Char Space(글자 간격) : 0.3(임의 설정)

❹ 설정이 완료되었으면 OK 버튼을 눌러 Text Setup 창을 닫는다.

❺ 실크 데이터를 보드에 배치시키기 위해 메뉴의 Add 〉 Text(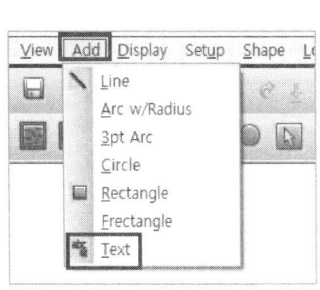)를 선택한 후 Control Panel의 Options에서 다음과 같이 설정한다.

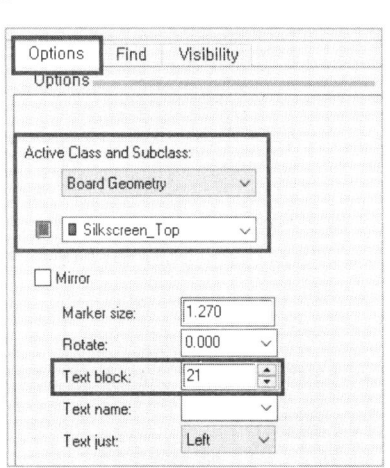

❻ Option 설정 후 PCB 보드의 상단 중앙 위치에 마우스로 클릭하여 CONTROL BOARD를 입력한다.

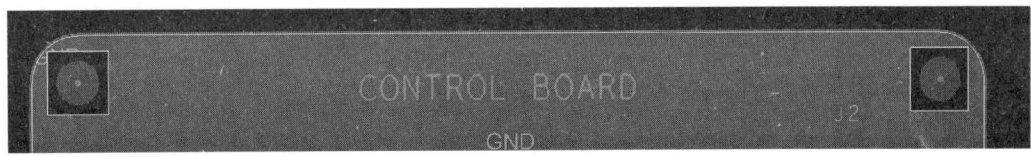

❼ 글자를 이동시키기 위해 메뉴의 Edit > Move( )를 이용하여 입력한 글자를 좀 더 정교하게 배치시킬 수 있다.

❽ 입력을 완료하였으면 RMB 팝업 메뉴 중 Done(F6)을 선택한다.

> **TIP 삭제하기**
>
> 부품이나 글자, 배선 등을 삭제할 경우 다음의 순서를 따른다.
>
>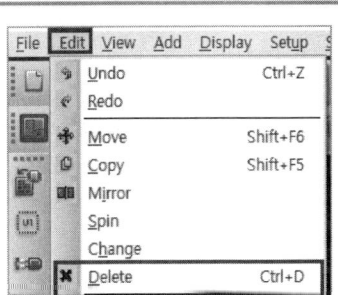
>
> ① 메뉴의 Edit > Delete( )를 선택한다.
> ② 삭제하고자 하는 부품이나 글자, 배선을 마우스로 더블클릭한다.
> ③ 삭제되었으면 RMB 팝업 메뉴 중 Done(F6)을 선택한다.
>
> 만약 삭제하고자 하는 부품이나 글자가 다른 부품이나 글자 배선 등으로 겹쳐 선택이 힘들다면,
>
>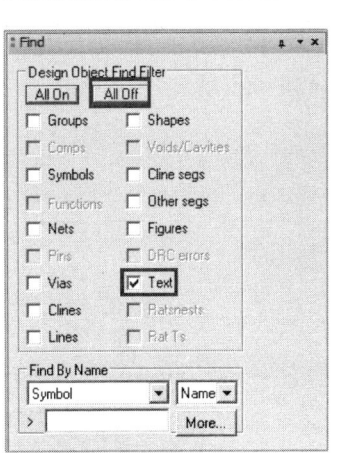
>
> ① 메뉴의 Edit > Delete를 선택한다.
> ② Control Panel의 Find에서 All Off 버튼을 클릭한 후, 삭제하고자 하는 종류만 Check한다. (예 : 글자)
> ③ 삭제하고자 하는 부품이나 글자, 배선을 마우스로 더블클릭한다.
> ④ 삭제가 되었으면 RMB 팝업 메뉴 중 Done(F6)을 선택한다.

❖ 부품 번호(Reference) 정리

요구사항에 부품 번호는 한 방향으로 보기 좋게 정렬하라고 규정되어 있기 때문에 동일한 글자의 크기와 방향으로 정렬하여야 한다.

(가) 부품 번호 크기 정리

❶ 부품 번호의 크기를 동일하게 하기 위해 메뉴의 Edit 〉 Change를 선택한다.

❷ Option Panel 창에서 Class : Ref Des/New subclass : Silkscreen_Top을 선택하고 Text block은 3으로 설정한다.

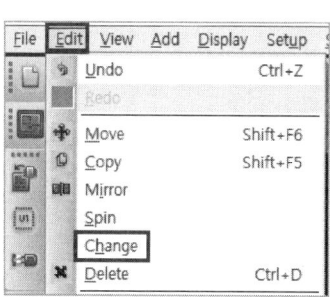 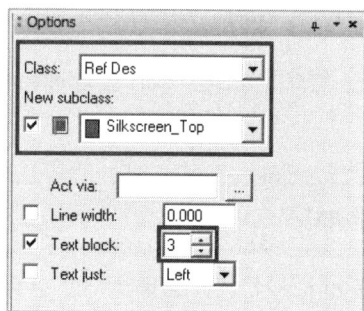

❸ 마우스로 보드 전체를 드래그하면 부품 번호의 크기가 동일하게 변경된 것을 확인할 수 있다.

❹ RMB 팝업 메뉴 중 Done을 눌러 작업을 종료한다.

(나) 부품 번호 정렬

부품 번호의 크기를 동일하게 정리한 후 부품 번호를 한 방향으로 정렬하여야 한다.

❶ Edit 〉 Move를 선택한다. Find Panel 창에서 All Off를 클릭한 후 Text만 선택한다.

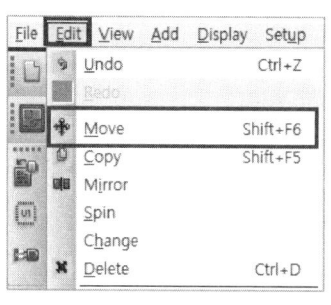 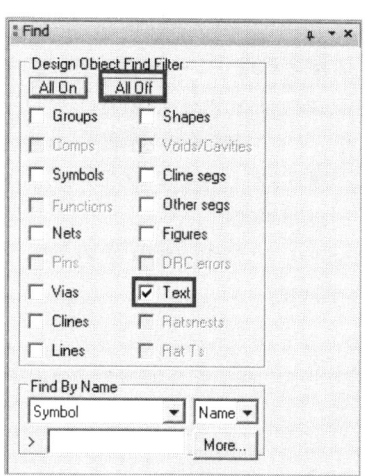

❷ 부품 번호를 선택하여 부품 번호가 겹치지 않도록 부품 밖으로 문자의 위치와 방향을 정렬한다.

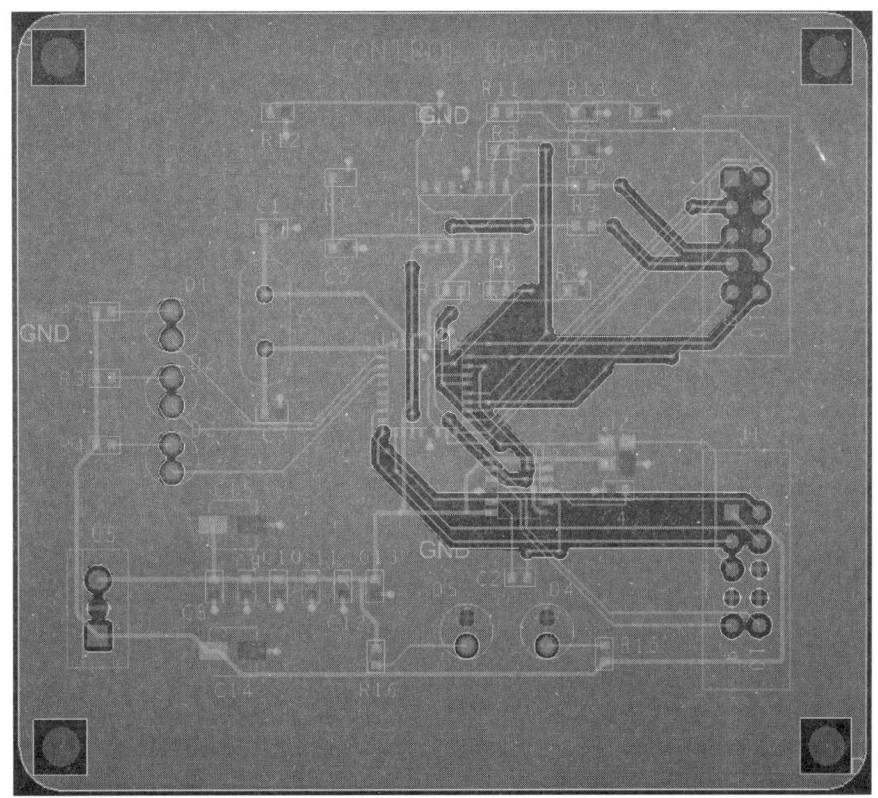

2) 치수보조선

치수보조선을 이용하여 보드 외곽의 길이 및 부품의 위치를 표시하며 치수보조선을 사용하기 위해 단위 및 글자 크기 등을 먼저 설정한다.

❖ Parameter의 설정

❶ 메뉴의 Manufacture 〉 Dimension Environment를 선택하거나 아이콘을 선택한다.

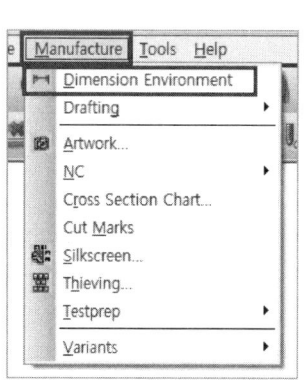
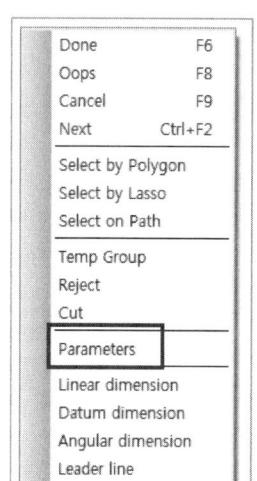

❷ PCB 화면에서 RMB 팝업 메뉴 중 Parameters를 선택한다.

❸ Dimensioning Parameters 팝업 창에서 먼저 General 탭의 Parameter editing 단위를 Millimeters로 선택한다.

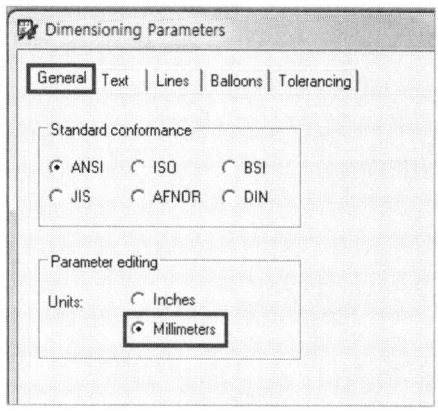

❹ Text 탭을 선택하고 다음과 같이 설정한다.

- Text block(글자 크기 설정) : 4(임의 크기 설정)
- Primary dimensions/Units(치수보조선 사용 단위) : Millimeters
- Primary dimensions/Decimal places(치수보조선의 소수점 자릿수) : 0

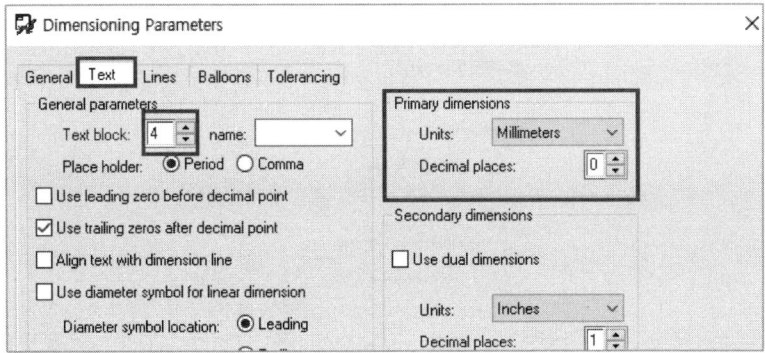

❺ OK 버튼을 누른다.

❖ 치수보조선 그리기

RMB 팝업 메뉴 중 Linear dimension을 선택한다. Panel 창의 Options에서 Dimension Environment mode가 Linear dimension으로 변경된 것을 확인할 수 있다.

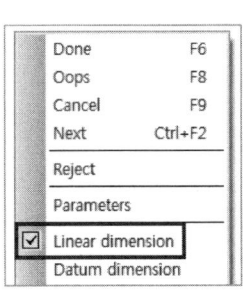 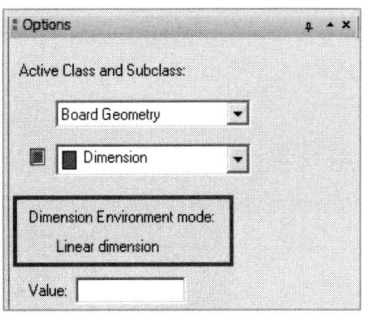

❶ Options 탭에서 숫자 뒤의 단위(mm)를 나타내기 위해 Text에 %vmm를 입력한다.

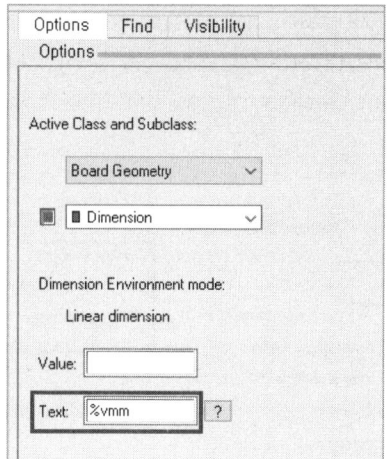

❷ 80mm 치수보조선을 나타내기 위해 왼쪽 외곽선과 오른쪽 외곽선을 클릭한다. 배치시킬 위치에 다시 클릭한다.

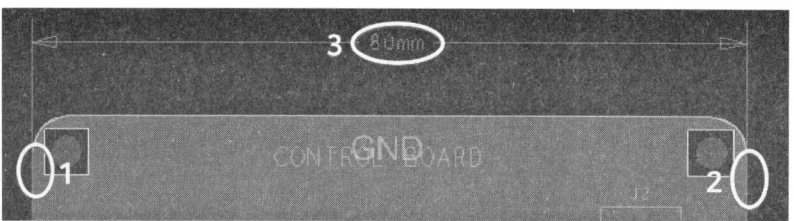

❸ Mechanical Pin 및 Board Outline을 마우스로 외곽선을 클릭한다.

❹ 치수보조선을 배치시킬 위치에서 다시 클릭한다.

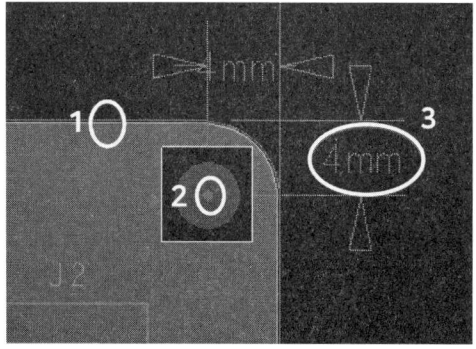

❺ 나머지도 같은 방법으로 한다.

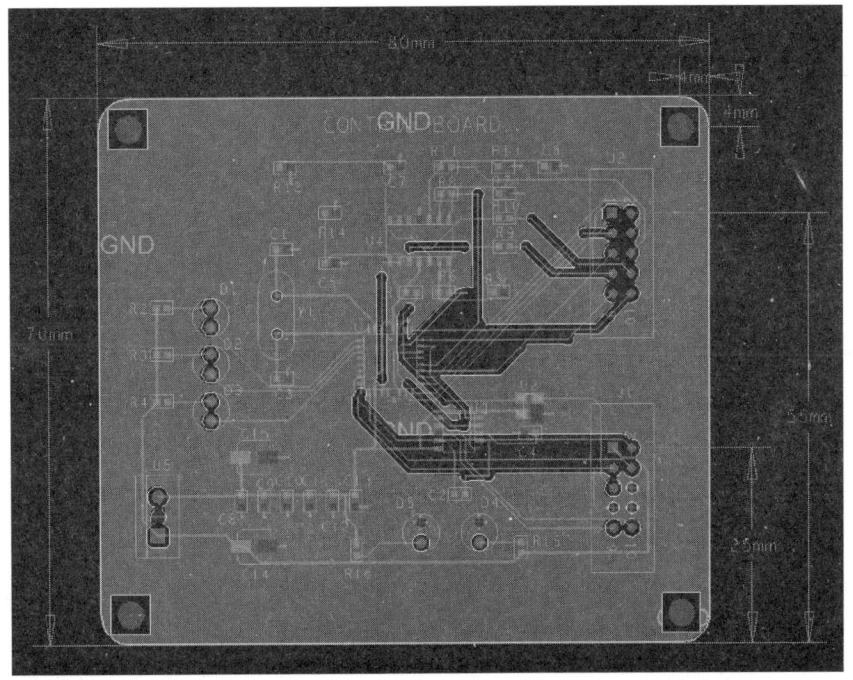

❖ 치수보조선의 수정

(가) 치수보조선의 삭제

❶ Manufacture > Dimension Environment를 선택한다.

❷ 화면에서 RMB 팝업 메뉴 중 Delete dimensions를 선택한다.

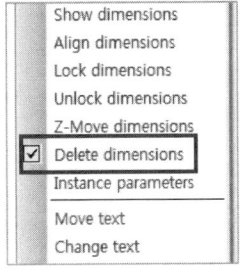

❸ 삭제를 원하는 치수보조선을 선택한다.

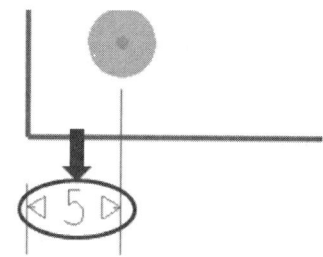

❹ 작업이 완료되었으면 RMB 팝업 메뉴 중 Done(F6)을 선택한다.

(나) 치수보조선의 이동

❶ Manufacture > Dimension Environment를 선택한다.

❷ 화면에서 RMB 팝업 메뉴 중 Move text를 선택한다.

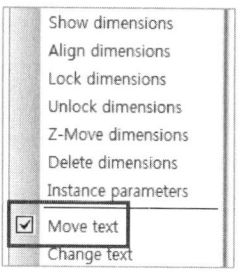

❸ 이동하고자 하는 치수보조선을 선택한 뒤 원하는 위치에 배치시킨다.

❹ 작업이 완료되었으면 RMB 팝업 메뉴 중 Done(F6)을 선택한다.

3) NC Data 생성

❖ Drill Symbol의 생성

❶ 메뉴의 Manufacture 〉 NC 〉 Drill Customization 또는 아이콘을 선택한다.

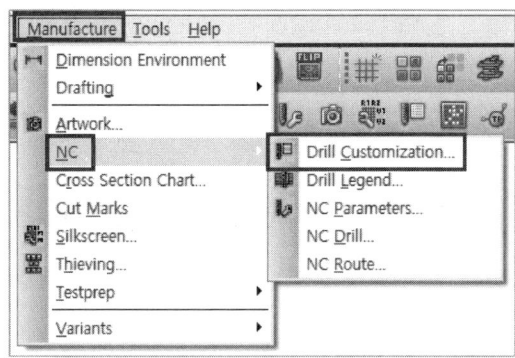

❷ Drill Customization 창이 열리면 창 하단 중앙의 "Auto generate symbols"를 클릭하여 자동으로 Symbol Figure를 생성시킨 후 OK를 클릭한다.

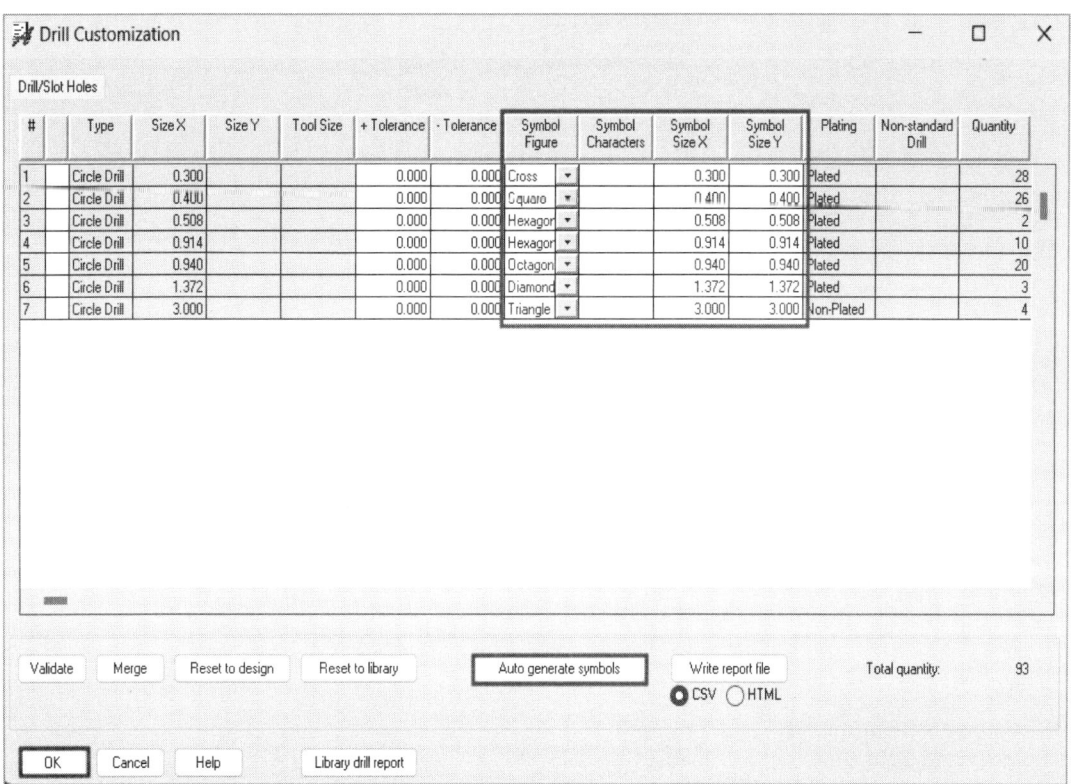

❖ NC Drill Legend 작성
  ❶ 생성한 드릴 차트를 기입하기 위해 메뉴의 Manufacture 〉 NC 〉 Drill Legend를 선택하거나, 아이콘을 선택한다.

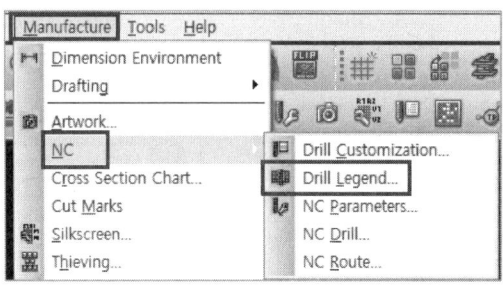

  ❷ Output unit을 Millimeter로 설정한 후 OK 버튼을 클릭하여 생성된 차트를 보드 하단에 적절히 배치한다.

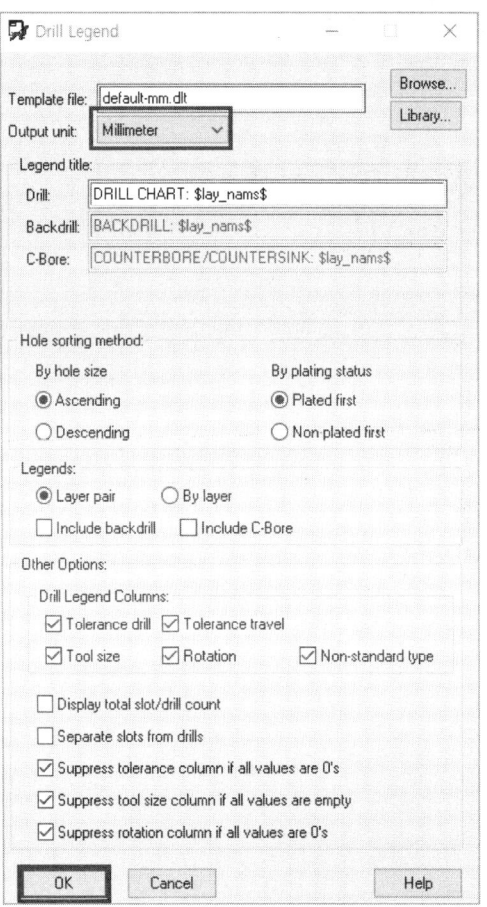

❖ Drill data 생성

❶ PCB 제조 과정에 필요한 Drill data를 생성하기 위해 메뉴의 Manufacture > NC > NC Parameters를 선택하거나, 아이콘 선택 후 아래와 같이 설정을 한다.

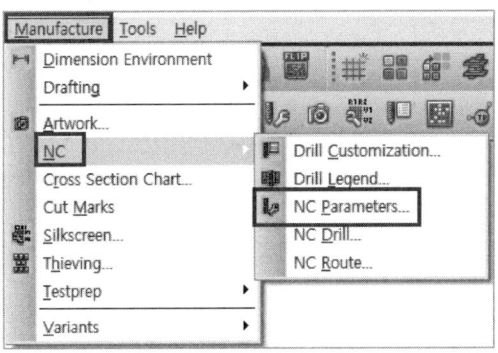

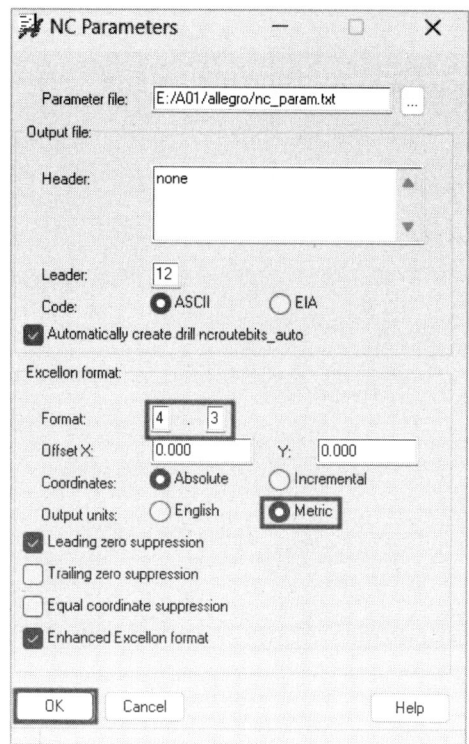

❷ NC Parameters를 설정 후 NC Drill data를 생성하기 위해 메뉴의 Manufacture 〉 NC 〉 NC Drill을 선택 후 Drill 버튼을 클릭하여 data를 생성한다.

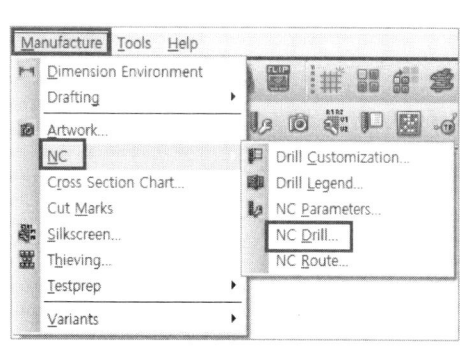
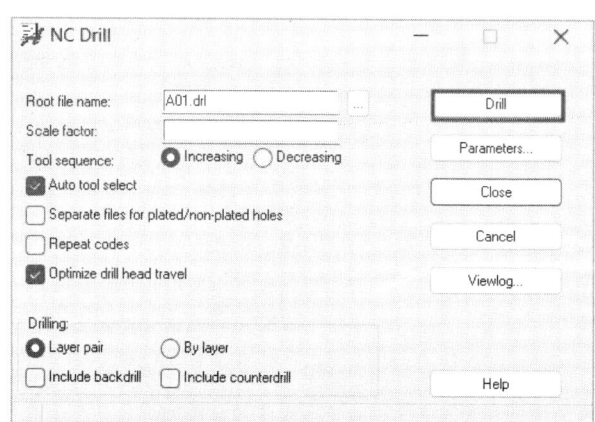

4) Gerber File 생성

Gerber란 Gerber Scientific Instrument사에 의해 고안되어 포토플로터에 적용, 사용하기 시작한 데이터 포맷이다. PCB 제조에 필요한 것이 Gerber File이며, 이를 PCB 패턴을 그린 필름으로 인쇄한다. PCB 제작에 필요한 Gerber File을 생성하기 위해 다음과 같은 순서로 필름을 생성할 수 있다.

❖ Artwork의 설정

❶ 메뉴의 Manufacture 〉 Artwork를 선택하거나, 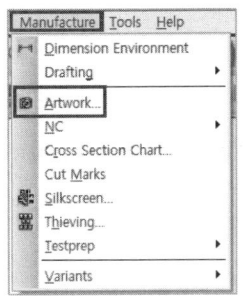 아이콘을 선택한다.

❷ Artwok Control Form 창에서 General Parameters 탭을 선택한 후, 아래와 같이 설정하고 OK 버튼을 클릭한다.

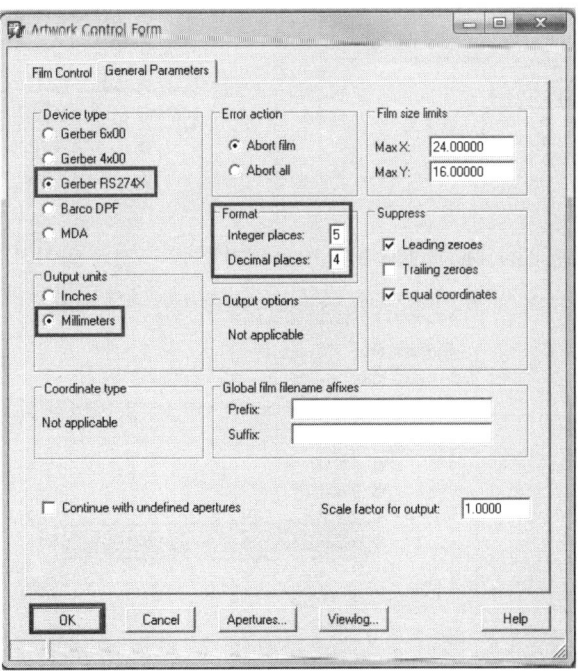

❖ Artwork Film 생성

　Artwork Film의 출력 작업은 PCB 설계의 최종 과정으로 설계 작업의 내용을 출력하는 데 필요한 정보를 추출하는 과정이다. 기본적으로 TOP과 BOTTOM에 대해서만 Film Control Record되어 있고 추가적으로 생성할 Film은 Silkscreen_Top, Soldermask_Top, Soldermask_Bottom, Drill_draw이며, Artwork Control Film을 닫지 않은 상태에서 다음 작업들을 진행한다.

(가) Outline 추가

❶ 메뉴의 Manufacture > Artwork를 선택하거나, 🔲 아이콘을 선택한 후 Film Control 탭을 선택한다.

❷ TOP Film에 OUTLINE Subclass를 추가하기 위해 펼침 버튼(+)을 선택한다.

❸ 하위 항목 중 임의의 하나를 선택 후, RMB 팝업 메뉴 중 Add를 선택한다.

❹ BOARD GEOMETRY에서 DESIGN_OUTLINE을 체크한 후, OK 버튼을 누른다.

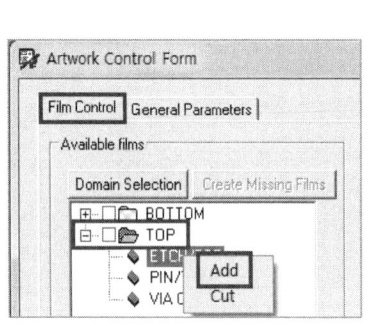
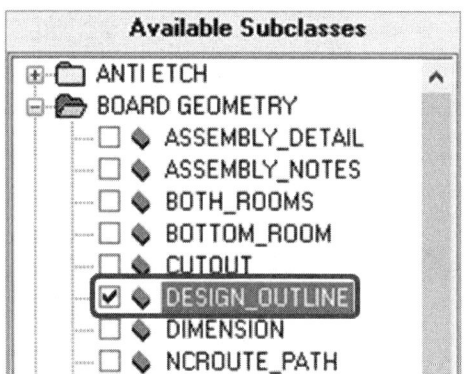

❺ 그림과 같이 DESIGN_OUTLINE의 Subclass가 추가된 것을 확인할 수 있다.

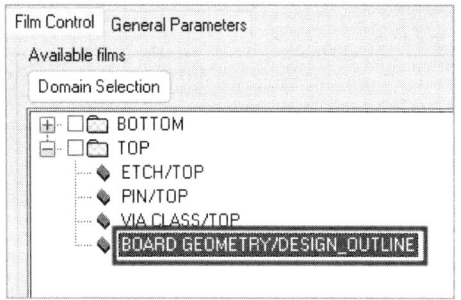

❻ 확인 방법은 확인하고자 하는 폴더를 클릭한 후 RMB 팝업 메뉴 중 Display for Visibility를 선택하여 볼 수 있다.

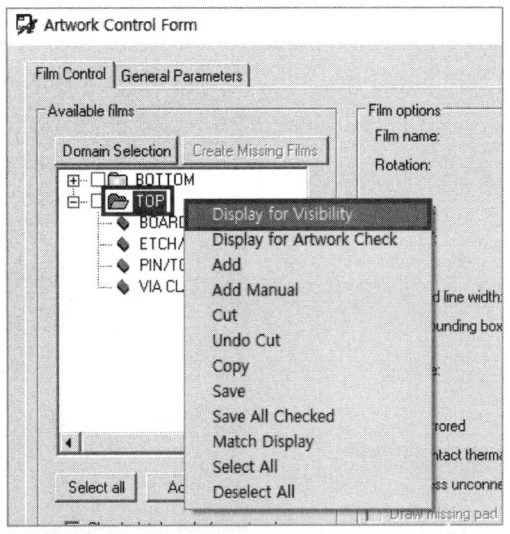

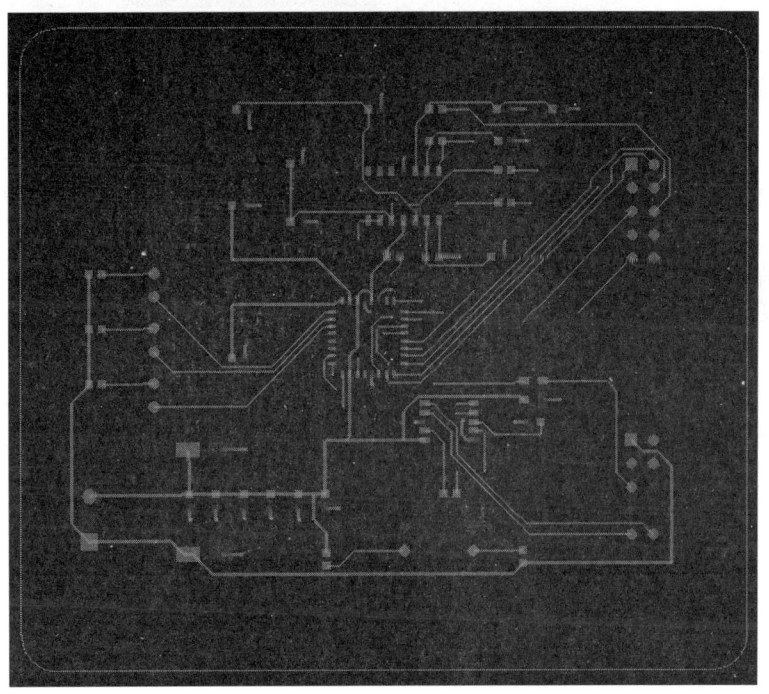

> **TIP** **Bottom**
>
> Top과 같은 방법으로 Bottom Film에도 Outline을 추가한다.

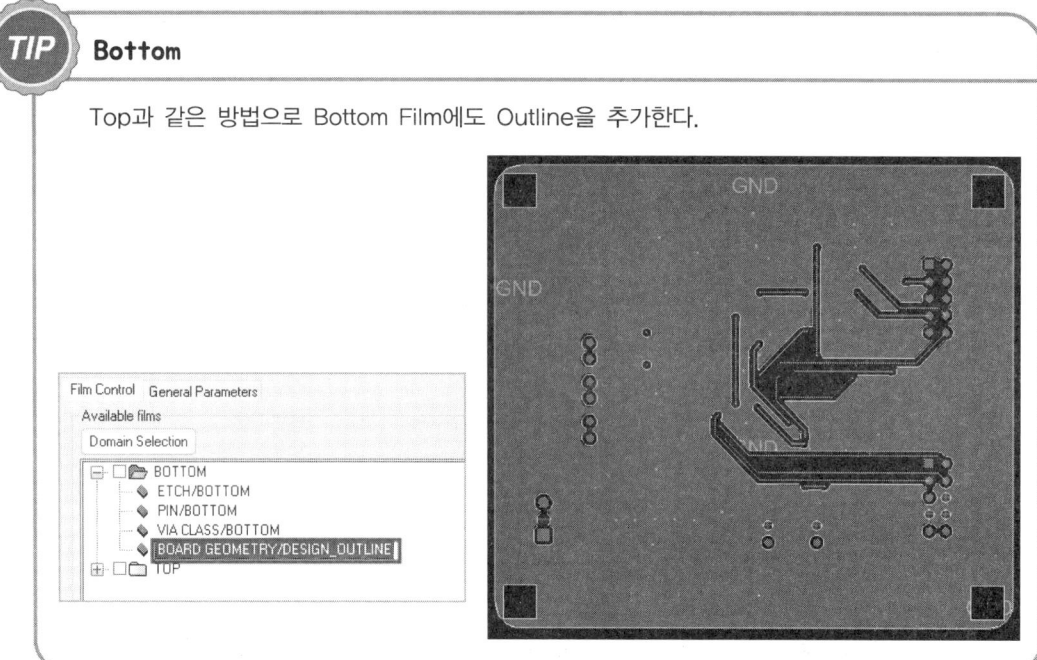

(나) SST(Silkscreen_Top) 생성

❶ Artwork Control Form 창이 열려있는 상태에서 메뉴의 Display 〉 Color/Visibility를 선택하거나, Color192(	) 아이콘을 선택한다.

❷ Color Dialog 창의 오른쪽 상단 Global visibility에서 Off 버튼을 클릭한다.

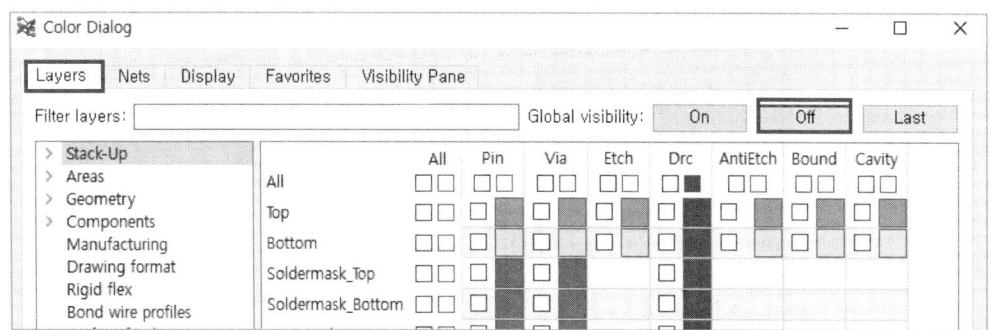

❸ Board geometry의 Subclasses 항목 중에서 Design_Outline, Dimension, Silkscreen_Top 을 선택한다.

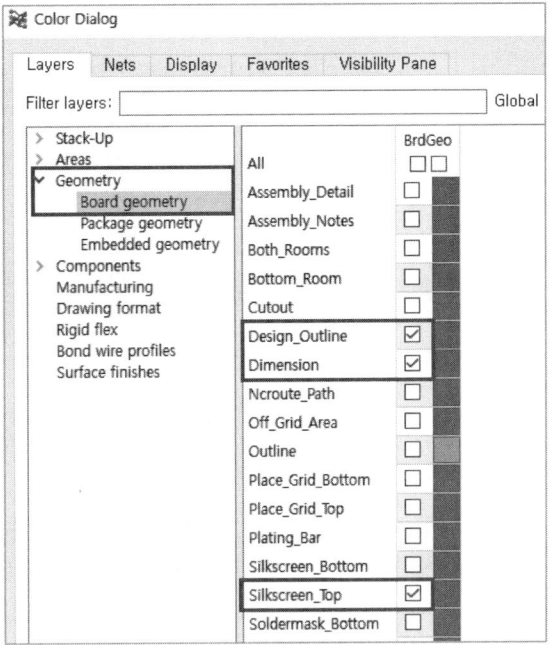

❹ Package geometry의 Subclasses 항목 중에서 Silkscreen_Top을 선택한다.

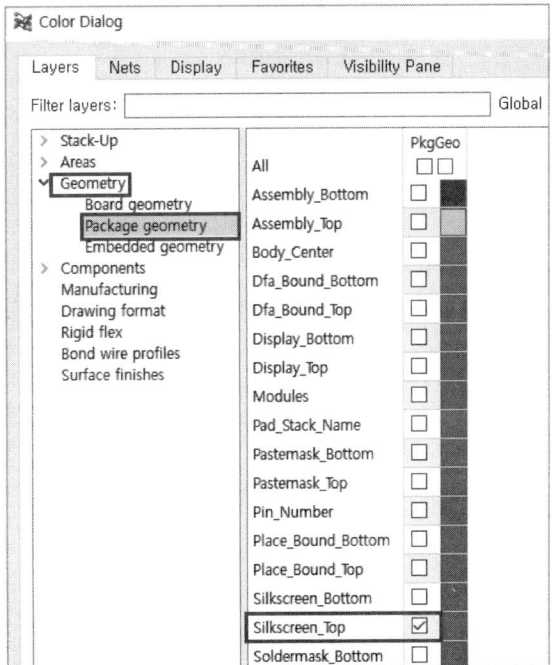

❺ Components의 Subclasses 항목 중에서 Silkscreen_Top의 RefDes 항목을 선택한다.

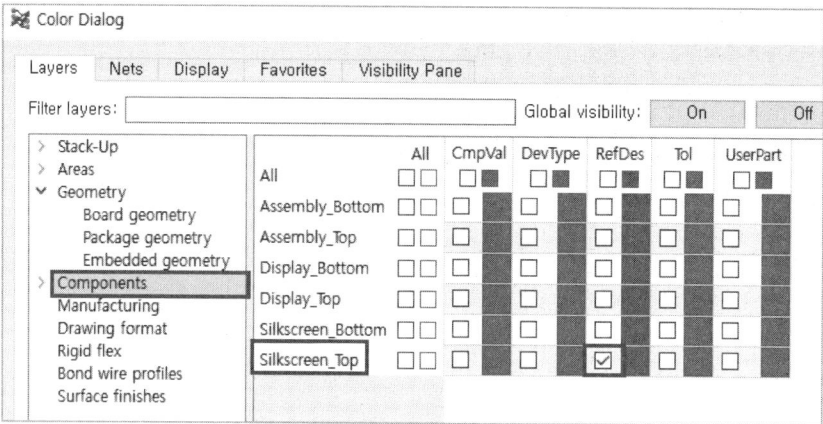

❻ Apply 버튼과 OK 버튼을 순서대로 누른다.

❼ Silkscreen_Top Film을 추가하기 위해 TOP을 선택 후, RMB 팝업 메뉴 중 Add를 선택하여 Enter new film name에 SST라고 입력하고 OK 버튼을 클릭한다.

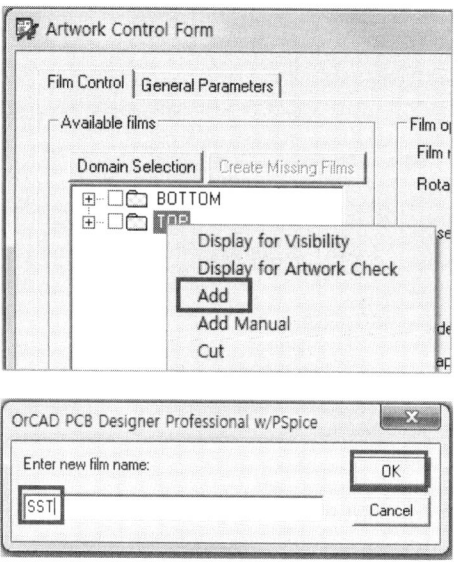

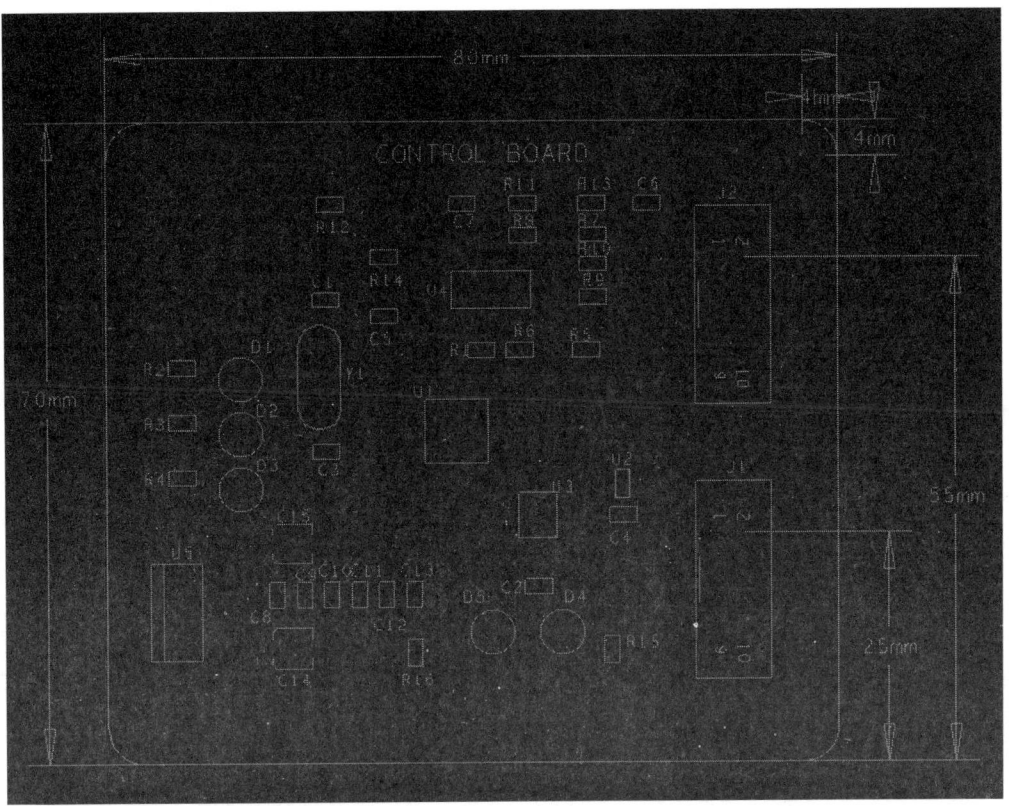

(다) SMT(Soldermask_Top) 생성

❶ Artwork Control Form 창이 열려있는 상태에서 메뉴의 Display > Color/Visibility를 선택하거나, Color192( ) 아이콘을 선택한다.

❷ Color Dialog 창의 오른쪽 상단 Global visibility에서 Off 버튼을 클릭한다.

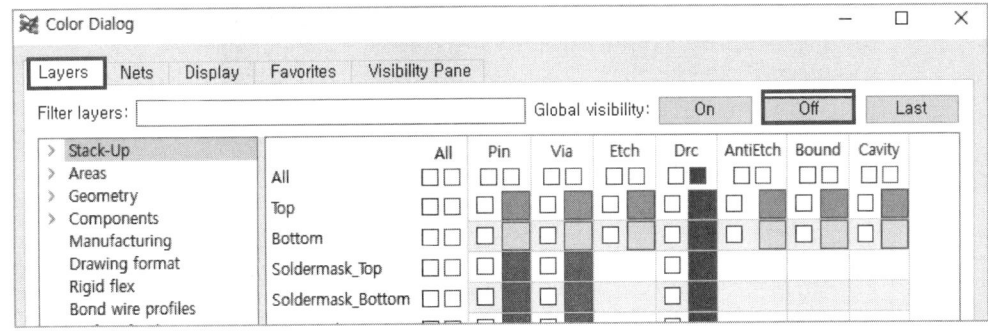

❸ Stack-Up의 Subclasses 항목 중에서 Soldermask_Top의 Pin과 Via 항목을 선택한다.

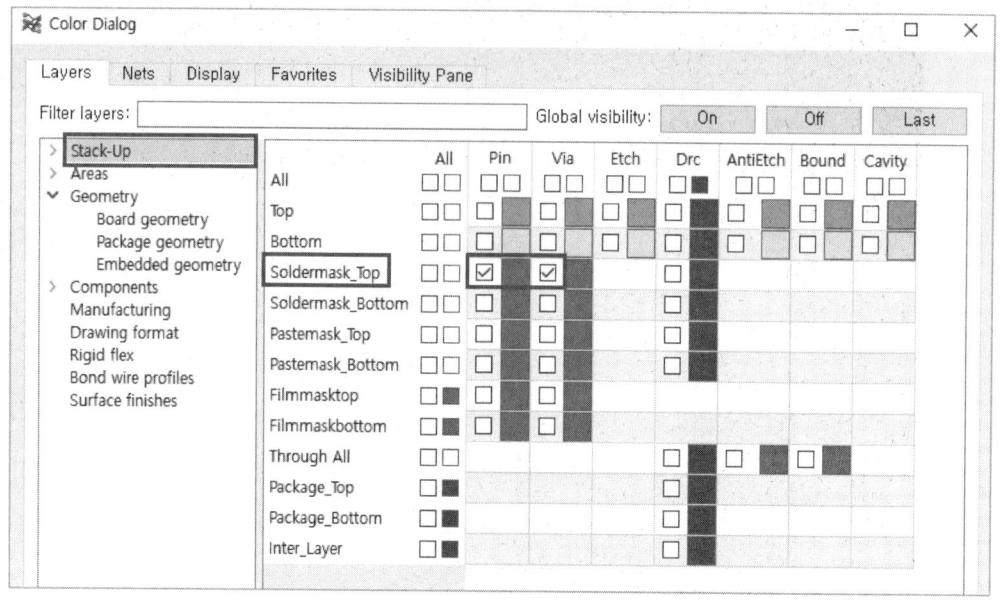

❹ Board geometry의 Subclasses 항목 중에서 Design_Outline 항목을 선택한다.

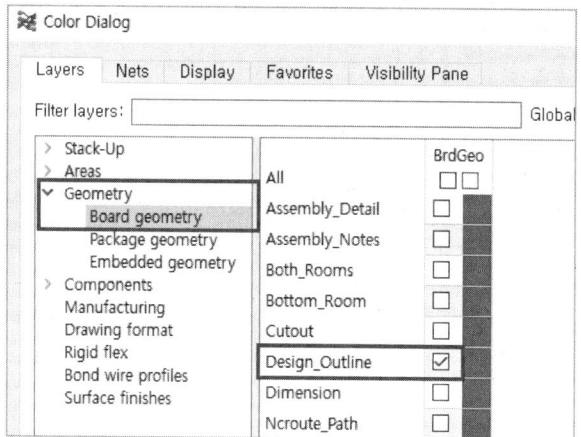

❺ Apply 버튼과 OK 버튼을 순서대로 누른다.

❻ Soldermask_Top Film을 추가하기 위해 TOP을 선택 후, RMB 팝업 메뉴 중 Add를 선택하여 Enter new film name에 SMT라고 입력하고 OK 버튼을 클릭한다.

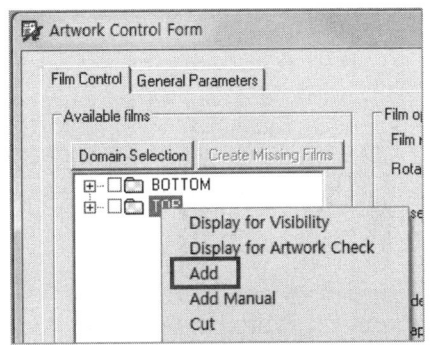
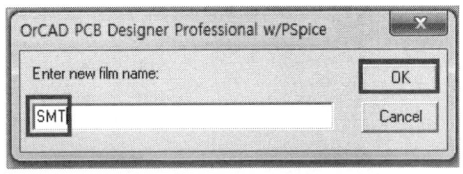
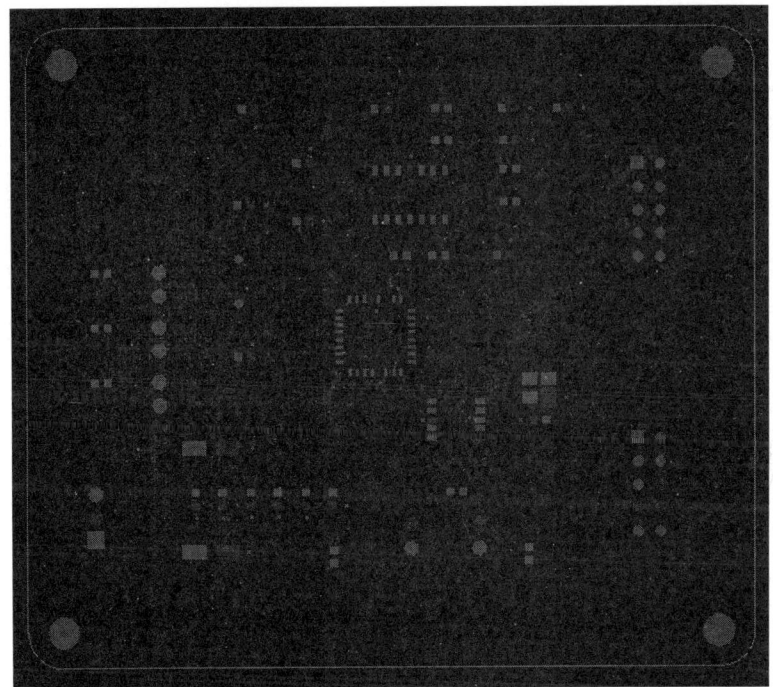

(라) SMB(Soldermask_Bottom) 생성

❶ Artwork Control Form 창이 열려있는 상태에서 메뉴의 Display > Color/Visibility를 선택하거나, Color192( ) 아이콘을 선택한다.

❷ Color Dialog 창의 오른쪽 상단 Global visibility에서 Off 버튼을 클릭한다.

❸ Stack-Up의 Subclasses 항목 중에서 Soldermask_Bottom의 Pin과 Via 항목을 선택한다.

❹ Board geometry의 Subclasses 항목 중에서 Design_Outline 항목을 선택한다.

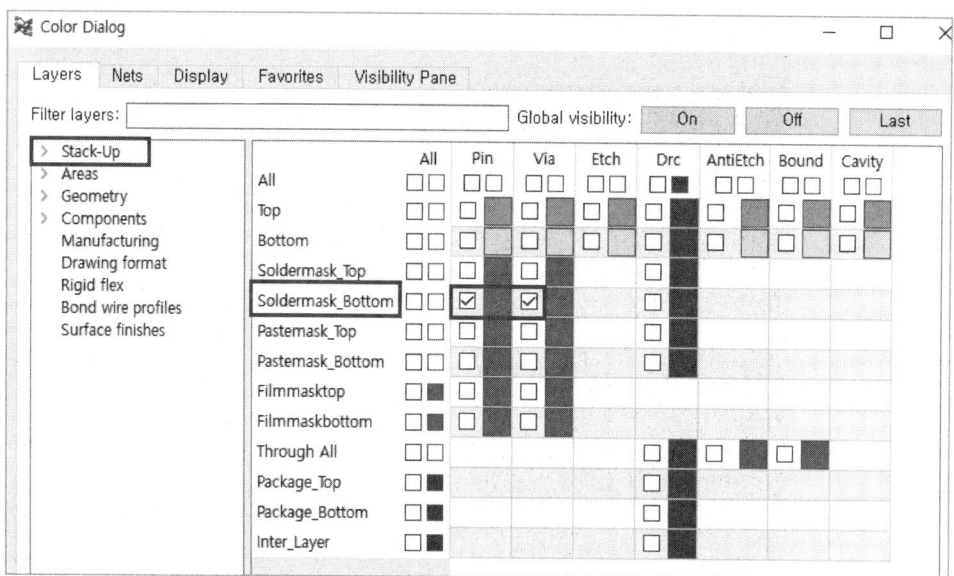

❺ Apply 버튼과 OK 버튼을 순서대로 누른다.

❻ Soldermask_Bottom Film을 추가하기 위해 TOP을 선택 후, RMB 팝업 메뉴 중 Add를 선택하여 Enter new film name에 SMB라고 입력하고 OK 버튼을 클릭한다.

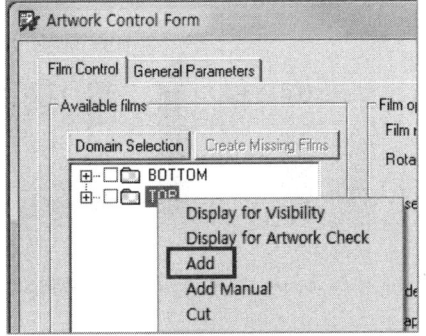
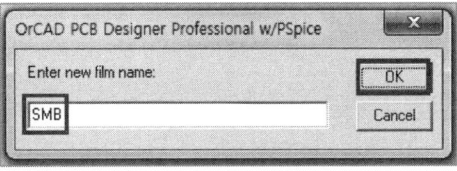

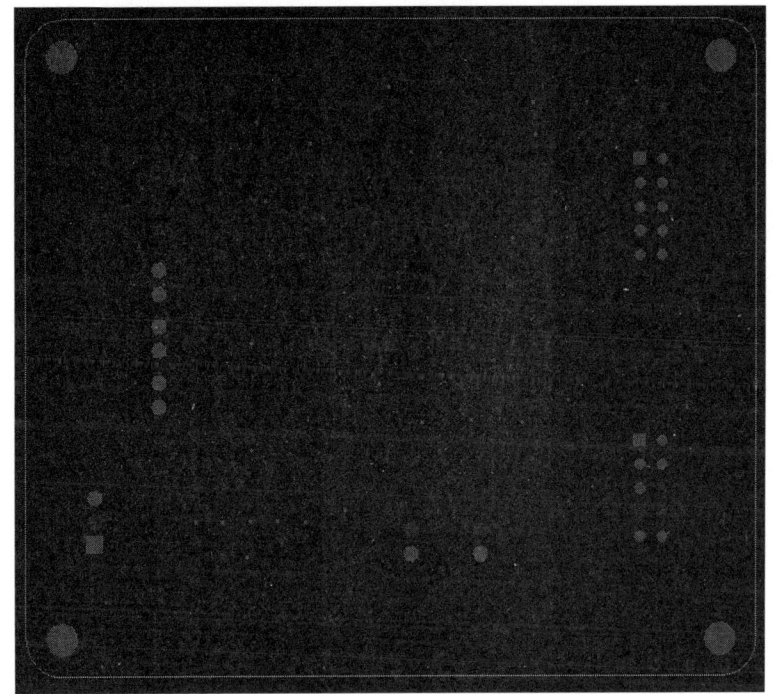

(마) DRD(Drill_draw) 생성

❶ Artwork Control Form 창이 열려있는 상태에서 메뉴의 Display > Color/Visibility를 선택하거나, Color192( ) 아이콘을 선택한다.

❷ Color Dialog 창의 오른쪽 상단 Global visibility에서 Off 버튼을 클릭한다.

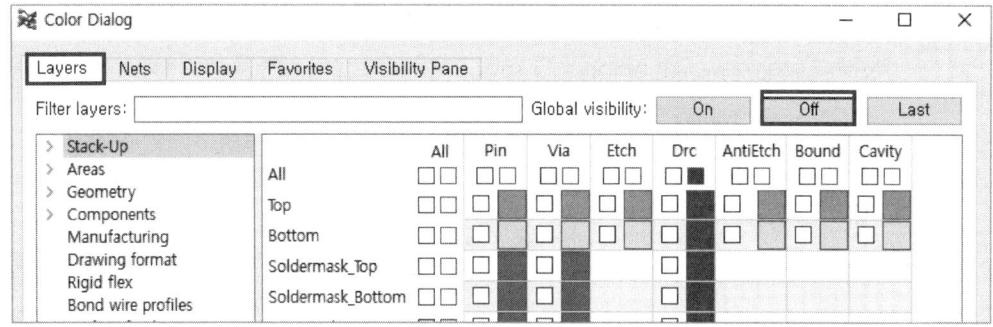

❸ Board geometry의 Subclasses 항목 중에서 Design_Outline 항목을 선택한다.

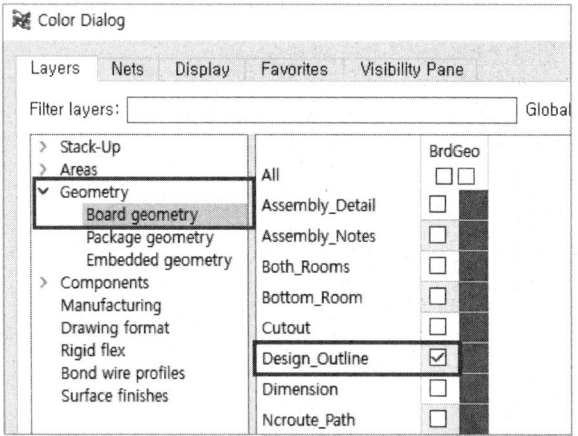

❹ Manufacturing의 Subclasses 항목 중에서 Nclegend-1-2를 선택한다.

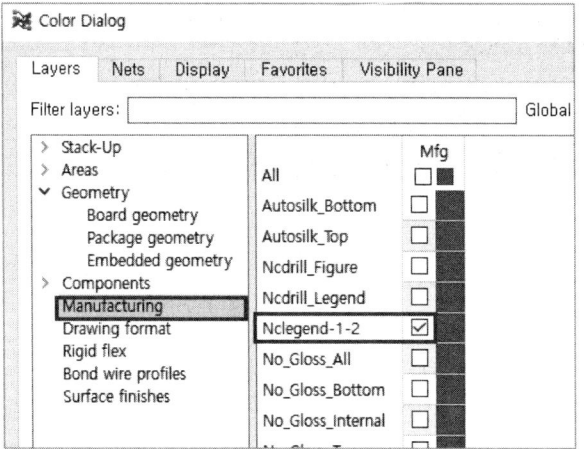

❺ Apply 버튼과 OK 버튼을 순서대로 누른다.

❻ Drill_draw Film을 추가하기 위해 TOP을 선택 후, RMB 팝업 메뉴 중 Add를 선택하여 Enter new film name에 DRD라고 입력하고 OK 버튼을 클릭한다.

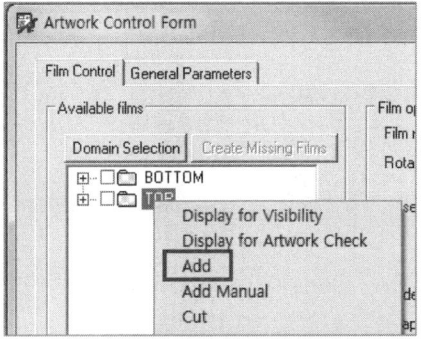
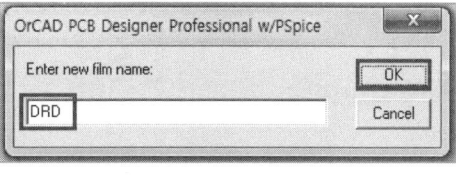
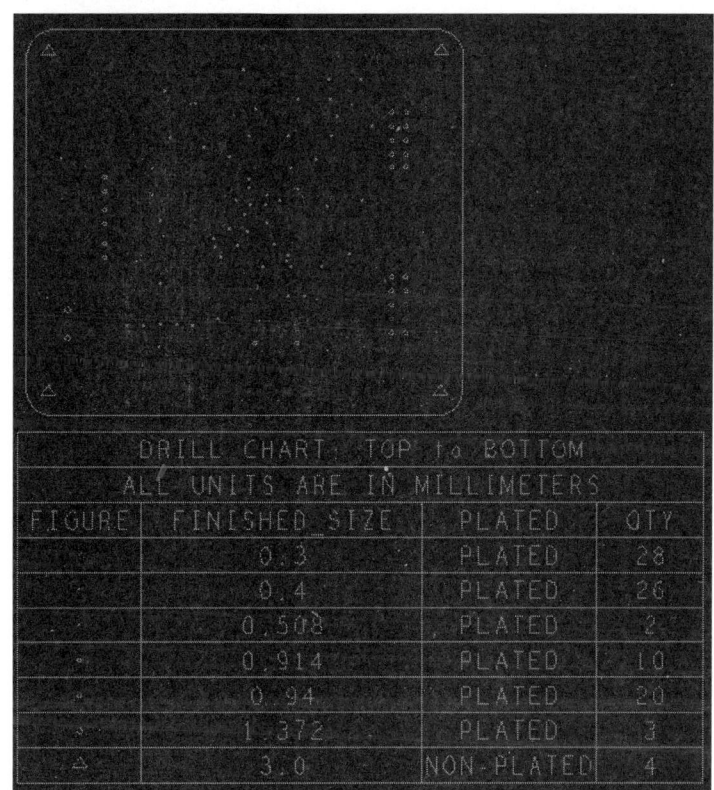

(바) Create Artwork

❶ Available films에 있는 SST를 선택 후 Film options의 Undefined line width 기입란에 0.2를 입력한다.

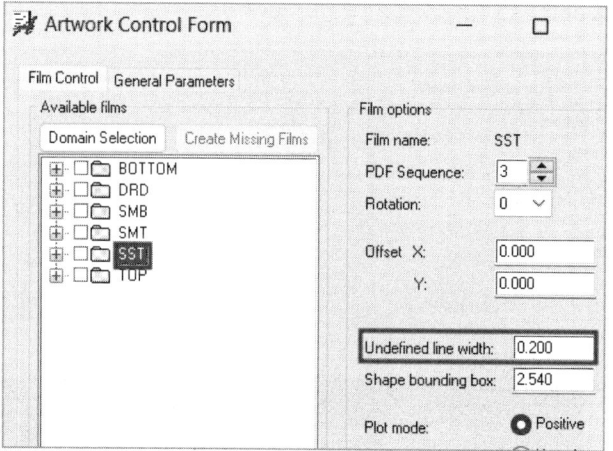

❷ Artwork Control Form 창에서 Select all 버튼을 선택한다.

❸ Create Artwork 버튼을 선택한다.

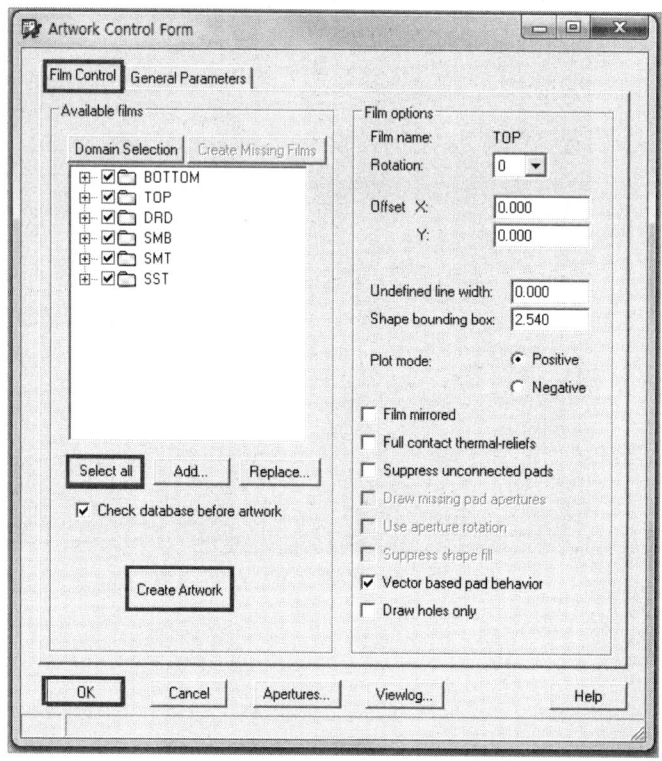

Database Check

Artwork 생성 시 Error 메시지가 뜰 경우 Database Check를 하기 위해 메뉴의 Tools 〉 Database Check를 선택한다. Check 완료 후 Create Artwork를 재실행한다.

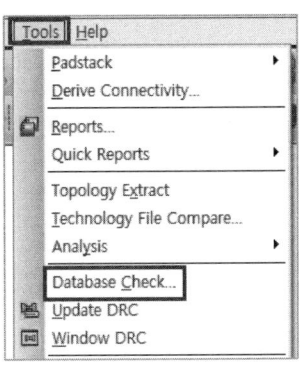
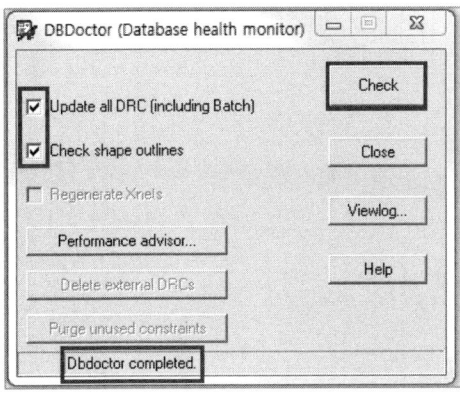

5) 결과물 출력하기

❖ Capture 출력하기

❶ 메뉴의 File 〉 Print Preview를 선택하고, Print Preview 창의 Scale 항목에서 Scale to paper size를 선택한다.

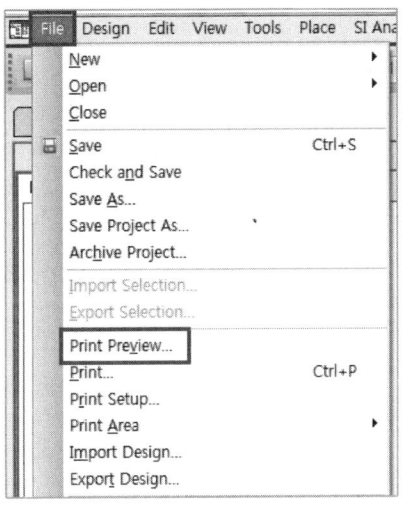
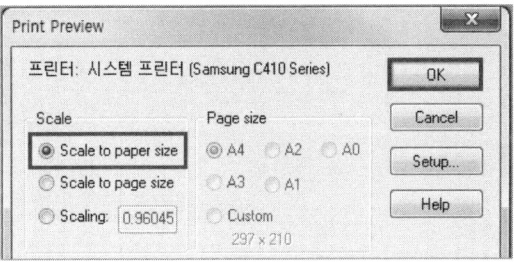

❷ Ok 버튼을 눌러 미리 보기를 하고, 이상이 없으면 좌측 상단의 Print를 눌러 출력한다.

❖ PCB Editor 출력하기

(가) Plot 설정

출력 전 기본 Setup을 하기 위해 메뉴의 File 〉 Plot Setup을 선택하여 다음과 같이 설정한다.

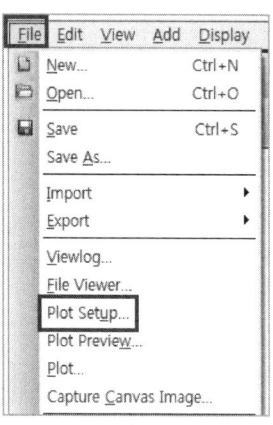
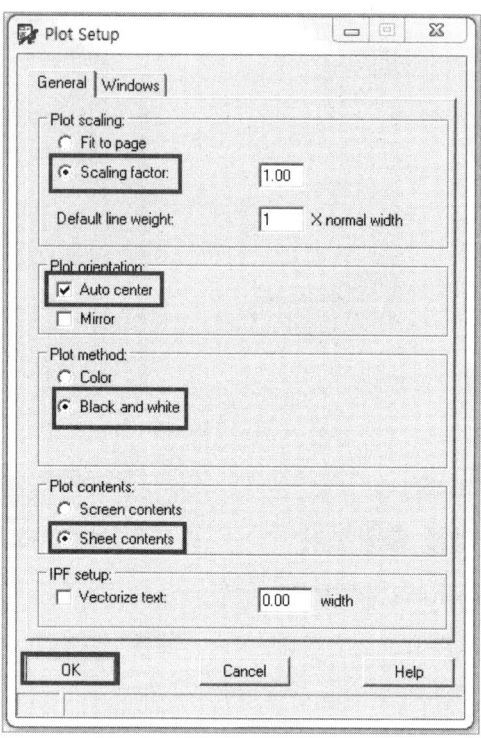

(나) 출력하기

❶ 우측 Control Panel의 Visibility 탭 View에서 Film: SST를 선택하고, 설계 창에 Display한 후 메뉴의 File 〉 Plot Preview를 선택한다.

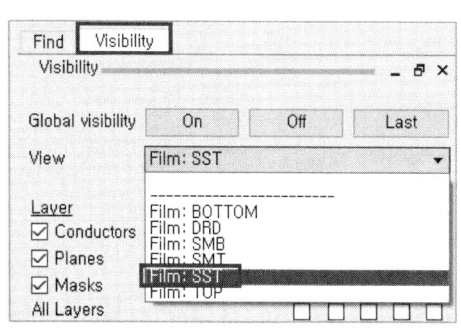
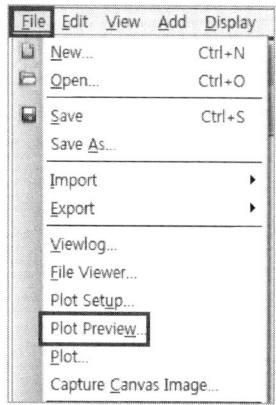

❷ 프린트 미리 보기 창이 열리면 출력될 파일을 확인 후 좌측 상단의 Print 버튼을 클릭하여 출력한다.

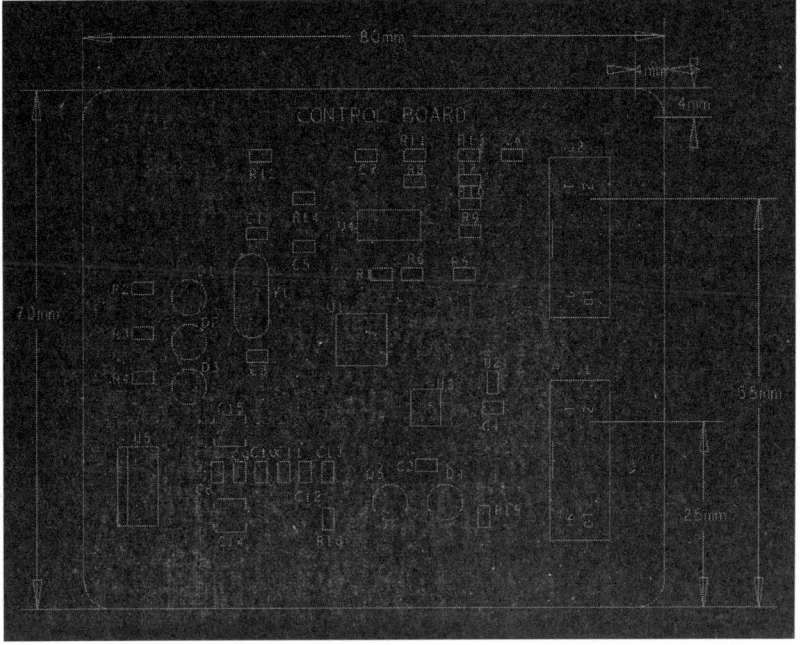

❸ 우측 Control Panel의 Visibility 탭 View에서 Film: TOP을 선택하고, 설계 창에 Display한 후 메뉴의 File 〉 Plot Preview를 선택한다.

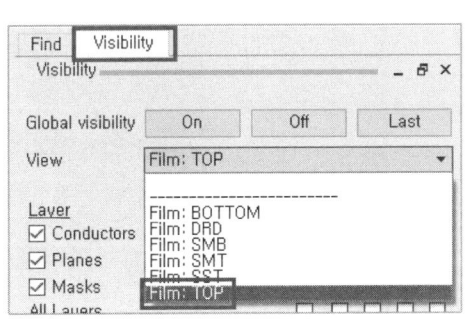
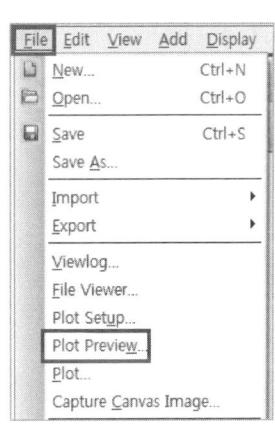

1장 CONTROL BOARD 설계 • **343**

❹ 프린트 미리 보기 창이 열리면 출력될 파일을 확인 후 좌측 상단의 Print 버튼을 클릭하여 출력한다.

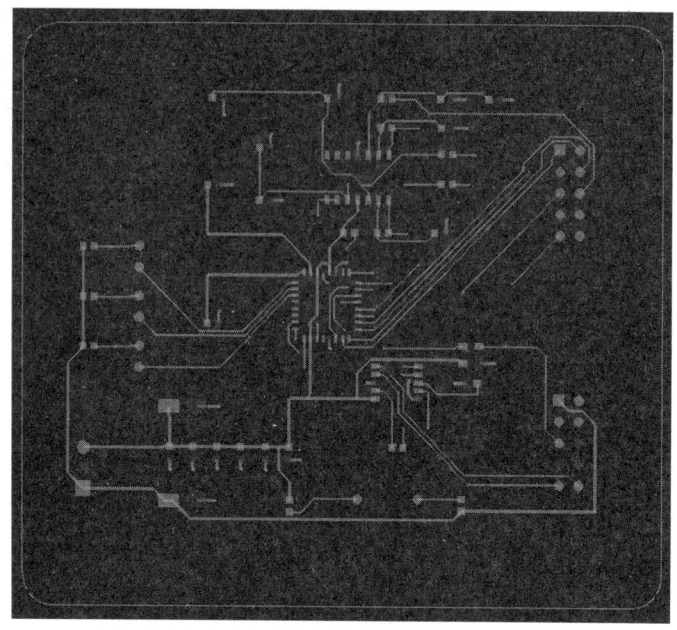

❺ 우측 Control Panel의 Visibility 탭 View에서 Film: BOTTOM, Film: SMT, Film: SMB, Film: DRD도 동일한 작업으로 출력한다.

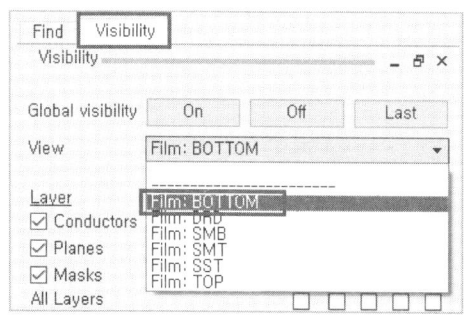

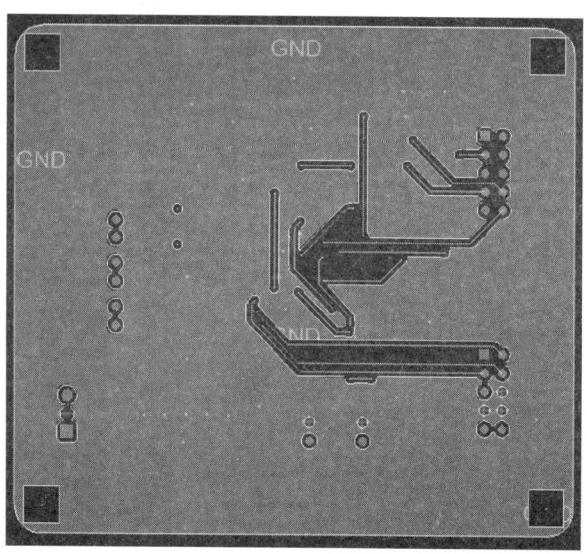

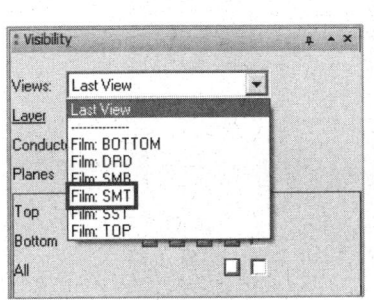
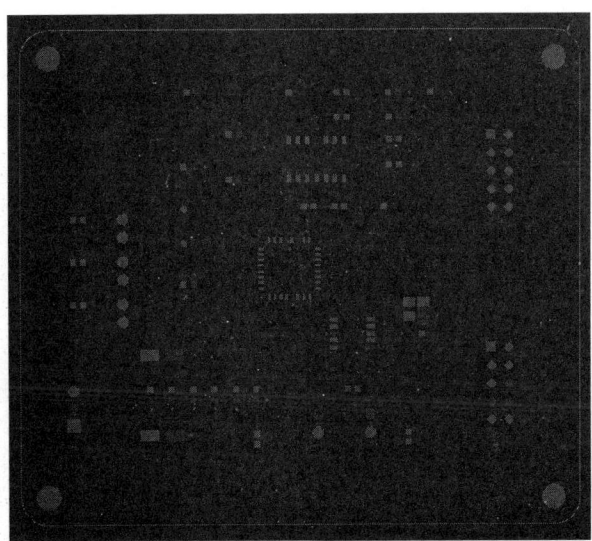

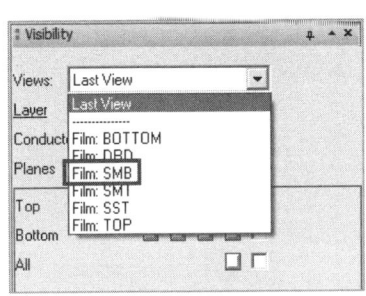
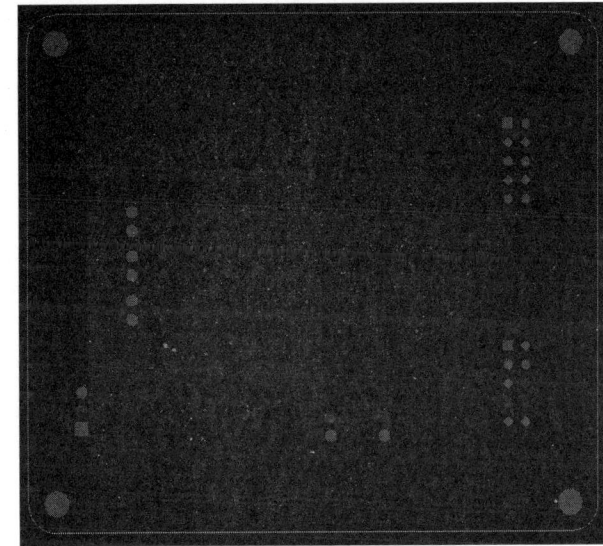

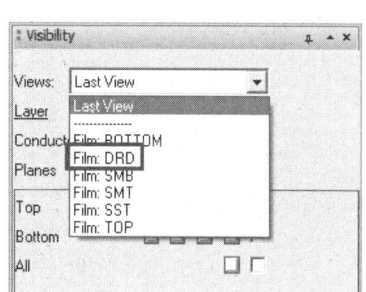
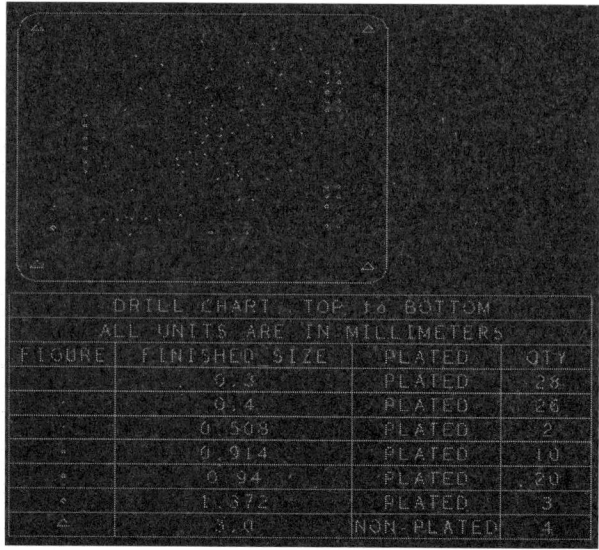

❖ 출력물 제출

수험자 유의사항의 14)번에서 인쇄 출력물을 지정한 순서(회로도면, 실크 면, TOP 면, BOTTOM 면, Solder Mask TOP 면, SLODER MASK BOTTOM 면, Drill Draw 면)에 의거 순으로 제출한다.

제4편 기출문제

- 전자캐드(CAD)기능사

전자캐드(CAD)기능사

국가기술자격검정 실기시험문제

| 자격종목 | 전자캐드(CAD)기능사 | 과 제 명 | DISTANCE MEASUREMENT |

※ 시험시간 : 4시간

1. 요구사항

※ 다음의 요구사항을 시험시간 내에 완성하시오.

과제 1 : 회로설계(Schematic)

가. 주어진 회로의 동작 원리를 분석해 보고 지급된(본인이 지참한) 전자캐드 소프트웨어를 사용하여 회로(Schematic)를 설계합니다.

나. 지급된 소프트웨어에 있는 라이브러리를 사용을 원칙으로 하고 필요시 본인이 라이브러리를 작성합니다.

다. 회로설계(Schematic)는 다음의 요구사항에 준하여 설계합니다.
  1) Page size는 A4(297mm × 210mm)로 균형 있게 작성합니다.
  2) 타이틀 블록(Title block)의 작성
    - title: 작품명 기재(크기 14)
      예) DISTANCE MEASUREMENT
    - document : ELECTRONIC CAD와 시행일자 기입(크기 12)
      예) ELECTRONIC CAD, 20XX.XX.XX
    - revision : 1.0(크기 7)
  3) 사용하지 않는 부품 및 핀들은 설계 규칙 검사 시 에러를 유발하지 않도록 처리합니다.

4) 다음 지정된 네트의 이름을 정의하여 연결하거나, 지시사항에 따라 네트 이름을 이용하여 연결합니다. (포트 활용 가능)

부품의 지정 핀	네트의 이름	부품의 지정 핀	네트의 이름
J1의 1번 핀	OUT	J2의 1번 핀	RX
U3A의 2번 핀	SIG	D1 또는 D2의 캐소드 핀	SIG

5) 지정하지 않은 설계조건은 일반적인 설계 규칙(KS 규격 등)을 적용하여 설계하며, 설계 규칙 검사항목은 기본값을 사용합니다.
6) 설계가 완료되면 설계도면과 PCB 설계를 위한 파일(네트리스트 파일 등)을 생성합니다.
7) 새로운 부품(part) 작성 시 라이브러리의 이름은 자신의 비번호로 명명하고, 반드시 성한 라이브러리 안에 저장합니다. (단, 하나의 파일명으로 저장)
8) 지정하지 않은 사항은 일반적인 규칙(KS 규격 등)을 적용하여 설계합니다.

라. 지급된 소프트웨어에 있는 에러 체크(ERC : Electronic Rule Check) 기능을 이용하여 회로가 정상 동작되는 여부를 감독 위원에게 확인을 받은 후, 다음 순서의 작업을 진행하도록 하고, **에러 체크 검사를 받지 않은 작품은 미완성으로 처리합니다.** (단, 에러 체크 파일을 디스크에 저장합니다.)

마. 에러가 있는 경우 틀린 회로를 수정하여 정상 동작이 되도록 합니다.

바. 설계가 완료된 회로도면은 시험의 종료 전까지 프린터로 제시된 용지의 규격과 동일하게 본인이 출력하여 제출합니다.

과제 2 : PCB 설계(Layout)

가. 과제 1에서 설계한 회로(Schematic)의 동작원리를 분석하여, 지급된(본인이 지참한) 전자캐드 소프트웨어를 사용하여 인쇄회로기판(PCB)을 설계합니다.

나. 부품은 지급된 소프트웨어에서 제공하는 기본 라이브러리의 부품을 사용하고, 필요시에는 제공된 데이터시트를 참고하여 본인이 부품을 생성합니다.

다. 본인이 작성한 부품은 자신의 비번호로 명명한 라이브러리 파일 안에 저장합니다.

라. PCB 설계(Layout)는 다음과 같이 수행합니다.
  1) 설계 환경 : 양면 PCB(2-Layer)
  2) 보드 사이즈는 100mm[가로] × 70mm[세로]
     (치수보조선을 이용하여 보드 사이즈를 실크스크린 레이어에만 표시할 것. **실크스크린 이외의 레이어에 표시한 경우 실격처리됩니다.**)
  3) 부품 배치 : 주요 부품은 다음 그림과 같이 배치하고, 그 외는 임의대로 배치합니다.
  4) 설계 단위는 mm입니다.

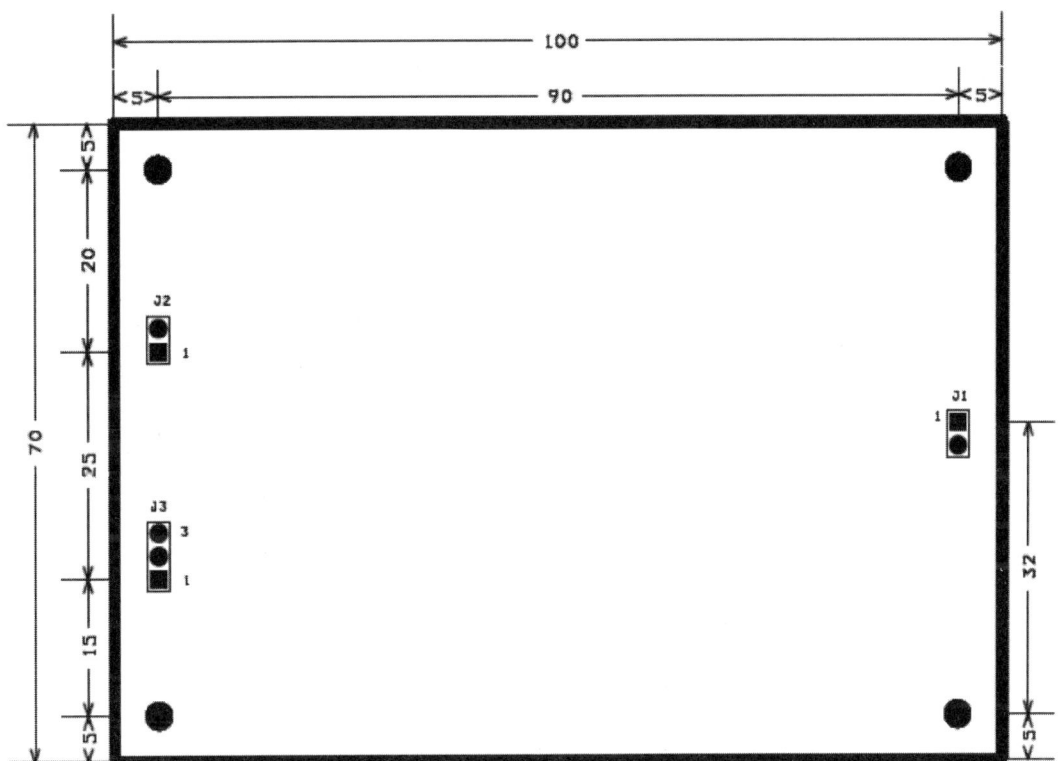

- 부품은 TOP Layer에만 실장하고, 배선은 양면 모두에서 진행하되, TOP LAYER(부품면)의 배선 방향이 수평이면, BOTTOM LAYER(배선면)의 배선 방향은 수직[또는 TOP LAYER(부품면)의 배선 방향이 수직이면, BOTTOM LAYER(배선면)의 배선 방향은 수평]으로 배선을 합니다.

- 부품의 실장 시 IC와 LED등 극성이 있는 부품은 가급적 동일 방향으로 배열하도록 하고, 이격 거리를 계산하여 배치하도록 합니다.
- 특별히 지정하지 않은 사항은 일반적인 PCB 설계 규칙에 준하여 설계합니다.

5) 부품의 생성
- 가급적 전자캐드 프로그램에서 제공하는 라이브러리를 사용하되 필요시에는 부품을 작성하도록 하며, 부품의 생성 시 각 부품의 데이터에서 제공하는 규격에 맞게 작성합니다.
- 제공된 부품도를 참고하여 정확한 부품을 사용하도록 합니다.

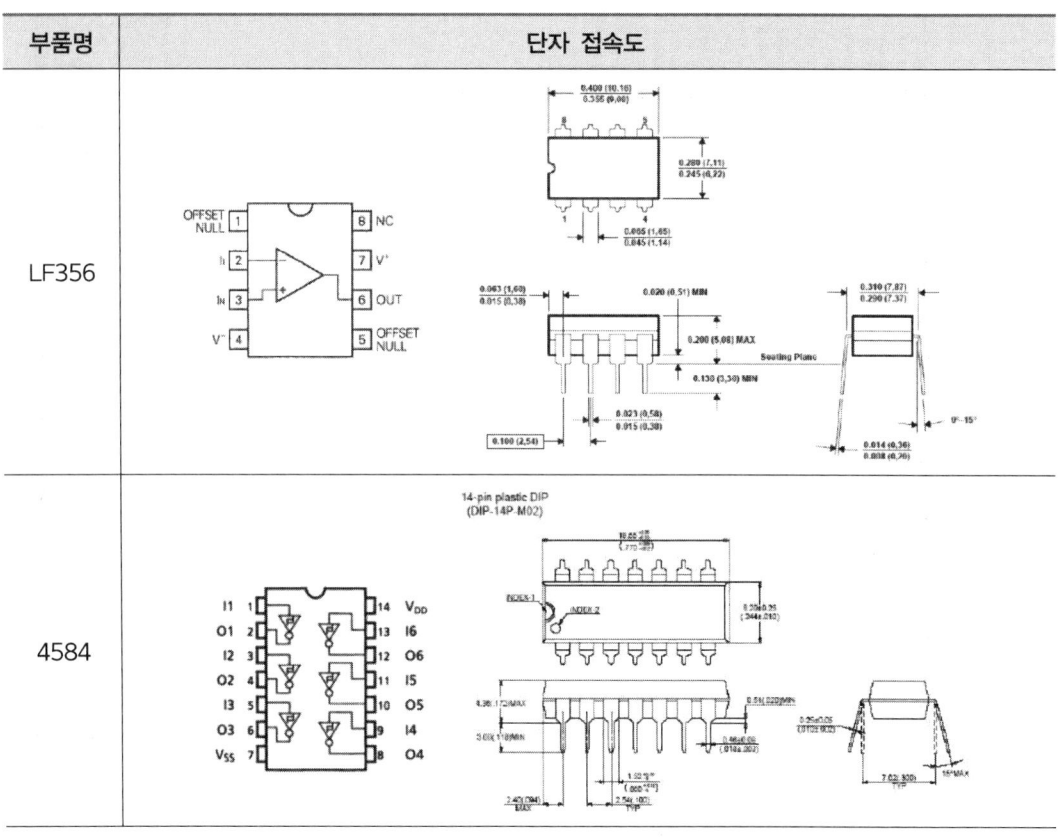

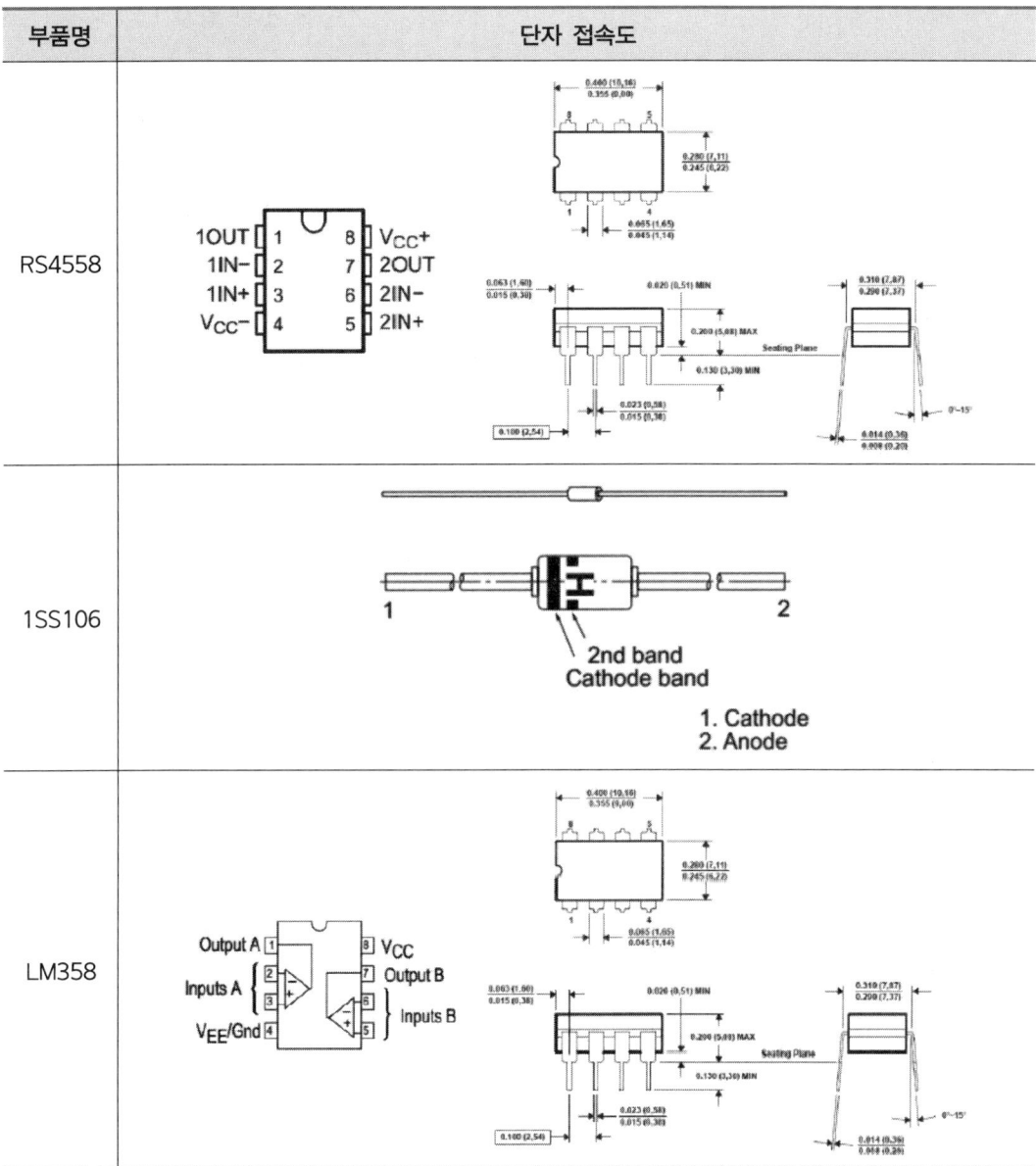

6) 네트(NET)의 폭(두께) 설정
   - 정의된 네트의 폭에 따라 설계합니다.

네트명	두께
+VCC, -VCC, GND	1mm
일반선	0.5mm

7) 배선(Routing)
   - 배선은 양면 모두에서 진행하되, TOP LAYER(부품면)의 배선 방향이 수평이면, BOTTOM LAYER(배선면)의 배선 방향은 수직[또는 TOP LAYER(부품면)의 배선 방향이 수직이면, BOTTOM LAYER(배선면)의 배선 방향은 수평]으로 배선을 합니다.
   - 배선경로는 최대한 짧게 하되 100% 배선하며, 직각 배선은 하지 않도록 합니다.
   - **자동배선(Auto routing)은 사용할 수 없으며, 자동배선 시는 실격처리되고,** 비아(Via)는 생성하지 않습니다. (Via 생성 시 감점 요인이 됩니다.)

8) 기구 홀(Mounting Hole)의 삽입
   - 보드 외곽의 네 모서리에 직경 3Φ의 기구 홀을 삽입하되 각각의 모서리로부터 5mm 떨어진 지점에 배치하고(위 부품배치 그림 참고), 비전기적(non-electrical) 속성으로 정의하고, 기구 홀의 부품 참조 값은 삭제합니다.

9) 실크 데이터(Silk data)
   - 실크 데이터의 부품 번호는 한 방향으로 보기 좋게 정렬하고, 불필요한 데이터는 삭제합니다.
   - 다음의 내용을 보드 하단 중앙에 위치시킵니다.
     (DISTANCE MEASUREMENT)
     (line width : 0.5mm, height : 5mm)

10) 카퍼(Copper Pour)의 설정
    - 보드 납땜면(BOTTOM layer)에 GND 속성의 카퍼 처리를 하되, 보드 외곽으로부터 5mm 이격을 두고 실시하며, 모든 네트와 카퍼와의 이격 거리는(Clearance) 0.5mm, 단열판과 GND 네트 사이 연결선의 두께는 0.5mm로 설정합니다.

11) DRC(Design Rule Check)
    - 모든 조건은 default 값(clearance : 0.254mm)에 위배되지 않아야 합니다.

12) PCB 제조에 필요한 데이터의 생성
    - 양면 PCB 제조에 필요한 데이터 파일(거버 데이터 등)을 빠짐없이 생성하고 USB에 저장장치에 저장합니다.
    - 지급된 소프트웨어에 있는 에러 체크 기능을 이용하여 PCB 회로의 정상 제작 여부를 시험위원에게 확인을 받고, USB 저장장치에 저장하여, 시험위원 PC로 이동하여 회로도와 PCB 제조에 필요한 데이터를 실물과 같이 (1:1)로 출력합니다. **(단, 실물 (1:1)과 다르게 출력한 경우 실격처리됨)**

마. 에러가 있는 경우 틀린 회로를 수정하여 정상 동작이 되도록 합니다.

바. 데이터시트를 제공하는 부품을 (특별히 데이터시트가 필요한 경우에 제공) 참고하여 설계합니다.

2. 수험자 유의사항

1) 미리 작성된 라이브러리 또는 회로도 등은 일체 사용을 금합니다.

2) 시험위원의 지시에 따라 실행 순서를 준수하고, 시험위원의 지시가 있기 전에 전원을 ON-OFF 시키거나 검정시스템을 임의로 조작하여서는 안 됩니다.

3) 시험 중 USB 저장 장치를 주고받는 행위나 시험 관련 대화는 부정행위로 처리하며 시험 종료 후 하드 디스크에서 작업 내용을 삭제해야 합니다.

4) 출력물을 확인하여 동일 작품이 발견될 경우 모두 부정행위로 처리합니다.

5) 만일의 장비 고장으로 인한 자료손실을 방지하기 위하여 20분에 1회씩 저장(Save)합니다.

6) 도면에서 표시되지 않은 규격은 데이터 북에서 가장 적당한 것을 선정하여 해당 규격으로 설계하시오.

7) 시험과 관련된 파일을 usb에 저장하고, 출력물과 함께 제출합니다. (단, 작업의 인쇄 출력마다 수험번호와 성명을 좌측 상단에 기재한 후 시험위원의 확인(날인)을 꼭 받습니다.)

8) 답안 출력이 완료되면 "수험진행사항 점검표"의 답안지 매수란에 수험자가 매수를 확인하여 기록하고, 시험위원의 확인을 꼭 받습니다.

9) 요구한 작업을 완료하고 파일 저장 usb와 인쇄 출력물을 지정한 순서(레이어 데이터 - 솔더 마스크 데이터 - 실크 데이터 - 드릴 데이터 등)에 의거 편철하여 제출할 경우에만 채점 대상에 해당됩니다.

10) **출력물의 답안 편철을 위하여 회로도면 좌측 상단의 모서리 부분에는 설계를 하지 않습니다.**

12) 문제는 비번호 기재 후 반드시 제출합니다.

13) 다음 <u>〈채점 제외(불합격 처리) 대상〉</u>에 해당하는 작품은 채점하지 아니하고 불합격 처리합니다.

─── 〈채점 제외(불합격 처리) 대상〉 ───

○ 기권
　- 수험자 본인이 수험 도중 시험에 대한 포기 의사를 표현하는 경우

○ 실격
　- 수험자가 기계조작 미숙 등으로 계속 작업 진행 시 본인 또는 타인의 인명이나 재산에 큰 피해를 가져올 수 있다고 시험위원이 판단할 경우
　- 부정행위의 작품일 경우
　- 설계 완성도가 0인 경우
　　① 회로설계에서 부품 배치 및 네트 연결이 미완성인 경우
　　② PCB 설계에서 부품 배치 및 배선이 미완성인 경우
　- 출력하지 못한 경우
　　① 회로도를 출력하지 못한 경우
　　② PCB 제조에 필요한 거버 데이터를 1개 이상 출력하지 못한 경우

○ 오작
　- 조립한 작품의 동작이 되지 않는 경우
　- 요구사항을 준수하지 않은 작품을 제출한 경우
　　1) 회로설계(Schematic) 요구조건과 다른 경우
　　　① 접점이 누락된 경우
　　　② 네트가 누락된 경우
　　　③ 네트 연결이 잘못된 경우
　　　④ 부품이 누락된 경우 등
　　2) PCB 설계(Layer) 요구조건과 다른 경우
　　　① 설계 레이어(2-Layer)가 다른 경우
　　　② 보드 크기가 다른 경우
　　　③ 부품이 초과하거나 누락된 경우
　　　④ 고정부품 배치가 정확하지 않는 경우
　　　⑤ 카퍼(동막)가 누락된 경우
　　　⑥ 보드 사이즈를 지정된 레이어에 생성하지 않은 경우
　　　⑦ 실크 데이터를 지정된 레이어에 생성하지 않은 경우
　　　⑧ 거버 데이터(Gerber data)를 실물(1:1)로 출력하지 않은 경우
　- 출력 결과물(데이터)을 이용하여 PCB 및 제품의 제조 시 불량의 원인이 되는 경우
　　① PCB 외곽선 정보가 누락된 경우
　　② 각종 실크 데이터와 패드가 겹치는 경우
　　③ 부품 데이터와 핀의 배열이 다른 경우
　　④ 부품 또는 PCB에 전원 공급이 되지 않는 경우 등
　- 기타 요구사항의 실격에 해당하는 경우

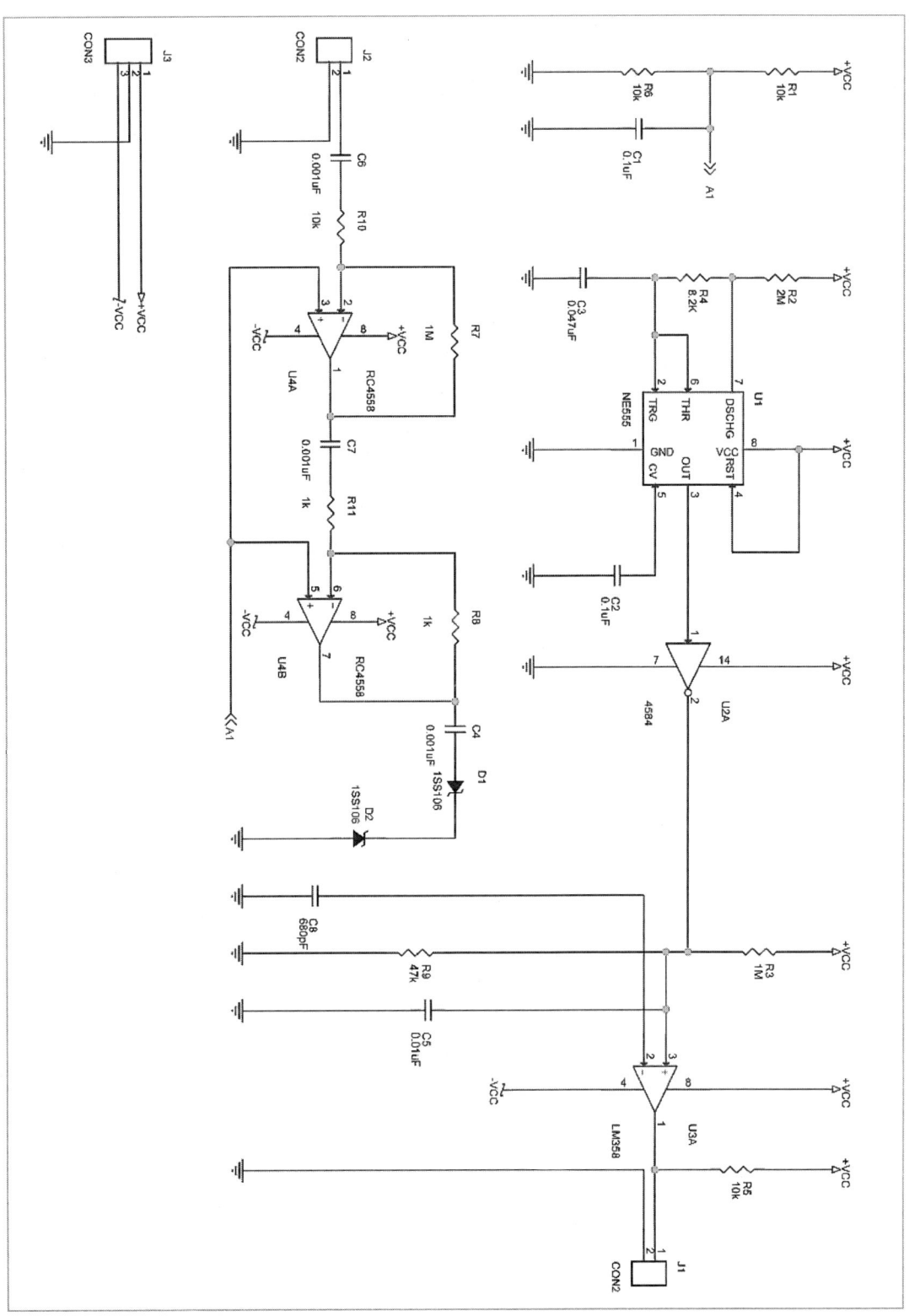

국가기술자격검정 실기시험문제

자격종목	전자캐드(CAD)기능사	과 제 명	DELAY OSCILLATOR

※ 시험시간 : 4시간

1. 요구사항

※ 다음의 요구사항을 시험시간 내에 완성하시오.

과제 1 : 회로설계(Schematic)

가. 주어진 회로의 동작 원리를 분석해 보고 지급된(본인이 지참한) 전자캐드 소프트웨어를 사용하여 회로(Schematic)를 설계합니다.

나. 지급된 소프트웨어에 있는 라이브러리를 사용을 원칙으로 하고 필요시 본인이 라이브러리를 작성합니다.

다. 회로설계(Schematic)는 다음의 요구사항에 준하여 설계합니다.
  1) Page size는 A4(297mm × 210mm)로 균형 있게 작성합니다.
  2) 타이틀 블록(Title block)의 작성
     - title: 작품명 기재(크기 14)
       예) DELAY OSCILLATOR
     - document : ELECTRONIC CAD와 시행일자 기입(크기 12)
       예) ELECTRONIC CAD, 20XX.XX.XX
     - revision : 1.0(크기 7)
  3) 사용하지 않는 부품 및 핀들은 설계 규칙 검사 시 에러를 유발하지 않도록 처리합니다.
  4) 다음 지정된 네트의 이름을 정의하여 연결하거나, 지시사항에 따라 네트 이름을 이용하여 연결합니다. (포트 활용 가능)

부품의 지정 핀	네트의 이름	부품의 지정 핀	네트의 이름
U1D IC의 13번 핀	SIG_2	U2 IC의 1번 핀	SIG_2
J1 커넥터의 1번 핀	OUT		

5) 지정하지 않은 설계조건은 일반적인 설계 규칙(KS 규격 등)을 적용하여 설계하며, 설계 규칙 검사항목은 기본값을 사용합니다.
6) 설계가 완료되면 설계도면과 PCB 설계를 위한 파일(네트리스트 파일 등)을 생성합니다.
7) 새로운 부품(part) 작성 시 라이브러리의 이름은 자신의 비번호로 명명하고, 반드시 성한 라이브러리 안에 저장합니다. (단, 하나의 파일명으로 저장)
8) 지정하지 않은 사항은 일반적인 규칙(KS 규격 등)을 적용하여 설계합니다.

라. 지급된 소프트웨어에 있는 에러 체크(ERC : Electronic Rule Check) 기능을 이용하여 회로가 정상 동작되는 여부를 감독 위원에게 확인을 받은 후, 다음 순서의 작업을 진행하도록 하고, **에러 체크 검사를 받지 않은 작품은 미완성으로 처리합니다.** (단, 에러 체크 파일을 디스크에 저장합니다.)

마. 에러가 있는 경우 틀린 회로를 수정하여 정상 동작이 되도록 합니다.

바. 설계가 완료된 회로도면은 시험의 종료 전까지 프린터로 제시된 용지의 규격과 동일하게 본인이 출력하여 제출합니다.

과제 2 : PCB 설계(Layout)

가. 과제 1에서 설계한 회로(Schematic)의 동작원리를 분석하여, 지급된(본인이 지참한) 전자캐드 소프트웨어를 사용하여 인쇄회로기판(PCB)을 설계합니다.

나. 부품은 지급된 소프트웨어에서 제공하는 기본 라이브러리의 부품을 사용하고, 필요시에는 제공된 데이터시트를 참고하여 본인이 부품을 생성합니다.

다. 본인이 작성한 부품은 자신의 비번호로 명명한 라이브러리 파일 안에 저장합니다.

라. PCB 설계(Layout)는 다음과 같이 수행합니다.
1) 설계 환경 : 양면 PCB(2-Layer)
2) 보드 사이즈는 100mm[가로] × 70mm[세로]
(치수보조선을 이용하여 보드 사이즈를 실크스크린 레이어에만 표시할 것. **실크스크린 이외의 레이어에 표시한 경우 실격처리됩니다.**)

3) 부품 배치 : 주요 부품은 다음 그림과 같이 배치하고, 그 외는 임의대로 배치합니다. 설계 단위는 mm입니다.

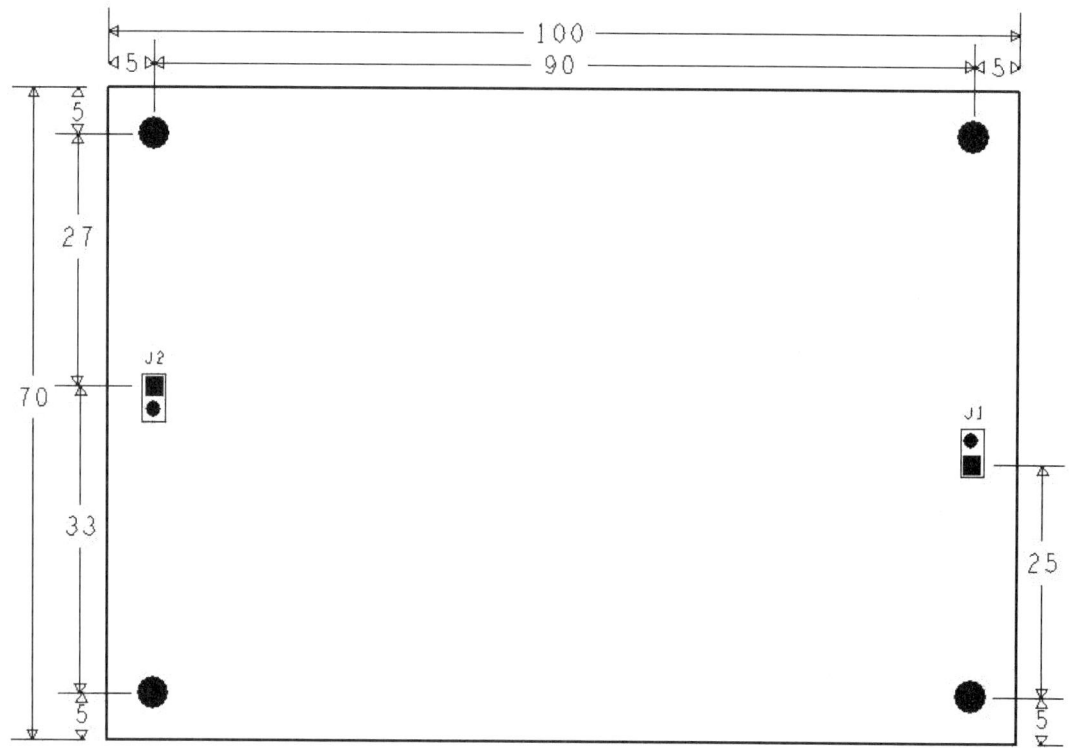

- 부품은 TOP Layer에만 실장하고, 배선은 양면 모두에서 진행하되, TOP LAYER(부품면)의 배선 방향이 수평이면, BOTTOM LAYER(배선면)의 배선 방향은 수직[또는 TOP LAYER(부품면)의 배선 방향이 수직이면, BOTTOM LAYER(배선면)의 배선 방향은 수평]으로 배선을 합니다.
- 부품의 실장 시 IC와 LED등 극성이 있는 부품은 가급적 동일 방향으로 배열하도록 하고, 이격 거리를 계산하여 배치하도록 합니다.
- 특별히 지정하지 않은 사항은 일반적인 PCB 설계 규칙에 준하여 설계합니다.

4) 부품의 생성
- 가급적 전자캐드 프로그램에서 제공하는 라이브러리를 사용하되 필요시에는 부품을 작성하도록 하며, 부품의 생성 시 각 부품의 데이터에서 제공하는 규격에 맞게 작성합니다.
- 제공된 부품도를 참고하여 정확한 부품을 사용하도록 합니다.

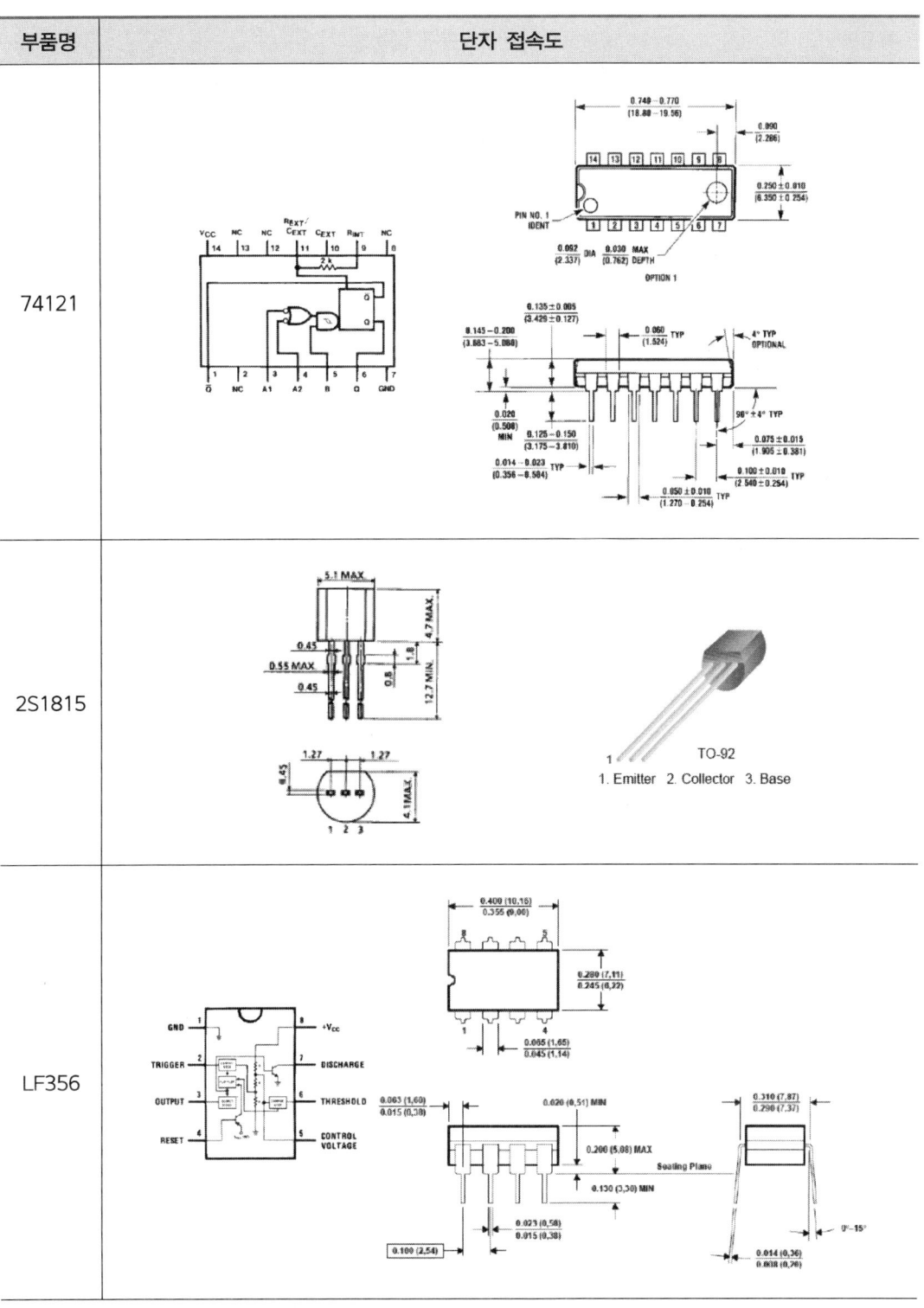

부품명	단자 접속도
74LS00	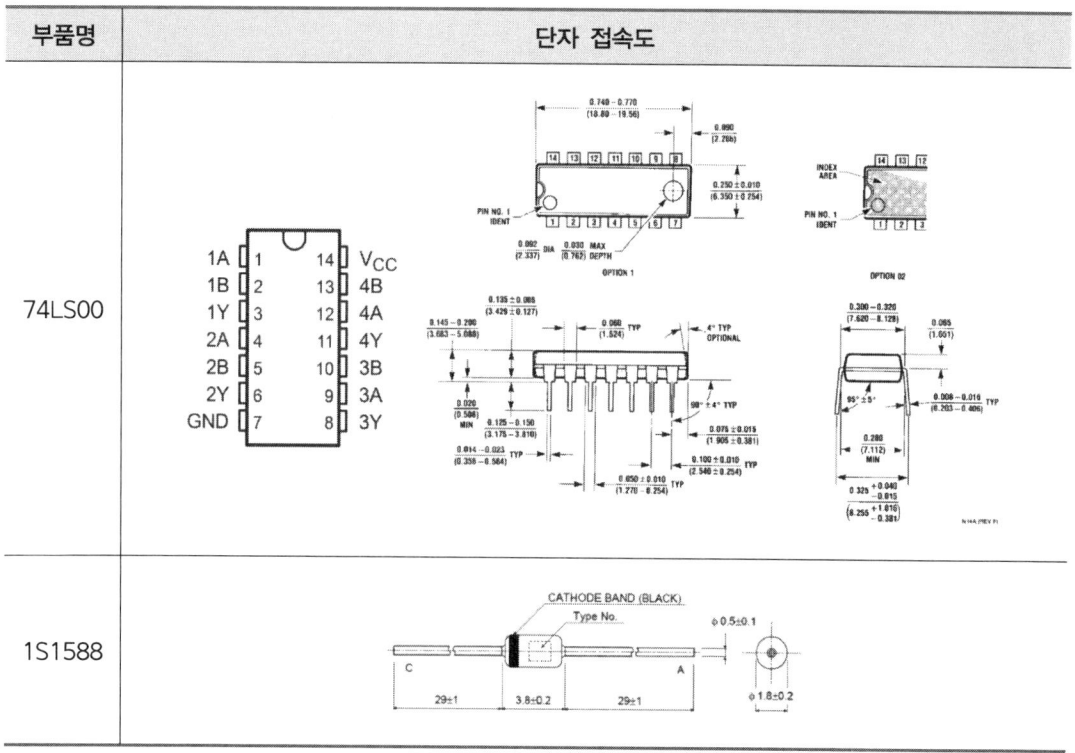
1S1588	

5) 네트(NET)의 폭(두께) 설정
   - 정의된 네트의 폭에 따라 설계합니다.

네트명	두께
+5V, VCC, GND	1mm
일반선	0.5mm

6) 배선(Routing)
   - 배선은 양면 모두에서 진행하되, TOP LAYER(부품면)의 배선 방향이 수평이면, BOTTOM LAYER(배선면)의 배선 방향은 수직[또는 TOP LAYER(부품면)의 배선 방향이 수직이면, BOTTOM LAYER(배선면)의 배선 방향은 수평]으로 배선을 합니다.
   - 배선경로는 최대한 짧게 하되 100% 배선하며, 직각 배선은 하지 않도록 합니다.
   - <u>자동배선(Auto routing)은 사용할 수 없으며, 자동배선 시는 실격처리되고,</u> 비아(Via)는 생성하지 않습니다. (Via 생성 시 감점 요인이 됩니다.)

7) 기구 홀(Mounting Hole)의 삽입
   - 보드 외곽의 네 모서리에 직경 3Φ의 기구 홀을 삽입하되 각각의 모서리로부터 5mm 떨어진 지점에 배치하고(위 부품배치 그림 참고), 비전기적(non-electrical) 속성으로 정의하고, 기구 홀의 부품 참조 값은 삭제합니다.

8) 실크 데이터(Silk data)
   - 실크 데이터의 부품 번호는 한 방향으로 보기 좋게 정렬하고, 불필요한 데이터는 삭제합니다.
   - 다음의 내용을 보드 상단 중앙에 위치시킵니다.
     (DELAY OSCILLATOR)
     (line width : 0.5mm, height : 4mm)
   - 다음의 내용을 보드 하단 중앙에 위치시킵니다.
     (ELECTRONIC CAD)
     (line width : 0.5mm, height : 4mm)

9) 카퍼(Copper Pour)의 설정
   - 보드 납땜면(BOTTOM layer)에 GND 속성의 카퍼 처리를 하되, 보드 외곽으로부터 5mm 이격을 두고 실시하며, 모든 네트와 카퍼와의 이격 거리는(Clearance) 0.5mm, 단열판과 GND 네트 사이 연결선의 두께는 0.5mm로 설정합니다.

10) DRC(Design Rule Check)
    - 모든 조건은 default 값(clearance : 0.254mm)에 위배되지 않아야 합니다.

11) PCB 제조에 필요한 데이터의 생성
    - 양면 PCB 제조에 필요한 데이터 파일(거버 데이터 등)을 빠짐없이 생성하고 USB에 저장장치에 저장합니다.
    - 지급된 소프트웨어에 있는 에러 체크 기능을 이용하여 PCB 회로의 정상 제작 여부를 시험위원에게 확인을 받고, USB 저장장치에 저장하여, 시험위원 PC로 이동하여 회로도와 PCB 제조에 필요한 데이터를 실물과 같이 (1:1)로 출력합니다. **(단, 실물 (1:1)과 다르게 출력한 경우 실격처리됨)**

마. 에러가 있는 경우 틀린 회로를 수정하여 정상 동작이 되도록 합니다.

바. 데이터시트를 제공하는 부품을 (특별히 데이터시트가 필요한 경우에 제공) 참고하여 설계합니다.

2. 수험자 유의사항

1) 미리 작성된 라이브러리 또는 회로도 등은 일체 사용을 금합니다.

2) 시험위원의 지시에 따라 실행 순서를 준수하고, 시험위원의 지시가 있기 전에 전원을 ON-OFF 시키거나 검정시스템을 임의로 조작하여서는 안 됩니다.

3) 시험 중 USB 저장 장치를 주고받는 행위나 시험 관련 대화는 부정행위로 처리하며 시험 종료 후 하드 디스크에서 작업 내용을 삭제해야 합니다.

4) 출력물을 확인하여 동일 작품이 발견될 경우 모두 부정행위로 처리합니다.

5) 만일의 장비 고장으로 인한 자료손실을 방지하기 위하여 20분에 1회씩 저장(Save)합니다.

6) 도면에서 표시되지 않은 규격은 데이터 북에서 가장 적당한 것을 선정하여 해당 규격으로 설계하시오.

7) 시험과 관련된 파일을 usb에 저장하고, 출력물과 함께 제출합니다. (단, 작업의 인쇄 출력마다 수험번호와 성명을 좌측 상단에 기재한 후 시험위원의 확인(날인)을 꼭 받습니다.)

8) 답안 출력이 완료되면 "수험진행사항 점검표"의 답안지 매수란에 수험자가 매수를 확인하여 기록하고, 시험위원의 확인을 꼭 받습니다.

9) 요구한 작업을 완료하고 파일 저장 usb와 인쇄 출력물을 지정한 순서(레이어 데이터 - 솔더 마스크 데이터 - 실크 데이터 - 드릴 데이터 등)에 의거 편철하여 제출할 경우에만 채점대상에 해당됩니다.

10) **출력물의 답안 편철을 위하여 회로도면 좌측 상단의 모서리 부분에는 설계를 하지 않습니다.**

12) 문제는 비번호 기재 후 반드시 제출합니다.

13) 다음 〈**채점 제외(불합격 처리) 대상**〉에 해당하는 작품은 채점하지 아니하고 불합격 처리합니다.

──── 〈채점 제외(불합격 처리) 대상〉 ────

○ 기권
  - 수험자 본인이 수험 도중 시험에 대한 포기 의사를 표현하는 경우

○ 실격
  - 수험자가 기계조작 미숙 등으로 계속 작업 진행 시 본인 또는 타인의 인명이나 재산에 큰 피해를 가져올 수 있다고 시험위원이 판단할 경우
  - 부정행위의 작품일 경우
  - 설계 완성도가 0인 경우
    ① 회로설계에서 부품 배치 및 네트 연결이 미완성인 경우
    ② PCB 설계에서 부품 배치 및 배선이 미완성인 경우
  - 출력하지 못한 경우
    ① 회로도를 출력하지 못한 경우
    ② PCB 제조에 필요한 거버 데이터를 1개 이상 출력하지 못한 경우

○ 오작
  - 조립한 작품의 동작이 되지 않는 경우
  - 요구사항을 준수하지 않은 작품을 제출한 경우
    1) 회로설계(Schematic) 요구조건과 다른 경우
       ① 접점이 누락된 경우
       ② 네트가 누락된 경우
       ③ 네트 연결이 잘못된 경우
       ④ 부품이 누락된 경우 등
    2) PCB 설계(Layer) 요구조건과 다른 경우
       ① 설계 레이어(2-Layer)가 다른 경우
       ② 보드 크기가 다른 경우
       ③ 부품이 초과하거나 누락된 경우
       ④ 고정부품 배치가 정확하지 않는 경우
       ⑤ 카퍼(동막)가 누락된 경우
       ⑥ 보드 사이즈를 지정된 레이어에 생성하지 않은 경우
       ⑦ 실크 데이터를 지정된 레이어에 생성하지 않은 경우
       ⑧ 거버 데이터(Gerber data)를 실물(1:1)로 출력하지 않은 경우
  - 출력 결과물(데이터)을 이용하여 PCB 및 제품의 제조 시 불량의 원인이 되는 경우
    ① PCB 외곽선 정보가 누락된 경우
    ② 각종 실크 데이터와 패드가 겹치는 경우
    ③ 부품 데이터와 핀의 배열이 다른 경우
    ④ 부품 또는 PCB에 전원 공급이 되지 않는 경우 등
  - 기타 요구사항의 실격에 해당하는 경우

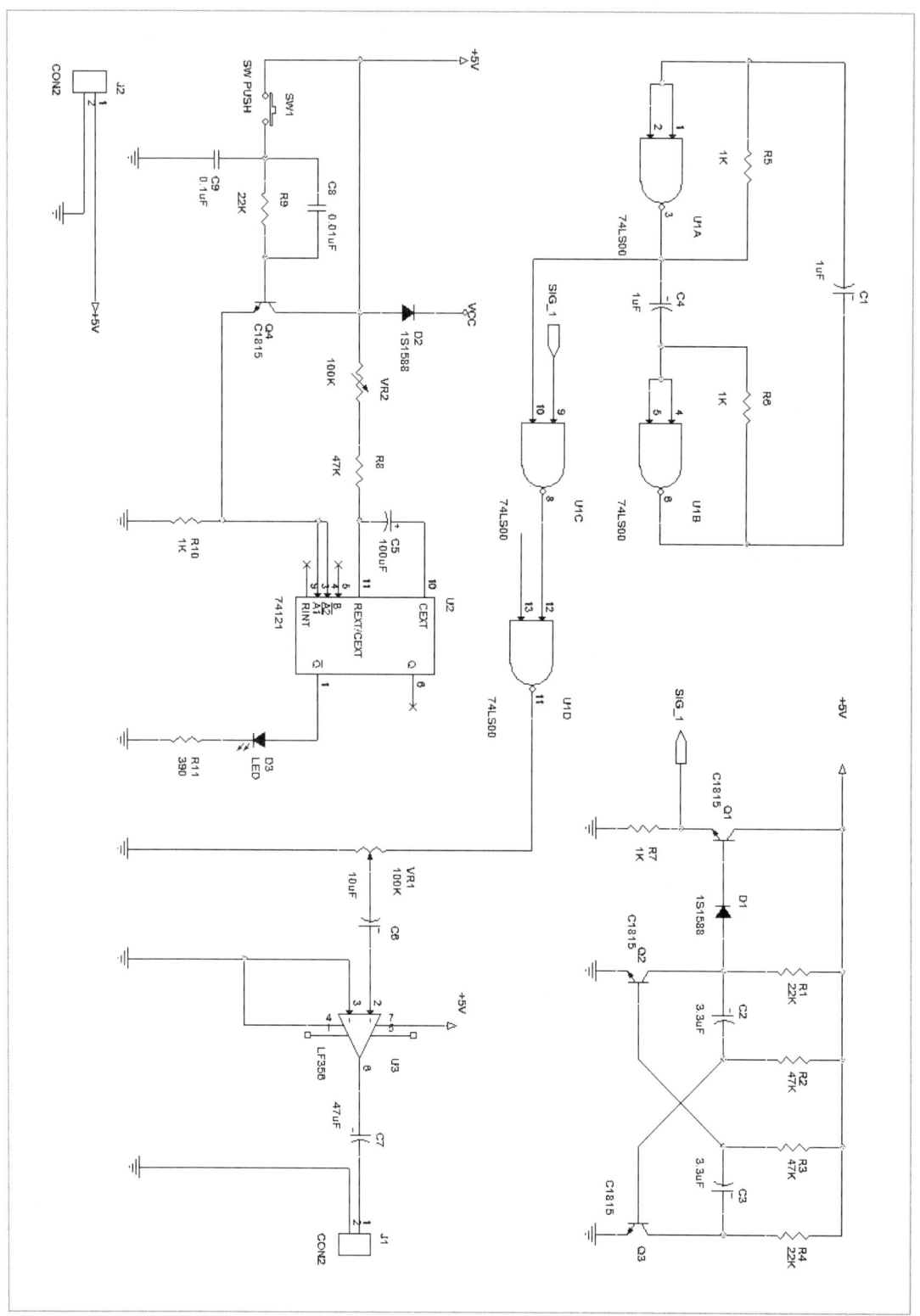

국가기술자격검정 실기시험문제

| 자격종목 | 전자캐드(CAD)기능사 | 과제명 | CHOPPING WAVE OSC |

※ 시험시간 : 4시간

1. 요구사항

※ 다음의 요구사항을 시험시간 내에 완성하시오.

과제 1 : 회로설계(Schematic)

가. 주어진 회로의 동작 원리를 분석해 보고 지급된(본인이 지참한) 전자캐드 소프트웨어를 사용하여 회로(Schematic)를 설계합니다.

나. 지급된 소프트웨어에 있는 라이브러리를 사용을 원칙으로 하고 필요시 본인이 라이브러리를 작성합니다.

다. 회로설계(Schematic)는 다음의 요구사항에 준하여 설계합니다.

1) Page size는 A4(297mm × 210mm)로 균형 있게 작성합니다.
2) 타이틀 블록(Title block)의 작성
   - title: 작품명 기재(크기 14)
     예) CHOPPING WAVE OSC
   - document : ELECTRONIC CAD와 시행일자 기입(크기 12)
     예) ELECTRONIC CAD, 20XX.XX.XX
   - revision : 1.0(크기 8)
3) 사용하지 않는 부품 및 핀들은 설계 규칙 검사 시 에러를 유발하지 않도록 처리합니다.
4) 다음 지정된 네트의 이름을 정의하여 연결하거나, 지시사항에 따라 네트 이름을 이용하여 연결합니다. (포트 활용 가능)

부품의 지정 핀	네트의 이름	부품의 지정 핀	네트의 이름
U2 IC 6번 핀	SIG	U3 IC의 2번 핀	SIG
J2 1번 핀	OUT		

5) 지정하지 않은 설계조건은 일반적인 설계 규칙(KS 규격 등)을 적용하여 설계하며, 설계 규칙 검사항목은 기본값을 사용합니다.
6) 설계가 완료되면 설계도면과 PCB 설계를 위한 파일(네트리스트 파일 등)을 생성합니다.
7) 새로운 부품(part) 작성 시 라이브러리의 이름은 자신의 비번호로 명명하고, 반드시 성한 라이브러리 안에 저장합니다. (단, 하나의 파일명으로 저장)
8) 지정하지 않은 사항은 일반적인 규칙(KS 규격 등)을 적용하여 설계합니다.

라. 지급된 소프트웨어에 있는 에러 체크(ERC : Electronic Rule Check) 기능을 이용하여 회로가 정상 동작되는 여부를 감독 위원에게 확인을 받은 후, 다음 순서의 작업을 진행하도록 하고, **에러 체크 검사를 받지 않은 작품은 미완성으로 처리합니다.** (단, 에러 체크 파일을 디스크에 저장합니다.)

마. 에러가 있는 경우 틀린 회로를 수정하여 정상 동작이 되도록 합니다.

바. 설계가 완료된 회로도면은 시험의 종료 전까지 프린터로 제시된 용지의 규격과 동일하게 본인이 출력하여 제출합니다.

과제 2 : PCB 설계(Layout)

가. 과제 1에서 설계한 회로(Schematic)의 동작원리를 분석하여, 지급된(본인이 지참한) 전자캐드 소프트웨어를 사용하여 인쇄회로기판(PCB)을 설계합니다.

나. 부품은 지급된 소프트웨어에서 제공하는 기본 라이브러리의 부품을 사용하고, 필요시에는 제공된 데이터시트를 참고하여 본인이 부품을 생성합니다.

다. 본인이 작성한 부품은 자신의 비번호로 명명한 라이브러리 파일 안에 저장합니다.

라. PCB 설계(Layout)는 다음과 같이 수행합니다.
1) 설계 환경 : 양면 PCB(2-Layer)
2) <u>보드 사이즈는 100mm[가로] × 70mm[세로]</u>
(치수보조선을 이용하여 보드 사이즈를 실크스크린 레이어에만 표시할 것, **실크스크린 이외의 레이어에 표시한 경우 실격처리됩니다.**)

3) 부품 배치 : 주요 부품은 다음 그림과 같이 배치하고, 그 외는 임의대로 배치합니다.
4) 설계 단위는 mm입니다.

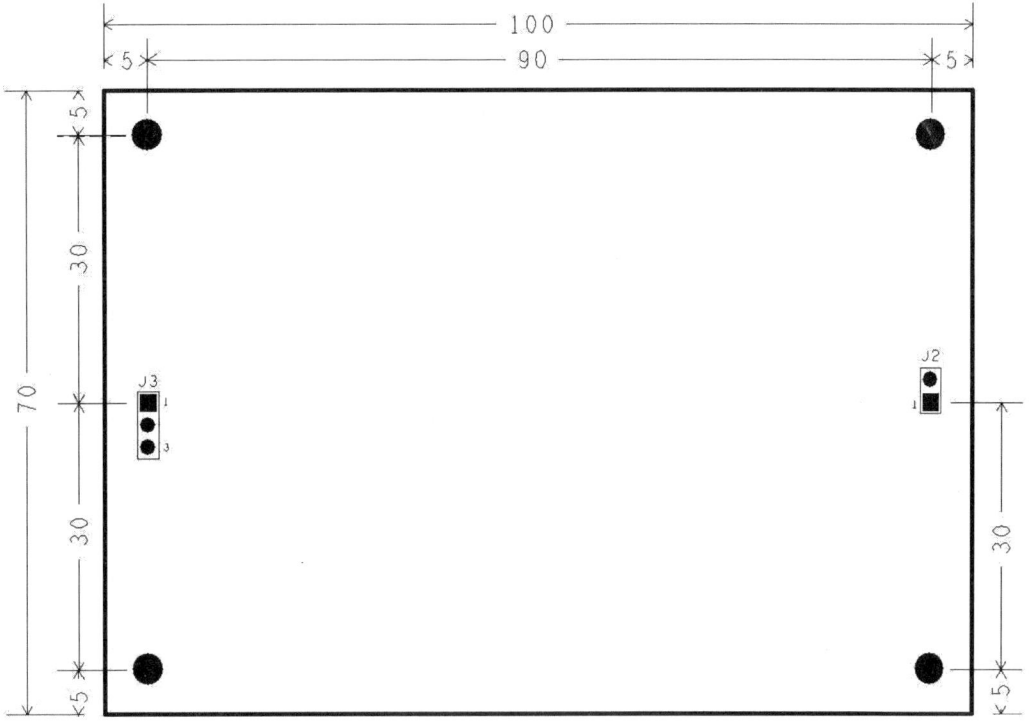

- 부품은 TOP Layer에만 실장하고, 배선은 양면 모두에서 진행하되, TOP LAYER(부품면)의 배선 방향이 수평이면, BOTTOM LAYER(배선면)의 배선 방향은 수직[또는 TOP LAYER(부품면)의 배선 방향이 수직이면, BOTTOM LAYER(배선면)의 배선 방향은 수평]으로 배선을 합니다.
- 부품의 실장 시 IC와 LED등 극성이 있는 부품은 가급적 동일 방향으로 배열하도록 하고, 이격 거리를 계산하여 배치하도록 합니다.
- 특별히 지정하지 않은 사항은 일반적인 PCB 설계 규칙에 준하여 설계합니다.

5) 부품의 생성
   - 가급적 전자캐드 프로그램에서 제공하는 라이브러리를 사용하되 필요시에는 부품을 작성하도록 하며, 부품의 생성 시 각 부품의 데이터에서 제공하는 규격에 맞게 작성합니다.
   - 제공된 부품도를 참고하여 정확한 부품을 사용하도록 합니다.

부품명	단자 접속도
LF356	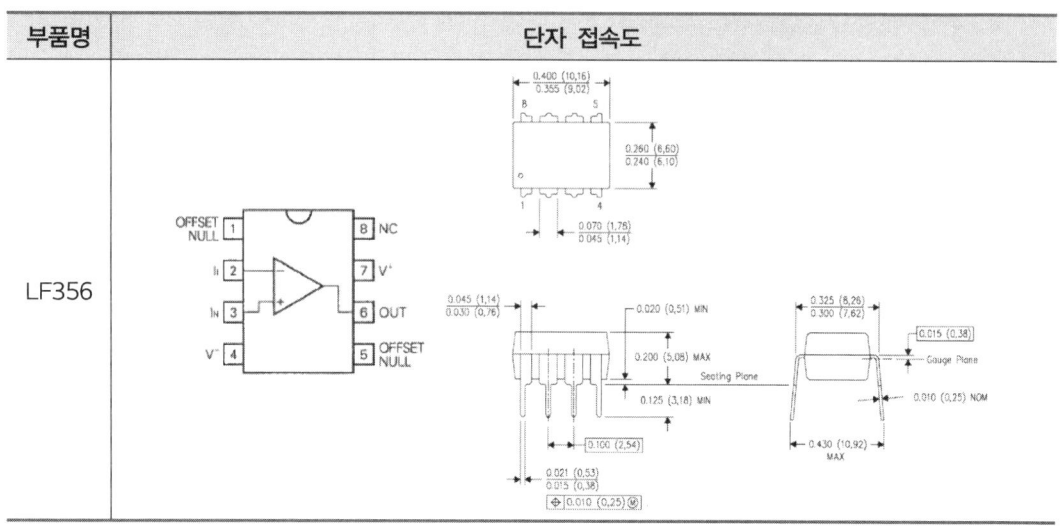

6) 네트(NET)의 폭(두께) 설정
   - 정의된 네트의 폭에 따라 설계합니다.

네트명	두께
+5(VDD), GND	1mm
일반선	0.5mm

7) 배선(Routing)
   - 배선은 양면 모두에서 진행하되, TOP LAYER(부품면)의 배선 방향이 수평이면, BOTTOM LAYER(배선면)의 배선 방향은 수직[또는 TOP LAYER(부품면)의 배선 방향이 수직이면, BOTTOM LAYER(배선면)의 배선 방향은 수평]으로 배선을 합니다.
   - 배선경로는 최대한 짧게 하되 100% 배선하며, 직각 배선은 하지 않도록 합니다.
   - **자동배선(Auto routing)은 사용할 수 없으며, 자동배선 시는 실격처리되고,** 비아(Via)는 생성하지 않습니다. (Via 생성 시 감점 요인이 됩니다.)

8) 기구 홀(Mounting Hole)의 삽입
   - 보드 외곽의 네 모서리에 직경 3Ø의 기구 홀을 삽입하되 각각의 모서리로부터 5mm 떨어진 지점에 배치하고(위 부품배치 그림 참고), 비전기적(non-electrical) 속성으로 정의하고, 기구 홀의 부품 참조 값은 삭제합니다.

9) 실크 데이터(Silk data)
   - 실크 데이터의 부품 번호는 한 방향으로 보기 좋게 정렬하고, 불필요한 데이터는 삭제합니다.

- 다음의 내용을 보드 상단 중앙에 위치시킵니다.
  (CHOPPING WAVE OSC)
  (line width : 0.5mm, height : 4mm)
- 다음의 내용을 보드 하단 중앙에 위치시킵니다.
  (ELECTRONIC CAD)
  (line width : 0.5mm, height : 4mm)

10) 카퍼(Copper Pour)의 설정
   - 보드 납땜면(BOTTOM layer)에 GND 속성의 카퍼 처리를 하되, 보드 외곽으로부터 5mm 이격을 두고 실시하며, 모든 네트와 카퍼와의 이격거리는(Clearance) 0.5mm, 단열판과 GND 네트 사이 연결선의 두께는 0.5mm로 설정합니다.

11) DRC(Design Rule Check)
   - 모든 조건은 default 값(clearance : 0.254mm)에 위배되지 않아야 합니다.

12) PCB 제조에 필요한 데이터의 생성
   - 양면 PCB 제조에 필요한 데이터 파일(거버 데이터 등)을 빠짐없이 생성하고 USB에 저장장치에 저장합니다.
   - 지급된 소프트웨어에 있는 에러 체크 기능을 이용하여 PCB 회로의 정상 제작 여부를 시험위원에게 확인을 받고, USB 저장장치에 저장하여, 시험위원 PC로 이동하여 회로도와 PCB 제조에 필요한 데이터를 실물과 같이 (1:1)로 출력합니다. **(단, 실물 (1:1)과 다르게 출력한 경우 실격처리됨)**

마. 에러가 있는 경우 틀린 회로를 수정하여 정상 동작이 되도록 합니다.

바. 데이터시트를 제공하는 부품을 (특별히 데이터시트가 필요한 경우에 제공) 참고하여 설계 합니다.

2. 수험자 유의사항

1) 미리 작성된 라이브러리 또는 회로도 등은 일체 사용을 금합니다.

2) 시험위원의 지시에 따라 실행 순서를 준수하고, 시험위원의 지시가 있기 전에 전원을 ON-OFF 시키거나 검정시스템을 임의로 조작하여서는 안 됩니다.

3) 시험 중 USB 저장 장치를 주고받는 행위나 시험 관련 대화는 부정행위로 처리하며 시험 종료 후 하드 디스크에서 작업 내용을 삭제해야 합니다.

4) 출력물을 확인하여 동일 작품이 발견될 경우 모두 부정행위로 처리합니다.

5) 만일의 장비 고장으로 인한 자료손실을 방지하기 위하여 20분에 1회씩 저장(Save)합니다.

6) 도면에서 표시되지 않은 규격은 데이터 북에서 가장 적당한 것을 선정하여 해당 규격으로 설계하시오.

7) 시험과 관련된 파일을 usb에 저장하고, 출력물과 함께 제출합니다. (단, 작업의 인쇄 출력마다 수험번호와 성명을 좌측 상단에 기재한 후 시험위원의 확인(날인)을 꼭 받습니다.)

8) 답안 출력이 완료되면 "수험진행사항 점검표"의 답안지 매수란에 수험자가 매수를 확인하여 기록하고, 시험위원의 확인을 꼭 받습니다.

9) 요구한 작업을 완료하고 파일 저장 usb와 인쇄 출력물을 지정한 순서(레이어 데이터 - 솔더 마스크 데이터 - 실크 데이터 - 드릴 데이터 등)에 의거 편철하여 제출할 경우에만 채점대상에 해당됩니다.

10) **출력물의 답안 편철을 위하여 회로도면 좌측 상단의 모서리 부분에는 설계를 하지 않습니다.**

12) 문제는 비번호 기재 후 반드시 제출합니다.

13) 다음 <채점 제외(불합격 처리) 대상>에 해당하는 작품은 채점하지 아니하고 불합격 처리합니다.

─── 〈채점 제외(불합격 처리) 대상〉 ───

○ 기권
  - 수험자 본인이 수험 도중 시험에 대한 포기 의사를 표현하는 경우
○ 실격
  - 수험자가 기계조작 미숙 등으로 계속 작업 진행 시 본인 또는 타인의 인명이나 재산에 큰 피해를 가져올 수 있다고 시험위원이 판단할 경우
  - 부정행위의 작품일 경우
  - 설계 완성도가 0인 경우
    ① 회로설계에서 부품 배치 및 네트 연결이 미완성인 경우
    ② PCB 설계에서 부품 배치 및 배선이 미완성인 경우
  - 출력하지 못한 경우
    ① 회로도를 출력하지 못한 경우
    ② PCB 제조에 필요한 거버 데이터를 1개 이상 출력하지 못한 경우
○ 오작
  - 조립한 작품의 동작이 되지 않는 경우
  - 요구사항을 준수하지 않은 작품을 제출한 경우
    1) 회로설계(Schematic) 요구조건과 다른 경우
      ① 접점이 누락된 경우
      ② 네트가 누락된 경우
      ③ 네트 연결이 잘못된 경우
      ④ 부품이 누락된 경우 등
    2) PCB 설계(Layer) 요구조건과 다른 경우
      ① 설계 레이어(2-Layer)가 다른 경우
      ② 보드 크기가 다른 경우
      ③ 부품이 초과하거나 누락된 경우
      ④ 고정부품 배치가 정확하지 않는 경우
      ⑤ 카퍼(동막)가 누락된 경우
      ⑥ 보드 사이즈를 지정된 레이어에 생성하지 않은 경우
      ⑦ 실크 데이터를 지정된 레이어에 생성하지 않은 경우
      ⑧ 거버 데이터(Gerber data)를 실물(1:1)로 출력하지 않은 경우
  - 출력 결과물(데이터)을 이용하여 PCB 및 제품의 제조 시 불량의 원인이 되는 경우
    ① PCB 외곽선 정보가 누락된 경우
    ② 각종 실크 데이터와 패드가 겹치는 경우
    ③ 부품 데이터와 핀의 배열이 다른 경우
    ④ 부품 또는 PCB에 전원 공급이 되지 않는 경우 등
  - 기타 요구사항의 실격에 해당하는 경우

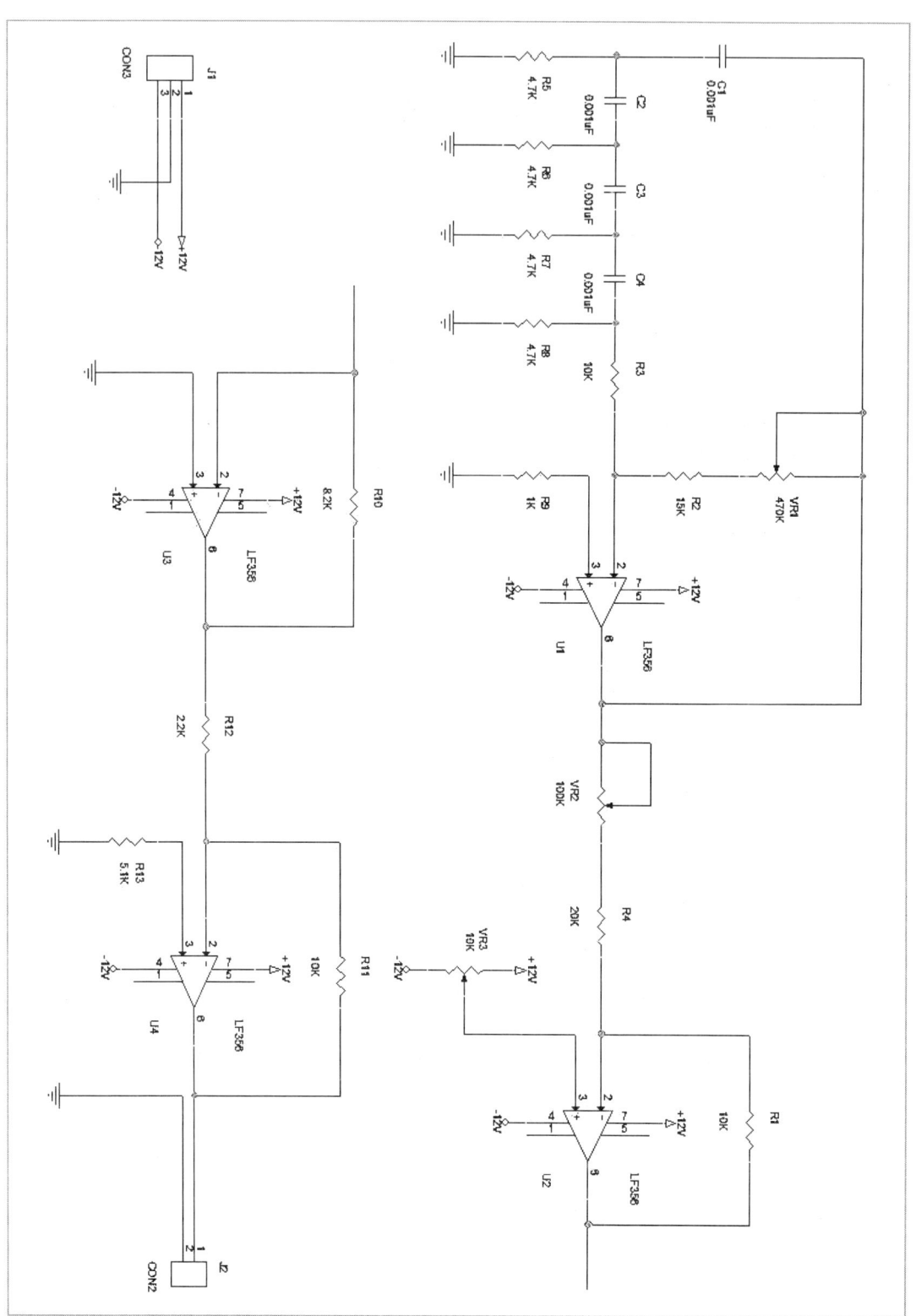

국가기술자격검정 실기시험문제

자격종목	전자캐드(CAD)기능사	과 제 명	TRIANGLE GENERATOR

※ 시험시간 : 4시간

1. 요구사항

※ 다음의 요구사항을 시험시간 내에 완성하시오.

과제 1 : 회로설계(Schematic)

가. 주어진 회로의 동작 원리를 분석해 보고 지급된(본인이 지참한) 전자캐드 소프트웨어를 사용하여 회로(Schematic)를 설계합니다.

나. 지급된 소프트웨어에 있는 라이브러리를 사용을 원칙으로 하고 필요시 본인이 라이브러리를 작성합니다.

다. 회로설계(Schematic)는 다음의 요구사항에 준하여 설계합니다.

1) Page size는 A4(297mm × 210mm)로 균형 있게 작성합니다.
2) 타이틀 블록(Title block)의 작성
   - title : 작품명 기재(크기 15)
     예) TRIANGLE GENERATOR
   - document : ELECTRONIC CAD와 시행일자 기입(크기 12)
     예) ELECTRONIC CAD, 20XX.XX.XX
   - revision : 1.0(크기 8)
3) 사용하지 않는 부품 및 핀들은 설계 규칙 검사 시 에러를 유발하지 않도록 처리합니다.
4) 다음 지정된 네트의 이름을 정의하여 연결하거나, 지시사항에 따라 네트 이름을 이용하여 연결합니다. (포트 활용 가능)

부품의 지정 핀	네트의 이름	부품의 지정 핀	네트의 이름
J1 커넥터의 1번 핀	+15V	J1 커넥터의 3번 핀	−15V
J2 커넥터의 1번 핀	TRI_OUT		

5) 지정하지 않은 설계조건은 일반적인 설계 규칙(KS 규격 등)을 적용하여 설계하며, 설계 규칙 검사항목은 기본값을 사용합니다.
6) 설계가 완료되면 설계도면과 PCB 설계를 위한 파일(네트리스트 파일 등)을 생성합니다.
7) 새로운 부품(part) 작성 시 라이브러리의 이름은 자신의 비번호로 명명하고, 반드시 성한 라이브러리 안에 저장합니다. (단, 하나의 파일명으로 저장)
8) 지정하지 않은 사항은 일반적인 규칙(KS 규격 등)을 적용하여 설계합니다.

라. 지급된 소프트웨어에 있는 에러 체크(ERC : Electronic Rule Check) 기능을 이용하여 회로가 정상 동작되는 여부를 감독 위원에게 확인을 받은 후, 다음 순서의 작업을 진행하도록 하고, **에러 체크 검사를 받지 않은 작품은 미완성으로 처리합니다.** (단, 에러 체크 파일을 디스크에 저장합니다.)

마. 에러가 있는 경우 틀린 회로를 수정하여 정상 동작이 되도록 합니다.

바. 설계가 완료된 회로도면은 시험의 종료 전까지 프린터로 제시된 용지의 규격과 동일하게 본인이 출력하여 제출합니다.

과제 2 : PCB 설계(Layout)

가. 과제 1에서 설계한 회로(Schematic)의 동작원리를 분석하여, 지급된(본인이 지참한) 전자캐드 소프트웨어를 사용하여 인쇄회로기판(PCB)을 설계합니다.

나. 부품은 지급된 소프트웨어에서 제공하는 기본 라이브러리의 부품을 사용하고, 필요시에는 제공된 데이터시트를 참고하여 본인이 부품을 생성합니다.

다. 본인이 작성한 부품은 자신의 비번호로 명명한 라이브러리 파일 안에 저장합니다.

라. PCB 설계(Layout)는 다음과 같이 수행합니다.
1) 설계 환경 : 양면 PCB(2-Layer)
2) 보드 사이즈는 100mm[가로] × 60mm[세로]
(치수보조선을 이용하여 보드 사이즈를 실크스크린 레이어에만 표시할 것. **실크스크린 이외의 레이어에 표시한 경우 실격처리됩니다.**)

3) 부품 배치 : 주요 부품은 다음 그림과 같이 배치하고, 그 외는 임의대로 배치합니다.
4) 설계 단위는 mm입니다.

- 부품은 TOP Layer에만 실장하고, 배선은 양면 모두에서 진행하되, TOP LAYER(부품면)의 배선 방향이 수평이면, BOTTOM LAYER(배선면)의 배선 방향은 수직[또는 TOP LAYER(부품면)의 배선 방향이 수직이면, BOTTOM LAYER(배선면)의 배선 방향은 수평]으로 배선을 합니다.
- 부품의 실장 시 IC와 LED등 극성이 있는 부품은 가급적 동일 방향으로 배열하도록 하고, 이격 거리를 계산하여 배치하도록 합니다.
- 특별히 지정하지 않은 사항은 일반적인 PCB 설계 규칙에 준하여 설계합니다.
5) 부품의 생성
- 가급적 전자캐드 프로그램에서 제공하는 라이브러리를 사용하되 필요시에는 부품을 작성하도록 하며, 부품의 생성 시 각 부품의 데이터에서 제공하는 규격에 맞게 작성합니다.
- 제공된 부품도를 참고하여 정확한 부품을 사용하도록 합니다.

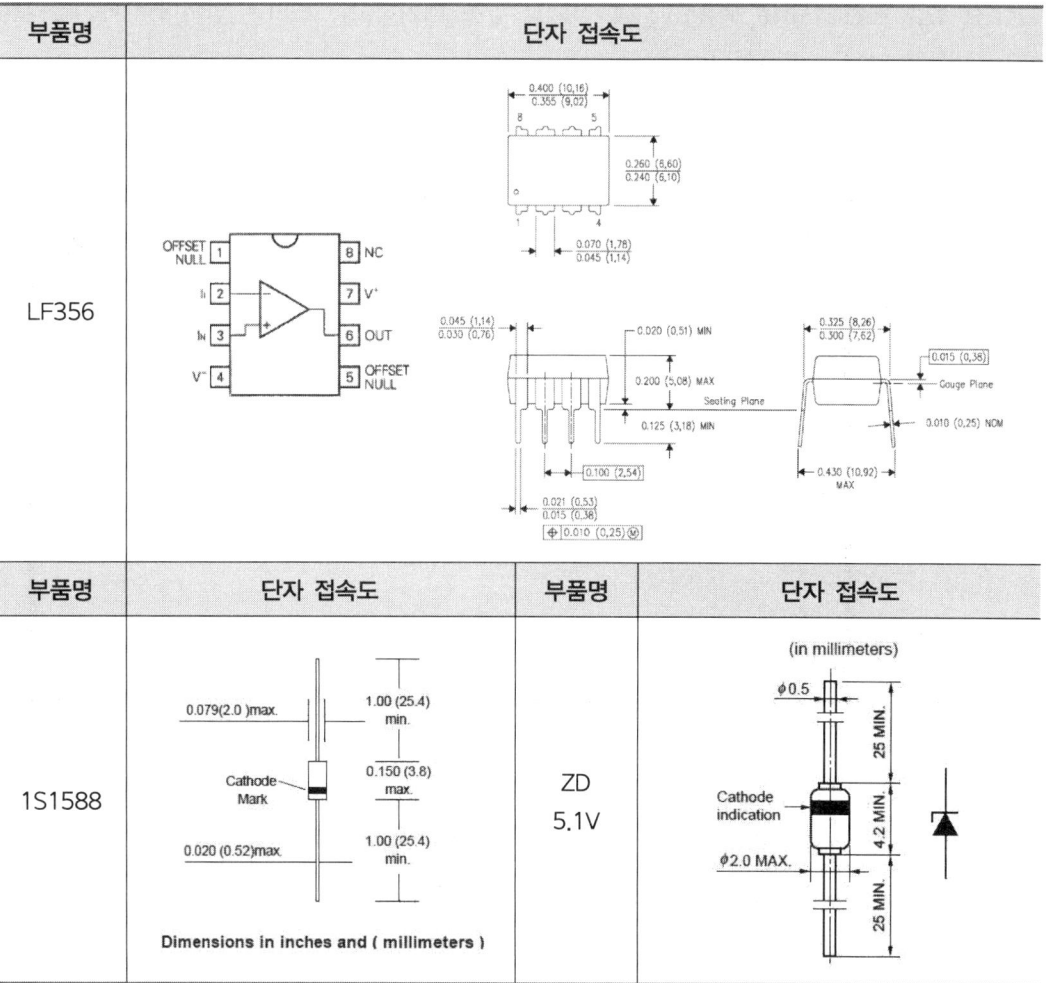

6) 네트(NET)의 폭(두께) 설정
   - 정의된 네트의 폭에 따라 설계합니다.

네트명	두께
+12V, -12V, +VCC, -VCC, GND	1mm
일반선	0.5mm

7) 배선(Routing)
   - 배선은 양면 모두에서 진행하되, TOP LAYER(부품면)의 배선 방향이 수평이면, BOTTOM LAYER(배선면)의 배선 방향은 수직[또는 TOP LAYER(부품면)의 배선 방향이 수직이면, BOTTOM LAYER(배선면)의 배선 방향은 수평]으로 배선을 합니다.
   - 배선경로는 최대한 짧게 하되 100% 배선하며, 직각 배선은 하지 않도록 합니다.

- 자동배선(Auto routing)은 사용할 수 없으며, 자동배선 시는 실격처리되고, 비아(Via)는 생성하지 않습니다. (Via 생성 시 감점 요인이 됩니다.)

8) 기구 홀(Mounting Hole)의 삽입
   - 보드 외곽의 네 모서리에 직경 3Ø의 기구 홀을 삽입하되 각각의 모서리로부터 5mm 떨어진 지점에 배치하고(위 부품배치 그림 참고), 비전기적(non-electrical) 속성으로 정의하고, 기구 홀의 부품 참조 값은 삭제합니다.

9) 실크 데이터(Silk data)
   - 실크 데이터의 부품 번호는 한 방향으로 보기 좋게 정렬하고, 불필요한 데이터는 삭제합니다.
   - 다음의 내용을 보드 상단 중앙에 위치시킵니다.
     (PWM CIRCUIT)
     (line width : 0.5mm, height : 4mm)
   - 다음의 내용을 보드 하단 중앙에 위치시킵니다.
     (ELECTRONIC CAD)
     (line width : 0.5mm, height : 4mm)

10) 카퍼(Copper Pour)의 설정
    - 보드 납땜면(BOTTOM layer)에 GND 속성의 카퍼 처리를 하되, 보드 외곽으로부터 5mm 이격을 두고 실시하며, 모든 네트와 카퍼와의 이격 거리는(Clearance) 0.5mm, 단열판과 GND 네트 사이 연결선의 두께는 0.5mm로 설정합니다.

11) DRC(Design Rule Check)
    - 모든 조건은 default 값(clearance : 0.254mm)에 위배되지 않아야 합니다.

12) PCB 제조에 필요한 데이터의 생성
    - 양면 PCB 제조에 필요한 데이터 파일(거버 데이터 등)을 빠짐없이 생성하고 USB에 저장장치에 저장합니다.
    - 지급된 소프트웨어에 있는 에러 체크 기능을 이용하여 PCB 회로의 정상 제작 여부를 시험위원에게 확인을 받고, USB 저장장치에 저장하여, 시험위원 PC로 이동하여 회로도와 PCB 제조에 필요한 데이터를 실물과 같이 (1:1)로 출력합니다. **(단, 실물 (1:1)과 다르게 출력한 경우 실격처리됨)**

마. 에러가 있는 경우 틀린 회로를 수정하여 정상 동작이 되도록 합니다.

바. 데이터시트를 제공하는 부품을 (특별히 데이터시트가 필요한 경우에 제공) 참고하여 설계합니다.

2. 수험자 유의사항

1) 미리 작성된 라이브러리 또는 회로도 등은 일체 사용을 금합니다.
2) 시험위원의 지시에 따라 실행 순서를 준수하고, 시험위원의 지시가 있기 전에 전원을 ON-OFF 시키거나 검정시스템을 임의로 조작하여서는 안 됩니다.
3) 시험 중 USB 저장 장치를 주고받는 행위나 시험 관련 대화는 부정행위로 처리하며 시험 종료 후 하드 디스크에서 작업 내용을 삭제해야 합니다.
4) 출력물을 확인하여 동일 작품이 발견될 경우 모두 부정행위로 처리합니다.
5) 만일의 장비 고장으로 인한 자료손실을 방지하기 위하여 20분에 1회씩 저장(Save)합니다.
6) 도면에서 표시되지 않은 규격은 데이터 북에서 가장 적당한 것을 선정하여 해당 규격으로 설계하시오.
7) 시험과 관련된 파일을 usb에 저장하고, 출력물과 함께 제출합니다. (단, 작업의 인쇄 출력마다 수험번호와 성명을 좌측 상단에 기재한 후 시험위원의 확인(날인)을 꼭 받습니다.)
8) 답안 출력이 완료되면 "수험진행사항 점검표"의 답안지 매수란에 수험자가 매수를 확인하여 기록하고, 시험위원의 확인을 꼭 받습니다.
9) 요구한 작업을 완료하고 파일 저장 usb와 인쇄 출력물을 지정한 순서(레이어 데이터 - 솔더 마스크 데이터 - 실크 데이터 - 드릴 데이터 등)에 의거 편철하여 제출할 경우에만 채점 대상에 해당됩니다.
10) **출력물의 답안 편철을 위하여 회로도면 좌측 상단의 모서리 부분에는 설계를 하지 않습니다.**
12) 문제는 비번호 기재 후 반드시 제출합니다.
13) 다음 <u><채점 제외(불합격 처리) 대상></u>에 해당하는 작품은 채점하지 아니하고 불합격 처리합니다.

〈채점 제외(불합격 처리) 대상〉

○ 기권
- 수험자 본인이 수험 도중 시험에 대한 포기 의사를 표현하는 경우

○ 실격
- 수험자가 기계조작 미숙 등으로 계속 작업 진행 시 본인 또는 타인의 인명이나 재산에 큰 피해를 가져올 수 있다고 시험위원이 판단할 경우
- 부정행위의 작품일 경우
- 설계 완성도가 0인 경우
  ① 회로설계에서 부품 배치 및 네트 연결이 미완성인 경우
  ② PCB 설계에서 부품 배치 및 배선이 미완성인 경우
- 출력하지 못한 경우
  ① 회로도를 출력하지 못한 경우
  ② PCB 제조에 필요한 거버 데이터를 1개 이상 출력하지 못한 경우

○ 오작
- 조립한 작품의 동작이 되지 않는 경우
- 요구사항을 준수하지 않은 작품을 제출한 경우
  1) 회로설계(Schematic) 요구조건과 다른 경우
     ① 접점이 누락된 경우
     ② 네트가 누락된 경우
     ③ 네트 연결이 잘못된 경우
     ④ 부품이 누락된 경우 등
  2) PCB 설계(Layer) 요구조건과 다른 경우
     ① 설계 레이어(2-Layer)가 다른 경우
     ② 보드 크기가 다른 경우
     ③ 부품이 초과하거나 누락된 경우
     ④ 고정부품 배치가 정확하지 않는 경우
     ⑤ 카퍼(동막)가 누락된 경우
     ⑥ 보드 사이즈를 지정된 레이어에 생성하지 않은 경우
     ⑦ 실크 데이터를 지정된 레이어에 생성하지 않은 경우
     ⑧ 거버 데이터(Gerber data)를 실물(1:1)로 출력하지 않은 경우
- 출력 결과물(데이터)을 이용하여 PCB 및 제품의 제조 시 불량의 원인이 되는 경우
  ① PCB 외곽선 정보가 누락된 경우
  ② 각종 실크 데이터와 패드가 겹치는 경우
  ③ 부품 데이터와 핀의 배열이 다른 경우
  ④ 부품 또는 PCB에 전원 공급이 되지 않는 경우 등
- 기타 요구사항의 실격에 해당하는 경우

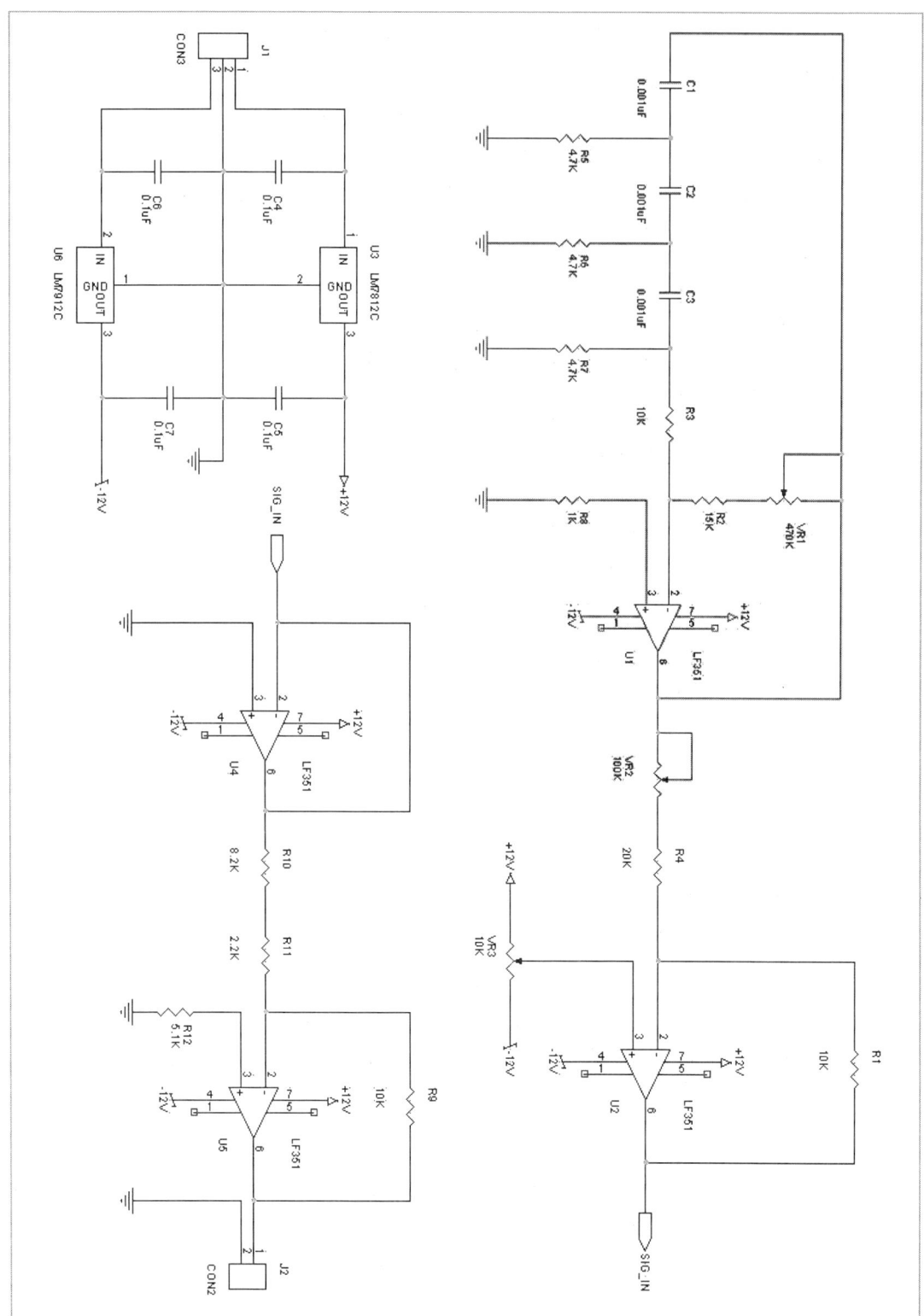

국가기술자격검정 실기시험문제

| 자격종목 | 전자캐드(CAD)기능사 | 과 제 명 | TWO SOUND SELECTOR |

※ 시험시간 : 4시간

1. 요구사항

※ 다음의 요구사항을 시험시간 내에 완성하시오.

과제 1 : 회로설계(Schematic)

가. 주어진 회로의 동작 원리를 분석해 보고 지급된(본인이 지참한) 전자캐드 소프트웨어를 사용하여 회로(Schematic)를 설계합니다.

나. 지급된 소프트웨어에 있는 라이브러리를 사용을 원칙으로 하고 필요시 본인이 라이브러리를 작성합니다.

다. 회로설계(Schematic)는 다음의 요구사항에 준하여 설계합니다.

1) Page size는 A4(297mm × 210mm)로 균형 있게 작성합니다.
2) 타이틀 블록(Title block)의 작성
   title: 작품명 기재(크기 14)
   예) TWO SOUND SELECTOR
   - document : ELECTRONIC CAD와 시행일자 기입(크기 13)
     예) ELECTRONIC CAD, 20XX.XX.XX
   - revision : 1.0(크기 7)
3) 사용하지 않는 부품 및 핀들은 설계 규칙 검사 시 에러를 유발하지 않도록 처리합니다.
4) 다음 지정된 네트의 이름을 정의하여 연결하거나, 지시사항에 따라 네트 이름을 이용하여 연결합니다. (포트 활용 가능)

부품의 지정 핀	네트의 이름
J1 커넥터의 2번 핀	SPEAKER
J2 커넥터의 1번 핀	VDD

5) 지정하지 않은 설계조건은 일반적인 설계 규칙(KS 규격 등)을 적용하여 설계하며, 설계 규칙 검사항목은 기본값을 사용합니다.
6) 설계가 완료되면 설계도면과 PCB 설계를 위한 파일(네트리스트 파일 등)을 생성합니다.
7) 새로운 부품(part) 작성 시 라이브러리의 이름은 자신의 비번호로 명명하고, 반드시 성한 라이브러리 안에 저장합니다. (단, 하나의 파일명으로 저장)
8) 지정하지 않은 사항은 일반적인 규칙(KS 규격 등)을 적용하여 설계합니다.

라. 지급된 소프트웨어에 있는 에러 체크(ERC : Electronic Rule Check) 기능을 이용하여 회로가 정상 동작되는 여부를 감독 위원에게 확인을 받은 후, 다음 순서의 작업을 진행하도록 하고, **에러 체크 검사를 받지 않은 작품은 미완성으로 처리합니다.** (단, 에러 체크 파일을 디스크에 저장합니다.)

마. 에러가 있는 경우 틀린 회로를 수정하여 정상 동작이 되도록 합니다.

바. 설계가 완료된 회로도면은 시험의 종료 전까지 프린터로 제시된 용지의 규격과 동일하게 본인이 출력하여 제출합니다.

과제 2 : PCB 설계(Layout)

가. 과제 1에서 설계한 회로(Schematic)의 동작원리를 분석하여, 지급된(본인이 지참한) 전자 캐드 소프트웨어를 사용하여 인쇄회로기판(PCB)을 설계합니다.

나. 부품은 지급된 소프트웨어에서 제공하는 기본 라이브러리의 부품을 사용하고, 필요시에는 제공된 데이터시트를 참고하여 본인이 부품을 생성합니다.

다. 본인이 작성한 부품은 자신의 비번호로 명명한 라이브러리 파일 안에 저장합니다.

라. PCB 설계(Layout)는 다음과 같이 수행합니다.
1) 설계 환경 : 양면 PCB(2-Layer)
2) 보드 사이즈는 90mm[가로] × 80mm[세로]
(치수보조선을 이용하여 보드 사이즈를 실크스크린 레이어에만 표시할 것, **실크스크린 이외의 레이어에 표시한 경우 실격처리됩니다.**)

3) 부품 배치 : 주요 부품은 다음 그림과 같이 배치하고, 그 외는 임의대로 배치합니다.
4) 설계 단위는 mm입니다.

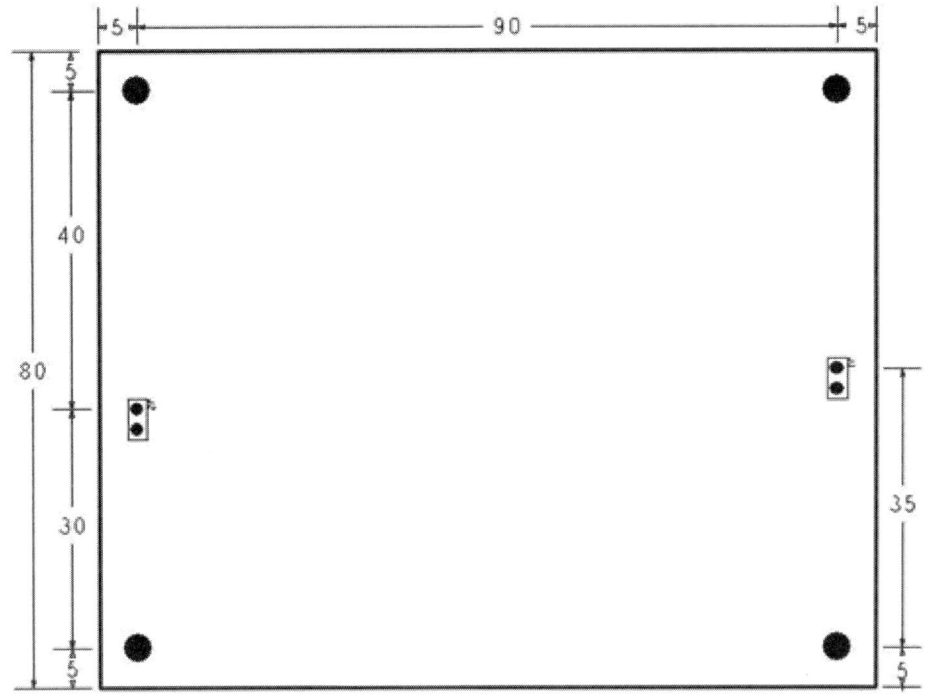

- 부품은 TOP Layer에만 실장하고, 배선은 양면 모두에서 진행하되, TOP LAYER(부품면)의 배선 방향이 수평이면, BOTTOM LAYER(배선면)의 배선 방향은 수직[또는 TOP LAYER(부품면)의 배선 방향이 수직이면, BOTTOM LAYER(배선면)의 배선 방향은 수평]으로 배선을 합니다.
- 부품의 실장 시 IC와 LED등 극성이 있는 부품은 가급적 동일 방향으로 배열하도록 하고, 이격 거리를 계산하여 배치하도록 합니다.
- 특별히 지정하지 않은 사항은 일반적인 PCB 설계 규칙에 준하여 설계합니다.

5) 부품의 생성
- 가급적 전자캐드 프로그램에서 제공하는 라이브러리를 사용하되 필요시에는 부품을 작성하도록 하며, 부품의 생성 시 각 부품의 데이터에서 제공하는 규격에 맞게 작성합니다.
- 제공된 부품도를 참고하여 정확한 부품을 사용하도록 합니다.

부품명	단자 접속도
4011	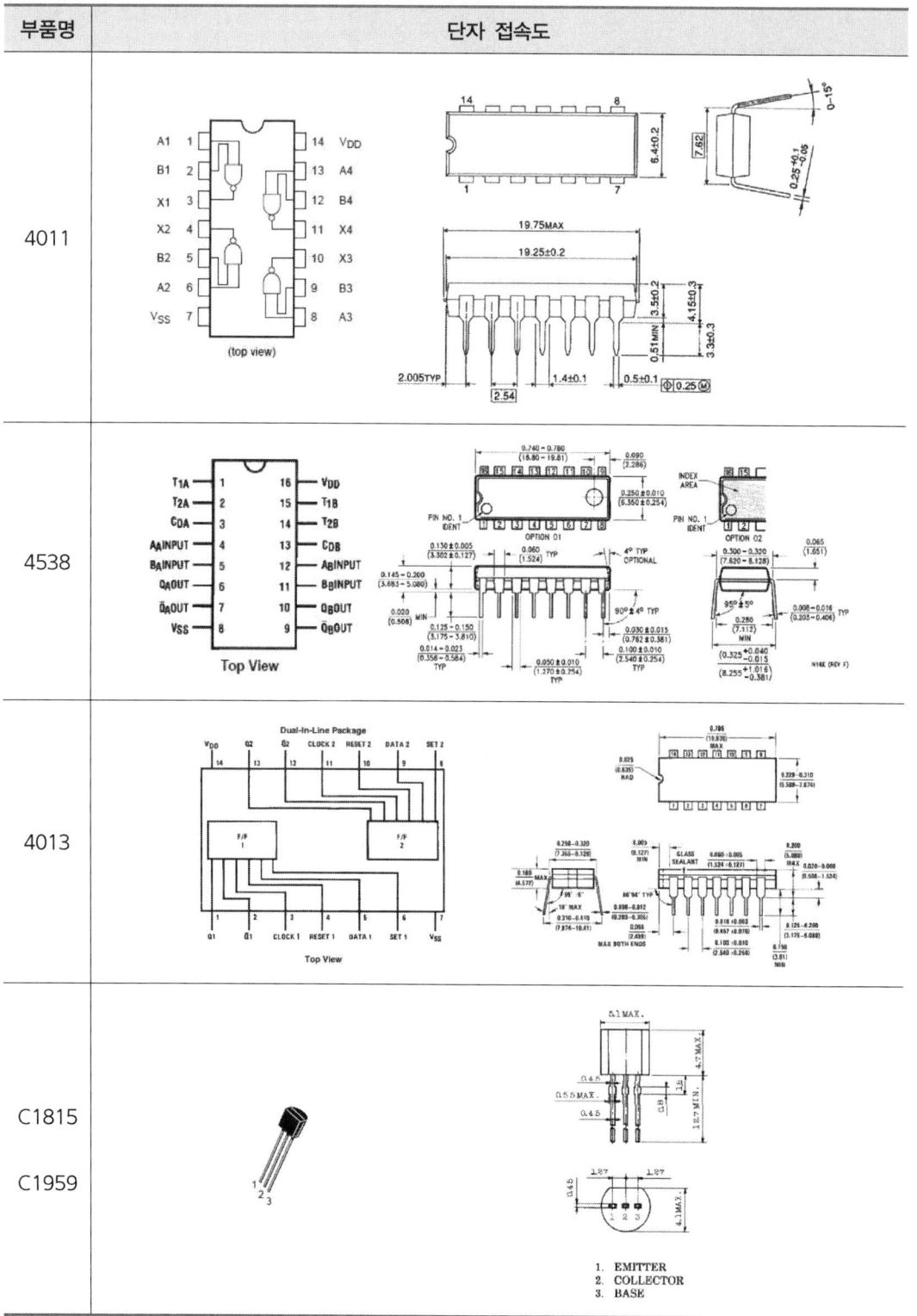
4538	
4013	
C1815 C1959	1. EMITTER 2. COLLECTOR 3. BASE

6) 네트(NET)의 폭(두께) 설정
   - 정의된 네트의 폭에 따라 설계합니다.

네트명	두께
+5(VDD), GND	1mm
일반선	0.5mm

7) 배선(Routing)
   - 배선은 양면 모두에서 진행하되, TOP LAYER(부품면)의 배선 방향이 수평이면, BOTTOM LAYER(배선면)의 배선 방향은 수직[또는 TOP LAYER(부품면)의 배선 방향이 수직이면, BOTTOM LAYER(배선면)의 배선 방향은 수평]으로 배선을 합니다.
   - 배선경로는 최대한 짧게 하되 100% 배선하며, 직각 배선은 하지 않도록 합니다.
   - **자동배선(Auto routing)은 사용할 수 없으며, 자동배선 시는 실격처리되고,** 비아(Via)는 생성하지 않습니다. (Via 생성 시 감점 요인이 됩니다.)

8) 기구 홀(Mounting Hole)의 삽입
   - 보드 외곽의 네 모서리에 직경 3Φ의 기구 홀을 삽입하되 각각의 모서리로부터 5mm 떨어진 지점에 배치하고(위 부품배치 그림 참고), 비전기적(non-electrical) 속성으로 정의하고, 기구 홀의 부품 참조 값은 삭제합니다.

9) 실크 데이터(Silk data)
   - 실크 데이터의 부품 번호는 한 방향으로 보기 좋게 정렬하고, 불필요한 데이터는 삭제합니다.
   - 다음의 내용을 보드 상단 중앙에 위치시킵니다.
   (TWO SOUND SELECTOR)
   (line width : 0.5mm, height : 4mm)

10) 카퍼(Copper Pour)의 설정
    - 보드 납땜면(BOTTOM layer)에 GND 속성의 카퍼 처리를 하되, 보드 외곽으로부터 5mm 이격을 두고 실시하며, 모든 네트와 카퍼와의 이격 거리는(Clearance) 0.5mm, 단열판과 GND 네트 사이 연결선의 두께는 0.5mm로 설정합니다.

11) DRC(Design Rule Check)
    - 모든 조건은 default 값(clearance : 0.254mm)에 위배되지 않아야 합니다.

12) PCB 제조에 필요한 데이터의 생성
   - 양면 PCB 제조에 필요한 데이터 파일(거버 데이터 등)을 빠짐없이 생성하고 USB에 저장장치에 저장합니다.
   - 지급된 소프트웨어에 있는 에러 체크 기능을 이용하여 PCB 회로의 정상 제작 여부를 시험위원에게 확인을 받고, USB 저장장치에 저장하여, 시험위원 PC로 이동하여 회로도와 PCB 제조에 필요한 데이터를 실물과 같이 (1:1)로 출력합니다. **(단, 실물 (1:1)과 다르게 출력한 경우 실격처리됨)**

마. 에러가 있는 경우 틀린 회로를 수정하여 정상 동작이 되도록 합니다.

바. 데이터시트를 제공하는 부품을 (특별히 데이터시트가 필요한 경우에 제공) 참고하여 설계합니다.

2. 수험자 유의사항

1) 미리 작성된 라이브러리 또는 회로도 등은 일체 사용을 금합니다.
2) 시험위원의 지시에 따라 실행 순서를 준수하고, 시험위원의 지시가 있기 전에 전원을 ON-OFF 시키거나 검정시스템을 임의로 조작하여서는 안 됩니다.
3) 시험 중 USB 저장 장치를 주고받는 행위나 시험 관련 대화는 부정행위로 처리하며 시험 종료 후 하드 디스크에서 작업 내용을 삭제해야 합니다.
4) 출력물을 확인하여 동일 작품이 발견될 경우 모두 부정행위로 처리합니다.
5) 만일의 장비 고장으로 인한 자료손실을 방지하기 위하여 20분에 1회씩 저장(Save)합니다.
6) 도면에서 표시되지 않은 규격은 데이터 북에서 가장 적당한 것을 선정하여 해당 규격으로 설계 하시오.
7) 시험과 관련된 파일을 usb에 저장하고, 출력물과 함께 제출합니다. (단, 작업의 인쇄 출력마다 수험번호와 성명을 좌측 상단에 기재한 후 시험위원의 확인(날인)을 꼭 받습니다.)
8) 답안 출력이 완료되면 "수험진행사항 점검표"의 답안지 매수란에 수험자가 매수를 확인하여 기록하고, 시험위원의 확인을 꼭 받습니다.

9) 요구한 작업을 완료하고 파일 저장 usb와 인쇄 출력물을 지정한 순서(레이어 데이터 - 솔더 마스크 데이터 - 실크 데이터 - 드릴 데이터 등)에 의거 편철하여 제출할 경우에만 채점 대상에 해당됩니다.

10) **출력물의 답안 편철을 위하여 회로도면 좌측 상단의 모서리 부분에는 설계를 하지 않습니다.**

12) 문제는 비번호 기재 후 반드시 제출합니다.

13) 다음 〈채점 제외(불합격 처리) 대상〉에 해당하는 작품은 채점하지 아니하고 불합격 처리합니다.

―― 〈채점 제외(불합격 처리) 대상〉 ――

○ 기권
  - 수험자 본인이 수험 도중 시험에 대한 포기 의사를 표현하는 경우
○ 실격
  - 수험자가 기계조작 미숙 등으로 계속 작업 진행 시 본인 또는 타인의 인명이나 재산에 큰 피해를 가져올 수 있다고 시험위원이 판단할 경우
  - 부정행위의 작품일 경우
  - 설계 완성도가 0인 경우
    ① 회로설계에서 부품 배치 및 네트 연결이 미완성인 경우
    ② PCB 설계에서 부품 배치 및 배선이 미완성인 경우
  - 출력하지 못한 경우
    ① 회로도를 출력하지 못한 경우
    ② PCB 제조에 필요한 거버 데이터를 1개 이상 출력하지 못한 경우
○ 오작
  - 조립한 작품의 동작이 되지 않는 경우
  - 요구사항을 준수하지 않은 작품을 제출한 경우
    1) 회로설계(Schematic) 요구조건과 다른 경우
      ① 접점이 누락된 경우
      ② 네트가 누락된 경우
      ③ 네트 연결이 잘못된 경우
      ④ 부품이 누락된 경우 등
    2) PCB 설계(Layer) 요구조건과 다른 경우
      ① 설계 레이어(2-Layer)가 다른 경우
      ② 보드 크기가 다른 경우
      ③ 부품이 초과하거나 누락된 경우
      ④ 고정부품 배치가 정확하지 않는 경우
      ⑤ 카퍼(동막)가 누락된 경우
      ⑥ 보드 사이즈를 지정된 레이어에 생성하지 않은 경우
      ⑦ 실크 데이터를 지정된 레이어에 생성하지 않은 경우
      ⑧ 거버 데이터(Gerber data)를 실물(1:1)로 출력하지 않은 경우
  - 출력 결과물(데이터)을 이용하여 PCB 및 제품의 제조 시 불량의 원인이 되는 경우
    ① PCB 외곽선 정보가 누락된 경우
    ② 각종 실크 데이터와 패드가 겹치는 경우
    ③ 부품 데이터와 핀의 배열이 다른 경우
    ④ 부품 또는 PCB에 전원 공급이 되지 않는 경우 등
  - 기타 요구사항의 실격에 해당하는 경우

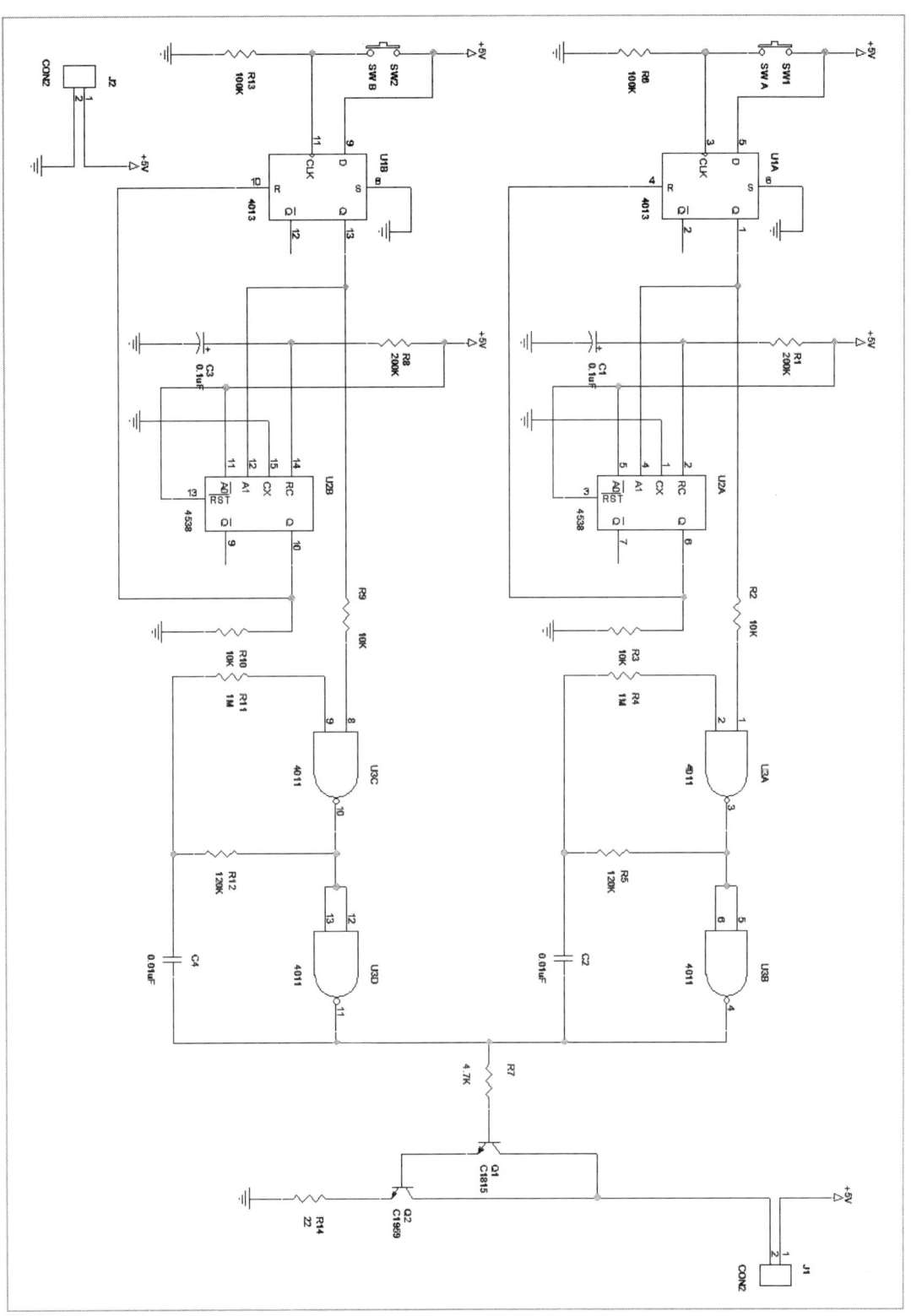

부록

1장 Package Symbol 만들기
2장 PCB Footprint List
3장 Capture에서 자주 발생하는 Error 정리

1장 Package Symbol 만들기

Package는 Footprint 정보와 핀 정보가 합쳐진 데이터이다. 하나의 PCB Footprint를 쓰기 위해서는 핀 정보가 담긴 *.pad와 Footprint 정보가 담긴 *.dra 정보가 합쳐진 정보가 *.psm 데이터이다.

Package를 생성하는 방법에는 직접 PCB Editor를 이용해 작성하는 방법과 Package Wizard를 이용해 작성하는 방법이 있다.

① FND510 생성

Footprint를 만들기 전에 Datasheet를 참조로 Drill 직경, 핀 간격, 부품 크기 등을 알아본다.

> **TIP** 부품의 기본 정보
>
>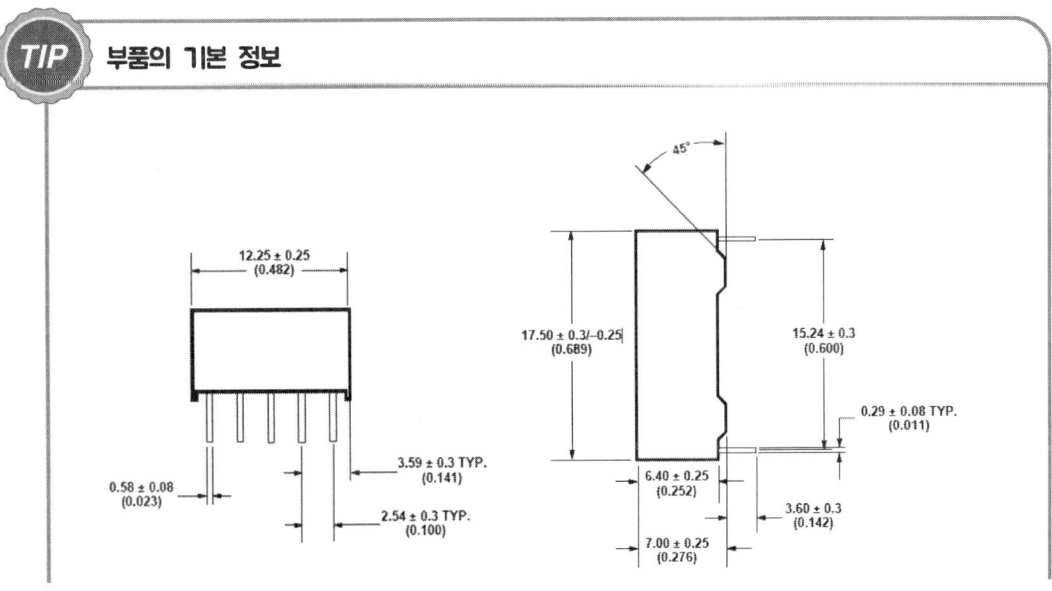

- 실제 부품 크기 : 12.25mm × 17.5mm
- Pin 직경 : 0.5mm
- Drill 직경 : D = 핀 굵기 + 0.3 ~ 0.5mm
  따라서 0.5 + 0.4 = 0.9mm로 설정
- Pin to Pin : 2.54mm, 15.24mm
- 1mm = 약 40mil

(1) Pin 생성

Footprint 작성에 필요한 핀들을 모두 생성할 필요는 없으며, Datasheet를 통한 핀 정보가 기존 Library에 저장되어 있는 Pad와 동일하거나 유사하다면 새로이 생성하지 않고 생성되어 있는 Pad를 그대로 활용하는 방법도 있다. 여기서는 기존의 Pad를 그대로 활용하기도 한다.

(2) PCB Footprint 생성

❶ 시작 〉 Cadence Release 17.2-2016 〉 PCB Editor를 실행한다.

❷ OrCAD PCB Editor에서 메뉴의 File 〉 New( )를 클릭한다.

❸ New Drawing 창의 Drawing Type에 Package symbol을 선택하고 저장경로와 Footprint 이름을 설정한다.

- Project Directory : E:/01/Symbols
- Drawing Name : FND510(풋프린트 이름)
- Drawing Type : Package symbol

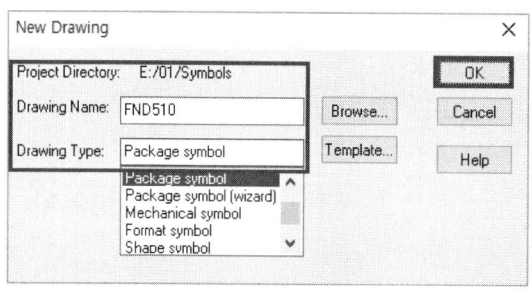

❹ Create a New Design 창에서 아래의 그림과 같이 설정하고 OK를 클릭한다.

- Units : Millimeter
- Sheet Size : A4
- Accuracy : 2
- Default : Bottom Left

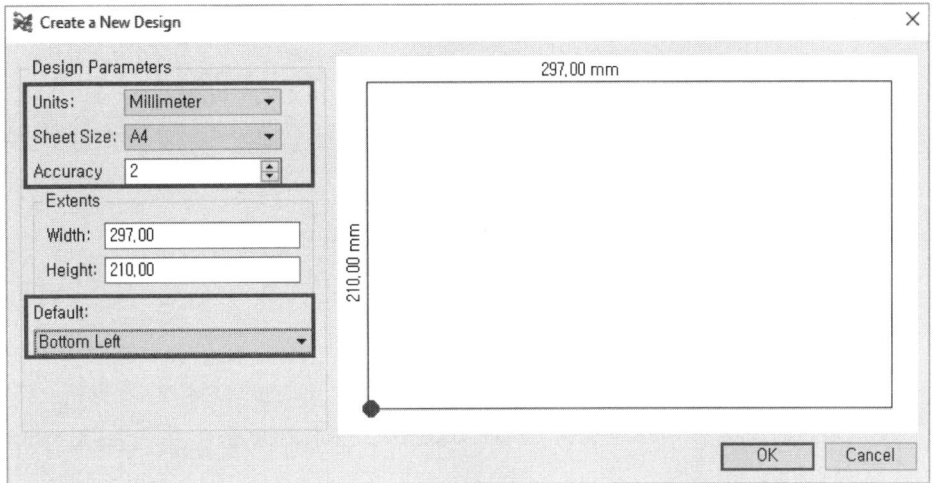

❺ 메뉴에서 Setup > Design Parameters를 선택한다.

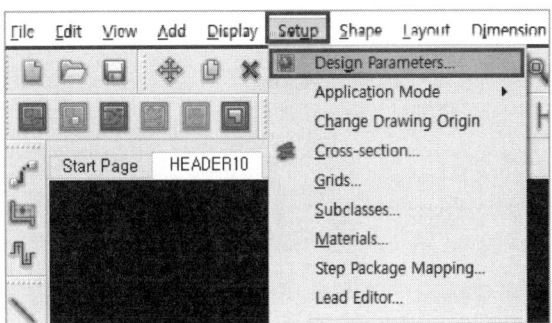

❻ Design Parameter Editor 창이 뜨면 Display 탭에서 우측 하단 체크박스의 Grids on을 체크한다.

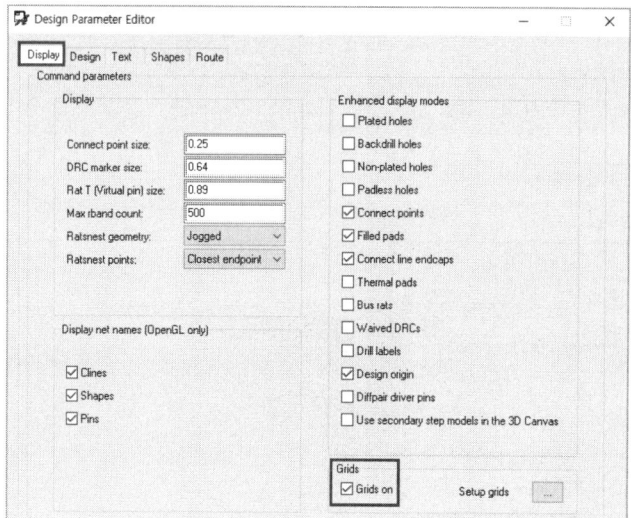

❼ Design 탭에서 아래와 같이 Origin 좌표를 설정하고 OK를 클릭한다.

- Left X : -70
- Lower Y : -70

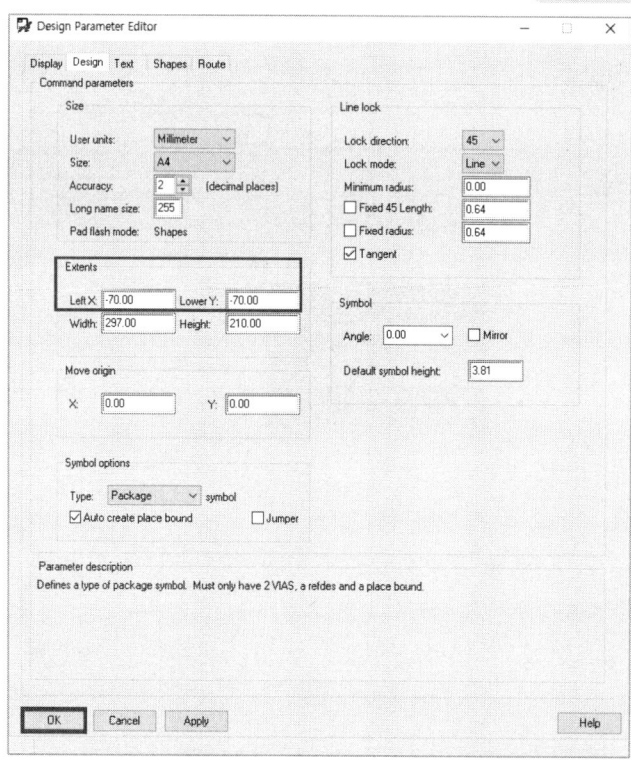

❽ 메뉴에서 Layout 〉 Pins을 선택하고 Options 창이 활성화되면, Select a padstack의 Browse 버튼을 클릭하고 "Pad60cir36d"를 검색하여 선택 후 OK를 클릭한다.

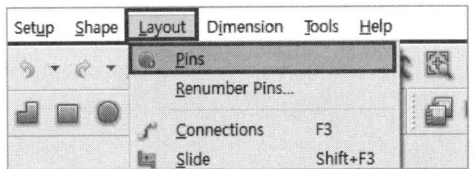

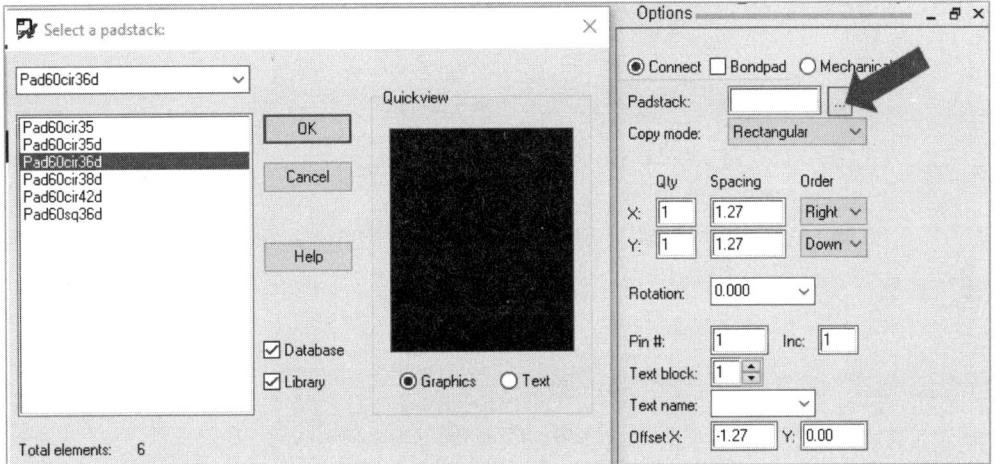

✓ Datasheet에서 핀 간격과 패키지 크기를 참고로 값을 입력한다.

TIP 부품의 기본 정보

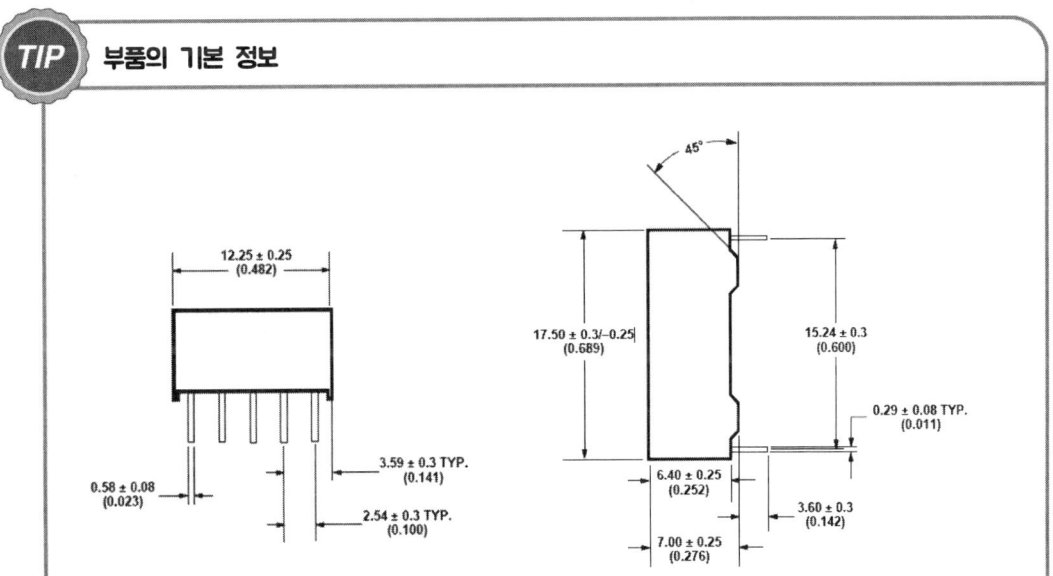

- 실제 부품 크기 : 12.25mm × 17.5mm
- Pin 직경 : 0.5mm
- Drill 직경 : D = 핀 굵기 + 0.3 ~ 0.5mm
  따라서 0.5 + 0.4 = 0.9mm로 설정
- Pin to Pin : 2.54mm, 15.24mm
- 1mm = 약 40mil

❾ Options 창에서 아래와 같이 설정한다.

- Qty X값(핀의 X축 개수) : 5
- Spacing(핀 간의 간격) : 2.54
- Order(핀의 배치 방향) : Right
- Pin #(시작 번호) : 1
- INC : 1

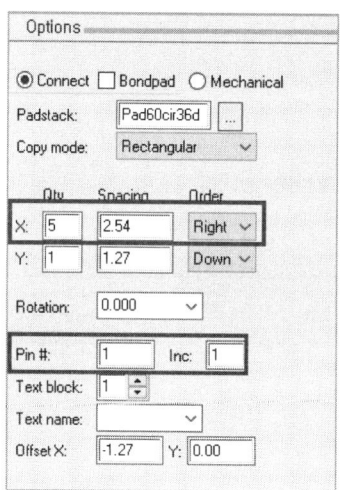

❿ 아래의 Command 창에 "x 0 0"을 입력하고 Enter↵를 누르면 핀이 배치된다.

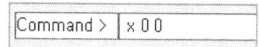

⓫ Options 창에서 아래와 같이 설정한다.

- Qty X값(핀의 X축 개수) : 5
- Spacing(핀 간의 간격) : 2.54
- Order(핀의 배치 방향) : Left
- Pin #(시작 번호) : 6
- INC : 1

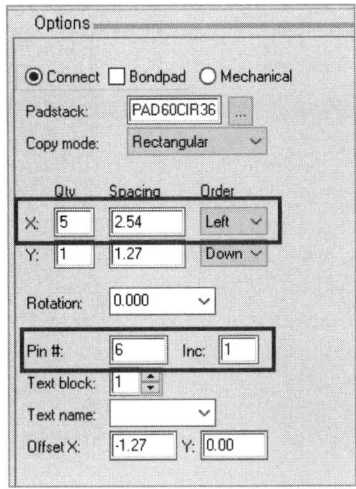

⓬ 아래의 Command 창에 "x 10.16 15.24"을 입력하고 [Enter↵]를 누르면 핀이 배치된다. RMB 팝업 메뉴 중 Done으로 작업을 완료한다.

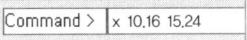

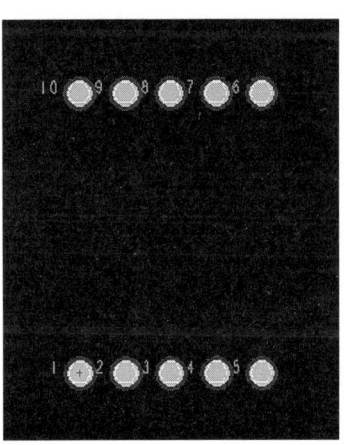

1장 Package Symbol 만들기 • **401**

⑬ 1번 핀을 사각형으로 변경하기 위해 메뉴의 Tools > Padstack > Replace를 클릭하고, Options 창에서 다음과 같이 입력하고 Replace 버튼을 클릭한다.

- Old : PAD60CIR36D
- New : PAD60SQ36D
- Pin #(s) : 1

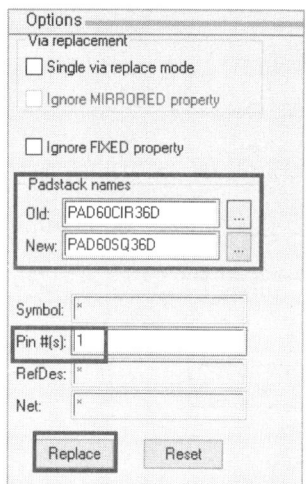
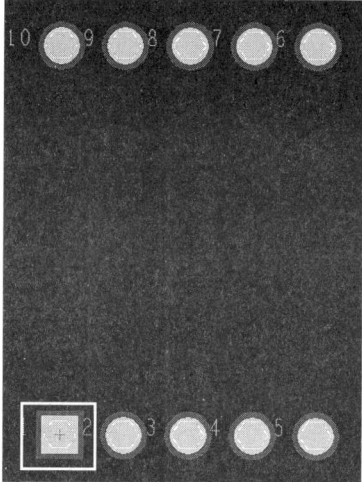

⑭ Assembly를 작성하기 위해 메뉴의 Add > Line을 클릭하고, Options 창에서 다음과 같이 설정한다.

- Active Class and Subclass : Package Geometry/Assembly_Top
- Line width : 0.2

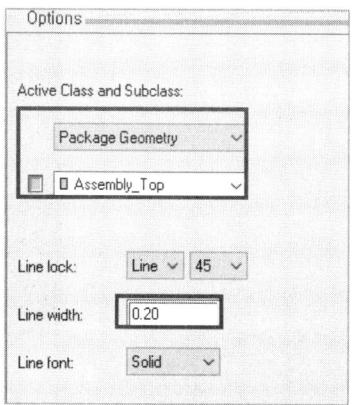

⑮ 아래의 Command 창에서 다음과 같이 입력하고, RMB 팝업 메뉴 중 Done으로 작업을 완료한다.

- Command : x -1.17 -1.13 ▶ ix 12.5 ▶ iy 17.5 ▶ ix -12.5 ▶ iy -17.5 ▶

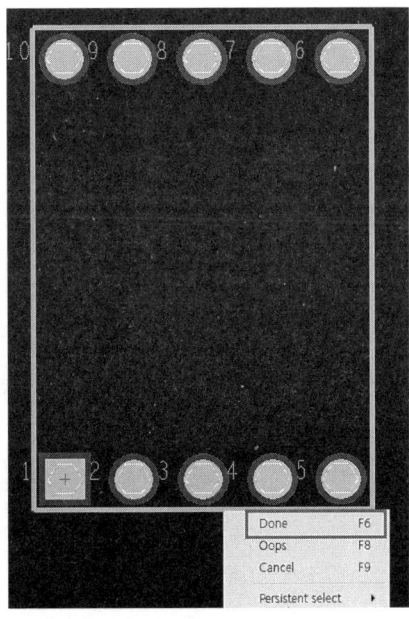

⑯ Silkscreen을 작성하기 위해 메뉴의 Add 〉 Line을 선택하고, Options 창에서 다음과 같이 설정한다.

- Active Class and Subclass : Package Geometry/Silkscreen_Top(외곽선 생성)

⑰ 아래의 Command 창에서 다음과 같이 입력하여 외곽선을 생성한 후, RMB 팝업 메뉴 중 Done으로 작업을 완료한다.

- Command : x -1.17 -1.13 ▶ ix 12.5 ▶ iy 17.5 ▶ ix -12.5 ▶ iy -17.5 ▶

⑱ 조립을 위한 참조번호를 입력하기 위해서 메뉴의 Layout 〉 Labels 〉 RefDes를 클릭하고, Options 창에서 다음과 같이 설정한다.

- Active Class and Subclass : RefDes/Assembly_Top
- Text block : 3

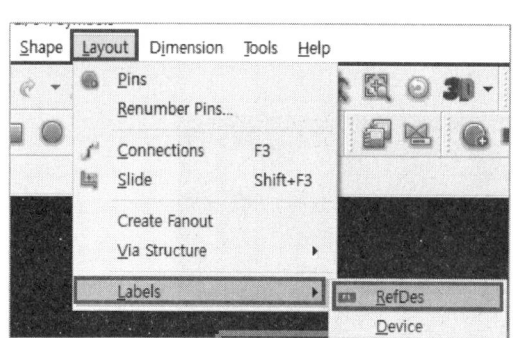 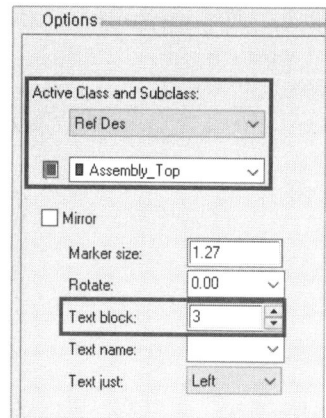

⑲ 부품의 안쪽에 "U*"를 입력하여 배치하고, RMB 팝업 메뉴 중 Done으로 작업을 완료한다.

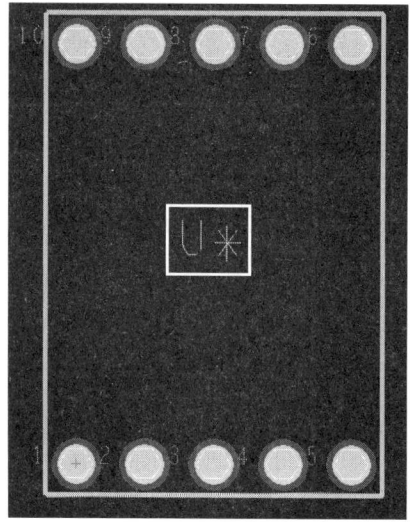

⑳ 실크 데이터를 위한 참조번호를 입력하기 위해서 메뉴의 Layout 〉 Labels 〉 RefDes를 클릭하고, Options 창에서 다음과 같이 설정한다.

- Active Class and Subclass : RefDes/Silkscreen_Top

㉑ 부품의 위쪽에 "U*"를 입력하여 배치하고, RMB 팝업 메뉴 중 Done으로 작업을 마친다.

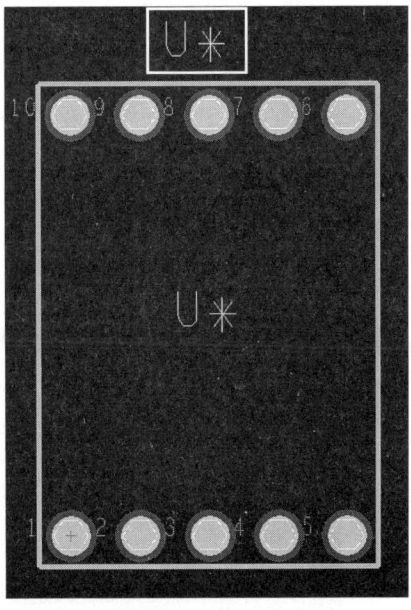

㉒ Footprint 영역을 설정하기 위해 메뉴의 Shape > Compose Shape를 클릭하고, Options 창에서 다음과 같이 설정한다.

- Active class : Package Geometry
- Add shape to subclass : Place_Bound_Top

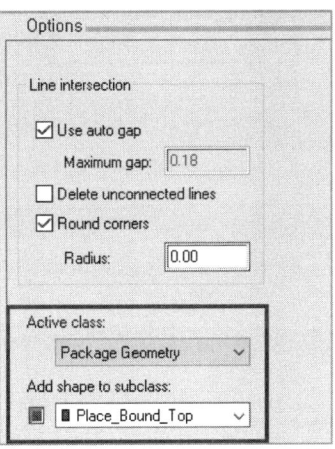

1장 Package Symbol 만들기 • 405

㉓ 왼쪽 마우스를 클릭한 채로 드래그한다. 그러면 해당 외곽선을 기준으로 경계면이 형성된다. 그리고 RMB 팝업 메뉴 중 Done으로 작업을 마친다.

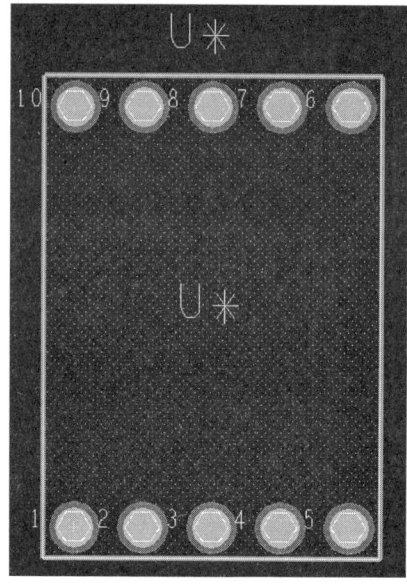

㉔ 부품을 확인하고 메뉴의 File > Save( )를 클릭 후, Command 창에 저장되었는지 확인한다.

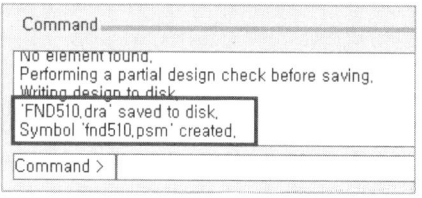

② Molex5267-2P 생성

> **TIP 부품의 기본 정보**
>
> - 실제 부품 크기 : 7.4mm × 4.9mm
> - Pin 직경 : 0.7mm
> - Drill 직경 : D = 핀 굵기 + 0.3 ~ 0.5mm
>   따라서 0.7 + 0.3 = 1mm로 설정
> - Pin to Pin : 2.5mm
> - 1mm = 약 40mil

(1) Pin 생성

Footprint 작성에 필요한 핀들을 모두 생성할 필요는 없으며, Datasheet를 통한 핀 정보가 기존 Library에 저장되어 있는 Pad와 동일하거나 유사하다면 새로이 생성하지 않고 생성되어 있는 Pad를 그대로 활용하는 방법도 있다. 여기서는 기존의 Pad를 그대로 활용하기도 한다.

1장 Package Symbol 만들기 • 407

(2) PCB Footprint 생성

❶ 시작 〉 Cadence Release 17.2-2016 〉 PCB Editor를 실행한다.

❷ OrCAD PCB Editor에서 메뉴의 File 〉 New( )를 클릭한다.

❸ New Drawing 창의 Drawing Type에 Package symbol을 선택하고 저장경로와 Footprint 이름을 설정한다.

- Project Directory : E:/01/Symbols
- Drawing Name : MOREX5267-2P(풋프린트 이름)
- Drawing Type : Package symbol

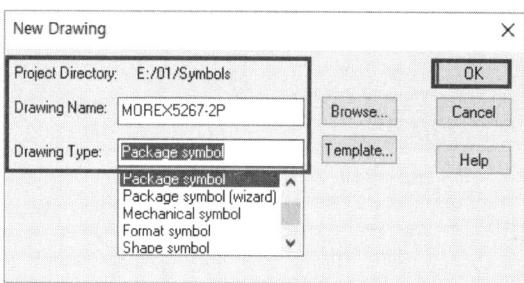

❹ Create a New Design 창에서 아래의 그림과 같이 설정하고 OK를 클릭한다.

- Units : Millimeter
- Sheet Size : A4
- Accuracy : 2
- Default : Bottom Left

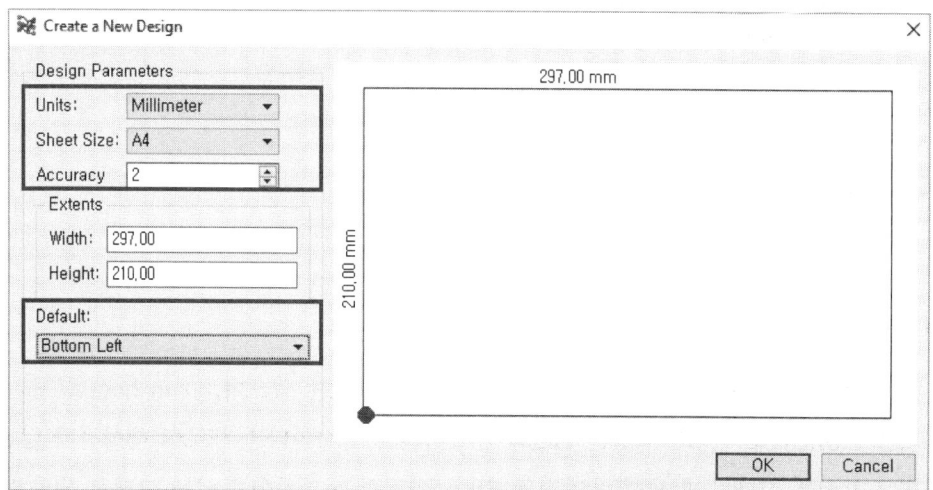

❺ 메뉴에서 Setup 〉 Design Parameter를 선택한다.

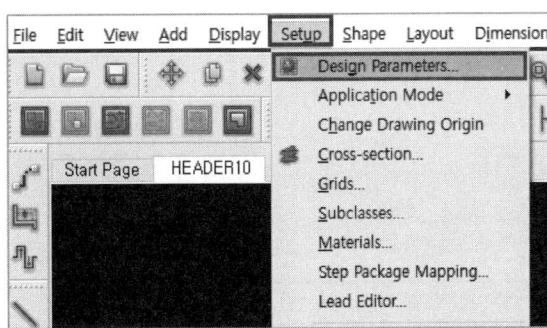

❻ Design Parameter Editor 창이 뜨면 Display 탭에서 우측 하단 체크박스의 Grids on을 체크한다.

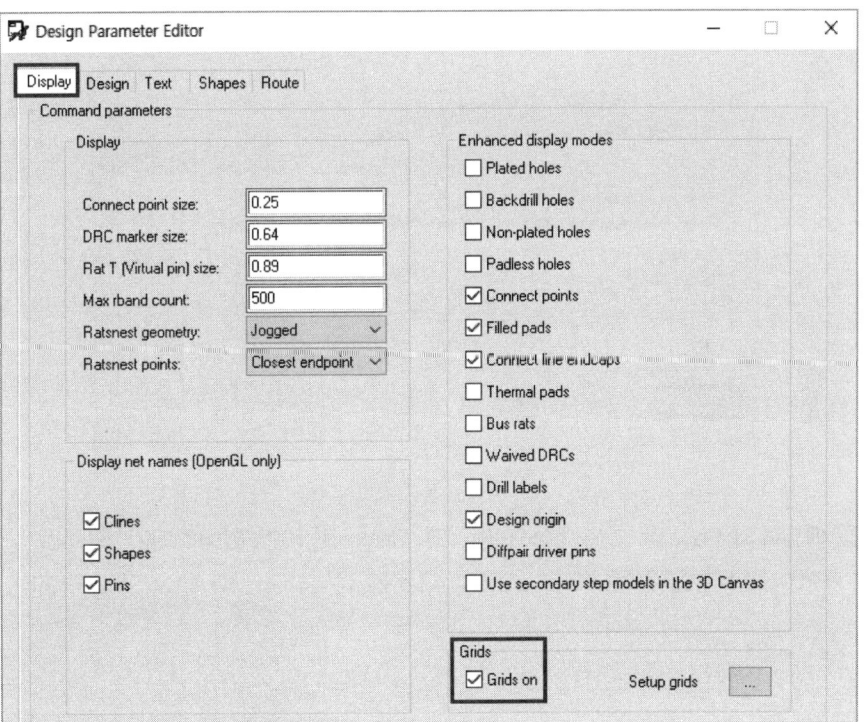

❼ Design 탭에서 아래와 같이 Origin 좌표를 설정하고 OK를 클릭한다.

- Left X : -70
- Lower Y : -70

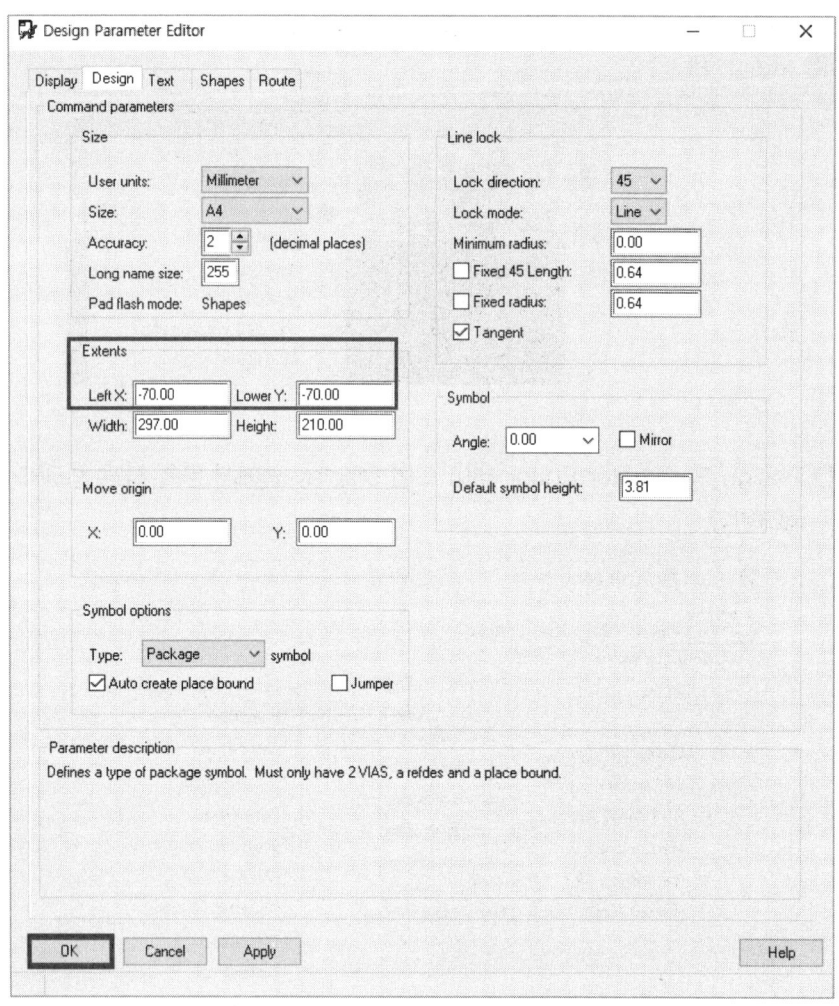

❽ 메뉴에서 Layout 〉 Pins를 선택하고 Options 창이 활성화되면, Select a padstack의 Browse 버튼을 클릭하고 "Pad65cir41d"를 검색하여 선택 후 OK를 클릭한다.

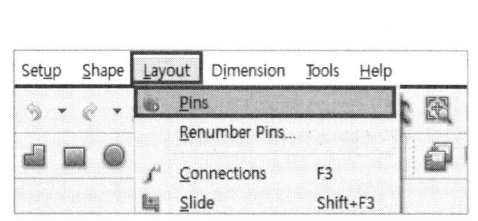 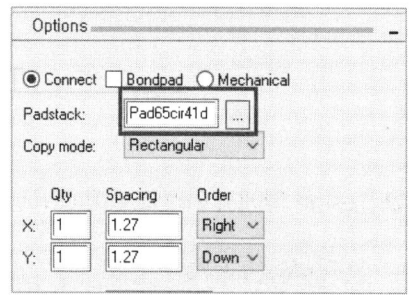

✓ Datasheet에서 핀 간격과 패키지 크기를 참고로 값을 입력한다.

TIP 부품의 기본 정보

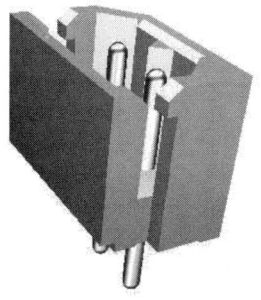

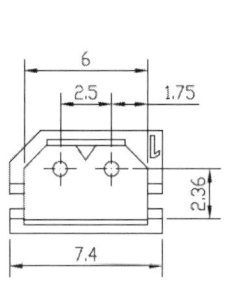
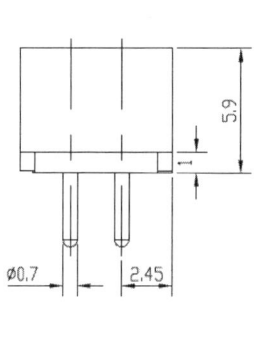
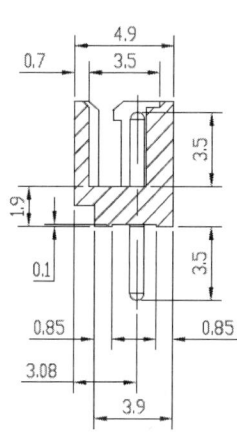

- 실제 부품 크기 : 7.4mm × 4.9mm
- Pin 직경 : 0.7mm
- Drill 직경 : D = 핀 굵기 + 0.3 ~ 0.5mm
  따라서 0.7 + 0.3 = 1mm로 설정
- Pin to Pin : 2.5mm
- 1mm = 약 40mil

❾ Options 창에서 아래와 같이 설정한다.

- Qty X값(핀의 X축 개수) : 2
- Spacing(핀 간의 간격) : 2.5
- Order(핀의 배치 방향) : Right
- Pin #(시작 번호) : 1
- INC : 1

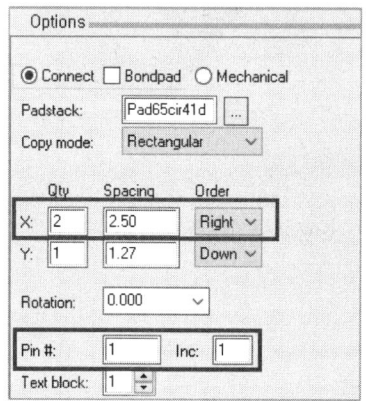

❿ 아래의 Command 창에 "x 0 0"을 입력하고 Enter↵ 를 누르면 핀이 배치된다.

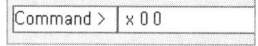

⓫ Assembly를 작성하기 위해 메뉴의 Add 〉 Line을 클릭하고, Options 창에서 다음과 같이 설정한다.

- Active Class and Subclass : Package Geometry/Assembly_Top
- Line width : 0.2

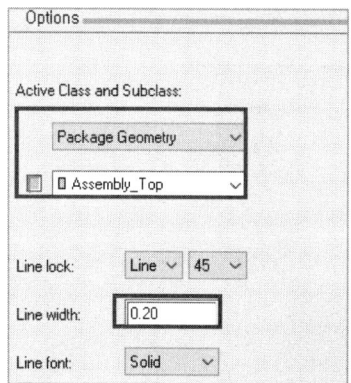

⑫ 아래의 Command 창에서 다음과 같이 입력하고, RMB 팝업 메뉴 중 Done으로 작업을 완료한다.

- Command : x 4.92 1.54 ▶ iy -4.9 ▶ ix -7.4 ▶ iy 4.9 ▶ ix 7.4 ▶

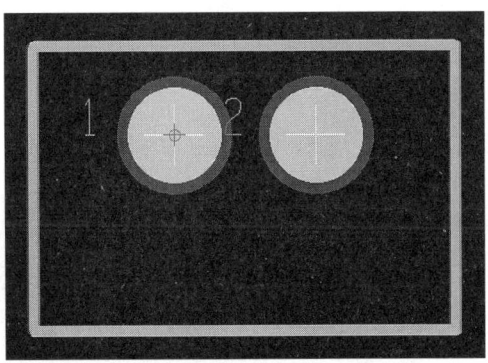

⑬ Silkscreen을 작성하기 위해 메뉴의 Add 〉 Line을 선택하고, Options 창에서 다음과 같이 설정한다.

- Active Class and Subclass : Package Geometry/Silkscreen_Top(외곽선 생성)

⑭ 아래의 Command 창에서 다음과 같이 입력하여 외곽선을 생성한 후, RMB 팝업 메뉴 중 Done으로 작업을 완료한다.

- Command : x 4.92 1.54 ▶ iy -4.9 ▶ ix -7.4 ▶ iy 4.9 ▶ ix 7.4 ▶

⑮ 옆모서리를 깍아주기 위해 메뉴의 Dimension 〉 Chamfer를 선택한다.

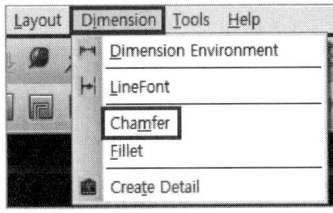

⑯ Control Panel의 Options 창에서 다음과 같이 설정한다.

- Trim Segments/First : 1.4
- Chamfer angle : 45

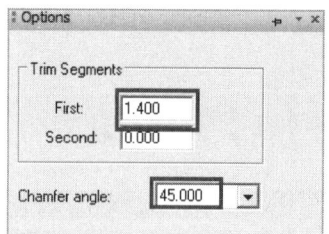

⑰ Options 설정 후 다음 그림과 같이 옆모서리 부분을 Drag하여 Chamfer를 실행한다.

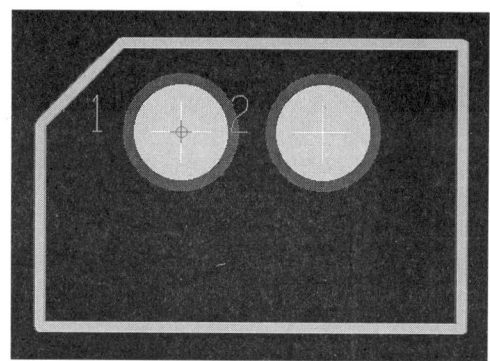

⑱ 조립을 위한 참조번호를 입력하기 위해 메뉴의 Layout 〉 Labels 〉 RefDes를 클릭하고, Options 창에서 다음과 같이 설정한다.

- Active Class and Subclass : RefDes/Assembly_Top
- Text block : 3

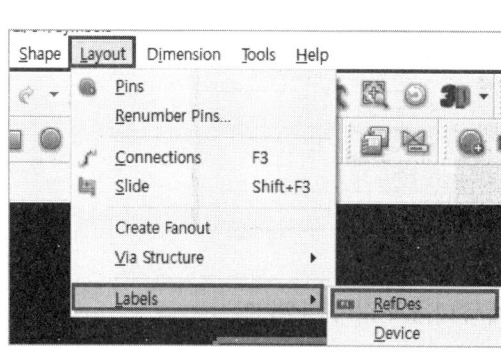
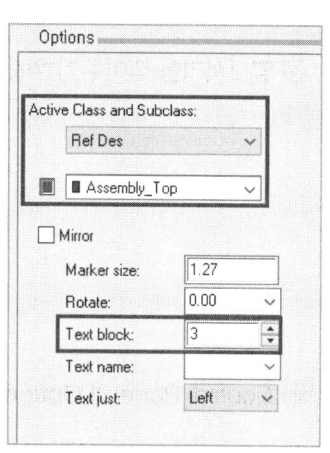

⑲ 부품의 안쪽에 "J*"를 입력하여 배치하고, RMB 팝업 메뉴 중 Done으로 작업을 완료한다.

⑳ 실크 데이터를 위한 참조번호를 입력하기 위해 메뉴의 Layout 〉 Labels 〉 RefDes를 클릭하고, Options 창에서 다음과 같이 설정한다.

- Active Class and Subclass : RefDes/Silkscreen_Top

㉑ 부품의 위쪽에 "J*"를 입력하여 배치하고, RMB 팝업 메뉴 중 Done으로 작업을 마친다.

㉒ Footprint 영역을 설정하기 위해 메뉴의 Shape 〉 Compose Shape를 클릭하고, Options 창에서 다음과 같이 설정한다.

- Active class : Package Geometry
- Add shape to subclass : Place_Bound_Top

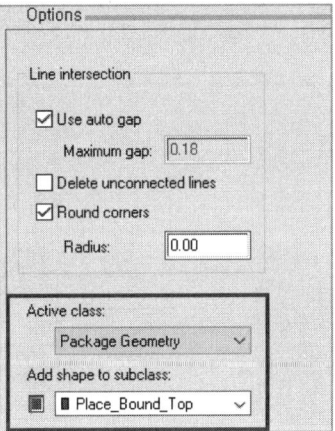

㉓ 왼쪽 마우스를 클릭한 채로 부품이 포함되도록 드래그한다. 그러면 해당 외곽선을 기준으로 경계면이 형성된다. 그리고 RMB 팝업 메뉴 중 Done으로 작업을 마친다.

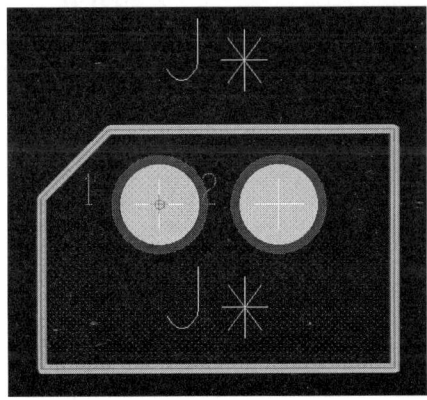

㉔ 부품을 확인하고 메뉴의 File 〉 Save(　)를 클릭 후, Command 창에서 저장되었는지 확인한다.

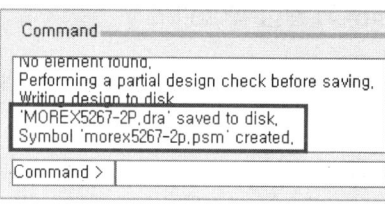

③ Cry_hc49 생성(Wizard로 생성)

> **TIP** 부품의 기본 정보
>
>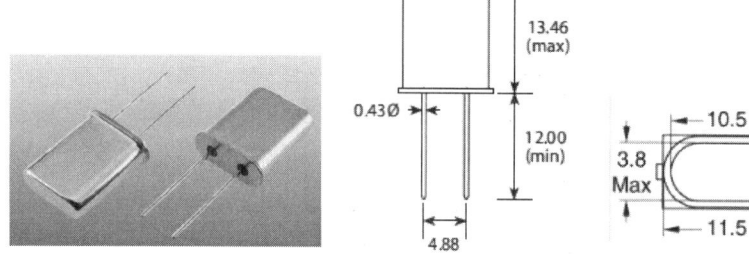
>
> - 실제 부품 크기 : 11.5mm × 4.7mm
> - Pin 직경 : 0.43mm
> - Drill 직경 : D = 핀 굵기 + 0.3 ~ 0.5mm
>   따라서 0.43 + 0.5 ≒ 0.9mm로 설정
> - Pin to Pin : 4.88mm
> - 1mm = 약 40mil

(1) Pin 생성

Footprint 작성에 필요한 핀들을 모두 생성할 필요는 없으며, Datasheet를 통한 핀 정보가 기존 Library에 저장되어 있는 Pad와 동일하거나 유사하다면 새로이 생성하지 않고 생성되어 있는 Pad를 그대로 활용하는 방법도 있다. 여기서는 기존의 Pad를 그대로 활용하기도 한다.

❶ 시작 〉 Cadence Release 17.2-2016 〉 PCB Editor를 실행한다.

❷ OrCAD PCB Editor에서 메뉴의 File 〉 New( )를 클릭한다.

❸ New Drawing 창의 Drawing Type에 Package symbol을 선택하고 저장경로와 Footprint 이름을 설정한다.

- Project Directory : E:/01/Symbols
- Drawing Name : CRY_HC49(풋프린트 이름)
- Drawing Type : Package symbol(wizard)

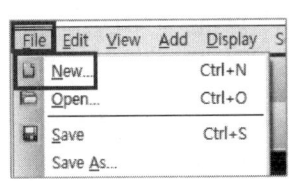
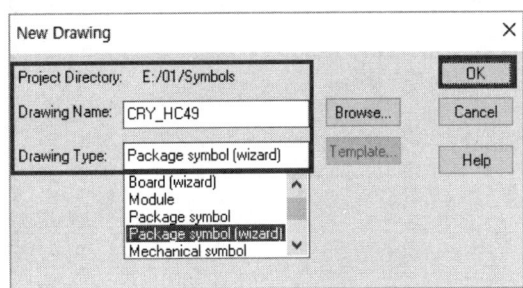

❹ 완료 후 OK 버튼을 클릭한다.

❺ Package Symbol Wizard 창이 열리면 다음의 순서로 진행한다.

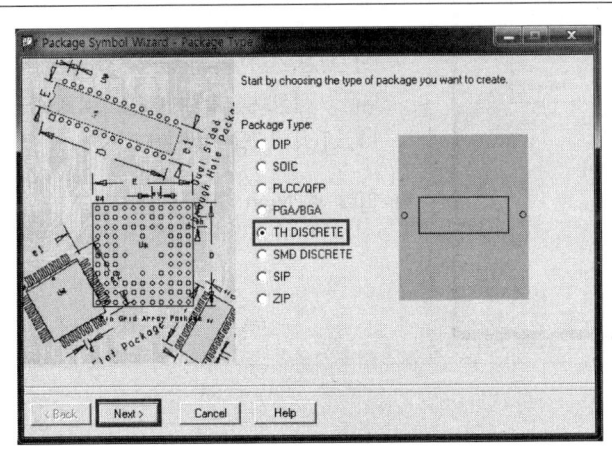

▶ Package Type은 TH DISCRETE를 선택한 후 Next를 클릭한다.

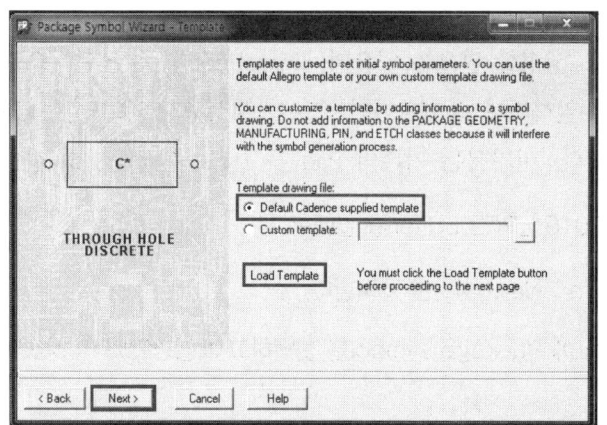

▶ Template 창이 열리며 기본적으로 제공되는 Template를 선택한다.

▶ Default Cadence supplied Template의 환경을 Load할 수 있게 Load Template를 클릭한 후 Next 버튼을 클릭한다.

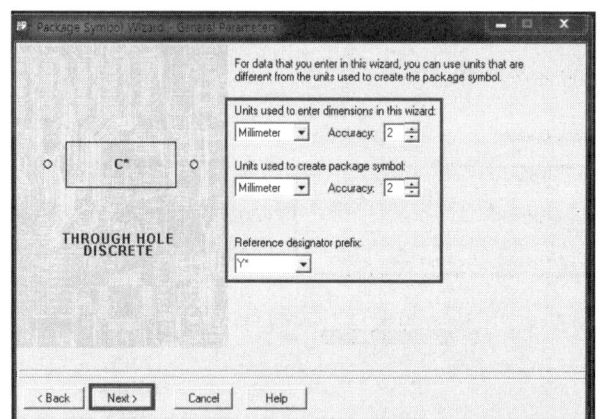

▶ Drawing parameters 및 Reference designator Label 등을 설정하는 창이 열린다.

▶ 단위는 Millimeter, Accuracy는 2로 설정한다.

▶ Reference는 Y*로 설정한 후 Next 버튼을 클릭한다.

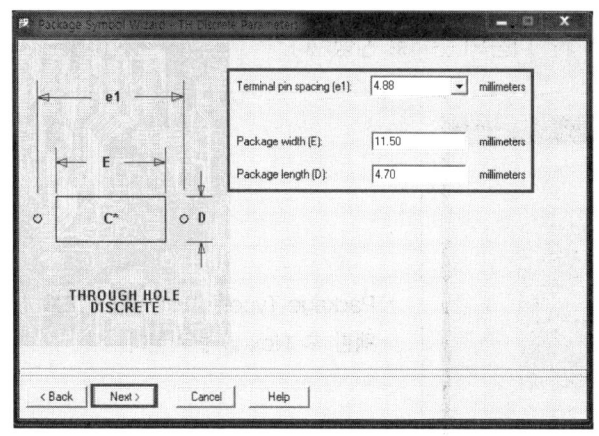

▶ TH Discrete Parameters 창이 열리며, 부품 외곽정보를 확인하여 [e1] 4.88/[E] 11.5/[D] 4.7을 입력한다.

▶ 입력 후 Next 버튼을 클릭한다.

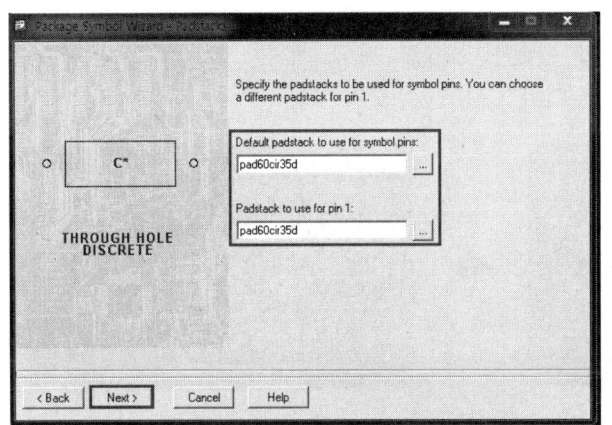

▶ Padstack를 설정하는 창이 열리며, Default padstack to use for symbol pins 부분에 [pad60cir35d] Padstack 을 선택한다.

▶ 그림처럼 1번 pin의 Padstack 부분도 동시에 설정되며, 만약 1번 Pin을 구분하여 설정해야 하는 부품의 경우 Padstack to use for pin 1의 Padstack 을 다시 선택하여 설정할 수 있다.

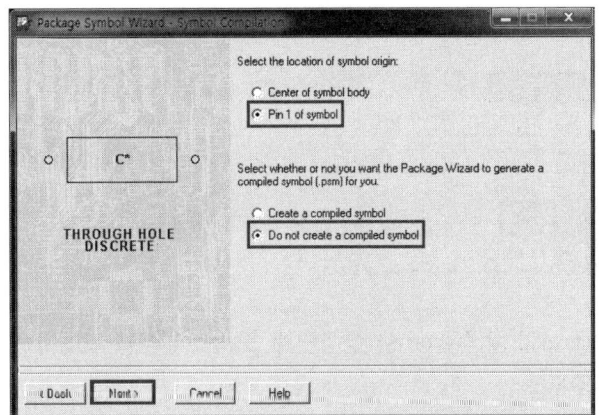

▶ Symbol Compilation을 설정하는 창이 열리며, Symbol의 Origin(0.0)의 위치를 1번 Pin으로 선택하고, Symbol을 *.psm 파일로 Compile 하지 않고 수정할 수 있도록 Do not create a compiled symbol을 선택한 후 Next 버튼을 클릭한다.

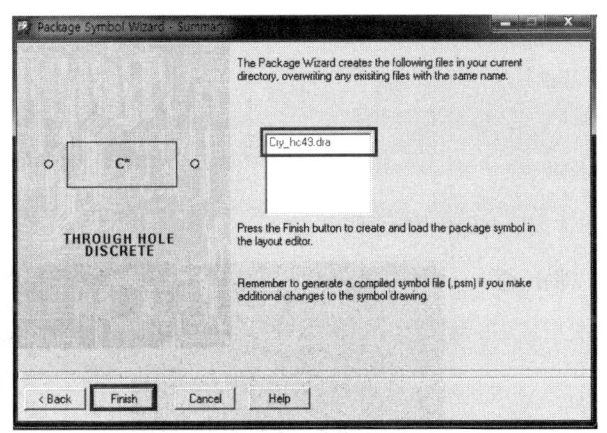

▶ 그림과 같이 *.dra 파일만 생성된 상태에서 Finish를 클릭하면, Symbol을 수정할 수 있는 Symbol Editor 창이 열린다.

❻ 수정을 위해 메뉴의 Display 〉 Color/Visibility 또는 아이콘 을 클릭하고, Package Geometry 폴더의 Subclasses의 Check box를 모두 해제한 후 Assembly_Top과 Silkscreen_Top의 Check box만 선택하고 Apply를 클릭한다.

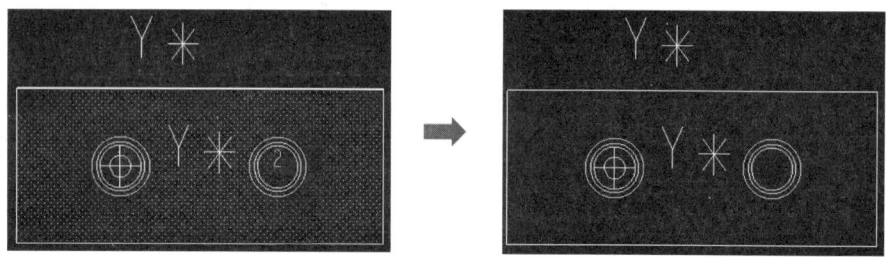

❼ Color Display 설정 후 모서리를 둥글게 작성하기 위해 메뉴의 Dimension 〉 Fillet을 선택한다.

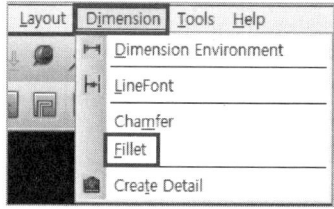

❽ Control panel의 Options에서 Radius의 값을 2mm로 설정한 후 모서리 부분을 드래그하거나, 마우스로 클릭하여 Fillet을 실행한다.

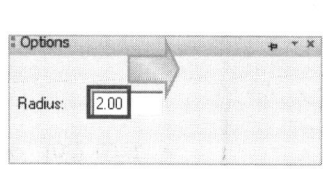 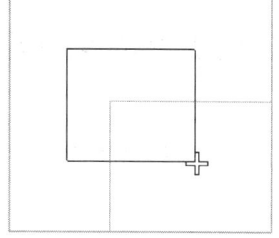

❾ 작업을 완료하기 위해 RMB 팝업 메뉴 중 Done을 클릭한다.

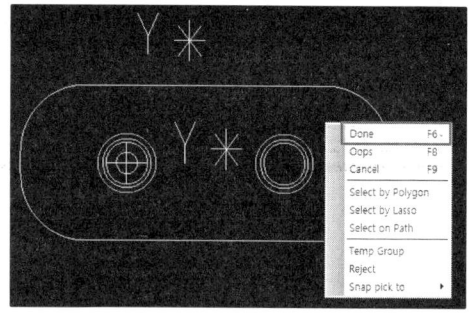

⑩ 모든 수정작업 완료 후 메뉴의 File > Save를 선택하여 수정한 Symbol을 저장한다. Command 창에서 cry_hc49.psm 파일이 함께 생성된 것을 확인할 수 있다.

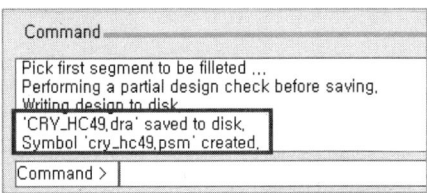

④ MIC811(Wizard로 생성)

(1) Pin 치수 설정

SMD PAD를 생성하기 위해 데이터 시트를 참고로 크기를 설정하며, MIN~MAX 사이의 값으로 사용한다.

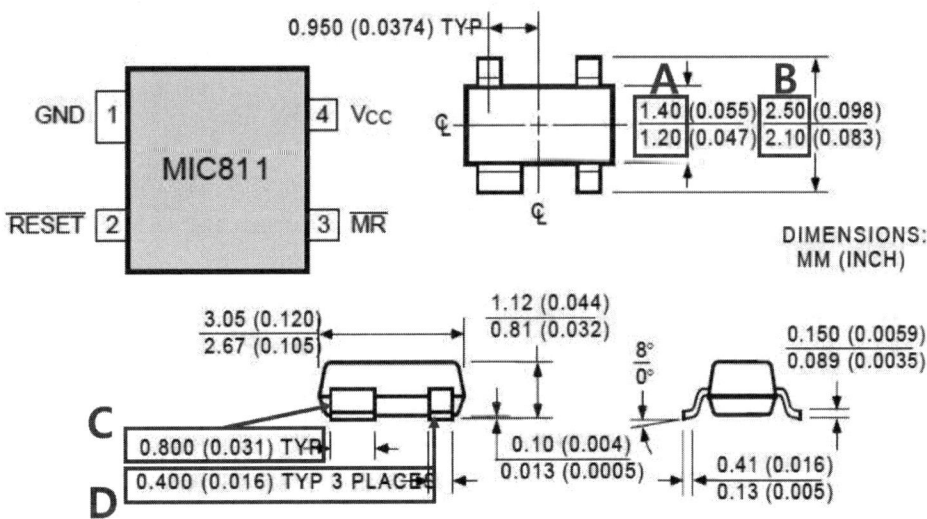

❶ 1번 핀의 치수를 계산한다.

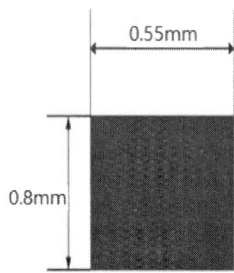

- Width = (B−A)/2 = 0.55mm
- Height = 0.8mm

❷ 2, 3, 4번 핀의 치수를 계산한다.

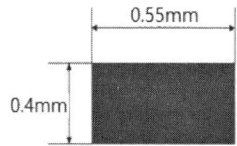

- Width = (B−A)/2 = 0.55mm
- Height = 0.4mm

(2) 1번 핀 SMD PAD 생성

❶ 윈도에서 시작 〉 Cadence Release 17.2-2016 〉 Padstack Editor를 클릭한다.

❷ 메뉴에서 File 〉 New를 클릭하고 Browse를 클릭하여 저장 경로(E:\01\symbols)를 설정한다.

❸ Padstack Name에 "rect0_55x0_8"로 작성하고, Padstack usage에는 SMD Pin을 선택한다.

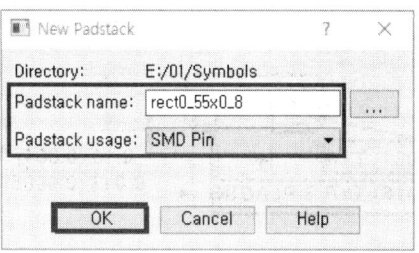

❹ Parameters 탭에서 설계에 사용할 단위를 Units 항목에 설정한다.

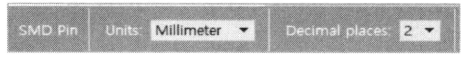

- Units : Millimeter
- Decimal places : 2

❺ Start 탭에서 SMD Pin, Rectangle을 클릭한다.

❻ MIC811은 표면 실장 부품이므로 드릴과 심볼 설정은 하지 않는다.

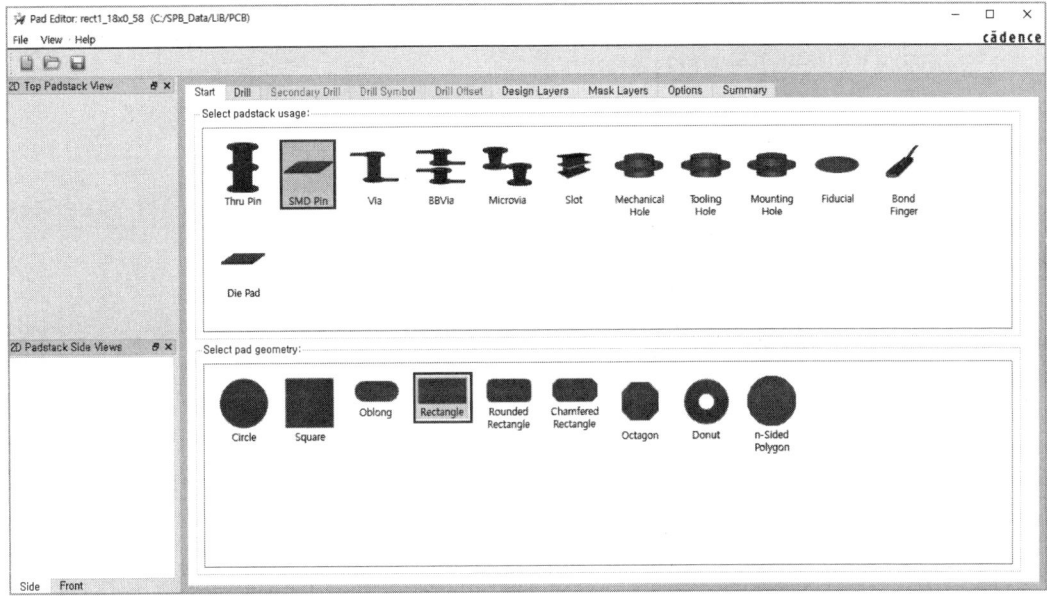

❼ Design Layers 탭을 선택한다.

❽ BEGIN LAYER을 선택하고 아래에 Regular Pad만 설정한다. (Constraint Manager에서 Thermal Relief(Same Net Spacing Constraints)와 Anti Pad(Spacing Constraints) 설정 가능)

- Geometry : Rectangle
- Width : 0.55
- Height : 0.8

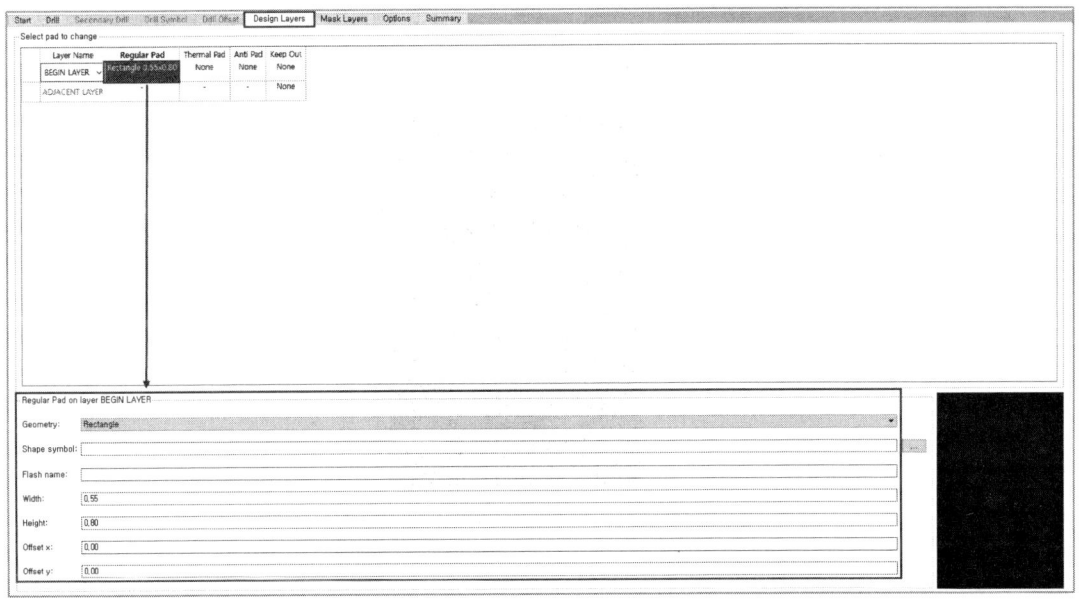

❾ Mask Layers를 선택한다.

❿ SOLDERMASK_TOP과 PASTEMASK_TOP의 Pad도 BEGIN LAYER와 동일하게 설정한다.

- **Geometry** : Rectangle
- **Width** : 0.55
- **Height** : 0.8

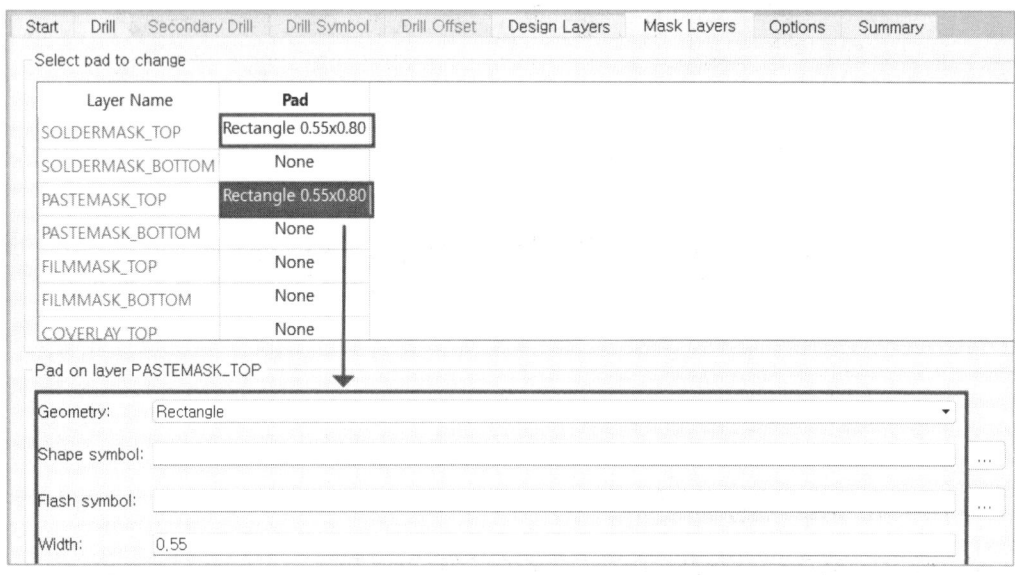

✓ SMD 부품은 PCB의 한 면에 실장하기 때문에 Top에만 설정한다.

✓ Top은 부품이 배치되는 레이어를 의미한다.

⓫ 메뉴 File > Save를 클릭하여 PAD를 저장한다. (하단 작업줄에 에러 표시 없이 'Padstack E:/01/Symbols/rect0_55x0_8.pad saved.'가 표시되어야 함)

(3) 2, 3, 4번 핀 SMD PAD 생성

❶ 시작 〉 Cadence Release 17.2-2016 〉 Padstack Editor를 클릭한다.

❷ 메뉴 File 〉 New를 클릭하고 Browse를 클릭하여 저장경로(E:\01\symbols)를 설정한다.

❸ Padstack Name에 "rect0_55x0_4"로 작성하고, Padstack usage에는 SMD Pin을 선택한다.

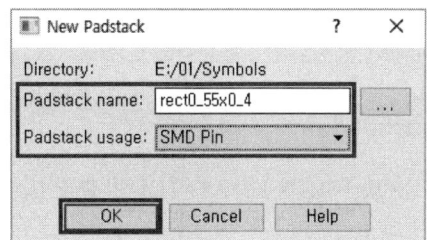

❹ Parameters 탭에서 설계에 사용할 단위를 Units 항목에 설정합니다.

- Units : Millimeter
- Decimal places : 2

❺ Start 탭에서 SMD Pin, Rectangle을 클릭한다.

❻ MIC811은 표면 실장 부품이므로 드릴과 심볼 설정은 하지 않는다.

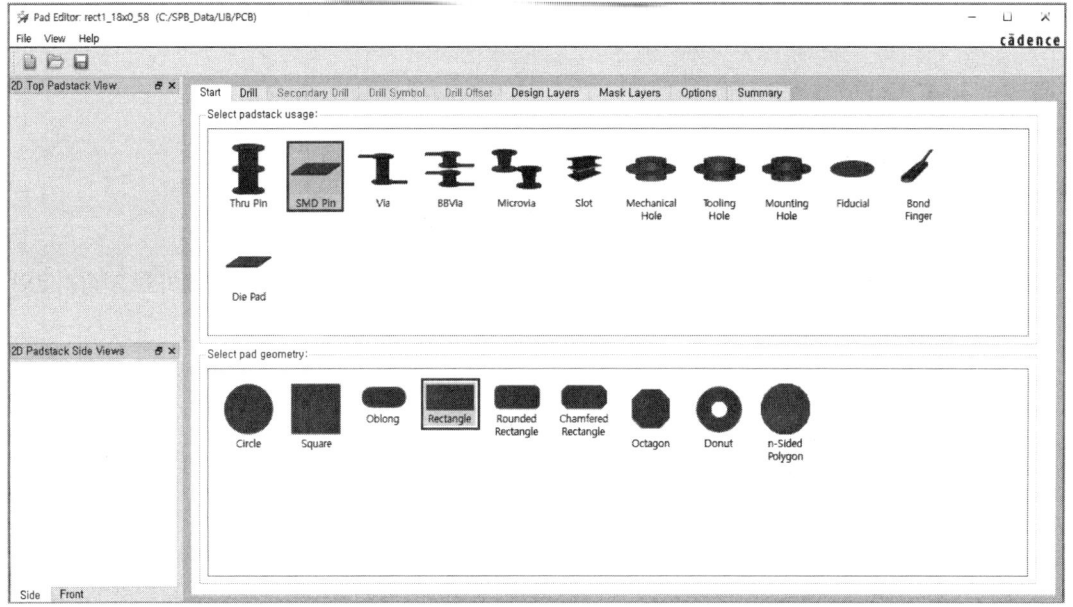

❼ Design Layers 탭을 선택한다.

❽ BEGIN LAYER을 선택하고 아래에 Regular Pad만 설정한다. (Constraint Manager에서 Thermal Relief(Same Net Spacing Constraints)와 Anti Pad(Spacing Constraints) 설정 가능)

- Geometry : Rectangle
- Width : 0.55
- Height : 0.4

❾ Mask Layers를 선택한다.

❿ SOLDERMASK_TOP과 PASTEMASK_TOP의 Pad도 BEGIN LAYER와 동일하게 설정한다.

- Geometry : Rectangle
- Width : 0.55
- Height : 0.4

✅ SMD 부품은 PCB의 한 면에 실장하기 때문에 Top에만 설정한다.

✅ Top은 부품이 배치되는 레이어를 의미한다.

⓫ 메뉴 File 〉 Save를 클릭하여 PAD를 저장한다. (하단 작업줄에 에러 표시 없이 'Padstack E:/01/Symbols/rect0_55x0_4.pad saved.'가 표시되어야 함)

(4) PCB Footprint 생성

❶ 시작 〉 Cadence Release 17.2-2016 〉 PCB Editor를 실행한다.

❷ OrCAD PCB Editor에서 메뉴 File 〉 New( )를 클릭한다.

❸ New Drawing 창의 Drawing Type에 Package Symbol(wizard)를 선택하고 저장경로와 Footprint 이름을 설정한다.

- Project Directory : E:\01\Symbols
- Drawing Name : MIC811(풋프린트 이름)
- Drawing Type : Package Symbol(wizard)

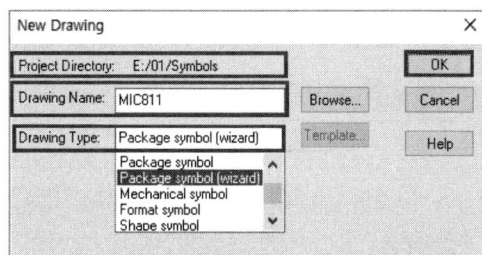

❹ SOIC 타입을 선택하고 Next 버튼을 클릭한다.

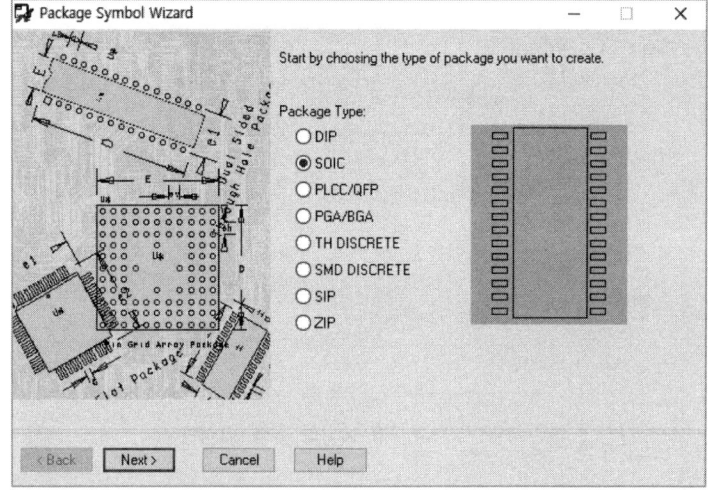

❺ Load Template 버튼을 클릭하여 기본적으로 제공하는 템플릿을 불러들인 다음, Next 버튼을 클릭한다.

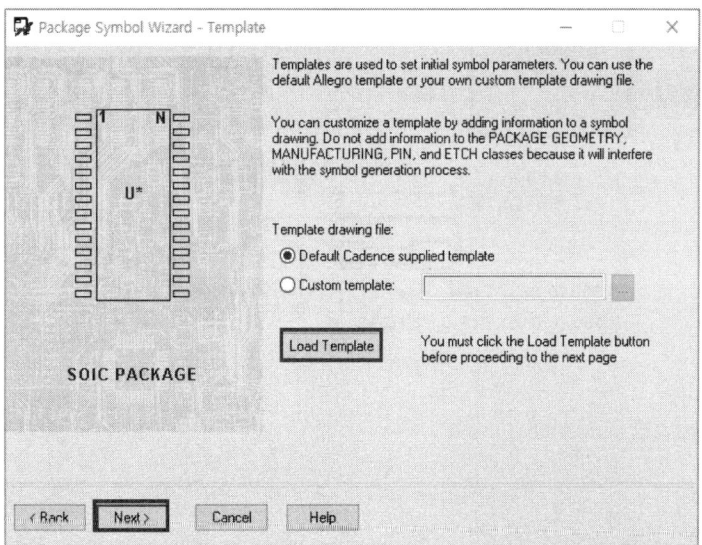

❻ 단위는 Millimeter를 선택하고, 소수점 자릿수(Accuracy)는 3으로 클릭한다.

❼ RefDes는 U*를 선택하고 Next 버튼을 클릭한다.

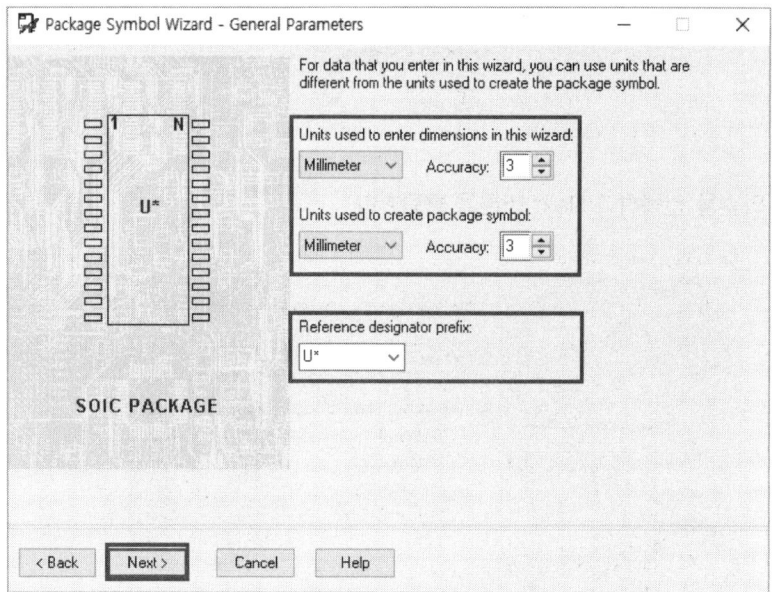

✓ Datasheet에서 핀 간격과 패키지 크기를 참고로 값을 입력한다.

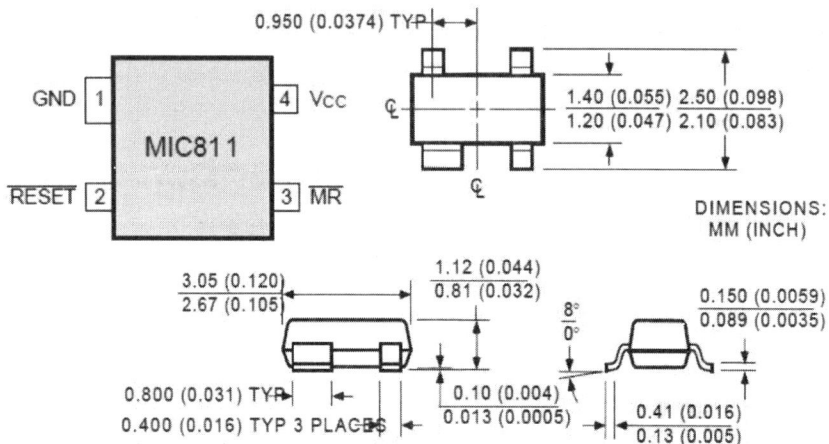

❽ Datasheet를 참조하여 필요한 각 값들을 선택해서 입력한다.

- Number of pins (N) : 4
- Lead pitch (e) : 1.9mm
- Terminal row spacing (e1) : 1.95mm (2.5 - pad size/2 - pad size/2)
- Package width (E) : 1.4mm
- Package length (D) : 3.05mm

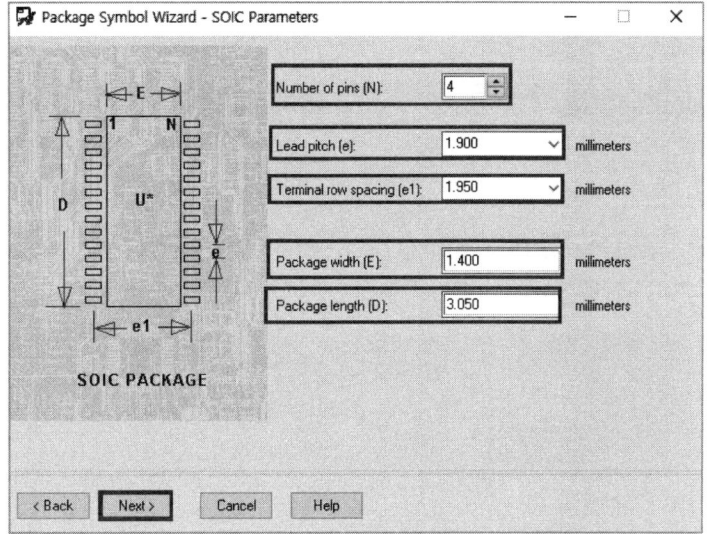

❾ Padstack은 Padstack Editor로 생성한 PAD를 선택한다.

- Default padstack to use for symbol pins : rect0_55x0_4
- Padstack to use for pin 1 : rect0_55x0_8

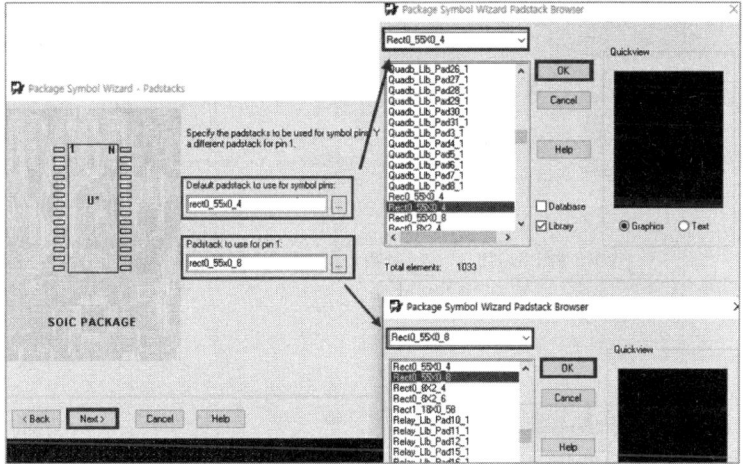

❿ Symbol origin을 중심으로 설정한다.

- Select the location of symbols origin : Center of symbol body
- Select whether or ~ : Create a compiled symbol

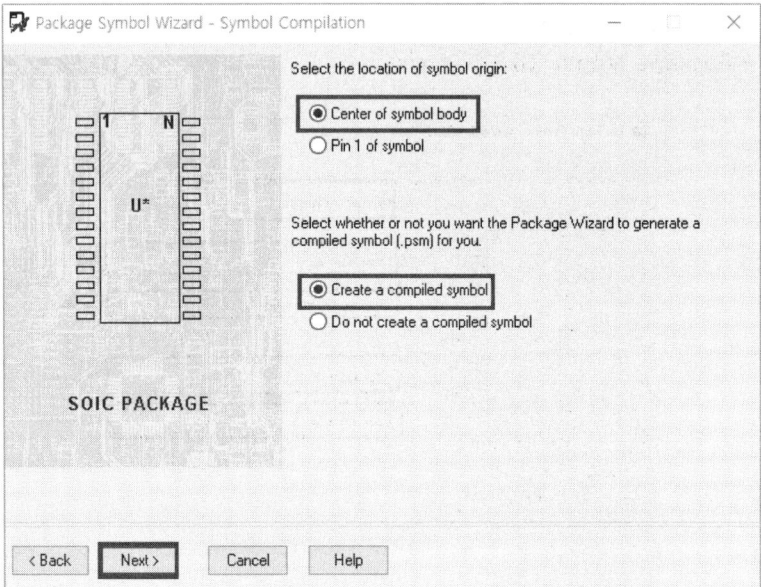

⓫ MIC811.dra, MIC811.psm 파일이 생성되며, Finish 버튼을 클릭하여 Package symbol Wizard를 종료한다.

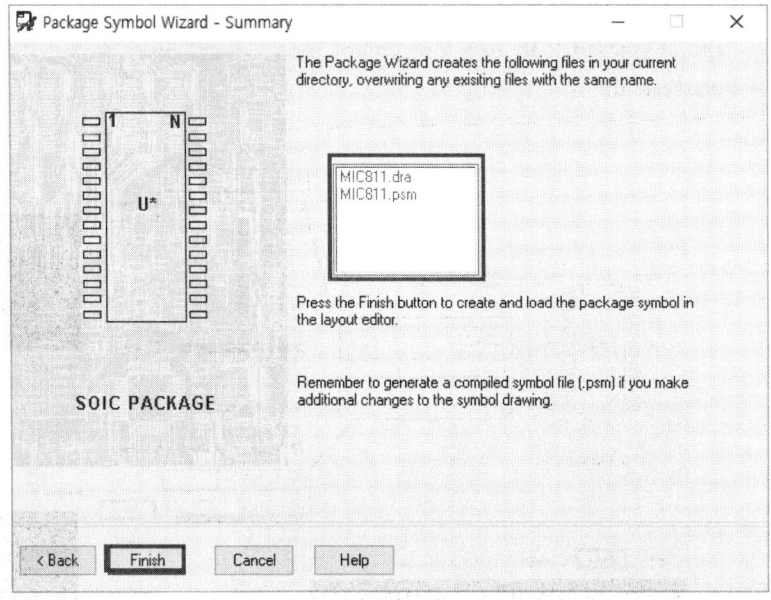

⑫ 작업이 완료되면 Footprint가 생성된다. (MIC811.dra와 MIC811.psm 파일이 저장되는지 확인한다.)

```
Command
(SPMHUT-48): Scaled value has been rounded off.
Performing a partial design check before saving.
Writing design to disk.
'MIC811.dra' saved to disk.
Creating package symbol 'E:/01/Symbols/mic811.psm'.
Starting Create symbol...
create_sym completed successfully, use Viewlog to review the log file.
create_sym completed successfully, use Viewlog to review the log file.
Symbol 'E:/01/Symbols/mic811.psm' created.
Command >
```

2장 PCB Footprint List

Part Name	PCB Footprint	Part Name	PCB Footprint
LM741	DIP8_3	74LS90	DIP14_3
CON4	JUMPER4	CON2	JUMPER2
DIODE	DO41	DIODE ZENER	DO41
RESISTOR	RES400	CAP NP	CAP300

Part Name	PCB Footprint	Part Name	PCB Footprint
LF356	DIP8_3	RESISTOR VAR 2	RESADJ
NPN ECB(C1815)	TO92	JFEF N SGD(K30)	TO92
CAP POL	CAP196	CON3	JUMPER3
LF355	DIP8_3	RESISTOR VAR	RESADJ
4013	DIP14_3	4538	DIP16_3

2장 PCB Footprint List

Part Name	PCB Footprint	Part Name	PCB Footprint
4011	DIP14_3	SW PUSHBUTTON	JUMPER2
NE555	DIP8_3	74LS04	DIP14_3
LED	CAP196	NPN ECB	TO92
LM7812C/TO220	TO220AB	LM7912C/TO220	TO220AB

3장 Capture에서 자주 발생하는 Error 정리

❶ Part Reference(부품 참조번호)가 같은 경우

부품 R7번의 참조번호가 동일하다는 Error 메시지이다.

```
Checking Pins and Pin Connections
ERROR(ORCAP-1604): Same Pin Number connected to more than one net. /R7/1  Nets: 'N10339' and 'N10291'.
          SCHEMATIC1, PAGE1  (40.64, 71.12)
Report for Duplicate References
ERROR(ORCAP-1631): Duplicate reference R7
          SCHEMATIC1, PAGE1  (10.16, 73.66)
```

그림을 보면 원(녹색)이 표시된 곳에 R7이 두 개가 있음을 알 수가 있다. 같은 Reference가 존재하여 부품의 핀이 한 개 이상 net와 연결되어 나타나는 Error이므로 회로도를 확인하여 중복된 부분을 수정해 주면 해결된다.

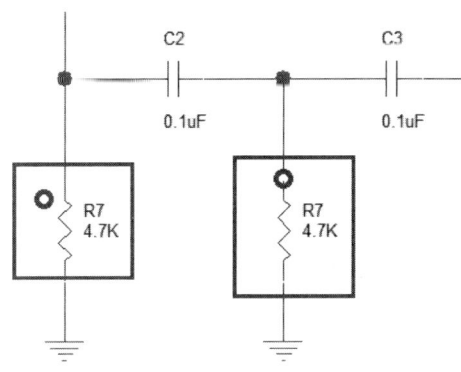

② Reference 띄어쓰기를 잘못해서 발생한 경우

참조번호를 붙여 써야 하는데 띄어쓰기를 해서 발생하는 Error 메시지이다.

```
Report for Invalid References
ERROR(ORCAP-1616): Reference is invalid for this part R 9
          SCHEMATIC1, PAGE1  (66.04, 73.66)
```

R 9를 R9로 수정해 주면 해결된다.

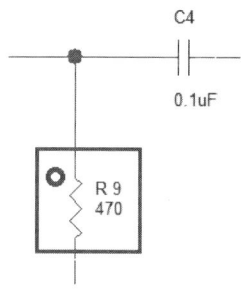

③ Part Reference와 Value의 값을 반대로 입력한 경우

인식 불가능한 Reference 값이라는 뜻이므로 Reference 값에 Value 값을 넣었거나, 다른 값을 잘못 넣어줘서 생기는 Error이다.

```
INFO(ORCAP-2242): Checking Incorrect Pin Group Assignment

Report for Invalid References
ERROR(ORCAP-1616): Reference is invalid for this part 100K
          SCHEMATIC1, PAGE1  (205.74, 83.82)
```

Reference 값을 수정해 주면 해결된다.

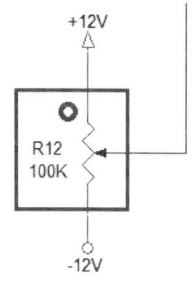

❹ NC 핀을 설정하지 않은 경우

Netlist 생성 시 Capture Part "LF356" 부품과 PCB Editor의 Footprint의 핀 개수 및 번호가 일치하지 않아 발생한 Warning 메시지이다.

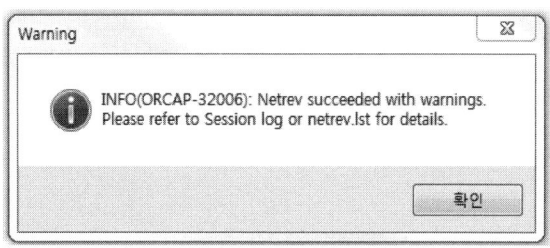

그림과 같이 LF356 부품의 내부 접속도에서 8번 핀이 NC Pin인 것을 확인할 수 있으며, 해당 부품을 No Connect(NC) 설정을 해주어야 한다.

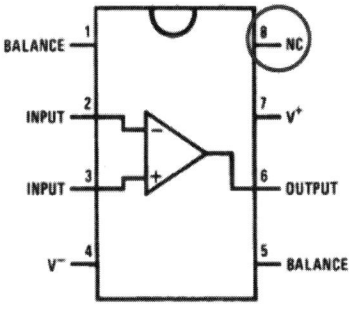

NC 설정에는 Part Editor 창에서 부품의 NC 핀을 설정하는 방법과 Property Editor 창에서 설정하는 방법이 있다.

LF356 부품을 더블클릭하거나, Edit Properties를 선택한다.

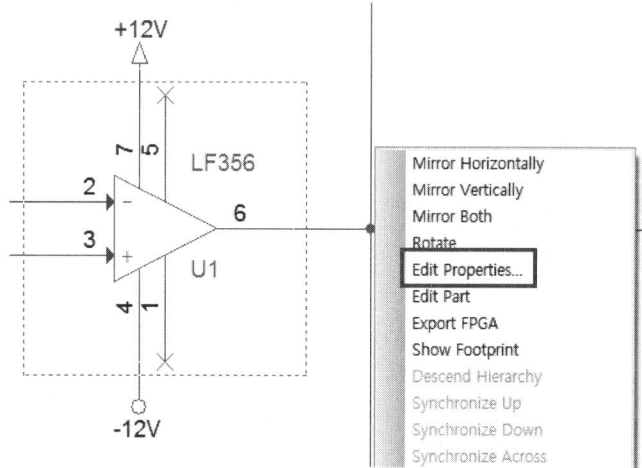

Property Editor 창에서 New Property 버튼을 클릭한다.

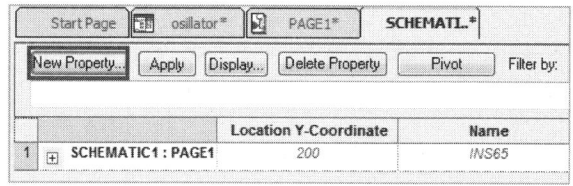

Add New Property 창이 뜨면 Name 기입란에 NC, Value 기입란에 8을 입력 후 OK 버튼을 클릭하여 NC 8번 핀을 설정할 수 있다.

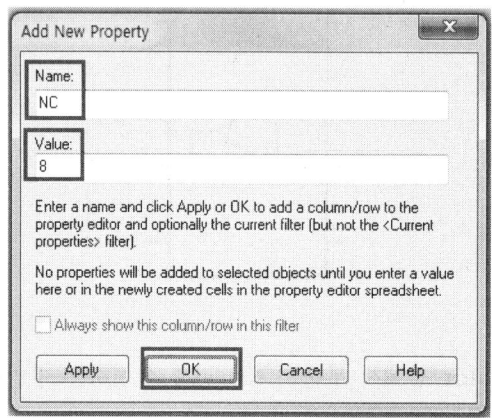

⑤ GND/VCC를 여러 개 사용한 경우

GND 모양은 같더라도 다른 속성의 GND를 사용하였을 때 발생하는 Error이다.

```
Checking For Single Node Nets
WARNING(ORCAP-1600): Net has fewer than two connections GND_POWER
        SCHEMATIC1, PAGE1 (40.64, 91.44)
```

원(녹색)이 있는 GND는 속성이 GND_POWER이므로 속성이 GND인 Symbol로서 수정해 주면 해결된다. VCC도 마찬가지로 Error 발생 시 서로 다른 속성이 사용되었는지 확인 후 수정해 주면 된다.

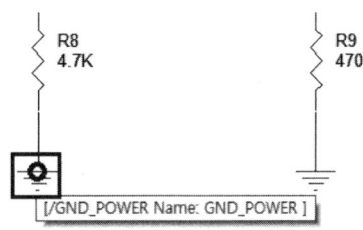

⑥ PCB Editor가 열려있는 경우

Netlist 생성 시 PCB Editor 프로그램이 이미 실행되고 있어 생기는 Error로서 PCB Editor 프로그램을 종료 후 다시 Netlist를 생성하면 해결된다.

```
#1  ERROR(SPMHNI-175): Netrev error detected.
#2  Run stopped because errors were detected
```

7 Demo 버전을 사용하고 있는 경우

Netlist 생성 시 발생하는 Error로서 PCB Editor가 Lite로 실행되는지 확인한 후, 데모 버전이 아닌 정식 버전으로 사용하면 해결된다.

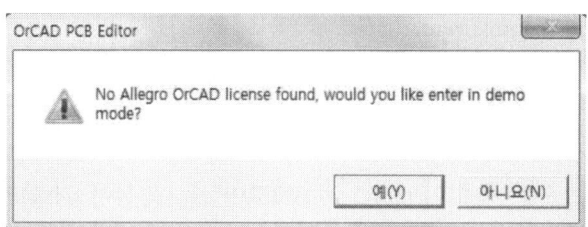

8 Package Type 중복이 발생한 경우

같은 Gate를 복사하여 부품을 배치하거나, 수정할 때 따로 저장하면 Gate 하나하나를 다른 Package로 인식하여 발생하는 Error이다. 같은 Gate를 각각 수정하지 말고, 하나의 Gate를 수정한 후 복사해서 사용하면 해결된다.

```
Report for Invalid References

ERROR(ORCAD-1621): This reference has already been assigned to a different package type. U3
ERROR(ORCAD-1621): This reference has already been assigned to a different package type. U2
```

9 Footprint를 잘못 입력한 경우

Netlist 생성 시 발생하는 Error로서 LM7812의 Footprint는 TO220AB인데, 영문 O를 숫자 0으로 잘못 입력하여 발생한 경우이다. Edit Properties...로 들어가서 수정하면 해결된다.

```
#1   WARNING(SPMHNI-192): Device/Symbol check warning detected. [help]
WARNING(SPMHNI-194): Symbol 'T0220AB' for device 'LM7812C/TO220_2_T0220AB_LM7812C' not found in PSMPATH or must be "dbdoctor"ed.
```

LF356의 Footprint는 DIP8_3인데 DIP8-3으로 잘못 입력하여 발생한 경우로서 Edit Properties...로 들어가서 수정하면 해결된다.

```
#1  WARNING(SPMHNI-192): Device/Symbol check warning detected. [help]
WARNING(SPMHNI-194): Symbol 'DIP8-3' for device 'LF356_0_DIP8-3_LF356' not found in PSMPATH or must be "dbdoctor"ed.
```

Netlist 생성 시 다음과 같은 Error 메시지는 PCB Footprint가 잘못 입력되어 발생된 Error로 14핀 IC인데, 8핀 PCB Footprint로 입력되어 나타난 Error이다. PCB Footprint를 Edit Properties...로 들어가서 DIP8_3에서 DIP14_3으로 수정해야 한다.

```
#1  ERROR(SPMHNI-191): Device/Symbol check error detected.
ERROR(SPMHNI-195): Symbol 'DIP8_3' for device '74121_DIP8_3_74121' is missing pin '13'.
ERROR(SPMHNI-195): Symbol 'DIP8_3' for device '74121_DIP8_3_74121' is missing pin '12'.
ERROR(SPMHNI-195): Symbol 'DIP8_3' for device '74121_DIP8_3_74121' is missing pin '14'.
ERROR(SPMHNI-195): Symbol 'DIP8_3' for device '74121_DIP8_3_74121' is missing pin '10'.
ERROR(SPMHNI-195): Symbol 'DIP8_3' for device '74121_DIP8_3_74121' is missing pin '11'.
ERROR(SPMHNI-195): Symbol 'DIP8_3' for device '74121_DIP8_3_74121' is missing pin '9'.
```

⑩ Footprint를 작성하지 않은 경우

Netlist 생성 시 발생하는 Error로서 Footprint를 작성하지 않아 발생된다. 부품에 맞는 Footprint를 작성하면 해결된다.

```
Spawning... "C:\Cadence\SPB_17.2\tools\bin\pstswp.exe" -pst -d "E:\01\01.DSN" -n "E:\01\allegro" -c "C:\Cadence\SPB_17.2\
#1 ERROR(ORCAP-36002): Property "PCB Footprint" missing from instance R17: SCHEMATIC1, PAGE1 (127.00, 193.04).
#2 ERROR(ORCAP-36018): Aborting Netlisting... Please correct the above errors and retry.
```

⑪ NC 핀 설정을 잘못한 경우

NC 핀을 잘못 설정한 경우이다. 메시지 내용을 보면 pin 번호 3의 특성이 NC로 되어 있는데, 가변 저항(Resistor Var)은 3개의 핀이 다 있어 NC 처리하면 안 된다.

```
Spawning... "C:\Cadence\SPB_17.2\tools\bin\pstswp.exe" -pst -d "E:\01\DESIGN1.DSN" -n "E:\01\allegro" -c "C:\Cadence\SPB_17.2\tools\capture\allegro.cfg" -v 3
#1 WARNING(ORCAP-36006): Part Name "RESISTOR VAR_RESADJ_RESISTOR VAR" is renamed to "RESISTOR VAR_RESADJ_RESISTOR VA".
#2 ERROR(ORCAP-36040): Pin Number "3" specified in "NC" property also found on Pin B of Package RESISTOR VAR_ , : SCHEMATIC1, PAGE1 (101.60, 45.72).
#3 ERROR(ORCAP-36018): Aborting Netlisting... Please correct the above errors and retry.
```

⑫ Output이 충돌된 경우

회로도를 보면 원(녹색)부분에서 LM7812의 3번 핀 Output과 +12V가 충돌되어 발생하는 Error 메시지이다.

```
Checking Electrical Rules
ERROR(ORCAP-1628): Possible pin type conflict U5,OUT  Output Connected to Power
            SCHEMATIC1, PAGE1  (78.74, 160.02)
ERROR(ORCAP-1628): Possible pin type conflict U2,V+  Power Connected to Output
            SCHEMATIC1, PAGE1  (238.76, 50.80)
ERROR(ORCAP-1628): Possible pin type conflict U7,V+  Power Connected to Output
            SCHEMATIC1, PAGE1  (142.24, 48.26)
```

LM7812 부품을 선택 후 Edit Part로 들어가서 3번 핀 속성(Type)을 Output에서 Passive로 수정하면 해결된다.

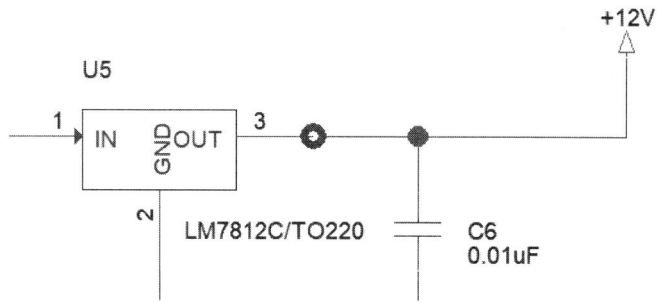

⑬ Port의 속성이 일치하지 않은 경우

부품의 Output과 Port의 속성이 일치하지 않아 발생하는 경우로서 Edit Properties...로 들어가서 Port의 Type을 Output으로 수정하면 해결된다.

```
Checking Electrical Rules
ERROR(ORCAP-1628): Possible pin type conflict U2,OUT  Output Connected to Input Port
              SCHEMATIC1, PAGE1  (254.00, 63.50)
```

OrCAD 17.2를 기본으로 한

전자캐드기능사 실기

정가 | 22,000원

지은이 | 김 종 일
펴낸이 | 차 승 녀
펴낸곳 | 도서출판 건기원

2017년 4월 15일 제1판 제1인쇄 발행
2020년 3월 5일 제2판 제1인쇄 발행
2021년 6월 30일 제3판 제1인쇄 발행
2023년 11월 30일 제4판 제1인쇄 발행

주소 | 경기도 파주시 연다산길 244(연다산동 186-16)
전화 | (02)2662-1874~5
팩스 | (02)2665-8281
등록 | 제11-162호, 1998. 11. 24

- 건기원은 여러분을 책의 주인공으로 만들어 드리며 출판 윤리 강령을 준수합니다.
- 본 수험서를 복제·변형하여 판매·배포·전송하는 일체의 행위를 금하며, 이를 위반할 경우 저작권법 등에 따라 처벌받을 수 있습니다.

ISBN 979-11-5767-792-4 13560